I0826621

LES

PROSCRITS FRANÇAIS

EN BELGIQUE

Imprimerie L. Gallice fils, à Brioude (Haute-Loire).

LES

PROSCRITS FRANÇAIS

EN BELGIQUE

OU

LA BELGIQUE CONTEMPORAINE

VUE A TRAVERS L'EXIL

PAR

AMÉDÉE SAINT-FERRÉOL

ANCIEN REPRÉSENTANT

NOUVELLE ÉDITION

PARIS

LIBRAIRIE UNIVERSELLE ET BIBLIOTHÈQUE DÉMOCRATIQUE

GODET JEUNE

9, PLACE DES VICTOIRES, 9

1875

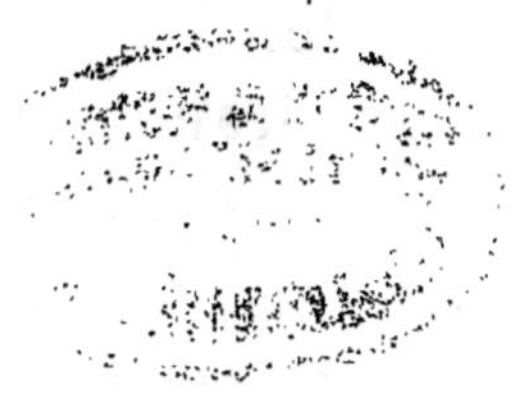

A MES COMPAGNONS D'EXIL

C'est pour vous, amis, que j'écris ces pages au courant de mes souvenirs. Elles vous parviendront, malgré les obstacles de la route, j'aime à le croire, dans la retraite que vous vous êtes faite loin du monde impérial, abrités contre les misères et les lâchetés du présent, par votre fière persévérance dans les principes pour lesquels vous avez combattu et souffert, et par votre foi profonde en l'avenir.

Ce livre, lisez-le, lorsque le soleil se perd à l'horizon de votre beau ciel bleu, ou que près d'un feu pétillant, vous vous reposez des fatigues du jour. A ces heures où — l'ombre descendant des montagnes dans les plaines — on aime à se recueillir, à rêver, vous y verrez, comme à travers un voile, le tableau de ces années dont les jours nous parurent si longs et qui ont passé si vite.

N'y cherchez point l'histoire intime ou dramatique des proscrits ; elle est ailleurs. Ainsi, madame Quinet, dans une œuvre qui est dans les mains de tous, a montré les grands côtés de la proscription ; Charles Hugo, exilé volontaire après le coup d'état, peint en maître, dans des biographies prêtes à paraître, *les Hommes de l'exil;* et Étienne Arago, mêlé avec éclat depuis *un demi-siècle,* à toutes les luttes de la démocratie, fera de notre passage en Belgique, un des épisodes les plus intéressants de ses mémoires si impatiemment attendus.

Ceci est le récit simple et fidèle de notre vie sur la terre étrangère.

Le temps qui emporte tout, les proscripteurs et les proscrits, les gouvernements démocratiques et les dynasties royales ou impériales, les peuples mêmes et les religions, aura bientôt effacé les traces matérielles de notre passage dans l'exil, balayé, comme le vent les feuilles mortes, et les amis qui ont vécu ensemble leur vie de bannis, loin de la patrie, et les documents que chacun avait à donner sur lui, sur son pays, sur les événements dont il avait été le témoin ou la victime.

Avant qu'il n'en soit ainsi, il est utile de fixer sur le papier les impressions fugitives, de dire ce qu'on a vu, ce qu'on sait, pour qu'au jour du jugement, aucunes preuves, aucunes pièces ne manquent au procès instruit par la Révolution, contre l'usurpation et le despotisme.

Ribeyrolles a décrit, avec son style lapidaire, les tortures des bagnes d'Afrique; Attibert a dit les horreurs des cabanons de Cayenne; Schœlcher, Xavier Durrieu, Pascal Duprat, ont fait le récit des scènes de terreur dont Paris et les départements ont été le théâtre aux jours du coup d'État. Victor Hugo tient *Napoléon-le-Petit,* et il le traînera vivant ou mort aux gémonies de l'histoire; Félix Avril vient de faire connaître la vie des exilés dans les forêts et les pampas de l'Amérique; Hippolyte Magen s'est chargé de clouer au *Pilori* les petits et les grands proscripteurs; Boichot, après avoir dévoilé les mystères des *Prisons d'État* sous l'empire, prépare un travail sur la proscription suisse, et Martin Bernard, voudra sans doute, pour faire suite à ses dix ans de prison sous Louis-Philippe, donner ses dix ans d'exil en Angleterre.

Dans cette grande enquête ouverte depuis le 2 décembre, je viens — puisque ceux, qui plus que moi auraient autorité et talent pour le faire, se taisent — témoigner au nom de la proscription belge.

A des événements politiques d'une importance majeure, j'ai du mêler beaucoup de détails qui ne seront intéressants que pour les proscrits; dire les petites misères aussi bien que les grandes douleurs de l'exil; parler des agréments comme des ennuis de nos pays de refuge.

J'ai voulu ainsi vous ramener, par la pensée, aux lieux que beaucoup de vous ont quittés sans doute pour toujours, et qui furent, pendant de longues années, notre patrie d'adoption; réunir encore une fois tant d'amis qui étaient venus, de tous les bouts de la France, fraterniser sur la terre étrangère et qui ne se reverront plus; évoquer les souvenirs à la fois tristes et doux de notre temps d'exil.

Quelques-uns trouveront trop embellie, d'autres trop sombre, la peinture que j'ai faite de nos champs d'asile et spécialement de la Belgique.

C'est que suivant le milieu dans lequel on a vécu, la bonne ou la mauvaise fortune, qui a présidé à ses destinées chez l'étranger, les relations agréables qu'on y a eues ou les rigueurs subies, les impressions ont dû singulièrement varier, être diverses, souvent opposées.

Je crois cependant avoir réfléchi le sentiment général, exprimé l'opinion de la grande majorité de mes compagnons d'exil, étant de ceux qui, indépendant de position comme de caractère, plus observateur qu'expansif, et vivant au milieu de leurs amis, sans chercher à faire au dehors de nouvelles connaissances, n'ont eu personnellement ni à se plaindre, ni à se louer de l'hospitalité étrangère.

J'espère aussi, amis, être resté l'interprète du plus grand nombre d'entre vous, lorsque, rencontrant sur ma route les questions politiques, philosophiques, sociales à l'ordre du jour, j'ai dû les effleurer, au moins en passant, et affirmer nos principes.

Mais je n'ai ni la mission, ni la prétention de parler au nom d'aucun groupe de proscrits, d'aucune fraction de parti républicain. Dans la démocratie, chacun a le droit, le devoir, de faire, de dire, d'écrire, ce qu'il croit être utile à la cause du peuple, de la liberté, de la justice. Chacun, aussi, ne peut-être responsable que de ses actes, de ses votes, de ses paroles, de ses écrits.

Mes appréciations sur les pays où nous avons trouvé un asile, aussi bien que mes théories politiques, n'engagent donc que moi.

Comme il est difficilede bien juger l'étranger à travers les préjugés de la nationalité et les amertumes de l'exil, ces appréciations peuvent être injustes ou erronées, alors que je les crois impartiales, vraies. Elles me seront peut-être reprochées comme un crime de lèse-nation, par ceux des Belges qui, en trop bons patriotes, ne veulent pas voir de taches dans leur soleil.

Et cependant, j'aime assez leur pays libre, avec ses qualités et ses défauts, pour préférer son séjour à celui de la France impériale même réveillée de son long sommeil et commençant à rire de ses maîtres, à revendiquer ses droits. Je veux y rester, sans renoncer au droit d'aller, quand il me plait, au pays natal, jusqu'à l'heure où la démocratie se lèvera pour reconquérir la liberté avec la République. Je n'ai pas longtemps à attendre.

AMÉDÉE SAINT-FERRÉOL.

Bruxelles, 9 janvier 1869, l'an dix-sept du coup d'État.

LE COUP D'ÉTAT

Le 2 décembre 1851, la conspiration tramée, dans l'ombre, contre la République par le bonapartisme, depuis que Louis-Napoléon était président, éclatait dans la nuit. Au matin, Paris s'éveillait garrotté.

Du fond de l'Élysée, gardé par une soldatesque avinée et stipendiée, celui qui avait juré de respecter la Constitution, d'être fidèle à la République à laquelle il devait patrie, fortune, honneurs, pouvoir, le chef des conjurés venait de violer la Constitution, de renverser la République.

Pour assurer le succès de cet autre dix-huit brumaire, l'Assemblée nationale était dissoute. La troupe et la police occupaient toutes les positions importantes, tous les édifices publics; et dans les départements comme dans la capitale, les citoyens connus par leur républicanisme, leur courage, leur influence, leur opposition à la contre-révolution, étaient arrêtés, décrétés d'accusation, entassés dans les prisons, mis dans l'impossibilité de repousser la force par la force, de donner l'impulsion aux soldats du droit, de la liberté, qui allaient se lever pour défendre la République.

Bien des causes ont amené la chute de cette République de Février tombée dans un guet-apens nocturne et noyée dans le sang.

Ce qui a surtout fait réussir l'attentat de décembre, c'est que les républicains, déjà décimés par les persécutions de la réaction, les journées de juin, les transportations et les emprisonnements des plus énergiqnes révolutionnaires se sont trouvés, au jour de la lutte, sans moyens de communication, sans centres de ralliement, sans guides, sans chefs, sans armes.

Dispersés sur tous les points du territoire, privés, à cause des trente mille arrestations faites dans Paris et dans les quarante départements mis en état de siége, des citoyens influents, militants par lesquels ils auraient été soulevés, dirigés, les républicains n'ont pu opposer aucune résistance sérieuse à l'ennemi, sans foi ni loi, qui concentrait tous les pouvoirs dans sa main, et, enlaçant par sa police, ses gendarmes, ses soldats, ses fonctionnaires, la France entière dans un vaste réseau, avait choisi l'heure, le lieu de l'attaque, tourné contre la République les forces qu'il tenait d'elle.

Fonctionnant toujours, le télégraphe, que personne n'avait eu la pensée ou le pouvoir de renverser, était devenu, dans cet état de choses, le plus dangereux et le plus actif entremetteur du coup d'État.

Tandis qu'il portait secrètement aux préfets, aux procureurs des tribunaux, aux maires, l'ordre d'emprisonner dans chaque localité les républicains désignés par leur notoriété comme les chefs de la résistance, il annonçait officiellement aux populations frémissantes que l'ordre régnait partout ; que Paris, Lyon, Marseille, les grandes villes acclamaient le coup d'État.

Et les campagnes, les communes peu nombreuses, les petites villes, voyant ces lignes porter partout sans obstacles des mesures de proscription, de mort, se croyaient seules en face de forces imposantes auxquelles elles ne pouvaient résister.

Isolés, livrés à eux-même, ceux qui avaient pris les armes ou allaient les prendre devaient nécessairement alors perdre, avec l'espoir du succès, le courage de la résistance, ou ne combattre que par devoir, faisant à leur cause le sacrifice de leur vie. Que sur les grandes voies de communication quelques frêles poteaux de bois eussent été renversés, quelques fils de fer brisés, tout changeait : — les complices du coup d'État au fond des départements étaient dans l'incertitude, dans l'épouvante ; — les défenseurs de la République, ne doutant plus qu'on ne se battît dans les grands centres de population, se levaient partout, marchaient des hameaux sur les cantons, des cantons sur les chefs-lieux d'arrondissement et de département, au signal éclatant donné par les événements, — si de Paris les représentants ne pouvaient le donner, — ainsi que cela avait été convenu à Mâcon, chez Dubief, entre les délégués de la *Marianne* et un comité de la réunion dite la *Petite Montagne*, comité composé de Michel, de Bourges, Baudin, Baune, Greppo, Boysset, Bruys et Cholat; le soulèvenement devenait général, la victoire du droit certaine : il est donc permis de dire et au figuré et en réalité que la défaite de l'usurpation n'a tenu qu'à un fil.

A l'apparition des décrets du 2 décembre, qui, bien plus que les ordonnances de Charles X, devaient jeter le peuple dans la rue, l'émotion avait été vive, l'indignation violente; cependant, pour les causes que nous avons dites, la lutte entre les soldats de la liberté et les soldats de l'usurpation ne fut ni très-vive ni très-longue. Bien que jamais on n'eût vu encore, depuis les jacques peut-être, se lever dans les campagnes, sur tous les points de la France, tant de paysans pour l'idée, pour le droit, pour la justice, la victoire fut à peine disputée. Le César de décembre put gagner sa bataille d'Austerlitz et monter au Capitole presque sans combat. Rien n'avait arrêté le succès de la conspiration. Pour prendre l'offensive, marcher sur les rebelles, les campagnes avaient attendu les villes, les villes Paris; et Paris, les villes, les campagnes étaient aux fers avant d'avoir fait un mouvement!

Paris, saigné à blanc dans les fatales journées de juin 1848, où les républicains furent poussés les uns contre les autres sur les barricades de la faim par les manœuvres des partis dynastiques, également intéressés à la perte de la République; Paris, demeuré au 13 juin sourd à la voix des représentants de la Montagne, appelant le peuple à défendre la Constitution violée par l'intervention à Rome; Paris, entouré de forts, percé de routes stratégiques, occupé militairement par une armée nombreuse, triée pour le guet-apens et commandée par des chefs achetés, décidés à tout mettre à feu et à sang; Paris avait perdu, avec la foi révolutionnaire, seule capable de triompher de la violence, l'audace des grands jours : il se sentait vaincu avant que de combattre!

Les vieux faubourgs Saint-Antoine et Saint-Marceau eux-mêmes, toujours prêts jadis, pour les droits du peuple, à sonner le tocsin, proclamer l'insurrection le plus saint des devoirs, se hérisser de piques, de fusils, restèrent sombres, muets, immobiles, regardant passer le coup d'État, comme s'ils n'eussent plus eu la force de remuer un pavé, de manier une arme, ou qu'ils vissent un vengeur dans celui sous le joug duquel ils allaient être courbés. Le peuple paraissait avoir pris au sérieux le suffrage universel arboré pour drapeau du coup d'État, et les cris de : *Vive la République!* poussés par la tourbe de policiers déguisés en voyous, dont avait été précédé le parjure depuis l'Élysée jusque sur le quai d'Orsay, où, sortis du Palais-Bourbon par la force des baïonnettes, nous vîmes passer, au milieu des bandes de son état-major, le chef des conjurés, pâle, défait, qui se hâta de regagner son antre, lorsqu'il se trouva en face d'une foule compacte, menaçante, acclamant, de cœur, la République.

Le 2 décembre, traqués, dispersés par la troupe, la police, au Palais-Législatif, chez Crémieux, Coppens, Bonvalet, Beslay, partout où ils essayèrent de se réunir, les représentants de la gauche restés libres ne purent trouver dans les faubourgs une salle pour délibérer. L'association des ébénistes ne voulut pas les recevoir : elle les renvoya chez Lafon. Dans les ateliers, les centres de réunion où nous fûmes pendant la soirée, avec Baudin (1) et Racouchot, les ouvriers sur lesquels on pouvait le plus compter nous dirent que rien n'était prêt, qu'il ne fallait pas songer à engager la lutte dans cette partie de Paris, dont les plaies n'étaient pas encore cicatrisées.

Le lendemain matin, Laissac, ancien représentant, Millière, rédacteur d'un des journaux républicains de Clermont-Ferrand, mes collègues Chouvy, Breymand et moi, allant au rendez-vous donné chez Cournet, où fut dictée par Victor Hugo, écrite par Baudin, la proclamation appelant le peuple aux armes, nous trouvâmes les rues désertes. Quelques rares habitants étaient groupés sur le seuil des portes à demi-entrebâillées de leurs maisons. Depuis la Bastille, déjà occupée par les troupes, il n'y avait point encore, à neuf heures du matin, dans les rues populeuses de Charenton, de Charonne, un seul rassemblement. Au lieu de nous suivre, les moins timides venaient nous engager à revenir sur nos pas, en nous an-

(1) Voulant rester libres de nos mouvements, nous n'étions, pas plus que nos autres collègues, rentrés chez nous, depuis le matin, dans la crainte d'y être arrêtés.

Le soir, en sortant de chez Lafon, nous étions allés manger un morceau dans un restaurant près de la Bastille. A ce repas fait à la hâte et que nos préoccupations rendaient peu gai, Racouchot ayant fait cette réflexion : nous dînons aujourd'hui tous trois ici : qui sait où nous souperons demain? Peut-être chez Pluton, répondit Baudin; s'il le faut pour sauver la République nous nous ferons tuer sur les barricades.

nonçant que la barricade du faubourg venait d'être enlevée.

Près du marché Lenoir, aux environs de la rue Sainte-Marguerite, où avait été renversée cette barricade défendue par nos amis, le mouvement, l'agitation, le bruit étaient grands. Là toutefois les représentants Schœlcher, Maigne, Malardier, Brillier, Brukner, Deflotte, Dulac, Baudin, arrivés les premiers au poste d'honneur avec Cournet, ex-officier de marine, Amable-Lemaître, Alphonse Brives, Charles Broquet, Ruin, Léon Watripont, Lejeune, de la Sarthe, Xavier Durrieu, Kesler, rédacteur de la *Révolution*, et quelques autres citoyens venus du centre de Paris, n'avaient vu se serrer autour d'eux qu'un petit nombre de combattants.

Du milieu de la foule de curieux ou d'indifférents qui les environnait étaient même sorties des voix leur reprochant, jusque sous la gueule des fusils, les fameux vingt-cinq francs par jour. Sur la barricade où quelques moments après avoir dit : *Vous allez voir comment on va mourir pour vingt-cinq francs*, l'héroïque Baudin, couvert pour tout bouclier de son écharpe de représentant, ayant pour toute arme à la main la Constitution, tombait assassiné par les balles napoléoniennes, un ouvrier, frappé lui aussi mortellement en criant : *Vive la République!* était le seul soldat que les faubouriens eussent opposé aux prétoriens de l'usurpation. Cet autre martyr du droit, personne ne sait son nom. Que l'histoire l'appelle peuple, il en était là, le représentant.

Dans les rues voisines, sur les hauteurs de Belleville, dans le faubourg Saint-Marceau, où Jules Bastide, Madier-Montjau, Gindriez, de Flotte, Esquiros, Charamaule, Duputz, d'autres encore en quittant la salle Roysin, étaient allés pousser le cri : *Aux armes!* la résistance ne prit point les proportions qu'on devait attendre de ces quartiers, où les républicains étaient en grande majorité. Au faubourg Saint-Jacques, celui des Écoles, l'agitation fut vive, mais dura peu ; les longues colonnes d'étudiants descendues la veille, sans armes, avec le projet de se ranger autour de l'Assemblée nationale, avaient été dispersées ; elles ne purent se réformer. A peine quelques barricades furent-elles construites sur divers points éloignés les uns des autres.

Ce fut au cœur de Paris que le sang afflua. Dans toute la partie comprise entre les rues Montorgueil et Saint-Martin, au centre de ces rues étroites, tortueuses, enchevêtrées les unes dans les autres, où tant de fois leur parti avait livré bataille, un millier de républicains, ouvriers, étudiants, bourgeois, journalistes, au milieu desquels étaient les représentants Carlos Forel, Chaix, d'Etchegoyen et quelques-uns de leurs collègues, se retranchèrent derrière les barricades, que l'on voyait se dresser plus nombreuses, plus menaçantes à mesure que le jour avançait, et répondirent au feu de l'ennemi. La nuit, au bruissement des pavés dans les rues, au tressaillement dont les ateliers, les hautes maisons, les sombres carrefours de la grande cité furent agités, tous, des deux côtés, purent croire que Paris allait entrer dans une de ces terribles colères par lesquelles il écrase ses maîtres ou ses oppresseurs.

Le lendemain, lorsque, sur les boulevards, la fusillade, la mitraille eurent balayé la foule immense des flâneurs de tout sexe, de tout âge, regardant les troupes, défiler, musique en tête, canons en queue, le pistolet au poing, la baïonnette au bout du fusil, et foudroyé les mécontents, qui des balcons, des croisées des trottoirs, criaient : *Vive la Constitution! Vive l'Assemblée nationale! A bas le dictateur!* mais n'étaient point armés, ne songeaient pas à ramasser un pavé, attendaient la délivrance des régiments que, répétait-on partout, les généraux fidèles à la République faisaient marcher sur la capitale : Lorsque le massacre des passants, comme dit Victor Hugo, eut jeté la terreur dans la population tout entière, mal préparée pour la lutte, alors les barricades, vigoureusement défendues contre trente mille hommes par un petit nombre de citoyens résolus à mourir pour la République, tombèrent bientôt : elles avaient été arrosées par le sang de ces martyrs du droit, parmi lesquels étaient tombés Carpentier, de Paris, Paturel, de Rouen, et Denis Dussoubs, de Limoges, ceint de l'écharpe de son frère cloué par la goutte sur son lit de souffrances.

Comprimées par de fortes garnisons à côté desquelles faisaient au besoin de l'ordre à coups de fusil les compagnies des sapeurs pompiers, les gardes champêtres, les sociétés de Saint-Vincent de Paul et les gardes bourgeoises, aussi ardentes, derrière les troupes, à la chasse des républicains, qu'elles étaient lâches, seules, en face de leurs adversaires, les grandes villes étaient, comme Paris, désarmées, enchaînées, sous le canon des conjurés maîtres, par leurs fonctions, leurs agents, leurs troupes, de la situation. A l'heure où les représentants, les généraux, les journalistes et les républicains que l'on redoutait le plus, étaient, dans la capitale, jetés à Mazas, au Mont-Valérien, à Vincennes, les chefs de la démocratie, les journalistes, les républicains les plus dévoués, les plus influents se voyaient, dans les villes, arrêtés chez eux la nuit, en plein jour, au milieu de leurs amis, et transportés dans les forts, les casemates, les prisons du chef-lieu de département ou de la capitale.

Réduites à leurs seules forces, à leur propre initiative, n'ayant à compter que sur elles, se croyant abandonnés par les villes, les campagnes sillonnées de gendarmes, de gardes champêtres, d'agents de police officiels et secrets, s'agitèrent comme les tronçons d'un serpent coupé par la bêche du vigneron; elles qui avaient pourtant le courage, le nombre, la volonté, ne purent que protester en se levant en armes aux cris de : *Vive la République !* sans pouvoir, excepté sur quelques points isolés, engager le combat; et comme les ouvriers, les paysans furent dispersés sans beaucoup de résistance par les colonnes mobiles qui de leurs places fortes rayonnaient sur toute la France.

En faisant son coup, Louis-Napoléon avait la main pleine d'atouts; il a su oser : voilà tout; et si, après avoir piteusement échoué dans ses échauffourées de Boulogne et de Strasbourg, il a réussi le 2 décembre, c'est qu'il avait alors, comme chef du pouvoir exécutif, toutes les attributions, tous les pouvoirs, toutes les forces tournées contre lui, alors qu'il n'était qu'un obscur conspirateur.

L'araignée, reine des lieux sombres, tisse sa toile loin des regards jusqu'à ce que ses fils recouvrent tout ce qui l'entoure. Alors, du centre à la circonférence, partent des courants avertissant l'horrible bête que ses victimes sont prêtes pour la mort, et elle accourt les dévorer sans danger.

Ainsi avait fait Napoléon. Depuis le jour où il reçut du peuple le mandat de représentant et la présidence de la République, il avait ourdi la trame dont le pays tout entier était enveloppé au 2 décembre : les préparatifs faits, il n'avait plus qu'à attendre. Une sombre nuit d'hiver, le signal de l'attentat fut donné : en quelques heures tout était consommé.

Au milieu de l'émotion, de l'indignation générale, une minorité avait seule, quelle qu'en fût la cause, pu ou voulu courir aux armes; mais si la résistance avait été courte, sans grande importance, la répression fut impitoyable : le vainqueur frappa ses ennemis comme si la France s'était toute entière soulevée, ou avait été conquise par lui. Partout les arrestations commencèrent ; des listes de proscription furent dressées, les départements déclarés en état de siége, les républicains poursuivis comme des bêtes fauves, mis en coupe réglée !

Les conseils de guerre, les commissions mixtes, composées dans chaque département du préfet, du général et du chef du parquet, condamnèrent à la mort, au bagne, à la transportation, à l'expulsion, à l'emprisonnement, à l'internement, avec les soldats du droit, de la liberté, de la Constitution, pris en combattant la révolte triomphante, tous les citoyens convaincus d'avoir été républicains sous la République, dénoncés, par leurs ennemis politiques et privés, comme des ennemis de *l'ordre*, de la *propriété*, de la *religion*, de la *famille*, suspects de résistance ou d'hostilité au coup d'État. Les prisons régorgèrent de prisonniers ; les casemates, les pontons s'emplirent de déportés ; les routes de l'exil se couvrirent de bannis : la France républicaine revoyait les jours de Scylla.

Et encore, il est juste de dire que les proscrits furent infiniment moins nombreux que ne l'auraient voulu les proscripteurs officieux, réclamant dans chaque localité leur contingent pour l'honneur des principes ou leurs intérêts personnels. Après 1830, on avait couru à la curée des places : après le coup d'Etat, on se rua à la curée des hommes. Les orléanistes, les légitimistes, les cléricaux, aussi bien que les bonapartistes du jour, se firent accusateurs, délateurs, pourvoyeurs de proscriptions : ils voulaient se débarrasser et se venger de leurs adversaires de tous les temps. Les proscripteurs officiels, ayant du moins la responsabilité de leurs actes, n'avaient pas osé ni pu satisfaire toutes les ignobles convoitises de ces partis monarchiques, qui tous, alors qu'à Paris on arrêtait leurs chefs, se firent dans les départements les complices et les souteneurs du coup d'État !

Je n'ai point à faire ici le récit des journées de décembre, des combats livrés pour la défense de la République, à évoquer les souvenirs de la Terreur napoléonienne après le coup d'État. Nos amis se sont acquittés de cette œuvre, dans l'exil, de manière à jeter la lumière à flots sur ces événements que la France connaîtra lorsque l'histoire ne sera plus consignée à la frontière, et qu'elle commence à apprendre en lisant les écrits publiés dans l'empire même par de consciencieux écrivains.

Je veux seulement, en réunissant mes souvenirs, dire ce que fut, ce que fit la proscription belge, à laquelle j'appartiens. Reliée aux autres par les sympathies, les principes, des communications fréquentes, elle a eu sa physionomie propre, sa vie originale, individuelle.

LES PROSCRITS DE LA MONARCHIE.

—

I. RÉFORMÉS. — II. RÉGICIDES.

Voisine de la France, dont elle est simplement séparée par une de ces frontières idéales que les conventions, les faits accomplis mettent entre les peuples, parlant la même langue, citée pour ses libertés et son hospitalité, la Belgique était le port de refuge où devaient venir naturellement échouer les épaves des révolutions. Depuis longtemps aussi les orages de la politique ont jeté les bannis, les fugitifs, les vaincus, à qui la patrie française était ravie, sur cette terre féconde, plantureuse, riche en produits agricoles et industriels, qui, dominée tour à tour par l'Espagnol, le Français, le Hollandais, l'Allemand, puis redevenue indépendante, avait eu elle-même ses révolutions et ses proscrits.

———

A l'époque de la révocation de l'édit de Nantes, le flot des réformés, forcés d'abandonner leur pays pour échapper aux dragonnades des Cévennes, à l'Inquisition des jésuites, passa cependant sur cette terre belge sans s'arrêter. La Belgique était alors sous le joug odieux de l'Espagne catholique, menacée par Louis XIV, dont l'épée découpait ses frontières, frappée au cœur par les persécutions du duc d'Albe, qui en sept ans avait livré seize mille Belges au bourreau, contraint cent vingt mille autres habitants à passer les mers.

Au lieu de combler les vides faits par la fuite de ces habiles ouvriers tisserands, armuriers et forgerons de Gand, de Bruges et de Liége, qui devaient aller porter leur industrie à Sheffield, à Birmingham, dans le Lancashire, enrichis aux dépens de la Belgique appauvrie et dépeuplée, les réformés traversèrent le Brabant et les Flandres pour atteindre la Hollande et l'Allemagne, où ils retrouvaient des coréligionnaires, des amis.

Dans le siècle suivant, un poëte, banni à perpétuité par arrêt du Parlement, pour ce qu'on appellerait de nos jours un délit de presse, s'arrêta à Bruxelles et s'y fixa : c'était Jean-Baptiste Rousseau ; il y traîna vingt-huit ans une vie misérable, et, lorsqu'il mourut, on lui éleva, dans l'église du Sablon, le tombeau que l'on y voit encore.

Le caractère, la conduite, les opinions, le talent même de l'homme, du poëte, ont été justement critiqués, et peuvent être sévèrement jugés. On doit cependant dire que Jean-Baptiste Rousseau a été condamné sans équité et frappé sans pitié par ses ennemis, sur les dénonciations d'un savant de l'époque puissant et bien en cour.

Auteur de poésies sacrées, de poésies érotiques et de poésies dites lyriques, très-estimées des classiques, aujourd'hui peu lues, Jean-Baptiste Rousseau restera célèbre par une seule ode peut-être, celle qu'il adressa au comte de Luc, pour le remercier de la généreuse hospitalité donnée au banni. A l'exil Jean-Baptiste Rousseau doit donc ce que, malgré ses psaumes, ses doctrines antiphilosophiques, les succès de la première moitié de sa vie, il ne pouvait attendre, avec son bagage de vers diffamatoires, libidineux ou médiocres, une tombe dans une église belge, et une place dans le panthéon littéraire de la France.

Il faut aller jusqu'en 1815 pour trouver en Belgique de véritables réfugiés politiques. Les émigrés sont des ennemis de la patrie, alliés à l'étranger armé pour étouffer la révolution, renverser la République, ravir à la France l'indépendance et la liberté. Ils campent sur le territoire belge avec les soldats de la coalition débordant sur le sol français, et sont rejetés avec eux au loin par les républicains victorieux.

Après le triomphe de la révolution, la Belgique, depuis l'avènement de notre grande République jusqu'à la chute de l'empire, est française. Affranchie comme la France, par notre première révolution, des préjugés, des abus, des chaînes qui sous les rois, les nobles, les prêtres, retenaient les peuples dans la servitude, la Belgique, libre, éclairée, devint un des champs d'asile des martyrs de la démocratie.

En 1815, la plupart des conventionnels condamnés par les Bourbons, pour avoir voté la mort de Louis XVI et pris part aux événements des Cent-Jours, à un exil qui devait être éternel, se réfugièrent dans les Pays-Bas, alors sous la domination des Nassau; les autres furent en Suisse, en Italie, en Allemagne, en Amérique, partout où il y avait un gouvernement républicain ou constitutionnel, excepté en Angleterre.

Aucun de ces fiers tribuns populaires, de ces grands révolutionnaires, fait remarquer l'écrivain à qui j'emprunte ces détails, ne voulut rien demander, rien devoir à la perfide Albion, à cette Grande-Bretagne en qui ils voyaient l'implacable, l'éternelle ennemie de la France, de la Révolution, et contre laquelle ils avaient jadis fait le serment d'Annibal.

De nos jours, Ledru-Rollin, en cela comme pour le reste, est le républicain qui a le mieux gardé la tradition montagnarde; il a été forcé, pour rester en sentinelle aux portes de la France, de chercher un asile en Angleterre : le continent lui était fermé; mais il est resté, pour ainsi dire, en ennemi au milieu des Anglais. Il n'a pas voulu parler leur langue, se créer des relations parmi eux, et il a écrit l'histoire de la décadence de leur nation, de cette Angleterre constitutionnelle, dont tant d'autres encore admirent la prospérité, les grandeurs, les institutions, comme l'avaient fait, avant 1789, Montesquieu, Voltaire, Jean-Jacques Rousseau, tous les précurseurs de la Révolution.

Portant avec la dignité, la grandeur d'âme qu'on devait attendre d'eux le poids de l'exil, les conventionnels passèrent, étrangers, solitaires, au milieu des générations nouvelles, qui les regardaient, avec une sorte d'effroi mêlé de respect, comme les débris d'un âge héroïque. La légende et l'histoire, la calomnie et l'éloge faisaient d'eux en quelque sorte des êtres surhumains. Eux-mêmes, soit qu'ils se sentissent déclassés dans l'ordre de choses pacifique, constitutionnel, bourgeois, régnant alors; soit que les divisions qui avaient ensanglanté la Convention, la République, ne fussent pas oubliées, bien qu'éteintes, ils vivaient loin de la foule, isolés les uns des autres, disséminés dans leurs pays de refuge, par leur volonté, et peut-être aussi un peu par les ordres de gouvernements ombrageux.

En Suisse, il y avait alors : à Genève, Forestier ; dans une campagne près de Nyon, Réverchon ; à Lausanne, Pélissier et Pottier ; dans un village des environs, Roux-Fazillac ; au pied du Simplon, Julien Souhait ; sur la montagne du Jorat, Fayau d'Azerolles ; à Avenches, dans la maison des aliénés, Baudot, venu de Liége ; à Appenzel, Despinassy ; à Aarau, Borie ; à Bâle, Bordas ; à Vévey, Gamon ; à Versoix, Dupuy ; en Italie : à Milan d'abord, puis à Nice, Sergent ; aux États-Unis, à Mobile, Lakanal, qui avait habité quelques temps Bruxelles ; dans une île du lac Érié, Hentz ; sur les rives du Méchassebé, Garnier, de Saintes.

Carnot s'était fixé à Magdebourg ; Jacomin à Landau ; les Pays-Bas, comprenant, en vertu des traités de 1815 imposés par la coalition, la Belgique et la Hollande, reçurent les autres : Cambon, David, Levasseur, Barrère, Siéyès, Merlin, de Douai, Maîllhe, Lejeune, Paganel, Berlier, Ingrand, Cavaignac, Thibaudeau, Vadier, Chazal, Choudieu, Thuriot de la Rosière, Mallarmé, Ramel, Cambacérès résidèrent à Bruxelles ; Florent Guyot à Anderlecht ; Lecointre Puyraveau à Ixelles, dans le bois de la Cambre ; Charles Duval, à Huy ; Baudot, à Liége, un moment ; Beaugeard à Gand ; Houriez (Éloi), à Amay, sur la Meuse ; Pocholes, à Nivelles, dans le principe, puis, à Amsterdam, où était Champagny.

A Bruxelles les réfugiés avaient fondé une caisse de secours dont Cambacérès était le président, Ramel le trésorier ; cela donna occasion aux ennemis des proscrits de dire que Ramel s'était fait l'intendant, le très-humble serviteur de l'ex-archichancelier, à qui il devait soumettre sa comptabilité.

Ayant de la fortune, de l'instruction, des connaissances variées, financier habile, Ramel était indépendant par position comme par caractère, et c'était à sa campagne de Laeken que se réunissaient ordinairement la plupart des exilés. Beau causeur, contant avec beaucoup d'esprit toutes sortes d'anecdotes, il savait rendre agréables ces soirées, bien secondé par sa fille madame de Ronstorff, dont quelques proscrits de 1852 ont pu apprécier le noble caractère, l'esprit distingué.

En ville, c'était au *Café des Mille Colonnes* que les conventionnels allaient s'entretenir des affaires du jour. Barrère y tenait le dé de la conversation, parlant et écoutant avec la politesse bienveillante et un peu hautaine d'un homme de l'ancien régime. En voyant cet étranger, causant ainsi, ou allant en costume irréprochable au spectacle, dans le monde, et traduisant dans son cabinet les sonnets de Camoëns, personne n'aurait pu reconnaître le terrible rapporteur du comité de salut public.

Depuis ce temps, le *Café des Mille Colonnes* est resté le lieu choisi pour ces causeries politiques sans but, sans intolérance, sans caractère officiel, où toutes les opinions ont leurs représentants. De nos jours, la salle consacrée à ces réunions, auxquelles tant de proscrits, tant d'hommes politiques de tous les pays ont pris part, s'appelle le *Blaguorama*.

Siéyès, vieux, infirme, voyant peu de monde, restait beaucoup chez lui. Berlier et Chazal travaillaient, avec des aptitudes et des opinions diverses, à l'histoire des événements auxquels ils avaient été mêlés. Ces travaux n'ont pas paru, que je sache. On doit le regretter; ils auraient été très-utiles aux historiens de la Révolution.

Merlin, de Douai, revenu à Bruxelles, ne s'occupait guère que de droit et publiait une nouvelle édition de son répertoire de jurisprudence. A côté de lui, Maîlhe, un des pères aussi du Code civil, donnait des consultations dont l'autorité était grande devant les cours et les tribunaux étrangers. On venait lui en demander de toutes les parties de la Belgique, même de l'Allemagne.

Baudot prétend dans ses mémoires que les conventionnels appelaient Cambacérès *mon prince*. Ce fait, que Baudot a pu savoir seulement par ouï dire, puisqu'il n'a jamais habité Bruxelles, et n'a fait qu'un court séjour à Liége, est complétement faux; il est démenti par le témoignage de personnes honorables ayant connu les exilés à Bruxelles, comme par le caractère et les antécédents de la plupart de ces proscrits. Loin de là, dans l'intimité, ces montagnards, en parlant de lui, ne se gênaient pas pour traiter selon ses mérites le régicide devenu sous Napoléon archi-chancelier, prince de l'empire, et qui à Bruxelles s'était fait dévot. Cambon l'appelait *un vieux drôle !* Il n'avait pas volé ce titre-là.

Ce grand personnage allait tous les jours, en habit marron, culottes courtes, perruque poudrée, et suivi d'une gouvernante portant un livre d'heures sous le bras, entendre, à genoux sur les dalles, la messe à Sainte-Gudule. Toujours intrigant, sceptique, ambitieux, ce n'étaient sans doute pas ses fautes passées que le régicide venait ainsi confesser, racheter. Il espérait par cette dernière palinodie donner des gages à une Restauration fondée sur l'alliance du trône et de l'autel, et retrouver sous une monarchie bigote ses honneurs et son rang.

En attendant, pour avoir sa petite cour, il fit venir de Paris deux acolytes, gagés par lui pour l'accompagner. C'était à ceux-ci qu'il disait, avec un air protecteur : *Mes amis, vous m'appellerez « prince » en public,* mais quand nous sommes entre nous, vous pouvez m'appeler simplement *monseigneur !*

Aucun des conventionnels n'aurait supporté une pareille outrecuidance ; et Cambacérès ne se la serait pas permise vis-à-vis de ses anciens collègues, quels qu'ils fussent.

Envoyé comme représentant du peuple en mission sur les bords du Rhin, Baudot avait vaillamment combattu à la tête de l'armée de Rhin et Moselle. Il croyait devoir être investi des pouvoirs extraordinaires donnés par la Convention à Saint-Just, avec qui il était en dissentiment sur le choix du général en chef et la conduite de la guerre. Rappelé à Paris sans avoir obtenu ce qu'il désirait, Baudot ne pardonna jamais à Saint-Just son égal en courage et qui lui était si supérieur en tout le reste, ni au comité de salut public, la blessure faite à son amour-propre. La haine personnelle plus encore que l'inimitié politique est restée ardente, implacable dans son cœur bien longtemps après le 9 thermidor, dont il avait été l'un des auteurs. Pour la satisfaire, il a ramassé, on ne sait où, contre les robespierristes et contre Saint-Just en particulier des calomnies que les historiens, royalistes et napoléoniens eux-mêmes n'ont pas accueillies, n'ont pas crues.

Un écrivain peu suspect de partialité pour les robespierristes,

Michelet, reconnaît avec Charles Nodier, un royaliste de la veille, que Saint-Just à Strasbourg, où il était tout-puissant, obtint tous les effets de la Terreur sans verser le sang, en débarrassant la ville du moine Schneider qui la terrorisait.

Ailleurs il affirme que le jeune membre du comité de salut public aurait, s'il eût vécu, deviné Napoléon sous Bonaparte, dompté, brisé au besoin, au milieu de ses victoires, l'ambitieux général aspirant au pouvoir suprême :

En écrasant dans l'œuf son aigle impériale,

d'où il faut tirer cette conséquence que sans le 9 thermidor, la France aurait été sauvée du napoléonisme, n'eût pas connu la servitude, la honte, les misères que le 18 brumaire et le deux décembre lui ont portés.

Un thuriféraire de l'empire actuel, Arsène Houssaye, le panégyriste enthousiaste de madame Tallien, a récemment tracé ce portrait de celui dont il vient glorifier les mortels ennemis :

« Saint-Just était un véritable apôtre : beau comme un marbre antique, éloquent comme le tonnerre et l'Évangile, pur comme un symbole, il marchait la tête haute et était fier de porter comme un saint sacrement sa foi républicaine. »

Eh bien, Saint-Just n'est pour Baudot qu'un *petit Montesquieu adolescent, avec la cruauté d'un Néron homme fait ;* et le thermidorien accuse le thermidorisé, cité entre tous pour la pureté de ses mœurs, d'avoir dressé dans une orgie, au milieu de filles, une liste de proscription où figurait son nom.

Les accusations de Baudot sont des affirmations individuelles sans preuves, sans valeur ; elles doivent être rayées de l'histoire.

Malgré l'abîme qui séparait Cambon, Cavaignac, Levasseur, des Cambacérès, Thibeaudeau et autres régicides de la Montagne ou de la plaine, courbés si bas sous l'empire, les conventionnels à Bruxelles ne donnèrent jamais l'exemple de ces tristes divisions, de ces déplorables récriminations qui sont si souvent un des tourments des partis vaincus.

Ici encore Baudot, en affirmant le contraire, dit ce qui n'est pas la vérité : le vote pour lequel, après vingt-deux ans, ils étaient proscrits, les avait rapprochés en quelque sorte de nouveau, sur la terre étrangère, dans une solidarité commune.

S'ils gardaient leurs convictions, leurs principes, leurs amitiés d'autrefois; ils avaient laissé derrière eux leurs haines : ils n'en voulaient pas, du moins, donner le spectacle.

Maintenant que la lumière se faisait chaque jour sur la grande époque où ils avaient lutté au milieu des tempêtes, ils appréciaient mieux aussi les hommes qu'ils avaient combattus, envoyés à la mort, ou qui les avaient eux-mêmes proscrits.

Cambon, sans l'intervention duquel le 9 thermidor n'aurait pas réussi, rendait à Robespierre une tardive justice : dans ses conversations comme dans les lettres que possède sa famille, il déclarait qu'il s'était trompé et avait été trompé dans cette sombre journée ; il reprochait surtout à Amar, ultra terroriste et thermidorien ardent comme Fréron, Tallien et Vadier, d'avoir mis dans les papiers de Robespierre, pour le perdre par la calomnie, un timbre fleurdelisé. Amar, oublié par la proscription royaliste à Paris, n'avait pas nié : il s'était contenté de répondre que pour sauver sa tête, il fallait avoir de l'esprit. Son ami Vadier lui-même déplorait maintenant, autant que Cambon, les événements du 9 thermidor, dont les résultats avaient été si fatals à la république.

Ce que les vieux montagnards n'oubliaient pas, ne pardonnaient pas, c'était la trahison, la lâcheté ; et s'ils se réconciliaient avec leur anciens ennemis, républicains comme eux, ils ne voulaient pas pactiser avec les ennemis de la patrie ni avec la race des Bourbons.

Visité dans son atelier de la rue Fossé-aux-Loups, par un des chefs de la coalition, David refusa de faire le portrait de l'envahisseur de la France.

Il avait été vivement sollicité par sa famille, de rentrer en France où ses tableaux étaient proscrits comme lui, car pendant toute la restauration, aucuns d'eux ne furent exposés dans les musées publics. Un employé supérieur de la direction des beaux-arts fit même le voyage de Bruxelles afin de décider l'ancien conventionnel à revenir dans sa patrie. Pour obtenir cette faveur, demanda David, il faut sans doute faire quelque chose ? oui, répondit le fonctionnaire, mais rien qui soit contraire à l'honneur ou aux principes. Qu'est-ce donc ? On désire que vous fassiez le portrait de Louis XVIII. L'idée est excellente, exclama David, envoyez-moi sa tête ! le régicide incorrigible et, de volonté, relaps resta en Belgique.

Après la bataille de Castelfilardo, regardée par le catholicisme comme une trahison de l'empire envers la papauté, un prêtre fit une réponse qui rappelle celle-ci : quelqu'un lui demandait son opinion sur le *régicide*. — C'est un crime comme un autre, dit-il, que la religion condamne par conséquent. — Si pourtant le coupable avait tué un souverain qui lui aurait enlevé la fortune, la liberté, la patrie, vous l'excuseriez bien ? non, on ne doit pas se faire justice soi-même. Mais si ce souverain avait violé ses serments, usurpé le pouvoir légitime, trompé l'Eglise, fait alliance avec les spoliateurs du patrimoine de Saint-Pierre, était, en un mot, Louis-Napoléon ; ne donneriez-vous point l'absolution à son meurtrier ?

Faites venir le pénitent.

Retirés dans leurs tentes, ces rudes combattants de 92, de 93, eux qui avaient organisé la victoire, sauvé les finances et l'honneur de la France, joué leurs têtes sur les champs de bataille et dans les luttes des assemblées révolutionnaires, paraissaient ne plus s'occuper de ce qui se passait autour d'eux. Ce n'était point par indifférence pour la patrie qu'ils aimaient, qu'ils regrettaient : ils se croyaient inutiles à l'œuvre s'accomplissant alors en France et dans les Pays-Bas par le libéralisme.

Et cependant ils furent en butte, malgré la réserve et la dignité de leur vie privée et publique, aux tracasseries, aux vexations des gouvernements, plus ou moins liés entre eux par leur haine ou leur crainte des régicides.

Merlin, de Douai, n'avait pu, malgré sa participation au 9 thermidor, ses grands travaux de jurisprudence, sa haute position à la cour de cassation, faire oublier qu'il avait été le rapporteur de la loi des suspects. Louis XVIII demanda son expulsion d'une manière si pressante, avec une telle insistance, que Guillaume ne crut pas pouvoir refuser. Le conventionnel s'embarqua pour l'Amérique : un coup de vent ramena dans le port le vaisseau qui le portait sous d'autres cieux. Guillaume de Nassau eut alors une de ces nobles inspirations, un de ces mots heureux que l'histoire doit garder : « J'ai, dit le roi à l'ambassadeur français, fait partir Merlin ; la mer me le rejette ; c'est une épave : je le garde ! » Merlin ne quitta plus les Pays-Bas. Après avoir résidé quelque temps à Harlem, il vint se fixer à Bruxelles.

Dans cette ville, Cambon vivait très simplement. C'était toujours le républicain intègre, incorruptible, qui avait organisé et administré les finances de la Révolution avec un génie, une probité auxquels tous rendaient hommage. Il était resté dans la retraite, sous le règne du despotisme triomphant, et avait refusé le ministère des finances avec le titre de comte que lui avait offerts Napoléon aux jours où sombrait l'empire.

Un soir, il causait avec Cavaignac, assis sur un banc du Parc ; un passant salua les deux nobles vieillards, Cambon se découvrit ; Godefroid Cavaignac, tout jeune alors, était près de son père. Apprenant que le passant était le roi des Pays-Bas, il se montra fort étonné de voir celui qui avait fait tomber la tête de Louis XVI ôter son chapeau à Guillaume Ier. » Enfant, dit Cambon avec une gravité un peu railleuse : *apprends qu'un salut en vaut toujours un autre.* » Voici, nous a-t-on raconté à Bruxelles, comment le conventionnel avait connu le roi.

Pendant plusieurs jours, un étranger était venu s'asseoir sur son banc de prédilection et avait parlé avec lui finances, politique, administration ; trouvant un jour la place occupée, l'étranger avait continué sa promenade. Cambon apprit d'un de ses amis le nom de l'inconnu.» Votre roi cause bien, fit Cambon sans témoigner aucune surprise ; mais il n'entend rien en matières financières, et sur la politique nous avons eu quelques discussions assez vives ; il voulait peut-être me faire parler, avoir mes secrets ; il n'a su que ce que j'avais à faire savoir à tous, ce que j'ai bien voulu lui dire. »

Tous les hommes qui appartenaient à la période révolutionnaire ou avaient pris part à ses luttes étaient trempés d'une singulière façon.

Un secrétaire du comité de salut public, forcé de quitter la France dans la tourmente révolutionnaire, vivait à Bruxelles isolé, oublié, faisant le bien sans ostentation et dépensant en aumônes sa modeste fortune ; les personnes chez qui il logeait l'aimaient et l'estimaient malgré ses opinions bien connues ; un vieux prêtre du voisinage lui-même s'était attaché à lui, sans qu'il s'en doutât : le voyant si bon, si charitable, ces braves gens, dévots et royalistes, voulurent lui prouver leur affection à leur manière en le sauvant malgré lui de l'enfer qui, selon leur conviction, l'attendait, s'il allait dans l'autre monde sans les prières de l'Église.

Atteint d'une maladie mortelle, le républicain s'était expliqué d'une manière assez catégorique pour qu'on n'essayât pas de faire venir le prêtre si bien disposé en sa faveur : mais dans une crise suprême, alors que le malade avait perdu connaissance et allait rendre le dernier soupir, ce prêtre, appelé en toute hâte, accourut porter le sacrement qui devait ouvrir au mourant les portes du paradis. Pour l'acquit de sa conscience, pour la forme, le confesseur s'adressant à celui qui ne parlait pas et semblait ne plus entendre, lui demanda avec une onction toute béate :

« Mon fils, vous vous repentez, n'est-ce pas, d'avoir persécuté les prêtres, abreuvé d'amertume votre Sainte-Mère l'Église, renié la religion du Christ? vous vous repentez de tout ce que vous avez fait pendant la Révolution ? »

Par un effort violent, le vieux Cordelier, sortant de sa léthargie, ouvre les yeux, se dresse sur son séant et d'une voix stridente il s'écrie : « Oui, je me repens... je me repens... de ne pas avoir pu faire raser toutes les églises, guillotiner tous les prêtres ! » Et il expira.

Il n'en fut pas moins inhumé en terre sainte avec les cérémonies de l'Église : les assistants mirent ses dernières paroles sur le compte du délire !

C'était aussi un exilé de Bruxelles, ce montagnard régicide qui, de retour à Paris, plein de foi en l'avenir, disait dans ses derniers jours à sa gouvernante :

« Je meurs avec le regret de ne pas voir la République. Mais elle reviendra cette chère République. Ce jour-là, tu iras au cimetière ; tu frapperas trois coups sur ma tombe et tu diras : « Monsieur « (ce mot était sa seule concession au présent), elle est venue ! » Ça me fera plaisir. »

Lorsque le peuple de Paris brisa en 1830, sous les pavés, le trône des Bourbons et envoya à leur tour dans l'exil les proscripteurs de 1815, les proscrits furent rappelés par la France, leur mère ; quatre-vingts seulement revirent la patrie : les autres étaient couchés dans la tombe ; parmi ceux-ci étaient Cambon, Chazal, Vadier, Cavaignac, Mallarmé, David, Ramel, morts à Bruxelles.

Nous, les fils des révolutionnaires de la grande République, nous avons cherché vainement leurs restes dans les cimetières où se dressent tant de monuments fastueux dont personne ne lit les menteuses épitaphes. Nous n'avons rien découvert ; pas une pierre n'indique où reposent ces lutteurs endormis. Le tombeau élevé à David, en 1825, parce qu'on avait oublié le politique pour ne se souvenir que du peintre, est presque enseveli sous l'herbe ; il est vide, il est vrai : le corps de l'illustre conventionnel, réclamé par sa famille, a été transporté à Paris.

Au lendemain du coup d'Etat, les exilés retrouvaient un fragment de pierre de taille encastré dans une muraille, et sur lequel on lisait ces mots :

« Cavaignac, proscrit par un gouvernement inique, mort en exil. »

Cette pierre, voilà tout ce qui restait de la tombe des morts.

L'oubli, le temps avaient effacé ce que n'avait pas emporté la bêche du fossoyeur.

Qui sait même si quelques fanatiques de la monarchie ou de l'Église n'étaient pas venus briser les dalles funèbres pour jeter au vent les restes des régicides !

La réaction alors se croyait tout permis. A Paris, M. de Vitrolles et ses amis portaient pendant la nuit à la voirie les corps de Voltaire et de J.-J. Rousseau que la France reconnaissante avait mis au Panthéon !

Le général Cavaignac fit porter en France ces débris de la tombe d'un père qu'il allait bientôt rejoindre dans la mort. Lui aussi il a connu le sort des vaincus, il a été frappé par ses ennemis, et il est tombé avant le temps, par le poison peut-être, sinon par l'exil.

Mais ce n'est point pour avoir fait monter un roi sur l'échafaud, c'est pour n'avoir pas su empêcher un empereur de monter sur un trône. Mieux aurait valu pour lui et pour la République qu'il eut exercé le pouvoir comme il l'a quitté, en véritable républicain. Jamais Napoléon n'aurait régné.

III

BONAPARTISTES

Ceux qu'on appelait les *régicides* furent suivis en Belgique d'une foule de jeunes partisans de la République et de l'empire, proscrits, avec eux, par les Bourbons inaugurant le règne du droit divin par la Terreur blanche. Tous les hommes alors qui s'étaient trouvés mêlés aux derniers événements, avaient pris les armes pour repousser l'étranger, signé l'Acte additionnel aux constitutions de l'empire, organisé la résistance à l'invasion, étaient livrés aux conseils de guerre, aux cours prévôtales, à la cour des pairs, aux assassins du Midi, envoyés à la mort, au bagne, à l'exil.

Dans un intervalle de peu de jours, le maréchal Ney, les généraux Labédoyère, Mouton-Duvernet, Chartran, les deux Faucher, les jumeaux de la Réole, l'officier Mietton, aide de camp du général Bonnaire, étaient fusillés; les généraux Brune, Ramel, Lagarde assassinés. Les généraux Bonnaire, Travot, Debelle, Gruyer, Gilly, Drouet d'Erlon, Radet, Clausel, Ameilhe, les deux Lallemand, Lefèbvre-Desnouettes, Rigaud, le colonel Boyer de Peyreleau, tous déjà réfugiés à l'étranger, heureusement pour eux, le directeur général des postes, Lavalette, échappé si miraculeusement à ses geôliers et au bourreau, l'avocat Frantz, de Metz et un grand nombre de citoyens n'appartenant pas à l'armée, étaient condamnés à mort.

Pendant que les Trestaillons, les Truphemi de Marseille, du Gard, du midi, égorgeaient les mamelucks dans leur casernes, les patriotes de Carcassonne dans leur prison, les brigands de la Loire, et les Jacobins dans leurs maisons, sur les places publiques, le pouvoir central destituait soixante-quinze mille fonctionnaires et internait cent mille suspects.

En 1851, lorsque Louis Napoléon s'est montré si impitoyable, a fait à son tour de la terreur, on aurait pu supposer qu'il avait voulu prendre sa revanche de 1815, appliquer aux proscripteurs de la restauration la peine du talion. Il s'en est bien gardé, disant peut-être qu'un Napoléon III ne doit pas venger les injures d'un Napoléon Ier, sur les coupables.

Il n'a frappé, avec l'appui et les applaudissements des royalistes, que les républicains, atteints comme les bonapartistes par la réaction bourbonienne et qui, depuis le 9 thermidor, ont constamment été poursuivis, calomniés, proscrits, terrorisés par les monarchiens, puissants sous tous les pouvoirs.

La charte octroyée par Louis XVIII était, au sortir de l'empire, un progrès réel, un véritable bienfait. Donnée à contre cœur, arrosée par le sang français, interprétée judaïquement, elle n'était pas même une barrière suffisante contre les assauts que les émigrés, les prêtres, les nobles, les ultras de la Chambre introuvable livraient aux libertés garanties par elle. Les bourbons avaient toujours pour adversaires d'abord les patriotes qui ne leur pardonnaient pas d'être rentrés en France dans les fourgons des cosaques et d'avoir sacrifié à leurs amis les ennemis des généraux si souvent vainqueurs de l'étranger; ensuite les républicains, indignés de la guerre implacable faite par la Restauration aux hommes et aux choses de la révolution. Bientôt aussi s'engagea entre le gouvernement et l'opposition cette lutte longue, ardente, acharnée, qui aboutit à 1830.

Les Bourbons, attaqués, à chaque pas fait dans la réaction, par la presse, la parole, les conspirations, les prises d'armes, répondirent par les condamnations, les emprisonnements, les lois d'exception, l'échafaud. Le bourreau, selon le vœu de M. de

Maistre, le théoricien du parti, devint la clef de voûte de l'édifice monarchique ; ce fut lui qui fit tomber pour cause politique, à Grenoble, les têtes de Didier et de vingt-et-un paysans (1) exécutés, sur dépêche télégraphique, pour qu'il n'y eût aucun retard ; à Paris, des quatre sergents de la Rochelle, Bories, Raoulx, Pommier, Goubin, des ouvriers, Pleigner, Carbonneau, Tolleron, et des fourriers Desbans et Chayaux, de la garde royale ; à Alençon, des citoyens Desfontaine et Raymond ; à Bordeaux, du capitaine Bedrine et du praticien Cassaigne ; à Lude, Sarthe, de quatre journaliers ; à Melun, de quatre paysans et d'une femme ; à Montpellier, de cinq gardes nationaux ; à Nîmes, de cinq protestants ; à Carcassonne, de Baux, chirurgien, Bonory et Gardé, anciens militaires ; à Montargis et à Sens, de sept cultivateurs et d'une femme, impliqués dans une émeute occasionnée par la cherté des grains ; à Poitiers, du général Berton ; à Strasbourg, du colonel Caron ; à Toulon, du capitaine Vallé ; à Tours, du maréchal-des-logis Sirejean ; à Thouars, de Saglin, Saugé et Tisserand, propriétaires ; à Lyon, du capitaine Audin et de neuf ouvriers ou militaires livrés à la guillotine par la cour prévôtale qui avait prononcé vingt-huit condamnations à la mort et vingt-huit à la déportation.

Grandménil, officier de santé, le sabotier Duret, le maréchal-des-logis Coudert, le commandant Gauchais, les lieutenants Pombas, Rivereau, Delon, Delhaye, Raymond, Ganelon, Moreau, Roger, Trémeux, maître de poste, Baudrillet, Henri Fradin, médecin, Chappey, courtier à Reims, Cossin, Dupuy, Favre, Seunechaut, propriétaires, un autre Caron, Chauvet, professeur, avaient été condamnés comme les premiers à la peine capitale par les cours prévôtales, les conseils de guerre ou les cours d'assises appelées à juger les ennemis du nouveau pouvoir.

Comme ils étaient presque tous en fuite, leur peine fut commuée en celle des travaux forcés. Le médecin Caffé s'était soustrait au bourreau en s'ouvrant les veines dans sa prison.

C'était pour leur participation plus ou moins directe aux événements de la Révolution et des Cent-Jours que les condamnés de la première série, les conventionnels et les officiers généraux, avaient été frappés. Ceux dont nous venons de citer les noms payèrent de leur tête ou de l'exil l'accusation d'avoir conspiré contre la monarchie du droit divin.

(1) Parmi eux il y avait un enfant de seize ans.

A ce jeu sanglant du couperet, les Bourbons peuvent rendre encore des points aux Napoléons, mettant même dans leurs cartes, au compte de l'oncle, les corps du duc d'Enghien, du général Mallet et des paysans de Caen, soulevés contre des accapareurs de grains; à celui du neveu, les têtes d'Orsini, de Pierri et de Pianori.

Napoléon III n'a relevé l'échafaud politique brisé par la Révolution de février, que pour cinq de ses prisonniers, Charlet, Germain Cirasse, Cuisinier, Laurent, dit Choumac, et Cadelard. Ses conseils de guerre ont condamné à mort seulement cinquante-neuf personnes en onze mois; savoir : à Paris, dix ouvriers ou bourgeois; à Cueurs, un paysan. A X, un ouvrier; dans l'Hérault, vingt et un paysans; à Lyon, sept cultivateurs de la Drôme; à Marseille, un commerçant; dans le Loiret, un menuisier; dans l'Ain, un paysan; dans la Nièvre, neuf citoyens, de professions diverses, qui ont eu leur peine commuée en exécution par Cayenne, et parmi lesquels était Eugène Millelot, mort à la Guyane, après avoir vu son père et son frère déportés avec lui, ses magasins dévastés; dans l'Allier, six des chefs du mouvement du donjon : le docteur de Nollhac, Fagot, propriétaire, Ernest et Edouard Terrier frères du représentant, Ernest et Henri Préveraud, beau-frère et neveu du même représentant proscrit déjà avec un autre membre de sa famille. Comme il n'avait pu mettre la main que sur les propriétés des cinq premiers qui avaient quitté la France, le gouvernement a fait de la générosité : il a envoyé au bagne de Toulon, au lieu de lui couper le cou, le plus jeune des condamnés, Préveraud cadet, tombé seul en son pouvoir et qui, grâce à ses dix-huit ans, à ses infirmités, a eu l'avantage de traîner le boulet, en costume de forçat, pendant de longs mois de souffrance.

Il n'y a pas eu non plus en 1851 de destitutions comme en 1815; au lieu d'être révoqués, les fonctionnaires ont reçu de l'avancement, une augmentation de traitement. Presque tous étaient les créatures du président, ou furent les complices du coup d'État; et depuis longtemps il n'y avait plus parmi eux un seul républicain.

En revanche, les Napoléons se rattrapent, l'emportent sur leurs rivaux par la proscription et la guillotine sèche.

Pendant la journée de décembre, l'exécuteur du second coup d'État a fait abattre par ses soldats, tirant sur le tas, un millier de promeneurs inoffensifs, sans armes, la plupart sans opinions. Il a fait ainsi en quelques minutes, pour donner une leçon de prudence aux Parisiens, trois fois plus de morts que n'en fit en quelques jours à Lyon le canon de Collot-D'herbois ; autant que les journées de septembre en virent à Paris, alors que la France était en danger.

Après ce premier exploit, par ses ordres ou pour lui plaire, ses gendarmes, ses limiers de police, ses soldats ont au Champ-de-Mars, dans les prisons, au milieu des bois, sur les grandes routes, dans les départements, fait la chasse aux républicains; traqué comme des bêtes fauves, fusillé et refusillé au besoin, ou jeté blessés à l'eau, ainsi que l'ont été Martin Bidauré, dans le Var, Berger à Paris, tous ceux qui résistaient, étaient soupçonnés de vouloir défendre la Constitution, de donner un asile aux fugitifs, d'avoir chez eux des armes : quand l'ordre régnait partout, il a, par ses décrets et par les arrêts de ses commissions mixtes ou de ses conseils de guerre, jeté au bagne, à Cayenne, à Lambessa, dans les prisons d'État, sur la terre étrangère, cent mille proscrits, coupables d'avoir repoussé la force, l'arbitraire au nom du droit, de la Constitution, tenté de s'opposer au coup d'État, protesté contre la violation des lois, ou simplement d'avoir aimé la République sous la République, et de ne pas s'être montré impérialistes quand Louis-Napoléon était le président de cette République, à qui il avait juré solennellement fidélité, hommage.

Là encore il a su atteindre ses victimes : la faim, la misère, la fièvre jaune, le soleil d'Afrique, les tortures de la prison, les privations de tout genre ont été les ministres irresponsables de l'empereur, les exécuteurs officieux des hautes œuvres de sa justice impériale.

Ces pages sanglantes de l'histoire des rois et des empereurs il est opportun, nécessaire de les faire lire souvent à la France oublieuse et aux partis qui depuis soixante-quinze ans dressent contre nous le spectre rouge de 1793. Il le faut, alors surtout que dans la démocratie même, on entend invoquer, en vertu du droit commun, la prescription pour les crimes de décembre, prêcher sous le nom d'*Union libérale*, l'alliance avec ces royalistes des deux branches qu'en 1815 comme en 1851, au 6 juin 1832 et en 1834 comme dans les journées de juin 1848 et 1849, les républicains ont toujours trouvés au premier rang des proscripteurs.

Si on doit se souvenir, rester armé sous son drapeau, ce n'est point parce que la tache du sang ainsi versé est indélébile, ne peut jamais s'effacer : les Révolutions de 1830 et de février n'ont pas voulu, dans leur générosité, la voir sur le front des coupables ; c'est parce qu'un principe, toujours vivant, toujours vivace, et qu'ils appliqueront toujours à leurs ennemis vaincus, anime, dirige, pousse dans leurs actes, dans leurs desseins les ennemis de la liberté. Ce principe, c'est la vengeance ! l'Inquisition, la Saint-Barthélemy, la révocation de l'édit de Nantes, les sanglantes proscriptions de la réaction thermidorienne dirigée par la jeunesse dorée de Fréron et les compagnies de Jéhu, Celles de 1815, de 1851 et de 1852 disent comment ils l'ont mis en œuvre.

A la différence des révolutionnaires de 1793, les contre-révolutionnaires de tous les temps frappent, non pour se défendre, mais pour se venger, se venger moins encore de leur défaite passée que de la peur qu'ils ont eue, du mal qu'ils ont fait. Ils n'ont pas à sauver la patrie mise en danger de mort par les ennemis du dehors et du dedans; mais ils veulent donner par une hécatombe de vaincus les honneurs du triomphe au chef de l'État, assis paisible et tout-puissant sur son trône, et supprimer, avec ses sectateurs, l'idée dont le développement menace encore plus leurs intérêts que leurs principes. Les premiers ont fait de la terreur dans une véritable bataille rangée, au milieu des passions, des périls, des orages d'une époque exceptionnelle ; les autres en font à froid, après la victoire, en pleine paix, quand l'ordre règne dans le pays soumis, désarmé. Et ce sont ceux-ci qu'on appelle les honnêtes et les modérés. Ils reviennent au pouvoir sous tous les régimes ; nous les verrons encore se tourner contre nous le jour où s'effondrera l'empire, si en montant à l'assaut, où chaque parti peut aller de son côté, nous les laissons se glisser dans nos rangs.

IV

LIBÉRAUX — RÉPUBLICAINS

Plusieurs des hommes politiques condamnés par les juges de la Restauration purent gagner la Belgique, où se trouvaient déjà, avec les conventionnels, des citoyens bannis à cause du concours qu'ils avaient donné à la défense de la France menacée par l'invasion, et quelques-uns des généraux échappés aux balles royales. Des écrivains poursuivis pour délit de presse, des jeunes gens des écoles, compromis dans les conspirations de Saumur, de Béfort, ou mêlés aux troubles dans lesquels le jeune Lallemand avait été tué, et quelques exilés volontaires vinrent à des intervalles différents grossir leurs rangs.

La Belgique, alors gouvernée par un Nassau, fit aux refugiés, aux proscrits un accueil très-empressé, presque enthousiaste.

Voici ce que dit à ce sujet un journal du temps, cité par *l'Espiègle :*

« La ville de Bruxelles est devenue le point de réunion de ce « que Paris offrait naguère de plus distingué dans toutes les pro- « fessions : militaires, hommes de lettres, artistes du premier mé- « rite, tous viennent y partager le bonheur dont on jouit sur cette « terre hospitalière. On les accueille comme des amis, comme des « frères, comme des compagnons d'armes. Partout règne une « franche cordialité, une politesse affectueuse. Les concerts, les

« bals, les fêtes les plus brillantes se succèdent dans cette ville qui, « grâce aux persécutions du gouvernement français, deviendra « bientôt la capitale du monde. A qui Bruxelles doit-il tant « d'avantages? à la protection libérale du roi des Pays-Bas. Les « talents recherchent la liberté, comme les plantes le soleil. »

Il n'en a pas été de même sous Léopold !

Le roi des Pays-Bas avait pourtant été détrôné par Napoléon. Il était un des favoris de la coalition qui lui avait fait cadeau de la Belgique; il ne pouvait être soupçonné de sympathiser avec les révolutionnaires, les républicains, les bonapartistes, et n'avait aucun témoignage de reconnaissance à donner aux Français.

Au milieu des fêtes, les refugiés ne restèrent pas inactifs; les jeunes, les ardents, parmi lesquels on remarquait les généraux Lamarque, interné bientôt à Amsterdam, Lawœstine, Jacqueminot, MM. Lorois, Teste, commissaire général à Lyon dans les Cent-Jours, où il avait armé les fédérés, le commandant Brice, etc., cherchaient à nouer à l'intérieur et à l'extérieur des relations avec les ennemis des Bourbons, pour renverser la monarchie imposée à la France par l'étranger. Beaucoup, en haine de la réaction religieuse entée sur la réaction politique, de l'influence que le clergé uni à la noblesse prenait dans le gouvernement de droit divin, disaient hautement qu'un souverain protestant était celui qui convenait à la France. Ils étaient prêts à prendre pour chef le prince, Français ou non, qui, appartenant à cette religion, se présenterait avec des chances de succès, et à lui offrir la couronne. Connaissant ces dispositions, ces projets, le prince d'Orange, fils du roi des Pays-Bas, beau-frère d'Alexandre, prince ambitieux, aventureux, pressé de régner, se mit en relation avec le groupe des refugiés sur lesquels il pouvait compter.

« Après de nombreux pourparlers, voici, rapporte M. Vaulabelle « dans son *Histoire de la Restauration*, quel fut le plan arrêté : « On était en 1817; les cent cinquante mille hommes de troupes « étrangères composant le corps d'occupation resté en France, « campaient en grande partie sur la frontière de Belgique, et « comprenaient dans leurs rangs un grand nombre de régiments « belges ainsi qu'un corps nombreux de troupes russes, placées sous

« les ordres du général Woronzoff : ce fut à l'aide de ces corps et « de ces régiments que l'on projeta de décider l'événement. »

Le comte de Woronzoff ne voulut rien faire sans l'ordre d'Alexandre. M. Teste et le commandant Brice furent à Amsterdam proposer au général Lamarque d'aller solliciter cet ordre à Saint-Pétersbourg. Le général n'ayant pas voulu accepter cette mission, par reconnaissance pour le roi des Pays-Bas qui lui donnait un asile, les délégués se rendirent chez Carnot, venu alors de Varsovie à Magdebourg. Celui-ci croyant aussi l'avénement d'un prince protestant utile à la France, se préparait à faire près d'Alexandre la démarche nécessaire, lorsque le czar, instruit de ce qui se passait, fit signifier au prince d'Orange de s'abstenir de toute tentative contre Louis XVIII.

Deux ans plus tard, en 1819, le prince d'Orange, de concert avec les exilés, avait conçu un nouveau projet, d'une exécution plus facile : la France, de plus en plus lasse de ses rois *légitimes*, et non plus la Russie, était appelée cette fois à le seconder.

« Commandant en chef de toutes les troupes des Pays-Bas, le « prince (1), pour délivrer la France des Bourbons et l'affranchir « des prétentions de l'ancienne noblesse et du clergé, devait franchir la frontière à la tête d'une partie de son armée, arborer le « drapeau tricolore, proclamer la réunion de la Belgique à la « France, et marcher sur Paris, après avoir rallié autour de lui « un nombre suffisant de mécontents; mais il demandait deux choses : « la présence au milieu de ses troupes, après leur entrée en France, « de quelques hommes considérables, députés et généraux, qui se « constitueraient en gouvernement provisoire, puis la promesse de « succéder lui-même à Louis XVIII. »

Un officier supérieur belge, aide de camp du prince d'Orange, vint soumettre ces propositions au comité de Paris dont faisaient partie Voyer d'Argenson, Lafayette et quelques généraux. Les généraux voyaient dans le prince d'Orange un des lieutenants de l'armée d'invasion, un ennemi de la France. Ils hésitaient. Lafayette, redoutait les prétendants, voulait la République. Chargé d'examiner la question, il fit traîner les choses en longueur. Guillaume eut le temps d'être prévenu. Peu jaloux de se sacrifier à son fils, il ôta le commandement de son armée au prince d'Orange et le fit

(1) Vaulabelle.

voyager. Tout fut manqué. Les exilés appartenant aux oppositions dynastiques durent se raccrocher pour avoir un roi à une autre branche que celle des Nassau : la branche cadette des Bourbons se trouva à point sous leurs mains.

Rentrés bientôt en France, la plupart travaillèrent, avec l'activité et le bonheur que l'on sait, au triomphe de l'orléanisme. Un d'eux, M. Teste, devint, après le succès, ministre de Louis-Philippe et fut impliqué, à la fin du règne, dans un sale tripotage de pot-de-vin, avec le général Cubières et le banquier Pellaprat, beau-père du prince de Chimay.

En Belgique, tout en préparant l'avenir, il songeait au présent : il s'était fait inscrire comme avocat au barreau de Liége, où par son talent de parole, ses connaissances en droit, il avait bientôt pris la première place.

Son frère Charles et Buonarotti conspiraient à leur manière contre le gouvernement du privilége, de l'injustice, de l'inégalité : ils enseignaient, propageaient la doctrine des égaux.

Buonarotti, qui a fait si peu de bruit dans l'histoire contemporaine et joué un rôle si modeste, doit être pris pour le type du véritable démocrate moderne ; il a toute sa vie combattu dans la mêlée pour la cause de l'humanité, avec un dévouement absolu, une abnégation entière, une persévérance invincible.

Lui qui a été sans ambition personnelle, sans haine pour les hommes, il a eu le glorieux privilége d'être frappé pour ses principes, pour l'idée, par toutes les réactions, sans qu'aucunes aient cherché à jeter sur sa mémoire, sur ses actes, une de ces accusations violentes, injustes ou calomnieuses qu'elles n'épargnent pas aux vaincus.

Né en Italie, d'une famille descendant, dit-on, du grand Michel-Ange, Buonarotti, tout jeune encore, embrassa avec enthousiasme la cause de la révolution française. Il vint à Paris, et aux beaux jours de la République, il reçut le titre de citoyen français, fut envoyé en mission à Nice, et y prêcha la parole de vie. Ce furent ses seuls triomphes.

Arrêté au 9 thermidor, emprisonné à Cherbourg, comme complice de Babeuf, son ami, dans la conspiration qui a été la première manifestation du socialisme moderne, relégué sous le directoire dans l'île d'Oléron, exilé par Napoléon à Genève, il fut expulsé en 1815 par les Bourbons ; rentré après 1830, il se vit poursuivre, sous Louis-Philippe, devant la chambre des pairs, comme avocat des accusés d'avril. Mort avant février, les dernières réactions seules n'ont pu l'atteindre. Pendant cette longue série de luttes, de persécutions, ce grand citoyen a toujours travaillé pour vivre, et ne voulut rien devoir qu'à lui-même, donnant à Genève, à Bruxelles, à Paris, à la fin de sa carrière, des leçons de musique à quinze sous le cachet, sur son vieux clavecin. Ses amis ne pouvaient lui rien faire accepter ; pour subvenir à son chauffage, au meilleur marché possible, sans qu'il s'en doutât, Bastide et Charles Thomas, alors marchands de bois, devaient le tromper sur le prix et sur la quantité de ce qu'ils lui fournissaient.

Charles Teste ne fut ni moins intègre, ni moins ferme dans ses principes. Pendant que son frère était ministre, il enseignait à Paris la grammaire et l'histoire. En 1815, il était banni comme ordonnateur de l'armée d'Helvétie, commandée par le général Lecourbe, poste que lui avait confié Carnot pendant les Cent-Jours, en le dispensant du serment à l'empereur. Se tenant loin du monde, dans un petit cercle d'amis, les deux babouvistes faisaient du socialisme en Belgique, longtemps avant que les fouriéristes et les saint simoniens eussent commencé de faire connaître leurs doctrines ; ils y fondaient l'école communiste.

Les écrivains comme Arnaud, de l'Institut, Victor Ducange, Fontan, Cauchois Lemaire, continuèrent sur la terre étrangère, dans la presse, la lutte commencée en France contre la Restauration. Ils fondèrent à Bruxelles le *Nain jaune*, dont le succès fut grand. Lorsque le roi Guillaume se montra autant que Charles X, l'ennemi de la liberté, devint l'oppresseur du pays, les journalistes français entrèrent avec ardeur dans la croisade des patriotes belges contre leur gouvernement, et ils firent une guerre aussi vive aux Nassau qu'aux Bourbons. Le ministère des Pays-Bas fit alors interner ou expulser, malgré les protestations de la presse libérale, les réfugiés de cette catégorie.

Bientôt, d'ailleurs, pour échapper aux poursuites provoquées par Van Maanen, le Peyronnet de la Belgique, MM. de Potter, Tielemans, Bartels et quelques autres de leurs amis, condamnés à plusieurs années d'exil ou de prison, durent à leur tour quitter la Belgique et se réfugier à l'étranger.

V

LES RÉPUBLICAINS SOUS LE GOUVERNEMENT DE JUILLET

En 1830, la révolution éclatait comme une tempête, au milieu de l'Europe rivée aux chaînes de la Sainte-Alliance par les traités de 1815.

La France chassait ses Bourbons, la Belgique ses Nassau. Les proscrits des rois déchus rentrèrent en triomphateurs dans la patrie affranchie. Les premiers jours furent beaux. Les Belges avaient proclamé leur indépendance, fondé leur nationalité. Les Français voyaient le drapeau tricolore abriter les jeunes libertés conquises sur les barricades.

Bientôt, la réaction bourgeoise vint enrayer le mouvement démocratique imprimé aux deux pays par les révolutions sœurs. En France et en Belgique, le juste-milieu, le doctrinarisme, exploitant la victoire des combattants, régna et gouverna au plus grand profit du pays légal, des classes censitaires, de la bourgeoisie.

En échange du pouvoir, les gouvernements avaient donné aux nouveaux privilégiés les places, les subventions, les monopoles et les moyens de s'enrichir.

Les Belges, satisfaits d'avoir rendu à leur pays son autonomie, heureux de posséder des libertés étendues dont ils ne demandaient qu'à jouir modérément, gouvernés par un roi habile à tourner les difficultés au lieu de les heurter de front, acceptèrent sans trop murmurer, sans trop en souffrir, un ordre de choses dans lequel la vie politique, agitée par la querelle du clérical et du libéral, paraissait bien remplie.

Les Français, moins endurants et courant sans repos après le progrès, convaincus que le mieux n'est pas l'ennemi du bien, s'aperçurent promptement que la monarchie imposée à la France par les députés de la bourgeoisie, n'était pas la meilleure des Républiques; ils virent la marche en avant arrêtée, la révolution faite par le peuple pour le peuple confisquée au profit de la royauté et de la classe moyenne.

L'avant-garde de l'opposition, entièrement composée de républicains dont les preuves étaient faites, et de la jeunesse des écoles impatiente de voir triompher la cause démocratique, engagea alors à la tribune, dans la presse, les clubs, les sociétés publiques et secrètes, sur la place publique, au milieu des barricades, la lutte contre la monarchie orléaniste, avec une vigueur, un courage, un dévouement que rien ne put lasser.

Malgré les nombreuses défaites subies pendant de si longues années, avant d'avoir son jour en Février, malgré le sang versé à Saint-Méry, dans la rue Transnonain, sur les pavés de Paris, à Lyon, à Grenoble, à Clermont, à Toulouse et ailleurs ; malgré les condamnations de tous genres prononcées par les cours d'assises, les tribunaux et la Cour des pairs, les énormes amendes infligées à la presse et toutes les persécutions subies, la démocratie militante ne désarma pas : elle battit en brèche le trône de Louis-Philippe jusqu'à ce qu'il tombât sous les pavés, miné par le mépris. Ni les lois de septembre, avec lesquelles le gouvernement parlementaire, constitutionnel, libéral, si vanté, avait porté atteinte à toutes les libertés garanties par la Constitution, ni la guerre acharnée faite à la presse, qui avait subi onze cent soixante-treize procès, payé sept millions cent dix mille cinq cents francs d'amende, vu tuer cinquante-sept journaux et condamner ses écrivains à trois mille cent quarante-et-un ans de prison, n'avaient pu le sauver.

Des vaincus, les uns avaient payé de la vie, de la liberté, leurs héroïques tentatives ; les autres échappèrent par l'exil à la prison : l'Angleterre, la Suisse, la Belgique les reçurent.

L'hospitalité fut différente comme les nations qui la donnèrent.

A Londres, lorsque la France était la très-humble alliée de l'Angleterre, qui se vantait de pouvoir faire passer, si elle le voulait, Louis-Philippe par le trou d'une aiguille; ou après que le mariage espagnol eut mis la brouille entre les deux gouvernements, les réfugiés français, à quelque catégorie qu'ils appartinssent, trouvèrent une liberté absolue, une indifférence générale.

La Suisse accueillit avec cordialité les citoyens qui, ayant combattu en faveur de la liberté, étaient venus chercher une terre libre pour y vivre.

Son peuple, tout petit, tout faible qu'il fut, pour sauvegarder sa souveraineté s'exposa à soutenir la guerre contre la France, à subir un blocus hermétique, en refusant d'expulser un proscrit.

Ce proscrit, c'était Louis-Napoléon.

Par ses idées napoléoniennes, ses écrits sur la Constitution helvétique et sur le paupérisme, ses rapports avec les *carbonari* italiens et la démocratie française, le fils de la reine Hortense était considéré par le peuple suisse comme un républicain aussi sûr, aussi sincère que le député Deludre, réfugié dans les montagnes de l'Helvétie depuis 1834.

Gouvernée par un roi allemand, gendre de Louis-Philippe, et par des ministres doctrinaires ou cléricaux qui redoutaient également les agitations du dedans et celles du dehors, les principes, la présence et la propagande des républicains français, la Belgique officielle devait montrer peu de sympathies aux ennemis des hommes et des choses qu'elle aimait ou admirait. Le pouvoir voyait avec défiance les révolutionnaires de France venir grossir les rangs des révolutionnaires belges, rejetés du gouvernement, écartés des affaires, mais rachetant la faiblesse du nombre par le talent, l'honorabilité, l'influence.

Aussi, de 1830 à 1848, les républicains français se réfugiant en Belgique à chaque échec de leur parti, furent plutôt supportés qu'acceptés; beaucoup ne purent que traverser le pays ou furent expulsés après un court séjour; quelques-uns, protégés par des personnes haut placées, furent autorisés à habiter certaines villes désignées comme lieux d'internement.

De ce nombre étaient Cabet, Emile Labrousse, Félix Mathé, Imbert, de Marseille, Delescluze, Clément, Crevat, Yvon, Delaunay, Vilain, Jobert, Nètré, Lemonnier, poursuivis pour délits de presse, complots ou sociétés secrètes.

Deux seulement, Clément et Labrousse, s'y fixèrent.

Clément, élève de l'Ecole polytechnique, avait dû quitter la France, à la suite des 5 et 6 juin 1832 ; il avait combattu dans les rangs des insurgés. Protégé par le général français Desprez, alors chef de corps à Bruxelles, Clément put résider en Belgique. Peu de temps après il entrait comme professeur à l'école militaire, où il occupe encore dignement son poste.

Capitaine à Paris d'une compagnie de la garde nationale impliquée dans la même insurrection, Labrousse ne quitta la terre étrangère qu'en 1848, à l'appel de sa patrie en révolution ; banni après le coup d'Etat par la commission mixte du Lot, il est revenu à Bruxelles pour n'en plus sortir. Pendant son premier séjour dans cette ville, Labrousse fut accusé d'y avoir causé des troubles et pris part à une émeute de pillards; il reçut avec Cabet, les Polonais Lelewel, Worcell et une trentaine d'étrangers allemands, italiens, français, l'ordre de quitter la Belgique. Ce qu'il avait fait, c'était de repousser au péril de sa vie les exécutions que la police et la troupe laissaient faire.

Il fut défendu à la tribune, ainsi que Lelewel, avec beaucoup de chaleur, par des représentants de diverses opinions dont il était personnellement connu. « Les étrangers ne sont pour rien dans les « troubles, s'écria M. de Brouckère : aucun n'est impliqué dans la « procédure. » « M. Labrousse n'a rien écrit, dit M. Ernst, devenu « peu de jours après ministre, il est républicain ; mais respecte nos « lois. » Et M. Dumortier ajoutait : « On a proposé à Labrousse de « faire partie d'une association en Belgique ; il a refusé en disant « que, quoiqu'il conservât ses principes, il ne voulait pas renverser « un gouvernement qui lui donnait l'hospitalité ; on lui a proposé « d'écrire dans les journaux, et il a refusé quoiqu'il ne fût pas for- « tuné. C'est un homme plein de sentiment et de délicatesse. Pen- « dant les journées de désastre, qu'a-t-il fait? Sa conduite a été « admirable : il a lutté contre les pillards. Le cœur de ce jeune « homme a été navré de se voir mettre sur la même ligne que Fro- « mont l'excitateur au pillage ! » (Journées des 22 et 24 mai 1834.)

Le gouvernement belge voulait rendre la Société des droits de l'homme de Paris responsable des scènes de désordre et de dévastation auxquelles s'étaient livrées des bandes sorties on ne sait d'où, et reprimées seulement lorsque les maisons d'orangistes connus furent saccagées. M. Rogier, que nous verrons toujours hostile aux proscrits, frappa les réfugiés pour épargner les vrais coupables.

Lelewel, dénoncé comme un vulgaire émeutier, un casseur de vitres, était célèbre par ses travaux historiques et par le rôle qu'il avait joué en Pologne ; quelques jours après, il allait, avec MM. Verhaegen, Charles de Brouckère, le Français Baron, professeur d'éloquence, le philosophe Ahrens, être un des fondateurs de l'Université libre de Bruxelles. Pour lui et pour Labrousse, l'expulsion fut cependant transformée en internement.

De retour à Bruxelles, Labrousse ouvrit sous le nom d'École centrale du commerce et de l'industrie le bel établissement d'enseignement qui compta parmi ses professeurs les plus distingués, les plus assidus, M. de Brouckère, et donna à la Belgique une grande partie des hommes marquants dont elle s'honore.

Félix Mathé, associé d'abord à Labrousse, revint bientôt à la politique active, où l'appelaient son tempérament ardent de conspirateur, son ardeur de lutte. Avant même que l'amnistie donnée par Louis-Philippe n'eut ouvert les portes de la patrie et celles des prisons aux condamnés politiques, il rentra en France avec les réfugiés que leurs nouvelles occupations ne retenaient pas sur la terre étrangère.

Avant cette époque, la Belgique avait été débarrassée, sans forme de procès, d'une partie des républicains jugés par la Cour des pairs pour les affaires de 1834.

Au milieu des débats ardents, passionnés, dans lesquels les prévenus et leurs avocats gardèrent une si fière attitude, la disjonction des causes entre les accusés de Paris et ceux de Lyon fut prononcée, la liberté de la défense violée.

Les Parisiens, séparés des autres accusés, avaient été mis à Sainte-Pélagie en attendant leur jugement. Étienne Arago, Barbès et quelques amis formèrent le projet de les enlever à leur geôliers.

Conçue avec beaucoup d'habileté, cette entreprise, dont il faut voir les détails dans l'*Histoire de dix ans*, de Louis Blanc, réussit admirablement. Tous les accusés de la catégorie de Paris, à l'exception de Kersausie, Beaumont, Sauriac, Hubert de Guer, restés volontairement dans leur prison, s'échappèrent de Sainte-Pélagie, et par diverses routes purent atteindre la frontière.

Godefroid Cavaignac se dirigea immédiatement sur l'Angleterre.

Guinard fut en Belgique. A peine arrivé, il reçut l'ordre de quitter le royaume. M. Gendebien, toujours prêt à défendre l'honneur de son pays, s'éleva avec une grande véhémence à la Chambre contre l'arrêté qui expulsait le réfugié français. Il démontra que le décret de 1830, rendu au milieu d'une révolution, n'était plus applicable lorsque l'ordre et la tranquillité étaient rétablis.

Le gouvernement fit triompher sa doctrine et expulsa Guinard. Il crut cependant devoir faire sanctionner l'arbitraire par le Parlement, et proposa cette fameuse loi des étrangers dont nous verrons plus tard les résultats.

Armand Marrast, Berrier-Fontaine, Vignerte, Lebon, Landolphe, Rozier, Fournier ne pouvaient espérer de rester en Belgique ignorés ou tranquilles ; ils se décidèrent à aller habiter l'Angleterre.

Après l'arrêt de la Cour des pairs qui condamnait à la déportation ou à vingt ans de réclusion les principaux accusés d'avril, ceux que le pouvoir avait sous la main furent incarcérés à Doullens, — Doullens, la citadelle où nous avons vu enfermer aussi sous la République, de par les hautes-cours de Bourges et de Versailles, les meilleurs républicains.

L'évasion de Sainte-Pélagie avait eu trop de retentissement pour que les autres prisonniers ne cherchassent pas les moyens de rompre leurs chaînes, de se soustraire au pouvoir de leurs ennemis. Au dedans, au dehors, les détenus et leurs familles se mirent au travail. On creusa, comme à Paris, un souterrain communiquant du fort dans la campagne. Bientôt tout fût prêt pour la fuite. Madame Baune, dont le mari était condamné à la déportation, surveillait avec un soin inquiet tous les préparatifs, portait sous sa robe les échelles de soie, les leviers nécessaires à l'évasion. On lui avait fait espérer la grâce de son mari, si elle la demandait. Madame Baune avait répondu qu'elle ne pourrait jamais se courber assez pour passer sous une porte si basse ; et elle avait continué l'œuvre du salut commun avec un dévouement d'autant plus méritoire, que son mari s'était engagé à ne pas chercher à s'évader, afin que madame Baune fût moins surveillée.

La veille du jour fixé pour le départ, tout fut découvert. Les détenus prirent alors la résolution audacieuse de sortir par les portes mêmes de la citadelle, en forçant le passage à l'heure où une partie des geôliers étaient à dîner. Les prisonniers se jetèrent sur leurs gardiens, les bâillonnèrent, désarmèrent les soldats des postes, franchirent la première enceinte et sautèrent du haut des remparts dans la campagne. Ils s'éloignèrent rapidement dans toutes les directions. Pour donner le temps à leurs amis d'exécuter leur projet et favoriser leur fuite, Baune, Caussidière père s'étaient barricadés dans la prison, dont les argousins durent d'abord venir enfoncer les portes.

Malheureusement, des accidents, l'ignorance des localités, la difficulté de trouver immédiatement des moyens de transport ou des retraites sûres dans un pays découvert, loin des villes, firent bientôt retomber la plupart des fugitifs entre les mains des troupes et des gendarmes lancés à leur poursuite. Lagrange fut livré par un aubergiste à qui il avait dit son nom. Réverchon et Desvoyx s'étaient cassé la jambe en sautant; ils se laissèrent arrêter sans résistance, avec Caussidière qui n'avait pas voulu les abandonner.

Madame Baune dut elle-même payer pour les fugitifs : elle fut mise en prison au milieu des voleuses! Après six semaines de détention, on lui rendit pourtant la liberté en lui faisant des excuses : la police n'avait rien découvert qui pût la compromettre!

Les sous-officiers de Lunéville, Clément Thomas, Bernard, Stiller, Tricotel, Caillé, Régnier, furent plus heureux : ils traversèrent rapidement la France, entrèrent à Lille, ville fermée et bien gardée, en voiture, avec le conseil de révision, comme s'ils en faisaient partie et accompagnaient le préfet Méchain, alors en tournée. De là, ils pénétrèrent facilement en Belgique, où Chéri, ferblantier, et Marinié les suivirent par une autre voie, mais sans pouvoir y rester. Sur cette terre libre, ils croyaient pouvoir jouir en paix de leur liberté récente. On ne leur laissa pas même faire la grande halte : par ordre de la police, ils durent brûler les étapes pour sortir vite du royaume, comme s'ils étaient soupçonnés de vouloir faire insurger l'armée belge.

Bien que peu nombreux à Bruxelles, les réfugiés de cette époque s'y agitaient beaucoup; ils étaient remuants, peu endurants, étant habitués à payer de toutes manières de leur personne.

Sous Louis-Philippe, il y avait dans la jeunesse une exubérance de vie, un besoin de mouvement, un dévouement à la cause républicaine qui se traduisaient par les complots, les prises d'armes, les duels. Depuis 1815, les duels politiques étaient fréquents et eurent souvent des terminaisons fatales. Ce fut d'abord entre les officiers licenciés des armées impériales et les gardes du corps ou les officiers de la garde royale que les rencontres à l'épée, au pistolet, eurent lieu. Sous le gouvernement de Juillet, les républicains se battirent en combat singulier contre les royalistes des deux branches.

Armand Carrel, le brillant écrivain, le député Dulong, tués, l'un par M. Émile de Girardin, alors au plus épais du juste-milieu, l'autre, par le colonel Bugeaud, de première force au pistolet, Guinard, Ambert, Thomas, Toussaint Bravard, qui eut une affaire avec Fieschi, dont la machine infernale se montait déjà peut-être, étaient ceux que l'on citait entre les plus courageux.

La susceptibilité provoquée par le point d'honneur politique était devenue telle, que, même entre les membres du parti démocratique, il éclatait, à propos de divergences d'opinions, des altercations que des amis communs n'empêchaient pas toujours de se terminer par une rencontre sur le terrain. Ainsi, pendant le procès d'avril, une discussion sur la marche à suivre faillit amener entre Armand Carrel et Dupont de Bussac un conflit de ce genre.

A Bruxelles, un jury d'honneur, composé d'hommes de cœur, ne put pas s'opposer à ce que Félix Mathé et Crevat n'échangeassent des balles dans un duel où Crevat eut le bras cassé.

Au milieu des satisfaits et des ministériels de la Belgique, les réfugiés rencontrèrent un assez grand nombre de mécontents, d'indépendants, de républicains qui leur témoignèrent une fraternelle sympathie. M. Gendebien les avait défendus à la tribune. Félix Delhasse se montra toujours pour eux un excellent ami.

Elève politique de Buonarotti, Delhasse, jeune alors, représentait et défendait avec autant de talent que d'énergie, dans la presse et les réunions, les opinions les plus avancées. Ce fut chez lui que descendirent, en arrivant à Bruxelles, Ledru-Rollin, Étienne Arago, Boichot, etc., décrétés d'accusation après le 13 juin.

A dater de ce moment, Delhasse, ainsi que plusieurs autres démocrates belges, s'est davantage tenu en dehors du mouvement politique, ce qui n'a pas empêché la haute police belge d'attacher à sa personne un agent spécial payé pour dévoiler les secrets de sa vie privée et publique. Il n'en a pas moins gardé ses principes et ses amitiés d'autrefois. Proudhon, entre autres, reçut de lui de telles preuves d'affection, qu'il le nomma en mourant, un de ses exécuteurs testamentaires.

Kersausie, mêlé à toutes les conspirations de son temps, vint, quelque temps après les accusés d'avril, en Belgique. La prison d'où il n'avait pas voulu sortir avait été ouverte, et on lui avait permis d'aller en Angleterre. Grâce à l'intervention de l'ambassadeur français, le duc de Bassano, il put, ayant quitté Londres, séjourner quelque temps à Bruxelles, d'où il partit pour l'Italie, les *carbonari* lui paraissant plus disposés à l'action que les francs-maçons belges.

Trois ans plus tard, la guerre entre la Belgique et la Hollande paraissait probable, imminente, de nature à amener une complication sérieuse dans la politique européenne : Godefroid Cavaignac et Guinard firent secrètement, quoique n'étant pas proscrits cette fois, le voyage de Belgique : ils venaient se concerter avec un de leurs anciens camarades, républicain jadis et fils d'un régicide, M. Chazal, alors colonel d'un régiment belge. L'entrevue eut lieu, et les deux républicains français en revinrent fort désappointés.

Le colonel Chazal était entré dès lors à pleines voiles dans la voie monarchique où il a marché avec assez de succès pour devenir l'un des principaux conseillers et confidents de Léopold.

D'autres républicains, Savenier, Fouquier, entre autres, espérèrent également nouer en Belgique des relations qui leur permissent de tenter un mouvement en France. Leurs démarches furent sans résultats.

VI

PROSCRITS DE LA RÉPUBLIQUE

15 MAI ET 24 JUIN 1848

Le 24 février, en donnant la République à la France, avait causé un ébranlement profond en Europe. Il y eut presque parmi tous les peuples un frémissement général; sur plusieurs points, l'agitation fut grande, des insurrections éclatèrent. La Belgique, en 1830, avait imité l'exemple de la France, fait sa révolution. Elle resta calme en 1848. A part quelques cris, quelque agitation à Gand, à Bruxelles, rien ne bougea.

On en fit honneur à l'habileté de Léopold. Le roi avait, publièrent les journaux, offert d'abdiquer si le pays le demandait; et le pays, ivre d'enthousiasme pour un prince si désintéressé, si soumis à la volonté du peuple, avait de nouveau acclamé son roi.

La vérité est que Léopold, prêt à faire ses paquets pour déménager s'il y avait péril en la demeure, n'eut jamais la moindre velléité de déposer volontairement le fardeau du pouvoir royal. Un de ces mots, comme en font les courtisans dans les grandes occasions pour les rois, fut, à la suite d'une conversation confidentielle entre Léopold et ses ministres, lancé habilement par M. Rogier dans le public, et est devenu historique (1). La Belgique battit des mains;

(1) L'historien Th. Juste, qu'on ne peut pas accuser d'être un ennemi de la royauté belge, n'admet pas que la proposition d'abdication ait été faite.

il n'y avait pas à s'en étonner : elle était en ce moment complétement monarchique ; les républicains s'y trouvaient en petit nombre, enrayés d'ailleurs par le fouriérisme, qui avait fait une propagande active mais pacifique.

On le vit bien lorsque un millier d'ouvriers belges établis à Paris et ayant dans leurs rangs des Français qui croyaient devoir être, comme en 1830, accueillis par le pays en libérateurs, vinrent proclamer la République en Belgique. Non-seulement personne ne prit les armes, mais l'on célébra comme une grande victoire l'affaire de Risquons-Tout, où il y eut un engagement insignifiant.

Les Belges compromis à tort ou à raison dans cette échauffourée, furent envoyés devant les assises. Dix-sept furent condamnés à mort. Le gouvernement n'osa pas faire tomber leurs têtes, et les réserva pour la détention à perpétuité dans une prison d'Etat. Parmi les condamnés était un des hommes qui avaient le mieux servi la révolution de Septembre, le général Mellinet : il était coupable d'avoir serré la main à deux élèves de l'Ecole polytechnique !

Tous ceux qui étaient suspects de républicanisme se virent en même temps dénoncés comme de mauvais citoyens, des ennemis de l'indépendance nationale ; et le roi Léopold fut salué comme le sauveur de la Belgique.

Les républicains français échappés à la transportation décrétée par les conseils de guerre et le gouvernement du général Cavaignac contre les combattants de juin 1848, ne pouvaient guère espérer de trouver un asile en Belgique. Le pouvoir devait les repousser, autant pour garantir ses Etats de l'invasion des fugitifs appelés en France par le parti de l'ordre les nouveaux barbares, que pour donner un gage de bonne amitié à un gouvernement moins craint et déjà plus aimé que le gouvernement provisoire.

En Belgique on avait fait retomber, en effet, la responsabilité de l'affaire de Risquons-Tout sur Ledru-Rollin, qui n'avait rien su de ce qui se passait, et sur son commissaire général dans le Nord, Delescluze, dont les mesures avaient plutôt entravé qu'encouragé le mouvement.

Il était pourtant facile de comprendre que si le gouvernement provisoire avait voulu républicaniser ou annexer la Belgique, il aurait eu à sa disposition d'autres soldats que ceux de Risquons-Tout.

Adam, le cambreur, un des délégués du Luxembourg, reçut, à peine arrivé, l'ordre de quitter sans délai la Belgique.

Deleau écrivait depuis plusieurs mois à Charleroi, dans le journal l'*Avenir ;* il n'avait été mêlé en aucune manière aux événements de France : il fut cependant brutalement expulsé.

Lieutenant des chasseurs de Vincennes, Deleau, ancien secrétaire de l'amiral Rosamel, aide de camp du général Lenormand, avait dû s'expatrier : il était condamné à mort par un conseil de guerre pour avoir souffleté un commandant de corps qui l'insultait dans une discussion politique.

Deleau dirigeait dans la ville belge, où il s'était fait beaucoup d'amis, son journal avec assez de modération, pour que M. Lelièvre, alors libéral, il est vrai, et n'ayant pas peur de ses oreilles, crut devoir le défendre à la Chambre des représentants.

Charleroi avait déjà vu tuer un journal d'opposition, publié par un autre réfugié. En 1839, Delescluze, qui y redigeait le *Pasquino*, fut forcé, pour ce seul motif, de quitter la Belgique. La presse protesta en vain. Labarre, qui devait être un de ses plus énergiques et de ses plus brillants écrivains, combattit surtout cette mesure avec beaucoup de vivacité dans le *Charivari* de Bruxelles.

Quelque temps après, dans le mois de septembre, Louis Blanc, mis en accusation avec Caussidière pour la journée du 15 mai, par la majorité de la Constituante, où, après juin, la réaction débordait, venait à son tour se réfugier en Belgique : il n'avait pas voulu se livrer à ses ennemis, bien que les plus ardents de ses accusateurs se fussent écriés à l'assemblée, dans un beau mouvement d'indignation : « Le lâche ! il ne s'est pas laissé arrêter ! » L'ancien membre du gouvernement provisoire devait compter sur un accueil noble et digne : il comptait sans son hôte.

Signalé, reconnu, arrêté, il fut, par ordre du gouvernement belge, transporté dans la prison municipale de Gand, le *Mammeloker*, où il put méditer à loisir sur les institutions constitutionnelles et hospitalières de la Belgique. Après l'avoir laissé reposer quelques jours des fatigues du voyage, le ministre lui donna, pour aller à Ostende, en prince, dans un train express, escorté de gendarmes, un wagon spécial surveillé par le directeur général des chemins de fer, qui ne quitta le prisonnier que lorsque celui-ci eut mis le pied sur le bateau à vapeur en partance pour l'Angleterre.

Le prétexte donné aux arrestations et aux expulsions ordonnées par le ministère ou faites par la police, c'était que les réfugiés n'avaient pas de passe-ports en règle.

A cette époque, quelques-uns des ministres de Louis-Philippe, MM. Hébert, Cunin-Gridaine, le général Trézel habitaient Bruxelles, au su et au vu de tout le monde. Ils envoyaient aux journaux des protestations, se montraient partout; et certes ils ne pouvaient pas constater leur identité par des papiers délivrés régulièrement par les autorités de la République française.

Le plus compromis de tous, M. Guizot, déjà venu à Gand, dans les Cent-Jours, comploter avec Louis XVIII, voyageait, personne ne l'ignorait, muni d'un faux passe-port sous le nom de M. Denis; et ni le gouvernement, ni le public, ni l'opposition ne s'en étonnaient, ne s'en formalisaient.

Le plus simple bon sens dit que des hommes politiques fuyant leur patrie après la défaite ne peuvent pas demander à leurs vainqueurs ou à leurs proscripteurs des laissez-passer invitant les agents, les fonctionnaires du pouvoir persécuteur à prêter aide et assistance, en tous pays, aux persécutés.

Le prétexte invoqué par le gouvernement belge, en de semblables circonstances, a donc été aussi ridicule qu'a été odieuse sa conduite envers Louis Blanc et tant d'autres réfugiés.

L'opinion publique dans toute l'Europe en a fait justice.

L'Angleterre, ouverte à tous les proscrits sans exception, aux vaincus de toutes les causes, reçut le petit nombre d'insurgés descendus vivants ou libres des barricades de juin.

Louis Blanc et Caussidière, de la catégorie du 15 mai, y rencontrèrent plusieurs des chefs de l'insurrection, notamment Casavan et Barthélemy, si miraculeusement évadé, avec le docteur Lacambre, de l'abbaye, et les journalistes dont on avait brisé les presses, Pardigon, etc.

Un seul des hommes de juin parvint, dans le principe, à résider en Belgique : ce fut Moreau, officier de la garde nationale de Paris; il devint à Bruxelles l'ouvrier, puis l'associé d'un doreur sur métaux, et il ne quitta cette ville qu'après l'amnistie, pour aller mourir à Paris. Enguibert, officier aussi de la garde nationale, put, en s'y cachant, y rester jusqu'au coup d'État.

13 JUIN 1849

Le 13 juin 1849, soixante représentants environ, de la Montagne, entourés d'officiers et de soldats de l'artillerie parisienne, d'élèves des écoles, de membres du comité socialiste, traversèrent les rues de la capitale, ceints de leurs écharpes, et furent aux Arts-et-Métiers délibérer sur les mesures à prendre après le vote de l'assemblée contre la République romaine.

Instruits que la manifestation pacifique, à la tête de laquelle marchait Étienne Arago, lieutenant-colonel de la garde nationale, avec des soldats de sa légion sans armes, venait d'être sabrée par les troupes aux ordres du général Changarnier, les représentants appelèrent le peuple aux armes, pour défendre la Constitution (1), violée par l'intervention des armées françaises à Rome et l'assassinat d'une République sœur de la République française.

Le peuple ne répondit pas à leur appel : le choléra, exerçant alors ses ravages dans Paris, lui avait fait oublier la politique. Une question extérieure, lointaine, où l'armée était engagée, passionnait trop peu, d'autre part, les masses pour leur mettre les armes à la main.

En juin 1848, les chefs avaient manqué à la prise d'armes. En juin 1849, ce furent les soldats qui firent défaut.

Complice du crime de lèse-nation commis par les soldats du président, la majorité de la législative livra à la haute-cour de Versailles ceux de ses membres qui avaient été arrêtés au Conservatoire, ou signalés par des rapports de police comme ayant pris part à la manifestation.

Michel (de Bourges), Baune, Baudin, Greppo, Viguier, Bruys, Cholat, Breymand, Chouvy, Saint-Ferréol, Nadaud, Pelletier, Savoye, Brives, Racouchot, Mathé, Richardet, Signard, Lafon, Saint-Marc la Rigaudie, Rongeat, Miot, Malardier, Gindriez, Sommier, ne furent pas compris dans la fournée. Leur présence au

(1) Art. 5. La République française respecte les nationalités étrangères, comme elle entend faire respecter la sienne; elle n'entreprend aucune guerre de conquête, et n'emploie jamais ses forces contre la liberté d'aucun peuple.

Art. 8. Du préambule : Les citoyens ont le droit de s'assembler sans armes, etc.

Conservatoire, où ils étaient, n'avait pu être suffisamment constatée. Amable Lemaître, Aimé Baune, Bergeron, ingénieur, et plusieurs autres démocrates furent par la même raison mis hors de cause.

Devant leurs juges, presque tous les prévenus, comme en 1834, refusèrent de se défendre parce qu'on leur refusa le droit de faire plaider que la manifestation du 13 juin, avec toutes ses conséquences, était légitimée par la violation de la Constitution.

La haute-cour condamna à la déportation dans une enceinte fortifiée le plus grand nombre des accusés. Deville père, Ferdinand Gambon, Jules Maigne, Commissaire, Fargin-Fayole, Daniel Lamazière, Boch, Pilhes, Vauthier, Suchet, représentants, Guinard, Smith, Chalandard, Monbel, officiers de l'artillerie de la garde nationale, Langlois, Lebon, Paya, André Pasquet, Dufélix, appartenant à la presse ou au comité socialiste, Kléber, capitaine de la ligne, furent enfermés à Doullens, en attendant que les ultra-réactionnaires de l'assemblée pussent les envoyer à Noukahiva.

Les condamnés par contumace se dispersèrent pour garder leur liberté.

James Demontry fut à Cologne, où une attaque de choléra l'enleva. Kopt, Anstett, Beyer, Janot, Ménand, Avril, Hetzman, Roujot, Kœnig, Hoffer, représentants, se réfugièrent en Suisse. Ces proscrits, que Félix Pyat et Boichot ne tardèrent pas à rejoindre, trouvèrent parmi les républicains de l'Helvétie, dans le canton de Lausanne surtout, d'ardentes et nombreuses sympathies.

La position, l'influence qu'ils surent y acquérir, leur aurait rendu l'exil moins dur, s'ils n'avaient pas eu à se préoccuper des dangers de la République française, et de la situation précaire des nombreux réfugiés venus de Lyon, de Saône-et-Loire, des départements voisins, à la suite des mouvements provoqués par le 13 juin dans la province.

Landolphe, représentant, Kersausie, Delescluze, Fonbertaut, Léclanché, Berjeau, Ribeyrolles, Madier-Montjau jeune, gagnèrent immédiatement l'Angleterre. Ils y virent bientôt débarquer ceux de leurs amis qui avaient pris le plus long chemin. Ledru-Rollin, Martin Bernard, Étienne Arago, Considérant, Boichot, Rattier, avaient franchi la frontière de Belgique sans difficulté. Les cléricaux n'étant pas au pouvoir, ils pouvaient penser que le ministère libéral d'un pays devenu indépendant par une révolution, accueillerait avec bienveillance, pour ne pas dire plus, des représentants français mis hors la loi par une majorité contrerévolutionnaire, pour avoir protesté contre le rétablissement du pape dans son pouvoir temporel et contre un attentat à l'indépendance d'un peuple.

Le ministère libéral avait alors, comme en 1834, parmi ses membres les plus influents. M. Rogier. Ce ministre, né en France et dont les aïeux étaient Français, désirait sans doute, bien qu'il eût fait en 1830 ses preuves de patriote belge, qu'on oubliât son origine. Les Belges, il le savait, tiennent, presque autant que les colons d'Amérique, en suspicion ceux de leurs compatriotes qui ont du sang mêlé dans les veines. Ils se méfient surtout de ce qui provient de race française. Cela explique, en partie, pourquoi M. Rogier et le général Chazal ont été tant de fois les boucs émissaires exécutés par l'opinon publique, ou pris seuls à partie pour des actes dont la responsabilité devait aussi remonter à leurs collègues et surtout au roi, le fin politique, sachant si bien faire exécuter ses volontés sans sortir des fictions constitutionnelles.

Le ministère libéral devait saisir avec empressement l'occasion d'être agréable aux cléricaux sans rompre avec les francs-maçons belges, et se montrer bon courtisan sous prétexte de patriotisme, en refusant l'eau et le feu aux grands criminels étrangers convaincus d'avoir contribué à renverser du trône le beau-père de Léopold, et voulu empêcher le pape de régner à Rome malgré les Romains. Il ne la manqua pas. Par ses ordres, Ledru-Rollin et ses amis (on ne les avait pas du moins logés à l'Amigo, la prison communale de Bruxelles) durent sortir de Belgique dans les vingt-quatre heures.

Afin de sauver les apparences, en n'ayant pas l'air de faire escorter comme des galériens ceux que l'on expulsait, M. Rogier chargea M. Gillon de les accompagner jusque sur le bateau à vapeur qui devait les emporter en Angleterre. Le bourgmestre de Saint-Josse-ten-Noode, pour faire plaisir au ministre son ami, et aussi, il faut le dire, dans la pensée de rendre moins pénible aux proscrits un voyage de cette nature, accepta cette désagréable mission : il la remplit avec les égards dus aux hommes politiques dont il était devenu le gardien.

Considérant, que de nombreuses relations attachaient à la Belgique eut seul l'autorisation de résider dans ce pays, à la condition d'aller se livrer au plaisir de la pêche dans le Luxembourg.

Étienne Arago revenait, quelques mois après, de Londres, avec un passe-port en règle délivré par un chargé d'affaires qui n'avait pas encore oublié ses antécédents républicains. A Anvers, il n'en fut pas moins arrêté et mis en prison par ordre du bourgmestre : ce personnage que notre ami a cru être de la famille du bourgmestre de Saardam, prétendit, pour justifier l'arrestation, que le voyageur avait enlevé une miss anglaise; la miss n'ayant pas été trouvée dans ses bagages, Étienne, après quarante-huit heures de détention, fut envoyé, bien escorté, à Bruxelles. On voulait l'interner dans le Luxembourg, il se rendit à Spa.

Arago utilisa son séjour dans cette résidence, où le trente-et-quarante autant que les eaux minérales attirent tant d'étrangers, en publiant sur les jeux un petit poëme dans lequel se révèlent tout à la fois le poëte et le moraliste.

Le commandant Monbrun, le capitaine Vidille et le lieutenant Vassel, après avoir, à Verdun, tenté de soulever, comme Kersausie en 1830, leur régiment de hussards, avaient été impliqués dans les poursuites intentées à l'occasion du 13 juin. Ayant franchi la frontière des Ardennes, ils se croyaient en sûreté et se dirigeaient sur Bruxelles, lorsqu'ils furent arrêtés en route par un ordre ministériel et obligés de se rendre par Ostende à Londres.

Félix Pyat n'était point au Conservatoire des arts-et-métiers, — il n'avait pas su le lieu du rendez-vous, — mais il s'était associé à la protestation des représentants qui s'y trouvaient et avait été compris dans la condamnation. D'Allemagne, où il avait d'abord été avec le passe-port d'un ami, il vint en Belgique, sans prévenir de son arrivée ses plus intimes connaissances : il put ainsi y rester plusieurs mois solitaire, travaillant et espérant.

Thoré, rédacteur en chef de *la Vraie République*, échappé en mai pour être frappé au 13 juin, vivait, lui aussi, isolé, tantôt en Belgique, tantôt en Hollande ; il fréquentait plus les galeries et les musées que nos lieux de réunion, et, écrivant sous un pseudonyme, il passa de longues années au milieu de nous sans que nous le vîmes ou le sûmes.

Cantagrel, représentant, Servient, Songeon, le colonel Périer, Morel, bottier, René Talende, vétérinaire, Texier du Mottet, ingénieur, furent plus heureux que les premiers arrivés. Venus après des expulsions qui avaient fait beaucoup de bruit, soulevé de nombreuses récriminations dans les journaux de l'opposition, ils furent tolérés en Belgique.

Entré en Belgique l'un des premiers, Pfliger, représentant du Bas-Rhin, bien loin d'être mis à la porte comme les autres, avait été retenu, chambré, chapitré, jusqu'à ce que la magistrature de Bruxelles, assistée d'un commissaire de police français, et faisant la besogne de la haute-cour de Versailles, eût arraché au prévenu en fuite les aveux, les renseignements dont on avait besoin pour condamner ses collègues emprisonnés.

L'instruction faite, Pfliger fut expédié à l'étranger.

Cette journée du 13 juin, si fatale à la Montagne de l'assemblée, à la République, avait amené sur divers points du territoire, à Lyon, Châlons, Verdun et Reims particulièrement, des manifestations semblables à celles de Paris, et partout réprimées, partout punies.

Damen, un des accusés de Reims, avait été envoyé devant le jury. Acquitté, il n'en fut pas moins expulsé de France, comme le furent sous l'Empire les belges Guelton et de Meeren, à leur sortie de Belle-Isle. Né en France d'un père français, mais originaire de Belgique, Damen, considéré par le gouvernement français comme Belge, fut regardé comme Français par le gouvernement belge. On voulait le renvoyer : il dut à de bonnes protections, la permission d'habiter Bruxelles.

Lorsqu'au contraire son fils eut atteint l'âge d'être soldat, les deux gouvernements revendiquèrent comme un de leurs nationaux le jeune homme dont le père n'avait plus de patrie. Damen, pour tirer d'affaire le conscrit pendu à deux potences, fut obligé de le faire réformer dans un État, de lui acheter un remplaçant dans l'autre !

Après deux ans d'épreuves, les réfugiés du 13 juin, auxquels étaient venus se joindre des écrivains et journalistes poursuivis pour délits de presse, Favre, Ménars, Borie, Bouchet et Langrand, de Paris ; Courmot, de Reims ; Camus, du Loiret et Anquetil, avaient été jugés dignes de pouvoir résider à Bruxelles sans y porter le trouble, le désordre. Ils étaient tous réunis dans cette ville, où il était plus facile de s'occuper qu'ailleurs. Chacun y vivait de son travail, en attendant 1852, que tous, au dehors, au dedans, regardaient comme l'ère de la délivrance.

Servient, de l'Ecole polytechnique, et Songeon, avocat, donnèrent des répétitions aux jeunes élèves qui se préparaient à subir des examens dans les écoles de l'État. Morel reprit son état et eut bientôt une brillante clientèle; René Talende, un des bons élèves de l'école vétérinaire de Lyon, pratiquait avec succès l'art dont il avait pris les notions en France; Texier Dumottet devenait architecte; Arago, dans le journal républicain, publiait sur l'art dramatique des articles d'une critique élevée, comme ceux qu'il donne maintenant à l'*Avenir national;* et pendant que Cantagrel faisait de la philosophie politique, Perier, colonel de la garde nationale de Paris, inspectait en amateur la garde civique de Bruxelles, si brillante dans les revues.

Considérant seul était resté là où il avait été interné, à Barbeau, dans le Luxembourg. Dans sa retraite, il publia diverses brochures sur l'impôt, la législation directe, le 13 juin, etc. Ses amis allaient quelquefois l'y voir. Ceux-ci, à Bruxelles où les réfugiés étrangers, allemands, polonais, italiens, espagnols, étaient alors en grande majorité, se rassemblaient ordinairement au café des Trois Suisses, auquel, à cette époque, celui des Mille Colonnes avait été sacrifié.

Le coup d'État, prévu par beaucoup de gens qui ne pouvaient ou ne voulaient pas l'empêcher, devait être pour les sociétés secrètes et les exilés le signal d'un soulèvement populaire dont le succès ne paraissait pas douteux; il éclata au moment où personne n'était prêt, et excita chez les républicains français de l'extérieur autant d'indignation, de colère que chez ceux de l'intérieur.

Le premier mouvement des réfugiés fut de courir en France, prendre part au combat que, dans leur conviction, les républicains, le peuple tout entier, devaient livrer les armes à la main à la contre-révolution décembriste.

D'Angleterre, d'Espagne, de Suisse, ils vinrent sur les frontières déjà hérissées de baïonnettes, comme le reste du pays, et les traversèrent ou cherchèrent à le faire.

Louis Blanc, Martin Bernard, Ribeyrolles, d'autres encore débarquèrent en Belgique, pour pénétrer plus facilement dans les départements du Nord.

Les réfugiés de Belgique y étaient déjà entrés, munis des armes et des fonds nécessaires pour soutenir la lutte. Par Quiévrain, d'où le docteur Quinet les conduisit en voiture à Valenciennes, et par Mouscron, Étienne Arago, Félix Pyat, Favre, Moreau, Enguibert, Songeon, Servient, Anquetil, Camus, Bouchet, Borie, avaient franchi la frontière belge.

Le cercle de fer dont les villes étaient enserrées ne permit pas aux réfugiés d'arriver sur les lieux où les populations s'étaient soulevées pour la défense de la République. Lyon, Lille, Perpignan, Marseille, aussi bien gardés que Paris, n'avaient pas bougé, et les campagnes étaient battues en tous sens par des colonnes mobiles. Tout habitant, tout étranger, paraissant hostile ou suspect était arrêté, incarcéré, quand il n'était pas fusillé.

Charlet, Veillaz et trois autres réfugiés, en passant de Genève dans l'Ain, avait-eu à se battre contre les douaniers. Presque tous pris, ils avaient été jetés dans des cachots d'où Charlet ne sortit que pour monter sur l'échafaud.

La justice de Louis-Napoléon transformait en assassinat la mort d'un des douaniers frappés dans cette épisode de la guerre civile déchaînée par le coup d'Etat.

Vainement Veillaz écrivit de Suisse au parquet, aux journaux, que Charlet était innocent de l'acte dont on l'accusait; que lui seul, en repoussant la force par la force, avait tué son ennemi : la guillotine, brisée par le gouvernement provisoire, fut rétablie et fonctionna à la satisfaction des sauveurs de la société.

Au bout de quelques jours, l'ordre régnait à Paris, le silence se faisait partout; les bannis en rupture de ban durent regagner leurs pays de refuge. Dénoncé, découvert cette fois par la police belge, Félix Pyat fut conduit à Ostende; on le fit coucher en prison, puis embarquer pour Londres.

De retour à Bruxelles, Arago voulut remettre à Collard, débutant alors dans le commerce, et que les réfugiés connaissaient peu encore, la somme empruntée pour l'expédition. Collard déchira le billet de 500 francs souscrit par Arago en disant : « Puisque vous n'avez pas réussi, vous ne me devez rien. »

VII

LES PROSCRITS DE LOUIS-NAPOLÉON

La France mise en coupe réglée par le coup d'État, des vaisseaux transportèrent à Cayenne et en Algérie une partie des républicains arrêtés. Les soldats, les gendarmes gardèrent le reste dans les bagnes et les prisons d'État. Les exilés, les expulsés durent quitter la France sans délai, munis d'une feuille de route avec itinéraire forcé et devant être visée à chaque étape par la police.

Les populations du Midi écrasé, dévasté, après quelques jours de résistance, par les razzias, les fusillades, les pillages d'une soldatesque furieuse, à la tête de laquelle marchaient des généraux, des préfets, des magistrats, gagnèrent à travers les bois et les montagnes les pays les plus voisins, l'Espagne et le comté de Nice surtout.

La Suisse et l'Angleterre, que la mer, des forts séparaient de la France, reçurent ceux-là seuls qui avaient pû se procurer de faux passe-ports, ou se déguiser assez pour déjouer la surveillance de la police et des douaniers.

De l'Est, de l'Ouest, du centre, et même du Midi, lorsque les cartes jaunes de bannis furent délivrées, le plus grand nombre des proscrits se dirigèrent sur la Belgique.

Les uns sortaient des casemates de Paris, des prisons des départements, des pontons des vaisseaux : ils y avaient été entassés pendant de longs jours, dans l'ordure et le fumier, supportant les plus cruelles privations, et attendant la déportation à laquelle beaucoup échappèrent, parce que les moyens de transport manquèrent aux proscripteurs.

Les autres, voyant la résistance impossible, la lutte terminée, s'étaient soustraits aux violences, aux condamnations qu'ils avaient à redouter, quittant la France comme ils avaient pu. Parmi ceux-ci, plusieurs durent à cet éloignement, qui les mettait hors des mains des jugeurs décembristes, de ne pas voir leurs noms figurer sur des listes de proscription, dressées par le caprice et l'arbitraire autant que par la haine ou la peur des vainqueurs.

Les démocrates bien connus qui furent épargnés, avaient, en effet, autant mérité que les autres l'honneur d'être proscrits.

Frappés par les décisions des conseils de guerre et des commissions mixtes, au milieu de leurs amis, de leurs familles, les exilés avaient dû abandonner la patrie pour aller immédiatement dans les pays désignés sur leur passe-port, sous peine d'être transportés en Algérie ou à Cayenne.

Ce fut successivement, à des intervalles plus ou moins longs, que les proscrits de ces diverses classes touchèrent le sol belge, où ils arrivaient tantôt sous la conduite des gendarmes, tantôt avec des feuilles de route.

Ceux que l'on n'avait pu arrêter, s'étaient réfugiés sur le territoire de la nation la plus voisine de leur résidence, sur celui de la Belgique surtout, lorsque cela leur avait été possible. Au contraire, les proscrits expulsés par jugements ou décrets, et obligés de recevoir un passe-port, étaient envoyés aux frontières les plus éloignées de leur pays natal. On voulait, en les jetant dans des contrées tout à fait étrangères à leurs habitudes, à leur tempérament, rendre l'exil plus amer.

Ainsi, les républicains du Nord devaient se rendre en Espagne ; ceux de l'Est et du Midi, — pays du soleil et du vin, — en Angleterre ou en Belgique.

Tout d'abord, Paris avait fourni son contingent. Mis hors la loi, repoussés du palais de l'Assemblée nationale, fusillés sur les barricades, menacés d'arrestation, traqués, après leur appel aux armes, dans leur domicile, dans la rue, beaucoup de représentants abandonnèrent la grande cité lorsque la grande cité se fut abandonnée, c'est-à-dire, lorsque le coup d'État, cimenté par le sang, ne trouva plus de résistance.

Dans le nombre se trouvaient Michel (de Bourges), Kestner, Bajard, Rey, Arnaud (de l'Ariége), Aubry (du Nord), Fayole (de la Creuse), Doutre, Rochut, Barthélemy (d'Eure-et-Loire), Crestin, Gindriez, qui ne furent pas atteints par le décret de proscription du 9 janvier.

Lorsque la tourmente fut passée, ces représentants retournèrent en France, sans autorisation toutefois, en passant à travers les gendarmes, dont ils ne furent pas reconnus, et à leurs risques et périls. Les décembristes ne voulaient plus laisser rentrer ceux qui étaient sortis sans être expulsés. C'était autant d'ennemis de moins. Eugène Sue et Pierre Leroux, durent vivre, l'un à Annecy, l'autre à Jersey, dans un exil auquel ils n'avaient pas été condamnés !

En revanche, Pierre Lefranc, compris dans le décret, Carlos Forel, représentant, David, d'Angers, l'illustre sculpteur, Duras et Lireux, journalistes, expulsés par les commissions mixtes, ayant réussi à pénétrer en France, ne furent plus inquiétés. C'était l'arbitraire dans l'arbitraire.

Lorsque les vautours de Bonaparte n'avaient pas terminé leur curée, fait un triage, tous les représentants, tous les journalistes, tous les républicains, ennemis déclarés du nouvel ordre des choses ou ayant protesté contre le Deux-Décembre, pouvaient se croire sous le coup de la proscription.

Dans la nuit du coup d'État, les sbires du président insurgé avaient enlevé de leur domicile cinq généraux, trois membres de la droite, huit représentants de la gauche, le colonel Charras, le capitaine Cholat, le lieutenant Valentin, Baune, Miot, Nadaud, Greppo, Lagrange, et une soixantaine de démocrates connus, parmi lesquels étaient Amable Lemaître, Geniller, Arsène Meunier, Hippolite Magen. On avait choisi ceux que les conspirateurs croyaient avoir le plus d'influence sur le peuple ou l'armée.

Mais les jours suivants, de nombreuses arrestations avaient été faites au Palais-Bourbon, à la mairie du dixième arrondissement et dans les hôtels. Parmi les représentants jetés dans les prisons ou les forts de Paris, ceux qui appartenaient à la gauche étaient : Marc Dufraisse, Lafon, Grévy, le docteur Gambon, Pascal Duprat, Latrade, Belin, Bourzat, Anglade, Laboulaye, Burgard, Colfavru, Agricole Perdiguier, Richardet, Chaix, Delbetz, Madet, Racouchot, Renaud, Besse, Péan, Antony Thouret, le général Laidet, Paulin Durieu, Faure, Maurice Teilhard, Fayole, Chanay, Eugène Sue, Benoît, du Rhône, Chamiot, Tamisier, Viguier, et, dans les départements, Boysset, Martin (du Loiret), Michot-Boutet, qui avaient été chercher à soulever les citoyens.

Des visites domiciliaires avaient été faites aussi au milieu de la nuit, par des escouades d'agents de police ayant le sabre au poing, l'injure à la bouche, chez beaucoup de représentants et de citoyens qu'on ne rencontra pas chez eux, et dont on brisa les meubles, vola les papiers. Dans une de ces visites, le lit de Michel, de Bourges, fut lardé à coups de baïonnettes. Les argousins supposaient que notre collègue s'y cachait.

Michel était donc au premier rang des républicains désignés aux vengeances de la contre-révolution décembriste. S'il voulut venir d'une terre libre se remettre sous la main de ses ennemis, c'est qu'atteint d'une maladie cruelle, il désira mourir dans sa patrie. Il est mort sans avoir, malgré la célébrité dont son nom reste entouré, donné la mesure de ce qu'il aurait été dans un autre milieu que celui où il a vécu, sans s'être révélé tout entier. Au lieu d'user sa puissance oratoire, soit au barreau, soit devant des chambres réactionnaires, dans des luttes, où, pour se faire seulement écouter, il devait se surveiller, se contenir, sacrifier la passion à l'habileté de discussion, si Michel, de Bourges, avait été jeté jeune dans ces assemblées révolutionnaires que les emportements de l'éloquence, les éclats du génie subjuguent, entraînent, il eût été le premier tribun de notre époque. Il en a été de même, d'une autre manière, pour Ledru-Rollin : ce vaillant lutteur a été arraché de la tribune au moment où il était le plus grand orateur de la France républicaine. Lui, du moins, nous l'y reverrons.

J'habitais, rue Dufaut, la maison du manége, celle où, après février, le marquis de Larochejacquelein avait son club républicain. Le manége pendant les journées de décembre, fut occupé par un escadron de cavalerie que l'on gorgea de vins étrangers, d'eau-de-vie, de bonne chère, tant qu'on eut besoin de le chauffer, de l'animer pour la réussite du coup d'Etat. Je pus cependant toujours entrer et sortir, en passant devant les militaires avinés, sans être inquiété.

Lorsque tout était terminé, la police, à laquelle presque tous les portiers étaient vendus, fit à la pointe du jour, pour me surprendre au lit, irruption dans l'appartement où elle savait que j'étais couché.

Sortant par une porte au moment où les agents entraient par l'autre, je montai à l'étage supérieur et j'entrai dans une chambre que je trouvai ouverte : c'était le salon du père Ventura, le célèbre prédicateur italien, à qui on a jadis fait une réputation de libéralisme ; je lui demandai un asile pour quelques instants, en lui disant ce qui se passait.

Pâle, blème, tremblant, le saint homme, le grand libéral, craignant de se compromettre en recevant un représentant promis aux prisons de César, me déclara, sans périphrases emmiellées, qu'il me fallait vider les lieux, déguerpir au plus vite, si je ne voulais pas qu'il appelât la police à son aide. Je lui tournai le dos et sortis de la chambre, dont la porte fut aussitôt fermée par un domestique ressemblant fort au Laurent de *Tartufe*.

Pendant ce temps, les sergents de ville avaient emmené M. Guillebaud, chez qui je logeais, s'obstinant à le prendre pour moi. Ils ne le relâchèrent que sur le témoignage d'un garde municipal qui, plus charitable que le prêtre, lui assura la liberté en constatant son identité.

Lorsque, d'ailleurs, on avait vu mettre la main de la police sur les généraux Cavaignac, Bedeau, Changarnier, Lamoricière, Leflô et sur MM. Thiers, Roger, du Nord, Baze ; lorsqu'on venait de voir coffrer à Vincennes, au mont Valérien, à Mazas, comme de simples républicains, non-seulement les burgraves de la majorité : MM. de Broglie, Berryer, de Falloux, Duvergier de Hauranne, Jules de Lasteyrie, de Rémusat, etc., mais des bonapartistes appelés par le chef de la conspiration à faire partie de sa commission consultative, alors tous ceux qui avaient combattu à outrance la politique du gouvernement, demandé plus d'une fois la mise en accusation du président et de ses ministres, organisé la résistance au coup d'État, pouvaient s'attendre à être expédiés sur les ports, dans lesquels les vaisseaux à l'ancre étaient prêts au premier signal à porter au loin leurs cargaisons de déportés.

Chacun devait prendre ses précautions en conséquence.

Après le 10 janvier, le *Moniteur* ayant publié le décret de bannissement, le sort des représentants fut fixé.

Il y en avait cinq : Marc Dufraisse, Miot, Greppo, Félix Mathé, Richardet, tous républicains, destinés à la transportation ; soixante-six, tous républicains aussi, étaient expulsés du territoire français, et ces individus, comme les appelaient le frère adultérin de Louis-Napoléon, M. de Morny, devaient être transportés en Afrique ou à Cayenne, s'ils rentraient ou étaient trouvés en France.

Dix-huit, dont six républicains, étaient éloignés momentanément ; les autres, si leurs ennemis des départements les oubliaient, pouvaient rester en France : républicains, ils rentraient dans leurs familles ; membres de la majorité, en sortant même de prison, ils n'avaient qu'à se baisser pour ramasser les places, les fonctions du nouveau gouvernement.

De ces trois catégories de représentants proscrits, ceux qui vinrent en Belgique avec l'intention d'y séjourner, en attendant les événements, furent: (*Expulsés.*) Baune, Belin, Besse, Benoît, du Rhône, Bourzat, Brives, Bruys, Burgard, Charras, Charassin, Cholat, Dupont de Bussac, Gaston Dussoubs, Ennery, Esquiros, Faure, de Flotte, le docteur Gambon, Guiter, Guilgot, Victor Hugo, Joigneaux, Joly, Lamarque, Latrade, Lagrange, Laboulaye, Pierre Lefranc, Francisque Maigne, Malardier, Mathieu, de la Drôme, Madier-Montjau aîné, Michot-Boutet, Nadaud, Agricole Perdiguier, Pelletier, Emile Péan, Noël Parfait, Racouchot, Renaud, Benjamin Raspail, Roselli Mollet, Schœlcher, Saint-Ferréol, Testelin, Terrier, Valentin, Viguier. (*Éloignés*) : Chauffour, Pascal Duprat, Edgard Quinet, Antony Thouret, Versigny, et, lorsque la déportation fut pour eux commuée en exil, par l'intervention de George Sand, a-t-on dit, Marc Dufraisse, Greppo, Labrousse, Sartin, Yvan, échappés au décret pour tomber entre les griffes des commissions mixtes, se retrouvèrent avec eux à Bruxelles où étaient aussi leurs anciens collègues de la Constituante : Laussedat, Fleury, Buvignier, Démosthènes Olivier, Vergnes, Simiot.

Nous y vîmes un moment presque tous les exilés orléanistes, le représentant Baze et les généraux Bedeau, Lamoricière, Changarnier, qui devaient y rester longtemps, et MM. Thiers, Duvergier de Hauranne, Créton, Chambolle, Jules de Lasteyrie, Boubée, Callet, à qui on allait ouvrir bientôt les portes de la France, où on avait laissé le général Cavaignac en lui rendant la liberté.

M. Émile de Girardin fit à la capitale de la Belgique l'honneur de passer quelques jours dans ses murs. Pendant la discussion de la fatale loi du 31 mai, M. de Girardin s'était écrié qu'il irait au scrutin son bulletin d'une main, le fusil de l'autre. Dans les journées de décembre, moins ardent que son ami le prince Napoléon, qui voulait aller poignarder son cousin, — il le disait du moins, — M. de Girardin s'était évanoui comme une ombre : on ne l'avait vu nulle part !

Ayant en toute circonstance, jusqu'à la veille du coup d'Etat, fait, avec son habileté ordinaire, miroiter aux yeux de l'opposition la conspiration, très-réelle d'ailleurs, de la majorité royaliste contre la République, il était accusé par beaucoup d'avoir ainsi travaillé au profit de Louis-Napoléon, en détournant de la conspiration napoléonienne, autrement dangereuse, l'attention de la gauche et du pays. Un exil de quelques jours lui permettait de se poser en victime.

Dans la faction bonapartiste, on ne regardait guère même, malgré son opposition violente, comme un ennemi, le représentant que le Bas-Rhin nous avait envoyé, quoique Girardin, mais parce que socialiste, le socialisme étant alors son cheval de bataille. Un soir, au sortir de l'Assemblée, le regardant partir dans sa voiture attelée d'un magnifique cheval, nous entendîmes le général Tartas, qui bientôt allait donner sa démission pour se préparer à la besogne de décembre, dire à un de ses collègues : « En voilà un qui leur jette de la poudre aux yeux à ces pauvres républicains ! » et il souriait.

M. Emile de Girardin fit, comme le premier Napoléon, sa rentrée à Paris le 20 mars, et sa feuille parut presque aussitôt que celles du marronnier des Tuileries.

Mathé, Cassal, Bandsept, Combier, Colfavru, Dulac, Jules Leroux, Savoye, (*Expulsés*), Pierre Leroux et Rouet, privés par ordre de police du droit de rentrée, et le général Leflô, orléaniste, avaient pris terre en Angleterre ou dans ses îles; Hochstuhl, Lafon s'étaient embarqués pour l'Amérique; Richardet, Boysset, Salmon, de la Meurthe, et Duputz, expulsés, les deux premiers par décret, les autres par les commissions mixtes du Gard et de la Meurthe, se dirigèrent sur l'Espagne, devenue l'asile de Raynal, ancien constituant, et de beaucoup de réfugiés de l'Aude, de l'Aveyron, de la Gironde. Sommier, Eugène Sue, le général Laidet avaient cherché un refuge en Suisse ou en Savoie, où se trouvaient en grand nombre les républicains de la Drôme, du Rhône, du Gard, de l'Ardèche, du Doubs, du Jura. Chavoix, Théodore Bac, Signard, Bertholon, Millotte, furent, grâce à de puissantes interventions qu'ils n'avaient pas sollicitées, laissés en France.

De tous les représentants frappés par le décret de janvier ou par les commissions mixtes, un seul, Miot, fut transporté. Pendant plusieurs années, il resta isolé en Algérie, au bord du désert, dans une enceinte fortifiée et bien gardée, supportant avec sa rude énergie les plus dures épreuves.

Martin, du Loiret, et Michot-Boutet, destinés à la déportation, pour avoir cherché à soulever Orléans, virent, au moment où ils allaient être embarqués, leur peine commuée.

Avec les membres de l'Assemblée nationale, Paris avait déversé sur la Belgique les citoyens arrêtés dans la capitale, ou transbordés des prisons départementales, et dont la peine, à la dernière heure, avait été abaissée d'un degré. C'était des casemates et des pontons que sortaient, pour l'exil, Carion, ancien sous-commissaire de la République à Beaune, Arsène Meunier, Geniller, Genty Sarre, Amable Lemaître, Hippolyte Magen, hommes de lettres.

La France avait à fournir un bien plus grand nombre de proscrits que sa capitale; mais les départements, même ceux où, comme dans l'Hérault, la Nièvre, l'Allier, les Basses-Alpes, les transportés, les bannis se comptaient par milliers, n'eurent jamais, à cause des mesures prises par le gouvernement belge, qu'un petit nombre de leurs républicains en Belgique.

Dans ce royaume néanmoins, presque tous ont eu, un instant, leurs représentants : c'est ce qu'apprend le relevé même incomplet des noms et domiciles des proscrits qui, depuis le coup d'État, ont résidé plus ou moins longtemps en Belgique ou n'y ont fait que passer sans pouvoir y séjourner, forcés par la police belge d'en sortir.

NOMS ET DÉPARTEMENTS DES PROSCRITS DE DÉCEMBRE (1).

Ain : Edgard Quinet (*r*), Charassin (*r*), Roselli, Mollet (*r*, *x*), Chaussade, commerçant.

Aisne : Ménesson (*m*), ancien commissaire de la République.

Allier : Le Docteur Laussedat (*r*, *x*), Terrier (*r*), Sartin (*r*), Gazard, ancien préfet, Chantemille (*m*), avocat, Radoux, architecte, Desmaison, avocat, Préveraud, propriétaire, le docteur Défille, le docteur Mège (*m*), Roubière, étudiant, le docteur de Nollhac (*m*), Terrier, ancien maire, Terrier, ex-notaire.

Basses-Alpes : Yvan (*r*), Jourdan (*m*), ancien procureur de la République, Buisson, membre du conseil général.

Ardèche : Combier (*r*).

Ardennes : Durriez, ancien avoué, Louis, propriétaire.

Aube : Lefebvre père, Lefebvre aîné, notaire, Lefebvre cadet (*m*), médecin, Porron, notaire, Armand Chéron, doreur sur métaux, le docteur Carlo, Jacquin père (*m*), industriel, les fils Jacquin, ingénieurs.

Aude : Joly (*r*).

Aveyron : Fabre, président du tribunal de Rhodez, Galteyrie, banquier, Bonald, professeur, Guy, gantier, Rosier, géomètre, Maury, propriétaire.

Bouches-du-Rhône : Démosthènes Ollivier (*r*).

Calvados : Mézaise, propriétaire, Hamel, (*x*), id.

Charente : Royer, notaire.

Cher : Viguier (*r*, *m*), Servat avocat, Dupuichault (*m*), avocat, Benoît (*x*), clerc d'avoué, le docteur Comailles (*m*).

Corrèze : Bourzat (*r*, *m*), Latrade (*r*).

Côte-d'Or : Joigneaux (*r*), Carion, ancien sous-commissaire et ancien préfet de la République (*x*), Dumez, journaliste, le docteur Moreau (*m*), Collot, ouvrier, Bolotte, cultivateur, Gueisweiller (*m*), propriétaire, de Tessans, propriétaire, Maire (*r*, *m*), Chevannes, négociant, Mittaut, corroyeur, Mongin (*m*), agent voyer, Mounot, graveur, Krick, pharmacien, Chiquelin, ex-juge de paix, Limaux, avoué, Guigon, négociant, Digoy, maréchal-ferrant, Prudent,

(1) La lettre (*m*) désigne les anciens proscrits dont la mort nous est connue ; (*x*) ceux qui sont encore en Belgique ; (*r*) les représentants du peuple à l'Assemblée législative et à la Constituante.

boulanger, Guyot, gérant des tonneliers de Beaune, Carriot, tonnelier, Bodin, cordonnier, Damas, négociant, Dallée (*m*), agréé, Jullien, libraire, Morisot, ex-garde général, Trevet, clerc d'avoué, Renardet, ex-notaire, Berthier, directeur de messageries, Monniot, mécanicien.

Creuze : Nadaud (*r*).

Dordogne : Marc Dufraisse (*r*), Lamarque (*r*).

Drôme : (*x*) Bancel (*r*), Belin (*r*), de Saint-Prix, propriétaire, Mathieu (*r*, *m*), Charbonnier, libraire.

Eure : Richard Papon, avoué, Arsène Meunier, homme de lettres, Auguste Cheval (*x*), comptable, Houliez, avocat.

Eure-et-Loire : Noël Parfait (*r*).

Gard : Aubanel (*x*), professeur.

Haute-Garonne : Janot, journaliste.

Gironde : Belot Desminières (*m*), juge, Soyez (*m*) avoué, le docteur Magne, Celerrier, juge, Ollières, président du tribunal de commerce, Simiot (*r*), Gornet aîné, propriétaire, le docteur Gornet, Simon Boutin (*m*), notaire, Laflache, avocat.

Hérault : (*x*), Brives (*r*), Oscar Gervais (*x*), ancien commissaire-général de la République, Antérieux, avocat, Rouch (*m*), avocat, Raymond, banquier, Peyre (*m*), journaliste, Tindel, cultivateur, Bourelly, avocat, Beaume, avoué, Sabattier, de l'École polytechnique, Vidal Naquet, négociant, Gibelly, géomètre, Blanc, cultivateur, Chabrié, commis, Coulondre, avocat, Coupiac, commis de banque, Arson, propriétaire, Carvaleski, médecin, le docteur Boyer (*m*).

Indre : Fleury (*r*), Prunger, notaire, Gabard, charpentier, Périgoy, propriétaire, Goubaud, ex-inspecteur des écoles, Lapérine, huissier.

Indre-et-Loire : David (*x*), journaliste, Naintré, journaliste, Carré, propriétaire, Blanchet, coiffeur, Chaliez, officier de santé, Pesson, avoué.

Isère : Cholat (*r*, *m*), le docteur Frappaz (*x*), Rivière, négociant.

Jura : Deguelle, propriétaire, membre du conseil général, Gagneux, avocat, Gellion Dauglard, hommes de lettres.

Landes : Pascal Duprat (*r*), Durran (*m*), rentier.

Loire : Baune (*r*, *x*), Fillon, agent de publicité.

Haute-Loire : Maigne (*r*), Saint-Ferréol (*x*, *r*), Louis Darles (*m*), propriétaire, Perrein (*m*), licencié en droit.

Loiret : Émile Péau (*r*), Michot-Boutet (*r*), Jourdain, fabricant, Texier (*m*), directeur de l'école mutuelle, Souesme, propriétaire, Tavernier, journaliste, Magniez, meunier, Moizard, clerc de notaire, Foucaud, négociant.

Lot-et-Garonne : Vergne (*r*), Lafitau (*m*), notaire, Rives (*x*), propriétaire, Borderies (*m*), propriétaire, Colonges (*m*), notaire, Hippolyte Magen, homme de lettres, Marboutin (*m*), propriétaire, Verdun Lagarde (*m*), ancien maire, Petit-Lafitte (*m*), ancien maire, Goyneau, avoué.

Lot : Labrousse (*r*, *m*), Valrivière (*m*), propriétaire, membre du conseil général, Bailly, horloger, Lescure, surnuméraire dans les finances, Delort, juge, Bergougnoux, vétérinaire, Marlet, journaliste.

Maine-et-Loire : Attibert, ouvrier.

Marne : Pémergue, propriétaire.

Haute-Marne : Mettré, avoué, Mollot (*m*), avocat, Rivot-Debazeuil, fabricant de toiles peintes, membre du conseil général, Max de Varennes, géomètre, Benoît (*m*), journaliste, Joly Durand, journaliste, Lacour, médecin.

Mayenne : Beauchêne, ex-sous-préfet.

Meurthe : Viox (*r*), le docteur Léman, Lelièvre, maître d'hôtel, Cosson, notaire, Coquignot, (*m*), colonel de la garde nationale, Valraux, ancien officier, ex-sous-préfet, Louis, avocat.

Meuse : Buvignier (*r*, *m*), Massart, négociant.

Moselle : Vibrotte, tailleur, Claude, ex-directeur du dépôt de mendicité.

Nièvre : Malardier (*r*), le docteur Gambon (*r*, *m*), Rousseau (*m*), avoué, les docteurs Belin, Lacheverie, Gagnet (*m*), négociant, Aisière, marchand de bois, Couny, peintre, Claude Tillet fils, Camus, entrepreneur, Miot (*r*, *x*).

Nord : Testelin (*r*), Antony Thouret (*r*), Bianchi, journaliste, Meurs (*x*), journaliste.

Oise : Lardinois, propriétaire, Fournier, homme de lettres.

Pas-de-Calais : Baron Coppens, ancien préfet, Ayraud, Dégeorge, (*m*), journaliste, ancien préfet, Déron, Louis, fabricant de briques, Bayard, négociant, Varlet, charpentier, Verger.

Puy-de-Dôme : Le colonel Charras (*r*, *m*), Maradaix, ancien maire, Fontmarcel, journaliste, Hardy propriétaire, Géniller (*x*), professeur, Léger (*x*), négociant.

Pyrénées (Basses) : Renaud (*r*).

Pyrénées orientales : Guiter (*r*), Pierre Lefranc (*r*).

Haut-Rhin : Burgard (*r*).

Bas-Rhin : Chauffour (*r*), Ennery (*r*, *m*), Laboulaye (*r*, *m*), le, capitaine Brukner (*r*), le lieutenant Valentin (*r*), Meyer (*m*), journaliste.

Rhône : Greppo (*r*), madame Greppo, Benoît (*r*), Faure (*r*), Pelletier (*r*).

Haute-Saône : Versigny (*r*).

Saône-et-Loire : Racouchot (*r*), Amédée Bruys (*r*), Charles Bruys, Dubief (*m*), avocat, Guillemin, ex-officier, Petit-Jean, négociant, Vésinier, clerc de notaire, Royer, notaire.

Sarthe : Louchet-Kerven (*x*), ex-commandant de la garde nationale du Mans, Trouvé-Chauvel, ancien ministre, Cutivel, directeur d'Usine, Beunardeau, meunier, Préjan, notaire, Elmire Lesiour, négociant.

Seine (Paris) : Victor Hugo (*r*), Ch. Lagrange (*r*, *m*), Deflotte (*r*, *m*), Agricole Perdiguier (*r*), Dupont de Bussac (*r*), Madier-Montjau, aîné (*r*, *x*), Esquiros (*r*), Clément Thomas (*r*), Benjamin Raspail (*r*), David, d'Angers (*r*, *m*), statuaire, Hetzel, éditeur, Fremyn, lampiste, Albert, fabricant d'instruments de musique, Caylus, journaliste, Amable Lemaître, journaliste, Genty Sarre (*m*), journaliste, Camille Berru (*x*), journaliste, Watripont, journaliste, Aug. Morel, journaliste, Lireux, journaliste, Duras, journaliste, Lachambaudie, fabuliste, mesdames Sébert (*x*), Lhermier, de l'association des chemisiers, mademoiselle Lallemand, Gardembas, secrétaire de la Montagne, Deschanel, de l'école normale, Deluc (*x*), président du comité électoral socialiste, Guyon, teneur de livres, Rigaud, bottier, Dubief (*m*), ancien commissaire de police, Verger, tailleur, Prudhomme, négociant, Béranger, négociant, Petit (*x*) lampiste, Ranson (*m*), Péquet (*m*), Croce-Spinelli, joaillier, Place, médecin, Godard, tourneur en fauteuils, le docteur Thomassin, Cournet, (*m*), ancien officier de marine, Lefebvre, homme de lettres.

Seine-et-Marne : Marchand.

Seine-et-Oise : Érambert (*x*), professeur à l'école de Saint-Cyr, Cadenet, pharmacien, ex-maire d'Essones.

Deux-Sèvres : Saillant, des ponts et chaussées, Clerc, limonadier, Sauseau, avocat, Savariau (*m*), ébéniste, Boisson, négociant, Fayet, ancien commandant de la garde nationale, Allard, propriétaire, Tafery, (*m*), journaliste.

Tarn-et-Garonne : Manau aîné, avocat, Manau cadet, négociant, Poumaréde, négociant, Bertal (*m*), ex-juge de paix, Ansas, avocat, Flamens, avocat, Chabrier, propriétaire, Delpêche, professeur.

Var : Hennequin, avocat, Gastinel, (*x*), horticulteur.

Haute-Vienne : Gaston Dussoubs (*r*, *m*), Patapy (*m*), avoué, Chalmel-Lacour, de l'école normale, Molat, avocat, Duché, ouvrier, Talandier, ancien substitut, Fillias (*m*), professeur, Roux, porcelainier, Ergotte, porcelainier.

Vosges : Guilgot (*r*, *m*), Carlos Forel (*r*), Mathys, propriétaire, ex-maire, Terrin, architecte, Buffet, négociant, Kroubert, ex-directeur de l'école normale.

Yonne : De Thou, propriétaire, le docteur Barbier (*m*), Changobert, journaliste, Mancel, négociant, Genisson, homme de lettres.

Sur la terre étrangère, toutes les catégories de réfugiés se sont fondues dans le grand tout qu'on a appelé la proscription, afin de la bien différencier de l'émigration, créant ainsi pour une chose nouvelle un nom nouveau, étrange même, puisque jusqu'alors le mot *proscription* signifiait seulement l'acte de proscrire.

Il faut donc ajouter à la liste des victimes du coup d'Etat tous les réfugiés qui pour une cause politique quelconque ont depuis 1848 jusqu'à ce jour trouvé ou cherché, à des époques diverses, un asile en Belgique :

(Du 15 mai) : Louis Blanc (*r*), membre du gouvernement provisoire, Armand Barbès (*r*), J.-F. Raspail, Blanqui (*x*).

(De juin 1848) : Moreau (*m*), doreur, Adam (*m*), le cambreur, Enguibert, de Paris, Malassis (*x*), homme de lettres.

(Du 13 juin 1849) : Ledru-Rollin (*r*), membre du gouvernement provisoire, Etienne Arago (*r*), Martin Bernard (*r*) (Loire), Félix Pyat (*r*), Considérant (*r*), Pfliger (*r*), Cantagrel (*r*), Fargin-Fayole (*r*), Rolland (*r*), Songeon, avocat, Servient (*m*), de l'école polytechnique, Perrier, colonel de la garde nationale (Paris), Thoré, journaliste, les officiers Montbrun, Vedille et Vassel, Morel (*x*), bottier, René Talende, vétérinaire, Texier du Mottet,

ingénieur, Cœurderoy (*m*), étudiant, Damen (*x*), comptable, Boichot, (*r*, *x*), Rattier, (*r*).

(Condamnés ou poursuivis pour délits de presse, attentats, complots ou sociétés secrètes, expulsés par mesure de police ou menacés par la loi de sûreté générale), Proudhon (*r*, *m*), Rogeard, Henri Rochefort (*x*), Erdan, P. de Jouvencel, écrivains; Bouchet, Bories, Langrand, Ménars, Favre, Tridon, Longuet, Luzarche et Denis, de Paris, Courmot, de Reims, Camus, du Loiret, Ernest Lebloye, de la Haute-Vienne, journalistes; Deleau (*x*), officier; le docteur Paget (Jura), Robert, Bidoit (*x*), photographes, Anquetil, négociant, Joubert (*x*), (Basses-Alpes), le docteur Wateau (*x*) et Popelu, comptable (*x*), (Nord), Lambert (*x*), conducteur (Meuse), Jeannin (Paris), Iglésia, négociant (Rhône), Brière (*x*) et Vezille, ouvriers (Sarthe), Casse, étudiant (Paris); Gosselin, éditeur (*x*), id., Casavan, étudiant, id.

Beaucoup ne figurent pas sur ces listes, puisqu'on évalue à huit cents environ le nombre seul des proscrits du 2 décembre réfugiés en Belgique après le coup d'Etat; cela est regrettable : nous aurions voulu réunir ici au moins les noms de ceux qui se sont rencontrés sur la terre étrangère.

Malheureusement, le dernier secrétaire de la commission, Buvignier, grand collectionneur, est mort en France, laissant à la Bibliothèque un certain nombre de brochures politiques, mais emportant les registres, qu'on n'a plus retrouvés.

De son côté, l'administration de la sûreté générale ne dit ou ne sait pas tout.

On peut cependant reconnaître que par sa composition, son importance numérique, son campement, la proscription belge aurait pu prendre, si elle eût été libre de ses mouvements, une attitude menaçante contre le proscripteur, devenir un danger sérieux pour l'empire; elle a compté dans son sein assez de représentants, de journalistes, d'écrivains républicains, de démocrates influents, d'ardents défenseurs de la liberté, pour avoir la volonté et la force de remplir la mission qu'elle s'était imposée : combattre à mort l'oppresseur de la France. Si, elle aussi, est restée impuissante, c'est qu'elle a été enrayée, désarmée, mutilée par le gouvernement belge, mise dans l'impossibilité de continuer hors de France une lutte efficace.

VIII

UN GOUVERNEMENT LIBERAL.

Les proscrits venaient, il faut le dire, sous de fâcheux auspices : ils étaient signalés par les journaux libéraux et cléricaux du pays comme des hommes de désordre, de pillage, de sang. Pour tout le monde, ils formaient le corps d'armée de ce parti tant de fois accusé par la presse royaliste, religieuse, bourgeoise, napoléonienne, d'avoir scié entre deux planches des gendarmes que la vieillesse devait conduire aux Invalides ; fait rôtir des petits enfants que leurs mamans ont depuis élevés au biberon napoléonien pour en faire des sénateurs ou des marchands de peaux de lapins ; violé des femmes de sous-préfets qui n'étaient point mariés ; déterré les morts pour en sucer le sang ; habitude aussi peu délicate que malsaine reprochée, de longues années après 1848, à notre ami Boichot, par la pieuse gazette de l'évêque de Liége, signalant la présence du vampire dans son diocèse.

Les républicains dont le coup d'Etat débarrassait la France ne pouvaient être qu'un ramassis de bandits. L'invasion des hordes mises hors la loi par le sauveur de l'ordre, de la famille, de la religion, de la propriété, était un danger public contre lequel il fallait se défendre.

Les nouveaux arrivés se trouvaient refoulés, sombres, ardents, irrités, sur le sol d'une nation essentiellement royaliste, dont le roi était, par éducation comme par principe, l'ennemi des républicains, et où l'on attribuait maintenant au papa beau-père, Louis-Philippe, les services rendus par la France à la révolution belge.

Les deux grands partis s'y disputant le pouvoir, redoutaient également l'annexion de la Belgique à la France, les coups de tête du faiseur de coups d'Etat, et l'envahissement d'une démocratie que tout leur faisait redouter.

Dans les rangs même des populations, le premier sentiment fut la défiance. La réaction eut lieu plus tard, quand on connut le danger couru par la Belgique, qui par un décret retiré du *Moniteur* au moment où il allait être publié, avait été réunie à la France ; et lorsqu'on apprit la confiscation des biens de la famille d'Orléans, dont la République avait respecté les propriétés.

Les proscrits ne parurent plus alors aussi à craindre que les proscripteurs ; l'on commença à comprendre que les républicains réfugiés avaient été bannis pour avoir défendu le droit, non parce qu'ils avaient voulu livrer la société à l'anarchie.

Malgré les dossiers écrits à l'encre rouge que la haute et la basse police envoyaient sur chacun des exilés, le gouvernement était mieux renseigné.

Il savait bien qu'une proscription composée de représentants du peuple nommés par des milliers de suffrages, de médecins, d'avocats, d'avoués, de notaires, d'écrivains connus, de riches propriétaires, d'ouvriers habiles, d'industriels et de commerçants intelligents, de pères de famille, ne pouvait guère ressembler au portrait peu flatté qu'en faisait la réaction.

Mais ce gouvernement voulait gagner la bienveillance d'un voisin redouté, et non sans raison, en faisant de la sévérité, de l'inquisition contre les ennemis du vainqueur.

D'un autre côté, il redoutait pour ses propres États la contagion des principes républicains, dont le rayonnement devait se faire par la force seule des choses ; et il désirait préserver sa bourgeoisie de la concurrence d'étrangers venus avec l'espoir d'exercer leurs professions.

Tout d'abord les proscrits furent placés sous la surveillance de la police ; ils durent déposer leurs passe-ports et papiers, faire connaître leurs noms, domiciles, moyens d'existence. Ceux qui obtinrent l'autorisation de séjourner en Belgique, furent tenus d'aller deux fois par semaine, au commencement, dans les bureaux de l'administration de la sûreté publique (préfecture de police de Bruxelles), faire viser un permis de séjour toujours révocable et qu'on leur faisait payer deux francs.

Les ouvriers, les paysans et les réfugiés qui n'étaient pas recommandés, n'avaient ni parents, ni amis en Belgique, arrivaient sans papiers légalisés par l'ambassade belge de Paris, ne justifiaient pas d'une fortune capable de les faire vivre sans rien faire, ou manifestaient l'intention de continuer leur état, furent impitoyablement expulsés ; ce fut la masse. On s'explique par là comment le nombre des proscrits connus, ayant un domicile assuré, une résidence fixe, n'a guère excédé quatre cents, et pourquoi la proscription belge a pu être regardée par quelques-uns comme plus *bourgeoise* que les autres. La police belge avait fait le triage de ceux qu'elle jugeait pouvoir rester sans être à charge au pays. Par cela même la Belgique a été la grande route de l'exil plus encore qu'un des centres les plus importants de la proscription générale.

Il est, en effet, certain que cinq à six mille républicains français ont été, dans les mois de décembre 1851 et janvier 1852, rejetés du territoire belge, soit après une résidence de quelques jours, soit immédiatement après leur arrivée ; ont dû, sous l'escorte de la gendarmerie, traverser seulement le pays, pour aller de la frontière française à la frontière de mer, porte de l'Angleterre, ou se sont vus arrêtés aux frontières mêmes et ballottés entre la France et la Belgique, qui se les renvoyaient comme les volants d'une raquette.

L'autorisation de rester accordée, tout n'était pas dit : on n'avait pas le droit de s'absenter vingt-quatre heures sans une permission de l'autorité locale ; — il était interdit de rien écrire, rien faire, rien dire qui pût donner de l'ombrage aux gouvernements constitués ou se constituant ; — défense fut faite aux médecins, aux avocats, aux professeurs d'exercer leurs professions, de faire des cours publics. Le petit nombre des élus furent répartis dans les villes belges où, comme dans les Flandres, les exilés devaient se trouver plus isolés, plus perdus qu'ailleurs.

Liége, la cité travailleuse, animée, Tournai, qui avec ses maisons de style Louis XIV, sa magnifique église byzantine, semble une ville de notre Midi égarée sous le ciel des Flandres, le pays wallon, par le voisinage, l'aspect des lieux, le caractère des habitants, auraient rappelé aux Français la patrie : ces résidences leur étaient fermées. Au contraire, Bruges, Ostende, Turnhout, Anvers, Termonde, Saint-Hubert, Bastogne, Louvain, en recevaient le plus grand nombre.

Si Gand, la capitale de la Flandre orientale, n'eût pas sa quote-part, c'est que la patrie d'Artevelde renfermait beaucoup d'ouvriers, et avait été, en 1848, l'une des rares villes où des manifestations républicaines avaient éclaté. La présence de quelques révolutionnaires français avait été considérée comme un danger pour l'ordre public et la monarchie populaire !

Pendant longtemps, toutes ces mesures de police furent maintenues pour tous.

L'orléaniste Baze, ex-questeur de l'Assemblée législative, en fut seul excepté. Il put habiter Liége et entrer au barreau, où il ne rappela ni ne fit oublier M. Teste.

Quand les rangs des proscrits se furent éclaircis, lorsque l'empire cessa de menacer la Belgique ou de trop peser sur elle, et crut n'avoir plus rien à craindre du vieux parti de la liberté, le gouvernement et la police belges se relâchèrent beaucoup de leurs exigences. Ils laissèrent tomber en désuétude leurs prescriptions, faisant l'exception de ce qui était la règle dans le principe.

Mais après le 2 décembre, les réfugiés furent traités comme nous le disons. C'est à cette époque qu'il nous faut d'abord remonter.

IX

PREMIÈRES IMPRESSIONS.

Les premiers jours, en mettant le pied sur le sol belge, ce que nous éprouvâmes, ce fut une sensation de bien-être, de délivrance. La liberté, le grand air, le mouvement, un gouvernement constitutionnel, un peuple jouissant paisiblement d'institutions libérales, voilà ce que trouvaient ceux qui venaient d'échapper à la fusillade, à la transportation, à la prison, et laissaient derrière eux un peuple sous le joug du gendarme et de l'argousin.

Arrivant de tous les points de la France, les proscrits venaient se grouper dans le passage Saint-Hubert, leur quartier général à Bruxelles. On retrouvait avec bonheur des amis qu'on ne croyait plus revoir, qu'on reconnaissait à peine, parce qu'ils avaient laissé croître leur barbe, comme Madier-Montjau, où l'avaient fait complètement tomber sous le rasoir, comme Deflotte. On s'empressait autour des démocrates dont on savait le nom et qu'on n'avait jamais vus; et tous se donnaient la fraternelle poignée de main. Chacun disait ce qu'il avait appris, ce qu'il avait fait, apportait ses impressions, ses notes, que Victor Hugo, Schœlcher, Jourdan, Pascal Duprat et d'autres encore recueillaient pour l'histoire.

Au milieu de ces groupes compactes, se formant et se divisant sans cesse, on racontait la nouvelle du jour. D'après les on-dit, Victor Hugo était venu avec le costume et le livret d'un ouvrier, et avait failli être enlevé par la police, comme vagabond, dans l'hôtel de médiocre renom où le cocher de vigilante venait de le conduire.

Schœlcher, sans beaucoup modifier son costume puritain, celui avec lequel, en retroussant simplement ses manchettes d'un blanc éblouissant, il était allé à la barricade, avait passé au milieu des gendarmes qui le saluaient avec respect, habillé en prêtre, un bréviaire sous le bras.

Le colonel Charras et les généraux Bedeau, Lamoricière, Changarnier, venaient d'être, de Ham, où ils furent enfermés au coup d'État, conduits par des agents de la police française et livrés sous de faux noms à la police belge, fort surprise après coup du cadeau qu'on lui avait fait.

Plusieurs proscrits avaient passé sous pavillon décembriste, s'étant munis de passe-ports achetés ou prêtés.

Quelques-uns, rasés de frais et portant lunettes, comme de graves magistraits de la cour de Douai allant en villégiature, ou le parapluie sous le bras et la canne à la main, comme de bons bourgeois qui se promènent, avaient franchi la frontière, en voiture, à cheval, à pied, accompagnés par des amis belges ou français du voisinage. D'autres, au contraire, ne s'étant pas rasés depuis les arrêts de proscription, s'étaient, pour entrer, cachés dans leur barbe : Ainsi que le président Dupin accusait les interrupteurs de la montagne de le faire, à l'assemblée, pour éviter les rappels à l'*ordre*. Deluc était arrivé à Quiévrain avec le tablier blanc et les outils d'un maçon se rendant à son atelier. Terrier, le représentant, avait sauvé son beau-frère Préveraud, condamné à mort par le conseil de guerre de l'Allier, en lui donnant des vêtements de femme et le faisant passer pour sa fille.

Et puis, au contact des haines, des colères, de l'indignation, du mépris, qui se réveillaient au souvenir des maux causés, des crimes commis, de l'attentat contre la République, de la France asservie, de la liberté perdue, l'on oubliait toutes les tristesses de la défaite, pour ne songer qu'à la vengeance.

Le parti républicain était vaincu, disait-on, mais vaincu dans un guet-apens, par la force brutale alliée à l'hypocrisie. Il devait prendre bientôt sa revanche, et écraser la faction victorieuse. Si le peuple, ne se levant pas en masse, avait laissé violer la Constitution, renverser la République, seule forme de gouvernement par laquelle sa souveraineté était consacrée, il n'avait pas, du moins, acclamé le coup d'État. Il avait voulu protester contre l'atteinte portée au suffrage universel par une majorité royaliste, en ne défendant pas l'assemblée dispersée par la force, arbitrairement dissoute; mais il n'accepterait pas la servitude, ne courberait pas son front souverain sous le joug d'un de ces Bonapartes qui avaient étouffé toutes les libertés, engraissé l'Europe du sang de ses enfants, rétabli les rats d'église, les rats de parchemin, les rats de cave, tout ce personnel rageant, rongeant, ravageant de l'ancien régime, qu'on appelle : le clergé, la noblesse, les droits réunis.

Le peuple ne bougeait pas, parce qu'il était sous le coup de la terreur décembriste. A la voix des républicains du dehors et du dedans, se préparant à recommencer la lutte, il ferait bonne et prompte justice de la trahison et du parjure.

Même à la suite du plébiscite qui amnistiait le coup d'État, nous attendions le dénoûment prochain du drame de décembre.

On était convaincu que ce plébiscite avait été arraché par l'intimidation, la corruption, l'escamotage des bulletins déposés dans des urnes à double fond.

Longtemps après encore, on croyait en général si peu à la durée du nouvel ordre de choses, que quelques-uns, les plus impatients de reprendre l'offensive, ne défirent point leur malle, pour être toujours prêts à partir.

Toutes les illusions étaient alors permises. Écrivant déjà les *Châtiments*, Victor Hugo espéra un moment que la Belgique ferait pour la France en 1852 ce que la France avait fait en 1830 pour la Belgique. Comme Carnot et les exilés de 1815, il vit dans un prince protestant et disposant de toutes les forces de la Belgique, un auxiliaire capable de conduire à Paris, pour y proclamer la République, une armée dont les proscrits formeraient l'avant-garde, et qui se grossirait sur sa route de tous les républicains de l'intérieur.

Victor Hugo s'aperçut vite que les hommes et les temps étaient changés. Au lieu d'un prince jeune, ardent, courant après une couronne, il y avait alors à Bruxelles un roi prudent, d'un âge mûr, satisfait de sa position, régnant et voulant régner en paix le plus longtemps possible. Pour lui, d'ailleurs, aussi bien que pour tous les rois, le pire des empereurs valait mieux que la meilleure des Républiques. Aussi, Léopold Ier, qui avait failli perdre sa couronne, ne se laissa pas tenter par l'exemple du prince d'Orange. Il ne songeait qu'à se faire un ami de son puissant voisin. Il y réussit. Celui-ci rendit bientôt aux héritiers de Louis-Philippe, leur part de succession confisquée d'abord avec les autres biens de la famille d'Orléans.

Les proscrits voyant sans cesse leur nombre augmenter par l'arrivée d'amis, portant au milieu d'eux de nouveaux ferments de colère, de nouvelles espérances, étaient comme en permanence dans les galeries Saint-Hubert, où des sergents de ville dispersaient leurs groupes en disant à chaque instant : « Circulez, messieurs ; on ne stationne pas ici. »

Ils ne se séparaient que pour aller dans les environs se rafraîchir ou se reposer. Leurs principaux lieux de réunion étaient alors les cafés et estaminets des *Mille Colonnes*, des *Arts* et du *Messager de Louvain*, rue de la Fourche ; de l'*Industrie*, rue des Bouchers ; de la *Renaissance*, galerie ; du *Pot-d'Or*, rue Villa-Hermosa ; de la *Mère Moreau*, rue de la Tête-d'Or. Les proscrits les remplissaient à eux seuls. Dans le dernier, nous étions surtout comme chez nous.

Ces établissements ont vu se renouveler bien souvent, depuis, leur population d'habitués ; quelques-uns ont changé de nom. Petit, enfumé, à cette époque, le cabaret de la *Mère Moreau* de Bruxelles, madame Henri Goedmaker, que nous avons appelée si longtemps la *Veuve* après son second mariage, s'est fait élégant, coquet : il est devenu le rendez-vous des Belges qui aiment les bons fruits à l'eau-de-vie.

Nous ne pûmes pas longtemps rester réunis. A peine avions-nous eu le temps de nous reconnaître, que nous fûmes obligés de défendre pied à pied le terrain sur lequel nous campions, de revendiquer les droits de l'exilé, en gardant la position qui nous était faite par le coup d'État lui-même.

Après leur vaine tentative pour entrer en France, Louis Blanc, Martin Bernard, Ribeyrolles, Félix Pyat étaient retournés à Londres. Cournet, le chef de la barricade du Château-d'Eau, avait reçu de M. de Brouckere l'assurance qu'il pourrait passer cinq jours à Bruxelles pour régler quelques affaires. Il n'en fut pas moins mis aux arrêts dans son hôtel, et gardé à vue par des agents de police habillés en bourgois. M. de Brouckere, en sa qualité de bourgmestre, croyait avoir le droit de donner asile dans sa ville pendant un certain nombre de jours, à des refugiés politiques, et de plus il avait engagé sa parole. Instruit par Étienne Arago de ce qui se passait, il court à l'hôtel de Cournet, envoie promener les agents placés par ordre de la police supérieure, et va offrir sa démission au roi, lui déclarant qu'il abandonnait ses fonctions, si M. de Hody, l'administrateur de la sûreté publique, n'était pas immédiatement destitué, pour avoir violé les prérogatives du bourgmestre de Bruxelles. M. de Hody, baptisé alors par Arago et nommé depuis *Odi profanum vulgus*, fut révoqué ; l'on en fit un procureur du roi. Les cinq jours de grâce expirés, Cournet dut bien vite partir pour l'Angleterre.

Bianchi, rédacteur du journal républicain de Lille au coup d'État, l'y suivit de près. Il était soupçonné d'avoir trempé dans l'affaire de Risquons-Tout. A peine sur le territoire belge, il fut appréhendé au corps, conduit, les menottes aux mains, au milieu de gendarmes, à la prison d'où M. de Brouckere le fit sortir, puis expédié sur la Grande-Bretagne. Cœurderoy fut forcé, lui aussi, de déguerpir sans délai. Voulant terminer ses études à l'Université de Bruxelles, il avait fait, d'après le conseil de M. Gillon, sa déclaration à la police. Trois heures après, il lui fallait vider les lieux. On le punissait de s'être montré comme on avait frappé Pyat pour s'être caché. Boichot, arrivé avec lui de Suisse, crut prudent de l'accompagner en Angleterre avant d'avoir été reconnu. Prévenus qu'ils allaient être arrêtés, trois des condamnés à mort de l'Allier, le Dr de Nollhac, Terrier, ex-notaire, et son frère s'embarquèrent précipitamment aussi.

A Bruges, Dubief, avocat, était arrivé avec le passeport d'un ami, n'ayant guère songé à demander un laisser-passer à la commission mixte qui voulait l'envoyer à Lambessa. S'étant déclaré, il fut mis en prison comme ayant fait usage de faux papiers et condamné à huit jours de prison. Son défenseur, un avocat libéral de Bruges, n'avait pris pour parler au nom de son confrère proscrit que la bagatelle de cent francs.

Schœlcher ne voulait pas se soumettre aux règlements de la police belge, alors qu'il avait résisté en France aux violences du pouvoir, ni garder en portefeuille les pages sur le coup d'État dont on attendait avec impatience le récit. Il abandonna volontairement, au bout de quelques jours, Bruxelles, avec Nadaud et Malardier désireux de chercher une hospitalité moins précaire. Ils allaient trouver à Londres, avec une liberté absolue, les orages de la politique réfugiée dans les assemblées de la Commune révolutionnaire et de la Révolution.

Bientôt les ordres d'expulsion et d'internement tombèrent comme grêle sur les proscrits, pris à l'improviste ou sans ressources suffisantes pour partir. Chaque jour aussi, il passait de longs convois de bannis presque dénués de tout, et à qui il fallait donner quelques secours, alors qu'il était possible de leur serrer la main.

X

COMMISSION D'ASSISTANCE FRATERNELLE.

La proscription belge dut s'organiser pour se défendre et s'entr'-aider. Elle forma dans son sein une commission chargée de recueillir les souscriptions, de distribuer les secours, de soutenir les réclamations des exilés, de donner autant qu'elle le pourrait aide et protection à ceux qui n'avaient d'autres recommandations qu'eux-mêmes. De cette petite république, Labrousse fut, pour ainsi parler, le ministre des affaires étrangères ; Étienne Arago, le ministre de l'intérieur.

Labrousse avait pour amis dans la Belgique entière ses anciens élèves, occupant alors pour la plupart des positions élevées. Tous gardaient de lui les meilleurs souvenirs. Il pouvait compter sur leur concours, sur celui principalement de M. de Brouckere, avec qui, depuis la fondation de l'École centrale, il avait les meilleures relations.

Bienveillant par nature, aimant à obliger, Labrousse s'était mis tout entier au service des proscrits. Pour placer les uns, faire rester les autres en Belgique, il sollicitait avec tant d'à-propos, une si fière insistance, qu'on avait de la peine à lui résister. C'est dans ces visites, ces courses perpétuelles, qu'il a usé ses jambes, compromis sa santé. Il put du moins être utile à bien des amis : pour beaucoup, ce n'était pas chose facile.

Le nouvel administrateur de la sûreté publique, M. Verheyen, gourmé, sec, pincé, recevait les réfugiés avec une hauteur, une morgue que ne supportaient pas ceux qui n'avaient à recevoir de leçons de personne, et ne voulaient pas accepter, bien que soumis par force au régime policier, le rôle de forçats libérés. Joly et Étienne Arago, entre autres, mirent rudement à sa place ce magistrat, dans des circonstances où il oubliait à qui il parlait.

M. Verheyen, au fond, n'était pas méchant; il avait, dit-on, un esprit assez original, une certaine dose d'indépendance. Quelques proscrits, Charras entre autres, ont eu même à se louer de ce fonctionnaire qui, ayant trop les qualités de l'emploi, prenait pour de la dignité un ton peu poli, frisant parfois l'insolence. Ce qui doit surtout lui faire pardonner beaucoup de choses, c'est qu'il détestait cordialement le Napoléon et n'a point voulu de ses décorations.

Peut-être aussi doit-on rejeter sur d'autres les nombreux refus si souvent opposés par lui aux demandes les mieux fondées, appuyées par des personnes considérables, même par des ministres. Il obéissait aux ordres ou aux désirs du roi, constitutionnellement couvert par MM. Rogier et Tesch, qui par l'intermédiaire de leur préfet de police ordonnaient tout.

M. Huot, le second fonctionnaire à qui nous avions affaire, accueillait nos réclamations d'une manière beaucoup plus convenable. Dans ses relations officielles avec les réfugiés, il mettait toujours, au moins, des formes. Ayant avec la France des relations suivies, il connaissait assez les choses de ce pays pour savoir, malgré les communications et les dossiers transmis contre nous par le gouvernement décembriste, ce que nous étions réellement.

Étienne Arago avait dans le monde littéraire et artistique, aussi bien que dans le monde politique, de nombreuses connaissances; et à la ville comme à la scène il savait intéresser son public. Il lui fut plus facile qu'à tout autre d'organiser des loteries, des souscriptions, de faire tirer des tombola, de centraliser les offrandes de tous ceux qui donnaient par sympathie ou par solidarité, sans vouloir faire une aumône que les plus malheureux auraient repoussée. A force de lettres, de démarches, il parvint ainsi à alimenter longtemps la caisse des secours fraternels.

Pour une de ces tombola où les dames du parti vaincu s'empressaient d'envoyer des ouvrages faits de leurs mains, on fit passer de Paris à Arago un tableau sur lequel la douane n'aperçut qu'un immense plat d'épinards; ce qu'il y avait sous l'épaisse couche de badigeon, c'était l'Enfer du Dante! On voyait l'homme de décembre et ses complices se débattre dans le fleuve de sang qui emplissait l'un des cercles de la *Cita dolente*. Sur le bord de l'abîme, Dante dictait à Victor Hugo un dernier chapitre de son poëme : les *Châtiments*.

Alexandre Dumas offrit une réduction en bronze du *Spartacus* de Foyatier.

Alexandre Dumas, le grand, était alors à Bruxelles proscrit... par ses créanciers. Il avait fait presque à lui seul,— on le sait par ses mémoires — la révolution de juillet, et il devait, quelques années plus tard, conquérir avec Garibaldi, — il l'a aussi écrit! — le royaume de Naples. En 1852, il se persuada tout naturellement qu'il était une des victimes du coup d'État.

Causeur et conteur charmant, dépensant, comme il la gagnait, la fortune amassée en improvisant ces drames, ces romans, ces mémoires où l'intérêt et l'esprit abondent, toujours généreux, ayant pour les vaincus de chaudes sympathies, il se mêla à la proscription, et voulant avoir au moins son proscrit, prit Noël Parfait pour secrétaire. Il vint manger rue des Éperonniers à la table d'hôte du *Grand Café*, où furent un moment réunis Victor Hugo, Edgard Quinet, Hetzel, Deschanel, Joigneaux, Michel (de Bourges), Fleury, Laussedat, Arnaud (de l'Arriége), Barthélemy (de l'Eure), Émile de Girardin, Noël Parfait, Duras, Lireux, Carlos-Forel, Aubry (du Nord), Charras et quelques autres exilés.

Quand il eut meublé sa maison d'une manière digne du comte de Monte-Christo, Dumas y reçut avec son empressement ordinaire les littérateurs, les journalistes de la proscription et ceux qui lui étaient présentés. Il y donna même en leur honneur, dans une salle élégamment décorée, des représentations théâtrales à grand spectacle. Il fit plus : dans les mémoires qu'il publiait alors, et qu'on ne laissa plus pénétrer en France, il glorifiait hautement et appela ses amis, les exilés, honnis, insultés, calomniés partout encore.

A cette époque vint au milieu des réfugiés une victime du napoléonisme. Celle-ci n'appartenait pas à la démocratie. Marie, née Wyse Bonaparte, alors princesse de Solms, aujourd'hui comtesse Rattazzi, arrivait des Tuileries. Après avoir mené grand train et fait beaucoup parler d'elle, cette grande dame du nouveau régime avait été obligée de quitter la cour napoléonienne, de sortir de

France, parce que, n'ayant pu obtenir le rang auquel elle aspirait, elle avait fait de l'opposition de boudoir.

Poëte, musicienne, artiste, ayant la fraîcheur de la jeunesse, et dans tout l'éclat d'une beauté aristocratique, la princesse, qui blasonnait de deux NN couronnés et d'aigles ses livrées, ses armoiries, ses meubles, voulut *fraterniser* avec les républicains proscrits par Louis-Napoléon, ennemis naturels de tous les Bonapartes grands et petits, mâles et femelles. Elle fut tout d'abord applaudir Madier dans la salle de la Société Thalie, où notre ami donnait avec beaucoup de succès des conférences. Bientôt, elle invita à ses dîners, à ses soirées, ceux des réfugiés qu'elle espérait voir pardonner beaucoup de choses à l'esprit, à la grâce, à la beauté. Madame de Solms offrit ensuite à la commission, pour être vendu au profit de la caisse des secours, le petit volume qu'elle venait de publier. Dans ce pamphlet, la princesse en disgrâce poursuivait de ses épigrammes féminines, égratignait jusqu'au sang, de ses jolis ongles roses, son illustre parenté. Néanmoins, la commission refusa l'offre. Elle resta insensible à des séductions auxquelles ne sut pas résister plus tard notre cher Eugène Sue, le vaillant écrivain socialiste, qui vit en Marie de Solms la plus charmante de ses héroïnes de roman.

Étienne Arago connaissait trop le secret des coulisses, les mœurs des comédiennes du grand monde et du théâtre pour se laisser tenter. Il répondit nettement, au nom et avec l'assentiment des exilés, que des républicains mis hors la loi par un Bonaparte n'avaient rien à accepter des Bonapartes, quels qu'ils fussent.

Nous eûmes tous alors à la bouche le vers de Virgile :

Timeo Danaos etiam dona ferentes.

que quelques méchants latinistes traduisaient ainsi :

Je crains les Danaés même portant des fleurs.

De Paris, au contraire, la commission reçut et accepta avec reconnaissance les souscriptions que faisait passer Goudchaux, ministre des finances sous la République.

Certes, le plus grand nombre des proscrits avaient des doctrines plus avancées, un programme plus radical que cet ancien ministre, ou avaient à lui reprocher sa participation à des actes qu'on n'oubliait pas.

Toutefois Goudchaux était un républicain, un honnête homme,

d'un esprit étroit, mais d'un grand cœur; alors que la pitié pour les vaincus était un crime, qu'on était exposé à passer pour membre de sociétés secrètes, complice de l'étranger, conspirateur à l'intérieur, en se concertant, se cotisant dans le seul but d'envoyer des secours à ceux qui avaient faim et froid sur la terre étrangère, Goudchaux payait de sa personne comme de sa bourse. Bravant l'âge, la maladie, les fatigues, la police, il allait presque seul de maison en maison, d'étage en étage, faire sa quête démocratique, recueillir les dons de ses amis, l'obole des républicains.

Malheureusement ce n'était pas la proscription belge seule qui avait besoin d'aide. Ces subventions que sous tous les régimes la France a si généreusement données aux proscrits étrangers, aucun gouvernement ne les a jamais accordées aux français exilés. Il fallait donc que les républicains de l'intérieur fissent aussi la liste civile des proscrits réfugiés en Suisse, en Espagne, en Italie, en Angleterre, où la misère était plus grande qu'en Belgique.

Or, le parti républicain est comme *le militaire de l'Autriche : il n'est pas riche, chacun sait ça ;* et dans les départements, plus encore qu'à Paris, la terreur comprimait les cœurs aussi bien que les courages. Nous eûmes pourtant en Belgique bien des listes de souscriptions couvertes de noms connus, bien des dons fraternels. L'Alsace surtout se distingua. De Thann, où il avait repris la direction de sa belle fabrique de produits chimiques, notre collègue Kestner prêta à la commission un concours efficace, en envoyant au nom des siens, de ses amis, les offrandes du Haut-Rhin ; et il pensionna longtemps plus d'un exilé.

A mesure que l'empire se consolidait, que le temps, ce grand fossoyeur, ensevelissait peu à peu dans l'oubli les vaincus vivants ou morts, la source qui alimentait les centres de proscription se tarissait : elle finit par disparaître presque tout à fait.

Alors, du reste, les rangs des proscrits s'étaient par plusieurs causes éclaircis; ceux qui restaient avaient pu se créer une position. Jusqu'au bout d'ailleurs, notre commission, renouvelée souvent par l'élection, remplit ses pénibles et délicates fonctions avec une impartialité, un dévouement auquel nous sommes heureux, nous qui n'avons jamais fait partie des comités de secours, de pouvoir rendre aujourd'hui un légitime hommage.

Si parmi ceux-là même qui ont pris part à des distributions, que tous regardaient comme des dons ou des prêts fraternels, quelques-uns ont un jour protesté contre ses décisions, c'est parce que, venus tard, ils ignoraient ce qui s'était fait.

La proscription, elle aussi, ne s'abandonna jamais. Mongin, un des siens mourut quelque temps après sa femme : les proscrits, auxquels s'étaient joints Géruzez, le photographe, et Colard, devenu le meilleur ami des proscrits, adoptèrent les orphelins, à qui Carion servit de père.

XI

LA VIE A BRUXELLES.

Les proscrits, tout en sachant que les foudres policières grondaient sur leurs têtes et frapperaient beaucoup d'entre eux, cherchèrent à se caser où et comme ils purent. Les anciens pilotaient les nouveaux, les initiaient aux *us* et *coutumes* du pays. La première chose à faire était de trouver des logements et des restaurants à bon marché.

En voyant sur des affiches jaunes, collées contre les carreaux, *quartier à louer*, et en entendant parler d'une ou de plusieurs *places* dépendant des maisons d'habitation, les bannis s'imaginèrent que c'était pour les bien recevoir et leur donner au moins, en payant, tous les agréments possibles, que les Bruxellois mettaient à leur disposition une partie de la ville.

Lorsqu'ils demandèrent à voir les *quartiers* et les *places*, ils apprirent qu'on appelait *quartier* un appartement composé de deux pièces, et *place* chaque pièce. Pour ceux qui venaient de Paris ou des grandes villes, ces logements étaient gais, commodes, d'un bas prix fabuleux.

L'escalier de la maison était souvent raide comme une échelle, et laissait monter jusqu'aux étages supérieurs l'odeur de choux qui s'échappait des souterrains nommés *cuisines de cave*. Parfois aussi il n'y avait pas d'entrée particulière : l'on était obligé de traverser, pour monter chez soi, le magasin du rez-de-chaussée. Mais on avait pour vingt ou vingt-cinq francs par mois, au second, — dans certaines parties de la ville au premier,—une chambre à coucher et un salon.

La chambre, pas trop petite, bien éclairée, était ornée d'un lavabo, d'une garde-robe, d'une table de nuit et de quatre chaises en bois jaune ou rouge. L'ameublement était complété par un lit du même genre, garni d'un bon sommier élastique et de maigres matelas, sur lesquels, au moins dans les *logements où on donne à manger*, s'étalaient, en guise de draps, les serviettes dont, à cause de cela sans doute, les dîneurs étaient privés.

Le salon était mieux meublé ; on y voyait une cheminée pourvue d'une pendule en zinc dédoré et de tasses en porcelaine, un poêle à charbon, rond, carré ou pyramidal, à feu ouvert ou caché, mais toujours d'une éclatante noirceur, un canapé en acajou éraillé, recouvert d'une vieille étoffe de crin noir et rembourré de zostère, un fauteuil avec des chaises semblables au canapé, une table ronde couverte de sa toile cirée et une *carpette* de couleur douteuse. Les portraits du roi Léopold et de la reine Louise, accompagnés presque toujours de litographies représentant quelque épisode du premier empire, étaient la principale décoration de cette pièce où nous recevions ceux qui venaient nous voir.

Payant d'avance, faisant par notre nombre hausser le prix des loyers, sans femmes, sans enfants, sans emplois, en disponibilité pour tout, et malgré notre mauvaise réputation n'étant pas trop déchirés, n'ayant pas une mine bien farouche, toutes les portes auxquelles nous frappions nous étaient ouvertes avec empressement. Les épouses Vanderberckbruck, Vandenlendenden, Van de n'importe qu'est-ce, qui à Bruxelles font le commerce de détail et louent en garni, trouvaient en nous des locataires selon leurs désirs. Elles disaient à ceux qui étaient forcés de les quitter, ce qu'elles répètent toujours en vendant quelque chose : je me recommande.

Ordinairement avec le logement on prenait, moyennant un supplément de huit ou dix francs par moi, le déjeuner, composé d'une tasse de café au lait et de deux pistolets. Le café au lait est pour la Belgique ce qu'est la soupe pour la France, la nation la plus soupière du monde, à ce qu'a dit un illustre historien étranger. Chacun en ingurgite plusieurs tasses par jour. Seulement, la classe ouvrière le prend sans sucre, à peine jauni par un lait dévotement baptisé, et mélangé de beaucoup de chicorée, ce qui en fait une boisson aussi désagréable au goût que débilitante. Ce café est toujours accompagné d'une tartine de pain plus ou moins blanc, enduit d'une pelure de beurre.

Les pistolets sont des petits pains au lait ou à l'eau assez bons. Comme ils n'ont jamais tué personne, que je sache, même d'indigestion, tant les boulangers les font petits, ils doivent sans doute leur nom à ce qu'ils sont toujours bourrés de quelque chose, beurre ou jambon, et servent dans les duels à la fourchette.

Les réfugiés, dont l'estomac s'accommodait moins de la décoction de Java, même sucrée, que du faro, déjeunaient à l'estaminet avec du fromage ou des pommes de terre frites, mets que la proscription devait populariser en Belgique comme en Angleterre.

Pour les dîners, c'était d'abord dans le voisinage du Passage que les exilés se réunissaient. Nos principaux lieux de réunions culinaires furent. Le *Grand Café*, le *Chasseur de Chasteler*, le *Lion belge*, Vieille-Halle-aux-Bleds, les cabines de la rue des Harengs, où les dîneurs sont empilés comme les stockfisch dans les barriques des boutiques voisines, la *Mort subite*, restaurant français, rue des Bouchers, ainsi désigné, bien qu'on n'y eût empoisonné aucun de nous, parce qu'on y maigrissait à vue d'œil, faute d'air respirable et d'aliments confortables.

Les indépendants allaient dans les estaminets on l'on voit écrits sur des pancartes : *Portion de lapin, tête de veau* et *biftecks à toute heure*. Ceux qui aimaient les réunions intimes, essayèrent de fonder, rue des Douze-Apôtres et chez la mère Closset, près du Palais de Justice, une de ces pensions bourgeoises dont Genève regorge, mais que Bruxelles remplace par des tables d'hôte ouvertes à tout venant, où l'on serait fort bien, si le vin ordinaire y était moins cher et meilleur.

Partout en général, pour 1 franc ou 1-25, nous avions à dîner : un potage, trois espèces de viande (formule consacrée), trois plats de légumes, un dessert, du pain et de la bière à discrétion.

A ce prix, le potage, dans certains jours et dans certains établissements, à la bière ou au lait-battu (petit lait), est excellent le vendredi, sous forme de soupe verte, mais devient un maigre bouillon les jours gras. On sert les pommes de terre — pain, sous le nom de *patates*, du peuple belge et base de son alimentation — cuites à l'eau, les carottes, les endives, les choux verts, rouges, blancs, préparés à l'eau, les poissons, raies, soles, plies, cabillauds, etc., que l'on fait figurer sur les tables seulement les jours maigres, apprêtés à l'eau, le veau, le mouton, le bœuf nageant, j'allais dire dans l'eau, tant la sauce, qui est la même pour tout, est claire, fade, incolore. Le pain, compact et rassis, est coupé en tranches minces comme des feuilles de carton ; le dessert se compose de beurre et de fromage de Hollande, ou parfois d'une pomme de belle-fleur.

Ce qui variait, c'était la boisson, bien que ce fût toujours de la bière. C'est que les bières diffèrent du tout au tout en Belgique, suivant les localités et même les établissements de consommation. Acides et alcooliques à Bruxelles, qui a le monopole du faro et du lambic, elles sont fades et froides quand elles restent simples bières de ménage, deviennent aigrelettes à Diest, blanchâtres et douceâtres à Louvain, amères et brunes dans les Flandres, dont l'uytzet d'Audenarde est surtout renommé; sucrées, lorsque, mélangées d'eau et de sucre, elles se transforment en *chamouse*.

Les Français, les Méridionaux surtout, habitués aux mets variés et épicés, aux ragoûts de tous genres, à la grasse *soupe aux choux qu'on fait dans la marmite*, aux vins chauds et généreux, avaient de la peine à se faire à la cuisine belge. Toutefois, ils s'y accoutumaient vite, car la viande était de bonne qualité, les légumes de belle venue ; et après quelques jours d'essais, le faro se laissait si bien boire, que beaucoup de nos démocrates auraient tenu tête, le verre à la main, aux plus farocrates des Bruxellois : bien plus, le Schiedam et le genièvre qui ressemblent si peu à nos cognacs, ne tardèrent pas à être élevés par les nôtres au rang de pousse-café.

Ces changements de nourriture, d'habitude, de climat, c'étaient les petites misères de l'exil. Ceux qui venaient de coucher sur la paille pourrie des prisons, de manger les gourganes fétides des pontons, de boire l'eau corrompue des casemates, s'en trouvaient admirablement bien ; et quand nous songions aux privations de nos amis à Londres, aux tortures des transportés à Lambessa et Cayenne, nous nous disions que nous avions les roses de l'exil.

En l'an de grâce 1869, les logements, la nourriture ont augmenté d'un bon tiers ; et ce sont toujours les mêmes quartiers, les mêmes meubles ; et l'on mange encore tout à l'eau. Seulement, les femmes, les enfants, les ménages, les gens qui ont un état, un chat ou un chien, ne peuvent plus, même à prix d'argent, percher dans la ville :

ils doivent se réfugier dans les faubourgs, la providence des classes antipathiques aux propriétaires de maisons. Dans les restaurants et les tables d'hôte, où le faro était donné par dessus le marché, à discrétion, on doit boire de l'eau ou payer cher les bières amères et les vins acides dont on met la fabrication sur le compte de l'étranger. Partout l'on a rogné le bifteck national de deux sixièmes, diminué le petit verre, la chope de bière et la bouteille de vin d'un cinquième. Il en est ainsi pour tout, sauf pour les pots de vin. Ils ne font que croître et embellir.

Dans les hôtels et restaurants de premier, même de second ordre, et dans les maisons de l'aristocratie, de la finance, du haut commerce, on trouve, il n'est pas nécessaire de le dire, le luxe, le confort, la bonne chère qui de nos jours distinguent les pays civilisés des autres.

Mais ce n'était pas aux hôtels de *Belle-Vue*, de *Flandre*, de *Suède*, ni chez Allard ou Dubos que les proscrits allaient manger ; ils ne cherchaient pas des chambres garnies dans les belles maisons qu'ils voyaient sortir de terre, le long des boulevards, au faubourg Léopold : ils restaient dans le milieu où vit le commun des martyrs.

Installé de son mieux, chacun chercha à s'occuper. Les écrivains, les littérateurs reprirent les armes, c'est-à-dire la plume. Les représentants, dont la voix courageuse avait, jusqu'à ce qu'elle fut étouffée par la violence, défendu la liberté, essayèrent de faire, à défaut de politique, à une tribune nouvelle, de l'histoire, de l'économie, de la science. Enlevés par la destitution, l'expulsion, à une carrière brillamment commencée, les professeurs, pour faire profiter de leur savoir les enfants et les jeunes hommes de la patrie d'adoption, donnèrent des leçons publiques et particulières ; les médecins, à qui on refusait le droit d'exercer, l'autorisation de prouver par des examens une capacité consacrée en France par la réputation et le succès, se dévouèrent, avec un désintéressement absolu, au soulagement des malades du parti.

Ceux qui savaient un métier manuel ou connaissaient la comptabilité se plaçaient dans les ateliers, les fabriques ou les maisons de commerce. Les avocats, les avoués, les notaires, dont on avait en France confisqué ou vendu à vil prix les charges, détruit les positions, et auxquels on coupait véritablement les vivres à

Bruxelles, en leur interdisant la plaidoirie, les cabinets de consultations, d'affaires, entrèrent au hasard dans les voies qui s'ouvraient devant eux : le journalisme, l'industrie, l'instruction, le commerce.

La recherche fut longue, pénible, souvent infructueuse. La France a toujours accueilli avec la plus grande sympathie les réfugiés de toutes les nations : Polonais, Italiens, Espagnols, Allemands, Belges; toujours le gouvernement leur a donné des subsides. En Belgique, la proscription ne rencontra dans le pouvoir que mauvais vouloir, hostilité, et dans le pays, si on en excepte un petit nombre d'hommes de cœur, de principes, que froideur, indifférence. Souvent même elle fut en butte à une opposition sourde, malveillante, faisant pression, par des lettres anonymes ou des dénonciations, sur le gouvernement lui-même.

C'est en quelque sorte à la pointe de l'épée, on peut le dire, que les proscrits conquirent les positions auxquelles ils arrivèrent; eux seuls, à force de temps, de persévérance ou de talent, ont fait leur trouée dans la mêlée où ils avaient été jetés.

C'est au surplus, le petit nombre qui a atteint le port. Grâce aux expulsions aux internements, aux mesures de police, la plupart des proscrits, ballottés par les vents contraires voulurent, se faire ailleurs des destinées meilleures. Ils y parvinrent rarement.

Peu de jours après notre arrivée, une partie des proscrits autorisés à demeurer en Belgique, furent internés dans les provinces. Voici, autant que des notes incomplètes permettent de nous le rappeler, comment ils furent répartis : A Anvers, Agricole Perdiguier, Terrier, Gaston Dussoubs, Hardy, Fontmarcel, Gazard, Arsène Meunier, Louchet, Besse, Renaud, Préveraud, Chantemille, Mettré, Max de Varennes, Rivaut, Benoît (Haute-Marne), Antérieux, Rouch, Boyer, Raymond, Benoît (Paris), Couny, Cadenet, Magniez, Bonald, Bourelly, Chalmel-Lacour, Vidal Naquet, Gibelly, Blanc, Chabrié (Hérault); à Ostende, Thouret; à Tubize, Texier; à Arlon, Massart; à Alost, Faure; à Braine-l'Alleud, Mongin; à Bruges, Ch. Lagrange, Cholat, Francisque Maigne, Amédée Saint-Ferréol, Perrein, Trevet, Manau, Poumaréde, Flamens, Bertal, Ansas, Crocé-Spinelli, Hennequin, Valrivières, Bergougnoux, Bailly, les frères Gornet, le Dr Carlo, Chaliez, Mancel,

Changobert, Dubief (Saône-et-Loire) ; à Bastogne, Allard, Clerc ; à Charleroy, Bayard ; à Hal, Ergott ; à Deynze, Greppo et Benoît ; à Hasselt, Léger, Hamel, Menesson ; à Louvain, Laboulaye, Amédée Bruys, Charles Bruys, Michot-Boutet, de Tessan, Mittau, Buffet, Kroubert, David, Lelièvre, Lacour, Valraux, Royer, notaire, de Saône-et-Loire, le Dr Mège, Pémergue, Sauzeau, Monet ; à Neufchâteau, le Dr Desfilles ; dans les environs, Roubière ; à Nivelles, Racouchot, Esquiros, Carré, Rozier, Limaux, Arson, Louis (Ardennes) ; à Termonde, le Dr Gambon, Viox, Cosson, Claude ; à Liége : Clément Thomas, Viguier, Geniller, Gagneur ; à Saint-Hubert, Joigneaux, Burgard, Guigon, les Drs Moreau et Belin.

Les orléanistes restés en Belgique eurent pour résidence : le général Bedeau, Mons ; le général Changarnier, Malines ; le général Lamoricière, le représentant Callet et le journaliste Campan, Bruxelles ; le questeur Baze, Liége. Le père Viguier, à cause de son âge, et en sa qualité d'armurier à la retraite, avait obtenu l'autorisation de résider aussi dans cette dernière ville, où Clément Thomas, l'ancien commandant de la garde nationale de Paris, s'était installé de sa propre autorité. Celui-ci avait loué dans les environs une maison dont le propriétaire, intéressé à le garder, le mit à l'abri des vexations de la police. Geniller et Gagneur eurent plus tard la faculté d'habiter ce pays liégeois où l'on craignait que les proscrits ne fussent trop bien accueillis.

L'expulsion, l'internement même, c'est l'exil dans l'exil ; on est arraché des lieux où l'on s'acclimatait déjà, où l'on était attaché par des liens de divers genres, pour être jeté, loin de ses amis, de ses connaissances, dans un pays nouveau, inconnu, où les privations, l'ennui, l'isolement viennent ordinairement aggraver le poids de la proscription. Pour nous, abandonner Bruxelles, qu'on commençait à aimer, c'était un supplément de proscription ; — l'on ne s'en éloignait qu'avec l'espoir d'y revenir bientôt, si, par impossible, la tourmente bonapartiste devait durer longtemps.

Certes, rien ne remplace, ne fait oublier la patrie absente, le pays natal, le foyer paternel. Le petit coin de terre où l'on a vécu, est rendu par l'éloignement, par l'exil surtout, plus splendide, plus charmant que les villes les plus belles, les contrées les plus ravissantes.

Loin des siens, le Lapon regrette sa hutte enfumée, ses champs couverts de neige; le sauvage du Nouveau-Monde demande à grands cris ses forêts vierges, ses savanes désertes; le montagnard suisse pleure en entendant le ranz des vaches. Pour le proscrit bien plus encore, tout est une cause de regrets, de douloureux souvenirs, car l'exilé partout est seul; notre Lamenais l'a bien dit : « Et il sait comme Dante, l'illustre banni, combien il est dur de monter l'escalier de l'étranger, et quelle amertume contient le pain de l'exil. »

Toutefois, entre toutes les villes étrangères, celle qui pouvait le plus attirer des Français, des proscrits, c'était Bruxelles.

XII

BRUXELLES.

Situé dans une plaine marécageuse, peu accidentée, autour d'un mamelon aux pentes rudes, que contourne une petite rivière, Bruxelles, éloigné des montagnes, pas trop voisin de la mer, n'a rien qui rappelle nos grandes villes de France. Il n'est point pittoresque, industriel, animé, comme notre vieux Lyon, majestueusement assis, couronné de coteaux verdoyants, entre deux larges fleuves. On n'y trouve pas le commerce, la gaîté, le mouvement qui règnent à Marseille, la cité aimée du soleil et baignée par les eaux bleues de la Méditerranné ; ni les lignes harmonieuses, les grands horizons, l'aspect monumental de Bordeaux, dormant sous un beau ciel, enveloppé de son manteau de pampres et ceint par la Garonne d'une écharpe de moire. Le soleil y est pâle, le climat humide ; les hivers sont longs, les chaleurs courtes, mais étouffantes, les changements de température brusques, fréquents ; puis, alors qu'on est privé du vin généreux qui égaie, réchauffe, la houille, avec sa poussière épaisse, sa fumée obscure, remplace dans les cheminées le feu clair et pétillant du bois, près duquel, en tisonnant, les pieds sur les chenets, l'on fait de si beaux châteaux en Espagne.

La Senne, rappelant un peu, par le nom seul, le fleuve parisien, est un filet d'eau bourbeuse : elle ne servira à l'embellissement et à la salubrité de la ville, que lorsqu'elle sera enterrée sous le fameux boulevard dont le nouveau roi a posé la première pierre en grande pompe, et que son successeur verra probablement terminer.

La campagne est nue, semée de choux verts et rouges, plantés dans du sable blanc. En ville, au milieu des plus belles rues, débouchent une infinité d'impasses étroites, malsaines, infectes, où s'entasse une population peu aisée que la mort décime aux temps des épidémies. Malgré cela, par le nombre de ses habitants et par son étendue, que depuis 1852 nous avons vu augmenter d'un quart au moins, par ses agréments, ses avantages, Bruxelles marche après les principales capitales de l'Europe, est à la hauteur des plus grandes villes.

Les gelées et les neiges n'y durent jamais assez pour permettre, comme dans le Nord, aux élégants traîneaux de l'aristocratie de sillonner longtemps les boulevards; ni aux patineurs des deux sexes de se livrer, plusieurs jours de suite, à un exercice pour lequel les Bruxellois sont passionnés, et que leur bourgmestre actuel, M. Anspach, cultive avec le plus grand succès.

Bien que, d'après le dicton populaire, sainte Catherine arrive toujours avec une robe blanche; et que les trois saints de glace, nommés *Gelé, Crotté, Pancrace*, ou quelque chose comme cela, puissent seuls fermer la série des jours froids, la température y est modérée, l'automne très-beau. Il serait facile d'avoir, dans les appartements, de la fraîcheur, l'été, une douce chaleur, l'hiver : il suffirait de substituer des cheminées à feu ouvert aux poêles ordinaires, d'aspect si sombre, et de mettre aux croisées, mal défendues du soleil par de simples stores blancs, les vertes jalousies de l'Espagne ou les persiennes grises de la France ; on remplacerait ainsi, même avantageusement, les espions ou miroirs mobiles au moyen desquels on voit les passants sans en être vu.

D'autre part, aux portes mêmes de la ville, il y a de charmantes promenades. L'Allée-Verte, délaissée par la mode, malgré sa quadruple allée de grands arbres bordés par un canal, conduit en quelques minutes à Laeken, la villette si fière de posséder la résidence d'été de la famille royale, une église de style saxo-chinois du plus haut prix, et le cimetière où l'on enterre les grands personnages dans des monuments fastueux dont on remarque un seul, celui où repose la Malibran, immortalisée par Alfred de Musset.

Par l'avenue Louise, récemment plantée d'arbres en bas âge qui donneront de l'ombrage à nos arrière-petits-neveux, on va au bois de la Cambre, rameau détaché de la forêt de Soignes ; cette forêt, où, au milieu des grands arbres, se cachent Boitsfort, La Hulpe et Groenendael, aux blanches maisons, s'étendait en 1815 encore jusqu'au village de Mont-Saint-Jean : échancrée chaque année par les champs de blés ou de légumes qui remplacent les ormeaux et les hêtres, elle garde toujours, l'été,—ce qui en fait la beauté— des ombrages touffus, de charmantes solitudes, des sentiers cachés dans le feuillage, des fourrés épais, des abris mystérieux.

C'est là que les amoureux aiment à roucouler en compagnie des tourterelles, que les biches de Schaerbeek vont en partie fine prendre leur pâture, que les ouvriers et les bourgeois font sur l'herbe, le dimanche, leurs dîners de famille.

Le bois de la Cambre est taillé dans un pan du manteau de la grande forêt. Pour en faire le bois de Boulogne de Bruxelles, la promenade aristocratique, on l'a débarrassé de ses plus beaux arbres, percé de routes carrossables, attifé, peigné, paré comme un parc de bonne compagnie, enjolivé de ponts romains, de kiosques mauresques, de lacs suisses.

Après de longues années de travaux, il ne manque guère plus que l'eau qui doit passer sous les ponts, remplir les lacs, tomber en cascades ! Comme les édiles et les architectes belges, adoptant les principes de Boileau,

> Se hâtent lentement,
> Vingt fois sur le métier remettant leur ouvrage,

les Bruxellois prétendent que le canal de Suez aura été creusé et rempli par l'eau des deux mers, en moins de temps qu'il n'en a fallu pour faire leur parc.

Plus près encore, autour de la ville proprement dite, dont les faubourgs sont ainsi séparés, se déroule un magnifique boulevard, enserrant Bruxelles de plusieurs rangées d'allées, que bordent de belles maisons, des jardins fleuris, des édifices publics. Les promeneurs y affluent ; tandis qu'une partie, celle du bas, au midi, est battue par les lourds chariots de l'agriculture ou de l'industrie, les hauteurs, appelées boulevards du Régent et de Waterloo, sont sillonnées en tout temps par les équipages de l'aristocratie.

Bruxelles, — rentrons maintenant dans ses murs, — est une ville de luxe, de plaisirs plus encore que d'industrie et de commerce.

Cependant on peut y vivre comme on veut et avec qui on veut, s'habiller à sa guise sans être ridicule en ne suivant pas la mode, et trouver à bon marché, ou en y mettant le prix, ce qui ailleurs est coûteux ou difficile à avoir. Il n'est pas assez vaste pour qu'on s'y perde dans la foule, comme à Paris et à Londres ; il est suffisamment grand pour que, hors de chez soi, on n'ait pas trop à redouter les cancans, et qu'il soit facile de s'y créer des relations agréables.

On n'y connaît point la tyrannie des portiers — chacun a dans sa poche la clef de sa chambre — ni, quand on est du pays, l'arbitraire de la police ; les gardes de ville, tout nombreux qu'ils soient, se bornent à flairer les délits des coins de rues et à conduire les ivrognes à l'Amigo : ils ne font jamais de la haute politique. S'il y a dans les rues beaucoup de soldats, de prêtres, de moines moinillant, de béguines béguinant, on n'aperçoit presque jamais, de gendarmes. Ceux-ci, coiffés de grands bonnets à poils, pour effrayer, dit-on, les voleurs, restent en ville, attachés à la voiture cellulaire autant que leurs prisonniers, et ne fleurissent que dans les stations de chemins de fer.

Comme toute ville bien élevée, Bruxelles a ses rues nouvelles, larges, longues, tirées au cordeau, se coupant à angles droits, bordées d'hôtels du genre noble comme leurs propriétaires. Dans la vieille cité règnent l'imprévu, le caprice et un beau désordre qui n'est pas l'effet de l'art.

Les maisons, blanches, bien lavées, pas trop peignées, sans prétention, sans hauteur, — deux étages au plus, — ne manquent pas de coquetterie : elles mettent des fleurs à leurs fenêtres, étalent des tapis de gazon sur leurs cours les plus modestes, et quand elles n'ont pas un jardin pour respirer le grand air, s'abritent du soleil par un éventail de feuillage. Méprisant la ligne droite et le niveau municipal, elles courent dans la plaine, grimpent sur le coteau, serpentent avec la rivière à travers montées et bas-fonds, de manière à former un écheveau que l'on se plaît à débrouiller en flânant.

Une véritable guirlande de magasins de tabac, d'estaminets, de boutiques de pains d'épices se déroulent dans la ville et les faubourgs : les habitants ont ainsi sous la main ce qu'ils aiment le plus. Pour les autres besoins de la vie, ils vont s'approvisionner dans les grandes artères dont la rue de la Madeleine et le passage Saint-Hubert sont le centre.

La rue sinueuse, en pente, à laquelle les Madeleines non repenties ont donné leur nom, et qu'elles balaient, les soirs, de leur robe à queue, est la plus vivante, la plus animée de Bruxelles. Elle a une physionomie particulière fort originale. Là se croisent les vigilantes aux chevaux poussifs, les équipages armoriés, dans lesquels se prélassent de vieilles marquises ayant un king's-charles sur les genoux, et les attelages de chiens traînant, en aboyant, les chariots qui portent, renfermé dans des vases de cuivre jaune, le lait des ménages.

Les belles dames allant dans les magasins à la mode faire leurs emplettes ou voir les nouveautés, y coudoient les ouvrières qui se rendent à leur travail ; le commis, sa marmotte sous le bras, échange un sourire avec la demoiselle de magasin occupée à l'étalage ; les paysans, après avoir déchargé les denrées portées de la campagne dans des voitures à âne, causent, en fumant leur pipe, avec les ménagères venant de faire leurs provisions au Marché-Couvert, où les lapins, écorchés et mis à la crapaudine, les roses, les fruits, les volailles, les légumes s'étalent pêle-mêle. Les petits-crevés et les barons de pacotille, le cigare aux lèvres, y passent en conquérants, lorgnant les femmes, obligées, si elles ne veulent pas être bousculées, de leur céder le trottoir.

Le passage Saint-Hubert, formé de deux galeries accouplées qui, par un bizarre caprice de l'architecte, forment un angle brisé, est, la nuit, ce que la rue de la Madeleine est le jour. Seulement, les voitures n'y passent pas, et les enfants, avec ou sans bonnes, y foisonnent. Si, pour aller au théâtre, au restaurant, dans les magasins, à des rendez-vous quelconques, les femmes qui tiennent à leur réputation ou ne veulent pas courir les aventures, s'y hasardent, elles ne font que le traverser rapidement. Seules, les étoiles filantes, apparaissant au ciel du Casino, les comètes échevelées qui vont se perdre dans les profondeurs des faubourgs, y brillent aussi longtemps qu'elles le peuvent.

Par ses dimensions, sa décoration, son architecture, ce passage est, après celui de Victor-Emmanuel, à Milan, la plus remarquable des galeries vitrées que l'on connaisse. Paris n'a rien qui en approche. Pour en faire une promenade d'hiver aussi belle qu'agréable, il faudrait peu de chose : *laisser les enfants à leurs mères*, selon le vœu de la chanson ; balayer les coquilles de noix dont sont ordinairement jonchées les dalles, comme si tous les écureuils du pays nichaient dans les combles ; éclairer à *giorno* les hautes voûtes que l'ombre emplit à dix heures sonnantes, par l'ordre des actionnaires, voulant faire des économies de bouts de chandelles ; garantir les promeneurs des coups d'air et des vents coulis en fermant, par des portes mobiles, le couloir central interdit aux voitures, et empêcher les locataires des magasins de casser bras ou jambes aux passants, en tirant des caves les volets pour fermer leurs vitrines; alors tout serait pour le mieux dans le meilleur des passages possibles.

C'est dans ces galeries qu'on rencontre à chaque instant des connaissances, qu'on se donne des rendez-vous, qu'on brave le froid, la pluie et la neige, quand celle-ci ne vient pas, poussée par un vent violent, recouvrir les pavés d'un blanc tapis.

Sans être nombreux à Bruxelles, les monuments remarquables y tiennent bien leur place. Parmi les églises que, dans ces derniers temps, l'on voit pousser de tous côtés de terre comme des champignons, on distingue tout d'abord Sainte-Gudule, la cathédrale, du beau et pur style gothique. Ce qu'il y a surtout à admirer, c'est, au dedans, les belles proportions des nefs, les vieux vitraux historiés et la magnifique chaire en bois sculpté représentant Adam et Ève chassés du paradis terrestre ; au dehors, la façade avec ses deux tours complétement achevées, chose rare dans les édifices du moyen âge, presque tous arrêtés au milieu de leur croissance : la foi qui avait élevé si haut ces immenses et splendides églises ne pouvait plus porter jusqu'au sommet les pierres destinées à leur couronnement.

Au premier rang des édifices civils et hors ligne s'élève l'Hôtel-de-Ville, gardé par une armée de statues, cuirassé de pierres ciselées, damasquiné d'arabesques, et portant un peu de côté, comme un immense panache, sa haute flèche à jour.

Ce palais du peuple écrase de sa hauteur le bâtiment en face, la Maison du Roi, d'où sortirent, pour aller au supplice, les comtes d'Egmont et de Hornes, que le duc d'Albe fit monter sur l'échafaud parce qu'il les trouvait trop Belges et se défiait d'eux. Encadrée de maisons de la renaissance espagnole, la place sur laquelle il s'élève est, dans son genre, un bijou, comme l'est, dans le sien, la place Saint-Marc, à Venise.

Les maisons, s'alignant en carré autour du vieil édifice gothique, sont hautes, étroites, coquettement coiffées de pignons aux dentelures capricieuses, percées de bas en haut d'ouvertures carrées qu'encadrent des tympans fleuronnés, des archivoltes contournées; elles sont décorées de balcons finement fouillés, d'ornement dorés, de sculptures en haut relief et de statues. C'étaient celles où jadis les corps de métiers, les brasseurs, les bateliers, les chapeliers, etc., se réunissaient, prêts, à l'appel du beffroi, à se ranger sous la grande bannière de la commune.

Ce qui déshonore, le jour, la Grande Place, c'est le dépôt de vieux meubles, de vieilles ferrailles, de vieilles *loques* et de cages à poulets qu'on y met en vente comme dans un vieux marché. Ce qui lui manque, le soir, c'est une illumination permettant d'en admirer les beautés, et de se garer des voitures qui s'y croisent sans cesse.

Un des défauts de Bruxelles, au surplus, c'est d'être fort mal éclairé : les rues les plus fréquentées, les plus beaux quartiers restent, la nuit, plongés dans une demi-obscurité plus favorable aux chercheurs d'aventures qu'aux bourgeois attardés, en quête de leur logis.

Les réverbères sont rares et brûlent un gaz jaunâtre : Souvent on attend, pour les allumer, que les ténèbres soient venues; dans les faubourgs, on les éteint aussitôt que la lune se montre à l'horizon.

Des monuments modernes, il n'y a rien à en dire, sinon qu'ils répondent convenablement à leur destination, mais sont presque tous mal assis, mal placés. L'hôpital Saint-Jean, dirigé par un homme excellent, un administrateur capable et intègre, M. Mosselman, offre aux malades toutes les ressources désirables.

Le Musée renferme quelques toiles remarquables de Gaspard Crayer, de Philippe de Champagne et de Jordaens; un beau Thomas Morus, d'Holbein, et des œuvres importantes de Rubens, Van Dyck, Teniers, etc.

La bibliothèque de Bourgogne possède de magnifiques et précieux manuscrits.

Parvenue assez orgueilleuse pour se dresser en face de la cathédrale, la Banque, trop décorée de riches sculptures, est carrément assise, prête à soutenir un siége.

Plus modeste, malgré le dôme dont elle s'est couronnée, l'Université libre, cachée dans un bas-fond, ouvre à tous ses larges portes, que semble garder, debout sur le haut piédestal qu'on lui a fait, l'un des fondateurs de l'institution, M. Verhaegen, en paletot boutonné, comme un bon bourgeois dans sa maison. Elle offre au public, pour les conférences, les cours extraordinaires, une vaste salle où tout serait parfait si le lustre était d'une forme moins primitive, et si la chaire, au lieu d'être placée au rebours du sens commun, de toutes les règles, se trouvait, comme partout, là où l'orateur peut être vu et entendu de tous.

Les casernes, avec leurs enceintes peu élevées, leurs petites tourelles crenelées, leurs murailles en briques rouges et noires coupées de bandes de pierres blanches, ressemblent plus à des châteaux de style anglo-saxon ou Louis XIII qu'aux forts dans lesquels s'enferment les troupes à Paris. Cela fait beaucoup mieux.

L'ancien palais du prince d'Orange, copie médiocre du palais Pitti, à Florence, a des salles assez vastes, assez sonores pour que le Conservatoire de musique, dirigé avec tant d'habilité par le savant M. Fétis, y donne ses brillants concerts.

Les décorations de la place Royale et de la place des Palais, sans être grandioses, artistiques, sont bien réussies.

Seul, le palais royal, devant lequel se dresse un bel arbre de la liberté planté à la révolution de septembre, fait, avec sa maigre colonnade, sa corniche étriquée, une assez triste figure. Les Chambres des représentants et des sénateurs, fières, élégantes, entourées des ministères, le regardent d'un air de pitié à travers les arbres, et semblent lui dire que dans un gouvernement constitutionnel, le parlement est au-dessus de la royauté.

Le Parc, s'étendant à ses pieds, est au public. Le palais n'en a que la vue. A Bruxelles il n'est pas encore permis aux princes ni aux bourgmestres de couper, de rogner, de bouleverser, par des fossés de loups, des murailles, des boulevards, les jardins de la cité.

Ce parc est percé de larges allées régulières dont trois, formant éventail, viennent s'ouvrir sur un bassin d'où jaillit une magnifique gerbe d'eau.

Tout à la fois jardin français et parc anglais, avec ses arbres séculaires, ses ombrages touffus, ses perspectives variées, ses accidents de terrains, il offre une promenade agréable en tous temps, charmante, l'été. Le dimanche, après-midi, tout le beau monde vient en grande toilette s'y faire voir, pendant que les musiques des régiments exécutent des symphonies. Les soirs, la foule payante et non payante y est attirée par les concerts donnés au *Quinconce* et au *Wauxhall*, entre lesquels l'harmonie ne règne guère, malgré le talent des artistes.

Dans le jour, les bonnes d'enfants et les tourlourous envahissent la partie du parc qui touche aux vallées ombreuses, creusées au milieu des massifs d'arbres. Les malades vont, sur les bancs bien exposés, chercher, suivant la saison, la chaleur ou la fraîcheur; les veuves parcourent les allées des côtés pour trouver des consolateurs; là aussi, depuis surtout que, par la grâce du grand fumeur de la dynastie léopoldine, le comte de Flandre, forcé jadis de renoncer, en se promenant, à son passetemps habituel, on peut y fumer, les flâneurs, les désœuvrés aiment à aller, à l'abri de la poussière et du bruit, respirer le grand air et répandre dans l'atmosphère, à larges bouffées, la fumée du tabac que produit Harlebeek, Hobourg ou Wervicq.

XIII

USAGES. — COUTUMES.

A Bruxelles on parle, dans la ville, la langue de notre chère France; dans le quartier des Marolles, où fourmille une population authocthone, un idiome hybride, le *marollien*, mélange pittoresque de wallon, de flamand et de français; dans les faubourgs et parmi les classes ouvrières, un patois flamand.

Chassés de leurs maisons en démolition, sur lesquelles on construit le nouveau Palais de Justice, espèce de fort perché sur la ville, les Marolliens auront bientôt disparu avec leur langue devenue une lettre morte. Le flamand lui-même perd peu à peu du terrain devant le français, malgré la résistance des flamingants bruxellois dont, parmi les plus exaltés, beaucoup ne savent, en fait de flamand, que *caniferstone*, ce qui s'écrit : *kan niet verstaen*, et veut dire : *je ne comprends pas.*

Le français parlé en Belgique est émaillé de certaines locutions qui partout feront reconnaître un Belge à des Français ayant habité quelque temps en Belgique. Par exemple, dans la conversation même des personnes instruites, on entend souvent ces phrases, construites d'après le génie des langues du Nord, toujours en contact, ici, avec le français : *Madame, comment va-t-il ?* — *nous lui causions*, — *je marie mademoiselle une telle.* — *qu'est-ce que cela pour des manières ?* — *ça vous goûte ?* Phrases voulant dire : Madame, comment allez-vous ?— nous causions avec lui, — je me marie avec mademoiselle une telle ou j'épouse, etc., — quelles sont ces manières? — trouvez-vous cela bon?

Dans certains cas, sans que la grammaire ait rien à y reprendre, on exprime sa pensée d'une autre façon que nous. Quand, en France, on dit : Je suis fâché, — amusez-vous — il est midi moins un quart, — nous nous portons bien, — vous avez dû être surprise en le voyant, — je ne puis plus manger, — vous avez une belle statuette sur votre table d'acajou, — c'est bien fait, — en Belgique on dira généralement : *Je suis triste, — bon amusement, — il est le quart avant midi, — nous nous portons doucement, — vous avez dû être saisie en le voyant, — je ne sais plus manger, — vous avez une belle posture sur votre table de mahoni, — ça est bien fait.*

Dans la petite bourgeoisie, le petit commerce, les mots : *croles* (boucles), *buses* (tuyaux), *papin* (cataplasmes), *paëlles* (poëles), *relocter* (frotter, laver), *caliche* (sucre de réglisse), *scramouille* (charbon de houille), *le crom* (le boiteux), *scofelins* (copeaux pour allumer le feu), *les poquettes* (petite vérole), termes probablement venus du marollien, ont pris rang dans le vocabulaire français.

Capon est une insulte dans nos départements du Nord, où il est synonyme de lâche; il est ici un petit mot d'amitié, comme dans notre midi et l'Espagne, qui l'a sans doute laissé à la Belgique. En revanche, *crapuleux* est la grande injure que l'on jette à la personne avec laquelle on se dispute, cette personne eût-elle les mœurs les plus austères, la conduite la plus irréprochable.

Les classes qui parlent plus flamand que français, mélangent les *tu* et les *vous*, les noms et les adverbes de la façon la plus réjouissante : *Écoutez une fois, monsieur, veux-tu venir avec, savez-vous*, est une phrase que l'on entend à tout bout de rue. Le *savez-vous* surtout revient à chaque instant; il paraît être, comme *goddam* en Angleterre, le fond de la langue. Après une phrase quelconque, *savez-vous* est une formule employée et bien portée partout.

Une autre locution vient après *savez-vous*, c'est *s'il vous plaît*. Ces mots se disent sans cesse de manière à faire croire que tous les Belges sont sourds. Par habitude ou par inattention, on fait presque toujours répéter la demande avant de faire la réponse; et tandis qu'en France on ajoute *s'il vous plaît* lorsqu'on prie de faire quelque chose, on le dit, en Belgique, quand on rend un service, qu'on porte un objet.

Quelles nouvelles? sont les termes sacramentels avec lesquels on aborde ses connaissances, avant même de leur souhaiter le bonjour, de s'informer de leur santé ; en se quittant, on se dit, non pas *au revoir*, mais *à revoir ;* — cela, il est vrai, se fait aussi en France, même aux Tuileries, témoin le fameux manifeste (qui l'était, lui, *à revoir*) dans lequel l'homme, que l'on sait d'ailleurs être au-dessus des règles de la grammaire comme des lois du pays, faisait ses adieux à ses troubadours partant pour la Syrie ou autres pays lointains.

Malgré tout, au fond, le français est parlé à Bruxelles plus correctement, avec un meilleur accent que dans la plus grande partie de nos départements du Midi, où les gallicismes abondent; et, excepté dans le quartier des Marolles, on n'y connaît pas les jargons de nos villes du Nord.

La bourgeoisie, le commerce, l'industrie belges ressemblent à la bourgeoisie, au commerce, à l'industrie de tous les pays ; les élégants et les élégantes de Bruxelles, fondus dans le moule uniforme que la mode impose à l'univers, n'ont rien qui les distingue beaucoup non plus de la fashion des grandes capitales.

Les Bruxelloises n'ont pas la beauté élégante et morbide des Brugeoises, ayant, elles encore, du sang espagnol dans les veines, ni la vigoureuse carnation, les robustes appas des blondes filles d'Anvers ou de Gand, qu'on dirait descendues d'un tableau de Rubens, le grand réaliste qui prenait, on le sait, pour modèles de ses madones, les beautés de son voisinage, sans les idéaliser comme le divin Raphaël.

Ces jeunes filles à la peau de satin, aux longs cheveux dorés, aux traits fins et délicats que l'on voit passer sous les arbres des boulevards, ne sont pas leurs sœurs ou leurs filles : ce sont des miss anglaises, placées à Bruxelles en pension à l'âge où sont si gracieux, si gentils, si charmants, ces enfants d'Albion qui, dans leur maturité, deviendront, les hommes, raides, gros ou longs, et les ladies, sèches, plates et guindées que l'on sait.

Les Bruxelloises sont généralement grandes, ont les cheveux châtain plus ou moins foncé, des yeux gris bien ouverts, la poitrine large, convenablement garnie, des épaules maigres, les pieds larges, la jambe bien prise, un teint médiocrement coloré. Ce qu'on leur désirerait, c'est ce je ne sais quoi dans l'expression, la physionomie, la démarche qui font le charme et la distinction de nos Parisiennes. Leur regard a plus de douceur que d'éclat, et elles semblent froides, bien qu'elles ne le soient pas.

Toutes, vieilles et jeunes, aiment également le faro, les kermesses et la toilette; toutes adoptent avec le même empressement la mode nouvelle : chapeau assiette, bijoux benoiton, jupe impératrice, robe à traîne, il n'importe ; et, comme partout, depuis qu'elles se coiffent de cheveux postiches, formant un casque de dragon avec sa queue de crins, la plus *sainte n'y touche* ressemble à une cascadeuse de la cour impériale.

Le clergé est gros, gras, fleuri, cravaté de bleu. Les moines et sœurs de toutes couleurs y pullulent pour leur plus grand bien et *ad majorem Dei gloriam.*

Appuyé sur eux et les appuyant, l'aristocratie est nombreuse, influente, acceptée. Ses membres sont appelés, tout comme dans leur *monde,* M. le marquis, M. le comte, M. le baron, par les ouvriers et les bourgeois libéraux ou cléricaux.

On s'empresse de donner à chacun, du reste, ses qualités, disant à son interlocuteur, suivant sa profession : M. l'avocat, M. le notaire, M. l'échevin. Si c'est un simple particulier, il est de la politesse de lui répéter à chaque phrase son nom, — de peur qu'il ne l'oublie !

Pour les femmes, il y a encore un autre usage : on salue ordinairement d'un *mademoiselle* celles mêmes qui ont des raisons majeures ou mineures d'être crues mariées. C'est le contraire de ce qui se fait en France, où presque toujours on dit *madame* à toute demoiselle un peu mûre.

A quoi tient cette différence ? c'est que sans doute les personnes du beau sexe sont plus flattées d'être prises, dans un pays, pour des demoiselles, dans l'autre, pour des dames ; et qu'en gens bien appris, galants, les Belges et les Français servent chacunes selon leur goût.

Sans la misère qui l'atrophie, la déforme, l'étiole, la population, prise en masse, serait, en somme, belle et forte. C'est aux privations de tous genres, aux logements insalubres, à la mauvaise qualité ou à l'insuffisance de la nourriture que sont dues, en grande partie, les phthisies, étisies, rhumatismes, scrofules, fièvres muqueuses et typhoïdes, dont la classe la plus nombreuse surtout a tant à souffrir. Le régime trop aqueux auquel on met, sous un climat déjà si humide, les habitants et les maisons, ne contribue pas peu à développer ensuite, partout et chez tous, les germes des maladies régnantes.

Les déviations de taille, assez communes, viennent fréquemment de ce que les pauvres petits enfants, au tempérament lymphatique, se déjettent de bonne heure, en portant les frères et sœurs plus jeunes qu'eux, dont la garde leur est confiée par des parents très-prolifiques, à en juger par l'accroissement de la population qui doit doubler en quatre-vingt-dix ans. Chaque année, en effet, les Belges donnent cinquante mille nouveaux citoyens ou citoyennes à leur pays qui, par kilomètre carré, compte déjà 161 habitants, le double que n'en a la France.

Les aveugles, qu'on laisse partout courir, mendier, doivent ordinairement leur infirmité à l'ophthalmie grannulaire, dite ophthalmie militaire, négligée ou mal soignée.

Bruxelles a deux grandes passions : la passion, pour l'usage interne, du faro, et celle, pour l'usage externe, de l'eau. Nous savons le rôle que joue dans la cuisine l'eau, qui entre même en quantité considérable dans le faro ; nous allons voir comment elle se comporte dans le ménage et dans la cité.

Inonder, éponger, frotter vigoureusement, essuyer avec un torchon de laine, c'est-à-dire *relocter*, tout ce qui à l'intérieur ou à l'extérieur de la maison peut être débarbouillé, décrassé, rendu net, propre, luisant, voilà, ici, la grande affaire du sexe féminin. Lorsque, la *loque* à la main, elle *relocte* les planchers, les escaliers, les trottoirs, les vitres, les ustensiles de cuisine, la femme belge est dans son centre. Elle y va de tout corps, de tout cœur, et se donne plus de mouvement que dans tous les autres actes de sa vie. Grâce à cet usage traditionnel, les planchers, les pierres, la fonte, le cuivre, les verres, tout reluit, au moins pour quelques heures. Blanchies et peintes à l'huile de lin tous les trois ou quatre ans, les façades des plus humbles maisons sont elles-mêmes souvent lavées à grande eau, au moyen de pompes ou de seaux.

Les rues aussi, bien pavées, en pente dans une partie de la ville, sont fréquemment arrosées par l'eau du ciel ou, à défaut, par celle des réservoirs disséminés dans les principales voies de communication ; elles se trouvent, par conséquent, promptement débarrassées de la poussière et de la boue.

Tout cela donne à Bruxelles un air de fraîcheur, de propreté, de gaîté qui fait une partie de son charme.

Toute médaille a son revers : nous autres Français, du moins, qui trouvons le climat déjà assez brumeux, et l'élément aquatique un peu trop prédominant partout, nous préférerions de beaucoup, que les femmes de *quartier* laissassent moins de poussière, sur les meubles échappant par leur nature au lavage, fissent la chambre avec plus de soin, et se contentassent de balayer le plancher au lieu de l'inonder.

L'été, le soleil entrant, comme chez lui, dans des maisons bâties en briques, par de larges fenêtres qui ont, au lieu de volets, des stores de mousseline, transforme les appartements en étuves, la nuit autant que le jour. Alors les bains de pieds à domicile seraient rafraîchissants et agréables s'ils n'étaient pas aussi prolongés; mais, pendant l'hiver, l'air frais et la vapeur d'eau transforment la chambre à coucher en glacière. On aimerait mieux autre chose.

Dans la rue, vous allez tout bonnement devant vous, regardant ou suivant, sans songer à mal, les jeunes ouvrières qui, coiffées en cheveux, vêtues d'une robe d'indienne brune, d'un caraco noir, vont, le panier à la main, riant, jacassant, trottant menu, à l'atelier ou ailleurs. Si vous passez, sans voir sur vos têtes les croix de bois suspendues comme des menaces de mort, et, à vos pieds, les vases de fer-blanc remplis d'eau, vous êtes exposé à plus d'un danger.

Pendant que les badigeonneurs en blouse blanche font pleuvoir d'en haut le plâtre et la chaux, tout, dans le bas, est inondé d'un liquide plus abondant que limpide, par les *Mieke* ou Marions, aux formes rebondies qui se livrent, manches et jupons retroussés, à leur exercice favori. Tout endormis qu'aient l'air les peintres en bâtiments sur leurs échafaudages, si accortes que paraissent les *relocteuses* dans leur costume du matin, — bonnet de linge attaché sous le menton, jaquette en indienne nankin ou lilas, cotillon noir et tablier blanc, retenu par des rubans se nouant en cocarde sur le derrière de la taille, — ne vous y frottez pas : autrement vous courez grand risque de voir votre paletot noir devenu subitement mi-partie de blanc et d'azur, comme un vêtement du moyen âge, et de recevoir sur les jambes un seau d'eau qui ne vous était pas destiné, quelque crottée que fût votre chaussure.

Dans les petits restaurants, enfin, beaucoup aimeraient mieux que les planchers fussent moins bien lavés, moins propres, et que les serviettes, les nappes le fussent davantage.

Après tout, comme on en est quitte pour faire mettre de la térébenthine sur ses manches trop vernissées, se sécher les jambes près du feu, priser du camphre quand on s'est enrhumé du cerveau sans sortir de chez soi, et s'essuyer la moustache, après dîner, avec son mouchoir, nous autres, Français, nous sommes bien forcés de convenir que l'exportation des *relocteuses*, pour nos villes si souvent souillées de boue, de poussière, de macadam, serait une chose fort utile.

Par ce que nous venons de dire, on comprend que toute maison qui n'a pas trois sortes d'eau : eau de la ville, eau de puits, eau de pluie ou de citerne, est une maison mal famée; que la rue privée d'une fontaine ou d'un tuyau d'arrosement se déclare abandonnée de Dieu et du bourgmestre.

Après avoir amené dans sa ville les eaux abondantes et pures que l'on voit jaillir de tous côtés dans les jardins publics, les maisons particulières, M. de Broukere avait, pour pousser à la vente, trouvé bon de supprimer toutes les fontaines où le public, qui n'a pas chez lui de l'eau à boire, allait faire sa provision du jour : il n'avait guère respecté que le *Manneken Pis*. Ce gamin de Bruxelles, sans gêne, au laisser-aller tout flamand, que Duquesnoy avait costumé en saint Jean-Baptiste sans feuille de vigne, a été jugé digne d'être fait marquis par Louis XIV, chevalier de ses ordres par Louis XV, bourgeois de Bruxelles et officier de la garde civique par ses concitoyens ; et cela, parce que toute l'année, en grande tenue ou en déshabillé, sans prendre de vacances, il remplissait consciencieusement ses fonctions et les cruches des jeunes filles du voisinage.

Le *tolle* fut général. Heureusement, comme en ce temps de grands hommes, chaque ville, chaque village veut posséder, en bronze, en plâtre, en pierre, sa notabilité, les édiles de Bruxelles ayant eu l'ingénieuse idée de donner une fontaine pour piédestal aux statues élevées en l'honneur des illustrations de leur capitale, l'eau coulera bientôt gratuitement pour tout le monde.

XIV

L'ESTAMINET.

L'industrie règne en souveraine à Gand, à Liége, dans le Hainaut. A Bruxelles elle s'est campée dans les faubourgs et la banlieue; mais ce n'est pas un Haussmann bruxellois qui l'a mise à la porte, en jetant bas les fabriques, les usines, les maisons des ouvriers, pour faire une ville de luxe et de plaisir, à l'abri des émeutes, du bruit des instruments de travail, de la fumée des machines à vapeur. Non! loin de tailler en plein drap, les magistrats communaux, avec une lenteur, une circonspection que les habitants n'approuvent et n'apprécient pas toujours, comme le feraient les Parisiens, constamment au milieu des décombres ou des déménagements, font les éclaircies nécessaires pour donner seulement l'air et la lumière aux quartiers insalubres.

L'assainissement de la Senne, toutefois, a amené une révolution à la Parisienne dans l'ancienne cité, si heureusement échappée, jusqu'à ce jour, aux travaux forcés et à l'alignement disciplinaire.

Les hauts-fourneaux, les grandes fabriques, les établissements industriels aiment à barboter dans les eaux troublées par la poussière du charbon, à se carrer dans les vastes plaines où ils peuvent grossir et engraisser à l'aise. Ils ont donc préféré la campagne et la liberté à l'agglomération bruxelloise, longtemps entourée, pour les besoins de l'octroi aujourd'hui supprimé, de barrières et de péages.

La ville n'a gardé, dans des manufactures fermées, silencieuses, que les ateliers où de jeunes ouvrières tissent, au prix de 1 franc à 1 franc 50 centimes par jour, ces riches dentelles de Bruxelles dont se parent les belles dames de tous les pays. Elle ne fait guère ensuite que le commerce de luxe, de fantaisie.

Adoptant les modes du jour, ses magasins de nouveautés, de confections, de tapis de Tournai, de jouets d'enfants, grandissent sans cesse et déploient un luxe de devantures, de décorations que les passants admirent plus que les acheteurs, obligés, malgré eux, d'en payer les frais.

Ce qui est plus spécialement belge, c'est la boutique de boulanger-épicier et le magasin ou débit de tabac.

Dans la boutique, les pains blancs, demi-blancs, gris, et les pistolets à l'eau, au beurre, au lait, voisinent avec la chandelle, le savon noir, le sel de soude et la moutarde; les pains d'épices de tous les pays, les *couques* de toutes les espèces, les *spéculaus* de toutes les formes, les boules de Vienne, les pains à la Grecque, les biscottes, les mastels, les caramels s'y montrent glorieux, recherchés, au milieu de la mélasse, du poivre, du sirop de poires, de la cannelle et des œufs, près desquels, dans la campagne, dans les faubourgs mêmes, les sabots, les fagots, les bonnets de linge, les fruits viennent aussi se poser sans cérémonie!

Le magasin de tabac offre aux consommateurs un assortiment aussi complet, mais bien différent. L'amateur le plus culotté peut y trouver tout ce qu'il désire.

L'État n'ayant pas le monopole du tabac, chacun est libre de vendre cette précieuse plante comme il veut, plus ou moins bon, suivant les procédés de fabrication, le mélange de feuilles, mais trois fois moins cher qu'en France. Par suite, tous, grands et petits, fument, les vieux prisent; beaucoup de travailleurs et de soldats, quand ils ne peuvent pas avoir la pipe à la bouche, chiquent. Les débits de tabac doivent donc être aussi multipliés que l'exigent les besoins de la consommation, répondre à toutes les exigences. A chaque pas, en effet, s'ouvrent, dans la rue, de larges vitrines ombragées d'un immense cigare en bois; derrière apparaissent, rangées comme dans un arsenal, tous les ustensiles, tout l'attirail des adorateurs de la nicotine.

Au premier rang, les pipes, les tabatières, les porte-cigares, les boîtes d'alumettes s'entremêlent et se croisent en arabesques étincelantes. Le tabac à fumer repose dans des pots de bois sombre, cerclés comme des barils de poudre ; celui à priser est enfermé dans des vases de faïence blanche recouverts d'un casque de cuivre jaune : tandis que les cigares du pays, de toutes grandeurs, de toutes grosseurs, s'étalent, en attendant le coup de feu, au milieu de guirlandes de carottes ; les cigares étrangers restent enfouis dans des caisses enjolivées de rubans, d'étiquettes historiées, qui, s'élevant en obélisques, forment de véritables bastions.

Au milieu de tout cela trône, sur son comptoir d'acajou ou de bois jaune, la demoiselle de magasin, toujours jeune et gracieuse, quand elle n'est pas vieille et maussade ; elle donne, pardessus le marché, à ses acheteurs un feu qui brûle toujours sans être celui des vestales. Dans l'arrière-boutique de certains de ces débits de tabac on peut aller même vider, en agréable compagnie, une bouteille de vin de Bordeaux — un peu trop épicé quelquefois.

Les proscrits français risquaient-ils d'être empoisonnés avec de la nicotine, par quelque compatriote de madame de Bocarmé, ou de compromettre les rapports internationaux, en ne se méfiant pas assez des payses de M. Verheyen ? je ne sais ; mais l'une des recommandations que nous faisait, dans le principe, avec une insistance toute bienveillante, l'administrateur de la sûreté publique, c'était de ne pas chercher à sonder les mystères des tabagies.

L'estaminet, plus encore que le débit de tabac, où le luxe moderne a pénétré, imprime à Bruxelles un cachet particulier. Cette grande ville a beau chaque jour se franciser ou, — dirai-je plutôt, pour être agréable à ses patriotes, — se *belgiser*, si cela se dit ou se fait, elle aura du sang flamand dans les veines, tant que le faro coulera à flots dans les estaminets.

Depuis quelque temps, les tavernes, parce qu'elles ont des siéges recouverts de bazane verte, des tables de marbre blanc, des pompes à pression ; qu'elles commencent à se donner des cabinets particuliers et des consommations variées avec accompagnement de piano, s'adjugent le droit de vendre très-cher de la bière de Bavière souvent fabriquée à Anvers, et elles font une rude concurrence à l'antique estaminet. Toutefois, les vieux de la vieille, *Barcelone*, *Rome*, *le Vieux Corbeau*, *la Jeune Carpe*, *les Troix Perdrix*, *le*

Lion Rouge, — j'en passe, et des meilleurs, — soutiennent la lutte avec avantage et conservent leur réputation.

Tant que le verre de faro ne se payera que six *cents*, autrement dit, douze centimes, la foule s'y pressera et y boira comme par le passé. Une révolution serait imminente si le prix augmentait seulement d'un *cents* par chope. Elle aurait, en premier lieu, les résultats les plus désastreux pour les verres et les vitres de l'estaminet, qui voleraient en éclats sous les pierres, l'*ultima ratio* du peuple bruxellois ; elle amènerait probablement ensuite des modifications profondes dans le royaume de la bière. Les *boses* (lisez *baes*), c'est-à-dire les maîtres d'estaminets, en ayant fait l'expérience à leurs dépens, ont renoncé à ce dangereux moyen. Ils ont maintenu les prix et diminué la capacité des verres. Tout s'est alors passé le mieux du monde : les consommateurs ont bu plus de verres ou moins de faro qu'autrefois ; le maître de l'établissement y a toujours trouvé son compte.

Comme au bon vieux temps, l'estaminet a encore ses chaises, ses tables, son comptoir, ses rayons en bois blanc, poli, vernissé de manière à ce qu'on pourrait s'y mirer, et son poële à colonne d'un noir reluisant. Sur les étagères, où jadis se rangeaient les pots d'étain et de cuivre, relégués aujourd'hui dans les cabarets de la campagne, brillent des verres de toutes grandeurs. Les murs, tapissés d'un papier uni, de la couleur des meubles, ou peints simplement à la détrempe, d'une teinte café au lait, sont décorés de lithographies représentant des sujets guerriers ou bachiques, et d'une horloge forme œil de bœuf.

Le comptoir, recouvert d'une plaque d'étain, est surmonté d'une espèce de fontaine d'où, par divers robinets, coulent, dans les verres, les bières que chacun demande.

Derrière le comptoir, debout, le levier de la pompe à la main, se tient le maître ou la maîtresse de l'établissement. Ils ne disent rien à ceux qui entrent, saluent toujours à haute voix d'un « merci ! » les sortants, et attendent, pour servir, qu'on demande quelque chose.

Les garçons sont complétement inconnus. Les verres, quand ils ne sont pas pris sur le comptoir même, sont portés par une grosse et fraîche Flamande qui vous dit : *stueblif* (1) (le s'il vous plaît flamand), reçoit le payement que l'on fait comptant, et trempe,

(1) Abréviation de la phrase flamande : *Als het uw belieft.*

pour vous faire honneur ou plaisir, ses lèvres dans la bière que vous allez boire.

Depuis que les lumières ont augmenté dans les estaminets, aussi bien qu'ailleurs, c'est-à-dire depuis que le gaz a détrôné les quinquets, ce dernier usage disparaît peu à peu. On ne craint plus, comme aux temps des guerres de religion, d'avaler un breuvage empoisonné offert par une perfide hôtesse ; et peu, maintenant, même aux jours de la jeunesse et des amours, espèrent connaître les secrets d'une jolie fille, en buvant dans le même verre qu'elle.

Entrez à l'estaminet, vous y trouverez à toute heure quelque buveur. Les soirs, et surtout les dimanches, les lundis, les jours de fêtes, en carnaval, vous y verrez, pressé, attablé, enfumé, tout Bruxelles : non pas, certes, tout ce Bruxelles qu'on rencontre aux représentations *gala*, aux bals de la cour, aux raouts de l'aristocratie, aux concerts du Conservatoire, mais tout le Bruxelles populaire, commerçant et bourgeois.

C'est que l'estaminet belge n'est pas seulement un lieu où on avale de la bière et où on rend de la fumée, c'est tout un monde. Là on mange, chante et danse, on fait des discours, de la musique, des parties de billard anglais, de boules et de bac : tout ce qu'il est possible de faire en public ; aussi les Bruxellois s'y rendent dans toutes les grandes circonstances de la vie, ayant préalablement eu la précaution, le matin, de s'informer dans quel *bocal* se rencontrait le meilleur faro du jour.

En sortant de l'Hôtel-de-Ville, les époux bien assortis y amènent la noce altérée de bonne heure. Le nouveau-né, à peine hors de l'église, y est porté par ses parrain et marraine, qui le rebaptisent avec de la bière. La mère y conduit, parée, attifée comme une fiancée, sa fillette venant de faire sa première communion. Les parents et les amis, en quittant le cimetière où ils ont accompagné un des leurs, vont y noyer leurs chagrins. Les familles entières, hommes, femmes, vieillards, enfants, y passent les soirées fériées. La jeunesse y vient, en partie carrée, rafraîchir ses amours ; et, aux temps des élections, des émotions politiques, les partis y plantent leurs drapeaux.

Au rez-de-chaussée, une vaste salle, toujours pleine de fumée, encombrée de monde, est consacrée aux consommateurs proprement dits. Au milieu des fumeurs et des buveurs entassés les uns sur les autres, circulent, à chaque instant, des aveugles demandant :

« La charité, s'il vous plaît ! » des crieurs de marrons chauds, des porteuses de *patates* cuisant dans des fourneaux, des cigales à la voix suraiguë, des musiciens ambulants exécutant toute sorte de morceaux d'harmonie ou de charivari, des saltimbanques, en maillot rose, avalant des sabres ou faisant des voltiges ; des marchandes portant, dans leurs paniers divisés en compartiments, des œufs durs et mollets, des crabes, des mastels, des noix et des caricoles, coquillage en forme de fève noire qu'on mange à la pointe d'une épingle. Dans le public, chacun admire, donne, boit, ou mange ce qui lui plaît assaisonné de sel, semé gratis sur la table devant laquelle il est assis.

Dans les cabinets particuliers, nommés en général, et non sans raison, des *trous*, se réunissent les personnes aimant peu les cohues. C'est là aussi que tiennent leurs séances les sociétés d'étudiants, d'ouvriers, de flâneurs, d'originaux, de viveurs qui se donnent un président, un règlement, des signes distinctifs, des médailles, et s'appellent, suivant leur spécialité ou les exercices auxquels ils se livrent en certaines circonstances, les Chasseurs de Hannetons, les Grimaciers, les Crocodiles, les Francs Buveurs, les Collectionneurs de vieux boutons, les Pêcheurs à la ligne, les Archers royaux, les Poissonniers, les Colombophiles, les Mélomanes, les Amis des Quilles, les Vieux Compagnons de l'Empire, les Sans Nom, les Jeunes Culotteurs de pipes, etc.

Les meetings, les bals de noce, les réunions lyriques, politiques, instrumentales, ont lieu dans les grands salons des étages supérieurs. La cour est réservée aux joueurs de boules.

Pourquoi l'estaminet est-il ainsi un centre où tout aboutit, d'où tout part ? C'est qu'en Belgique (et la contagion gagne le reste du monde) on ne peut rien faire sans fumer et boire. Depuis cette année même, la tabagie a pris possession, sous forme de *raout*, des salles de fêtes des grands cercles, où les dames ont eu le plaisir, comme au Casino, d'avaler de la fumée, en entendant chanter la chansonnette plus ou moins légère, et en buvant du faro.

Le nombre de ces estaminets, ou débits de boissons, est considérable. On le porte à 3,300 environ, dont 2,275 pour la ville seule. Toutes les rues de Bruxelles et de ses faubourgs sont émaillées de leurs lanternes et de leurs enseignes. Aussi, il est reconnu que la bière pompée en un seul jour ferait aller un moulin à plusieurs roues.

Combien de personnes peuvent se trouver réunies à la fois dans les grands établissements, ceux, par exemple, dont est entouré l'Hôtel-de-Ville, qui en couvre trente-deux de son ombre? je l'ignore. Il me serait tout aussi impossible de dire combien un consommateur émérite peut ingurgiter de liquide en un seul jour. Ceci pourtant doit en donner une idée : chaque année, à la Noël, l'ancien *bose* de la *Louve* avalait, en présence d'une foule respectueuse et enthousiaste, douze choppes de faro, pendant que l'horloge sonnait les douze coups de minuit.

Les étrangers et les habitants, recherchant des plaisirs d'un autre genre, des distractions moins bruyantes, trouvent à Bruxelles ce qui peut leur plaire : des cafés bien tenus, où la tabagie n'occupe qu'une salle, une collection de Casino, Alcazars, Châteaux des Fleurs, Paradis des Roses, dans lesquels s'épanouissent, *que c'est comme un bouquet de fleurs*, les dames du quart de monde qui y acceptent, avec un égal empressement, les hommages, les cigares et les petits verres, offerts par leurs adorateurs jeunes ou vieux.

De plus, bals champêtres avec consommation de gauffres et de jambon arrosés de bière; concerts à profusion, parfois fêtes brillantes dans les cercles et les jardins réservés; théâtre flamand, italien même, par aventure, et français, donnant, presque aussitôt qu'à Paris, les pièces nouvelles que les premiers acteurs de notre capitale viennent, de temps en temps, y jouer : tout cela est à leur disposition.

Le théâtre de la Monnaie, décoré d'un beau fronton de Simonis, l'un des premiers sculpteurs de la Belgique, est réservé à l'opéra et au ballet. La salle est sonore, commode, ornée avec élégance et, chose rare maintenant, possède un parterre avec siéges rembourrés, où les dames peuvent se placer. L'orchestre de ce théâtre, bien dirigé par Hanssens, est justement renommé; ses ténors, ses premières chanteuses brillent souvent sur les plus grandes scènes.

Le théâtre flamand donne plus de pièces traduites du français que d'œuvres originales. Il a d'assez bons acteurs comiques, et est bien rempli, le dimanche.

En hiver, les concerts du Conservatoire, de la Grande-Harmonie, de la Philharmonie, de la Société Lyrique, de Samuel, au théâtre

National, font toujours salle comble. L'été, la bourgeoisie et le commerce vont, endimanchés, au Parc ou au Jardin Zoologique admirablement situé sur une colline couverte d'ombrages, entendre exécuter des morceaux d'harmonie, mêlés d'airs de valses, de polkas. L'orchestre du théâtre de la Monnaie, les élèves du Conservatoire, les artistes amateurs et les musiques des guides ou des grenadiers s'y disputent les faveurs et les applaudissements du public.

Aimez-vous la musique? On en a mis partout. On en fait dans les rues, les sociétés particulières, les processions, les enterrements, les fêtes; en tous temps, en tous lieux retentissent les chants. On chante juste ici comme on chante faux ailleurs; tout le monde est fanatique de musique; chaque village a son corps de musiciens; toutes les grandes villes possèdent des sociétés chorales et instrumentales très-remarquables. Les artistes de profession abondent dans la musique instrumentale; mais ces chœurs puissants, nombreux, qu'on ne rencontre encore qu'en Italie et en Allemagne, sont composés d'amateurs, vainqueurs dans bien des concours, à en juger par la quantité de médailles, dont sont constellées leurs riches bannières d'or et de velours.

Ouvriers, bourgeois, jeunes gens, hommes faits, tous les âges, toutes les classes se fondent dans cette harmonieuse unité, que l'on voudrait voir régner dans la grande société.

Ce qu'il y a d'étrange, c'est que les femmes, à part de brillantes individualités, Mmes Artot, Sasse, Cabel, Gueymard, par exemple, chantent mal. Elles n'ont pas la voix douce, étendue, mélodieuse, juste comme les hommes, parmi lesquels on trouve tout à la fois des basses-tailles, des ténors, et des soprani ne ressemblant que par la voix, du reste, à ceux de la chapelle Sixtine.

Les petites filles, qui s'égosillent à chanter en faisant leurs rondes sur les places, en suivant les fanfares, ont des intonations plus aiguës, plus perçantes que les petits garçons; et, lorsqu'au milieu d'une bande joyeuse d'ouvriers et d'ouvrières, la partie féminine entonne la chanson populaire du jour, elle remplace la qualité du son par l'éclat; ajoute à l'harmonie des voix d'hommes, des broderies d'un ton tout à fait criard.

Par suite, sans doute, excepté à Gand qui a un cercle de dames chantant fort bien, il n'y a de chœurs de femmes que dans les théâtres. Aux églises, aux processions, ce sont les enfants des écoles des Petits-Frères et les chantres ordinaires qui psalmodient les hymnes latines et françaises du rituel, avec accompagnement d'orgue, d'harmonium ou d'instruments à cordes. La petite chapelle de la Madeleine, la seule où se célèbre, à la Noël, la messe de minuit, est aussi la seule dans laquelle, pendant le mois de Marie, les jeunes et les vieilles filles ont le privilége de pouvoir chanter, sur un air connu : *J'ai perdu mon innocence*, et autres cantiques de circonstance. Le concert spirituel et gratuit qu'elles donnent alors, ne laisse rien à désirer à ceux qui aiment les sacrées cacophonies.

Mariées ou demoiselles, les femmes se dédommagent de ne pouvoir chanter devant le public, en chaudronnant, matin et soir, chez elles sur le piano. Quand elles ne sortent pas (et même, hélas! quand elles en sortent), des écoles dirigées avec tant d'éclat par Mme Pleyel, l'une des premières pianistes de l'Europe, ou par ses bonnes élèves, cet exercice trop prolongé devient, pour les voisins, une distraction aussi agaçante que peu attrayante.

Il est des gens sans doute, parmi les étrangers surtout, que tant de musique, de chant assourdit le jour, empêche de dormir la nuit, mais la masse s'en réjouit, s'en repaît, s'en abreuve. C'est l'essentiel. Que les autres se mettent du coton dans les oreilles, s'ils veulent se rendre sourds. C'est leur affaire.

Grâce à ses plaisirs, ses attraits, Bruxelles grandit et s'arrondit chaque jour. Il renferme maintenant, ville et faubourgs compris, 305,000 habitants. Sa population flottante se compose de Français, que le commerce, l'industrie ou la politique y retiennent; d'Allemands qui viennent y exercer des professions manuelles ou apprendre, dans les magasins, la comptabilité et la langue française; d'Anglais trouvant à y faire des économies, même en dépensant beaucoup, et d'étrangers de tous pays, ayant quitté leur belle patrie sans régler leurs comptes avec la justice ou leurs créanciers.

La population fixe et jouissant de ses droits civils, sinon politiques, augmente chaque année. Voici pourquoi : les retraités, dont le nombre est fort grand, veulent y manger leurs rentes et finir leurs jours; les provinciaux viennent y chercher les plaisirs d'une grande ville, les priviléges d'une capitale, résidence de la Cour, du Parlement, des ministres, et où les fonctions sont bien rétribuées, les fêtes publiques brillantes ; les hommes déclassés, désœuvrés, ambitieux, aussi bien que les travailleurs habiles, actifs, intelligents, ne trouvant pas, dans les petites localités, l'emploi de leurs facultés ou de leurs loisirs, accourent dans cette ville, où ils aiment mieux être les seconds, les troisièmes, même les quatrièmes, que les premiers dans leur village.

Il en résulte qu'atteinte de la maladie générale, la Belgique, cette terre des communes libres et florissantes, est menacée par un afflux de sang à la tête, alors que les membres risquent de s'atrophier. La congestion cérébrale est d'autant plus à redouter que la monarchie et la centralisation gagnent, de leur côté aussi, chaque jour, du terrain sur les vieilles franchises municipales.

XV

OMBRES ET RAYONS.

La Belgique, dans les arts qui parlent aux sens, la musique, la peinture, garde un rang élevé. De nos jours, elle a produit, parmi les compositeurs, Gevaert, Limmander, Fétis, et, parmi les exécutants, Bériot, Vieuxtemps, Servais, Léonard, les frères Batta, Mme Pleyel.

En peinture, l'école belge soutient dignement sa réputation et peut citer trois noms célèbres, Leys, Gallait, Wiertz, qui représentent trois genres différents, on pourrait dire trois époques.

Leys fait, avec un grand talent, une grande originalité, le pastiche du passé ; c'est un contemporain d'Hemling, de Van Eyck, ou d'Albrecht-Dürer ; il reproduit avec amour sur ses toiles, dans des sujets nouveaux, la couleur, l'agencement, les personnages secs, raides, longs des anciens maîtres. Une autre gloire de l'école d'Anvers, Lies, mort il y a peu, avait adopté le même genre.

Gallait, c'est le présent glorieux, triomphant, passionné pour la forme, aimant tout ce qui brille, tout ce qui a de l'éclat, les riches tentures, les manteaux de velours, les robes de satin, les diadèmes d'or et de pierreries. Ce peintre excelle pour le portrait, la mise en scène : même dans les tableaux où il a représenté quelques grandes scènes de l'histoire nationale, ce que l'on admire surtout ce sont des portraits de beaux cavaliers et de belles dames.

Wiertz est le peintre de l'avenir. D'une main fiévreuse il jette à grands traits, sur d'immenses toiles, toutes les pensées de régénération morale, sociale ou politique qui fermentent dans son cerveau. Pour faire son œuvre de poète et d'artiste humanitaire, il se hâte, comme s'il avait le pressentiment que la mort allait le prendre, de remplir le musée, dont il a fait don à Bruxelles, de tableaux, les uns très-beaux, les autres à peine ébauchés. Il fait vite, frappe fort plutôt que juste, indocile aux règles qui l'entravent ou dont son génie croit pouvoir se passer. Les portraits de deux proscrits, Blanqui et le Dr Wateau, sont les dernières œuvres de ce peintre, mort républicain et en libre-penseur.

Sur les traces des maîtres marche une phalange de peintres marquants : les Stevens, les Verboeckoven, les Dillens, Madou, De Knyff, Thomas, Portaels, madame Henriette Ronner, Willems, Musin, Cerier, Carolus, Lauters, Boulanger, Lamorinière, Ernest Slingeneyer, Roelofs, H. Robbe, Dubois, Léonard, de Block, etc. La démocratie a à revendiquer ces deux derniers surtout.

Suivant la même voie que Wiertz, Léonard s'est mis tout entier au service de la Révolution. Dans une série de tableaux peints avec une grande vigueur de style, le courageux artiste a cloué au pilori tout ce qui de nos jours encore : (empereurs, rois, reines, papes, prêtres, jésuites, soldats), opprime, tue, abétit ou pille.

De Block, après avoir fait, dans le genre des *Petits Flamands*, des scènes d'intérieur fort remarquées aux expositions, a changé de manière. Acceptant, des démocrates belges, la mission de faire les portraits de Mazzini et de Garibaldi, il est allé à Londres et à Caprera. Accueilli avec une grande cordialité, il a eu, le premier, le bonheur de pouvoir reproduire sur la toile, les traits des deux révolutionnaires italiens, dont on n'avait que des photographies peu ressemblantes.

Le peintre belge s'est admirablement inspiré des modèles. Son œuvre est vivante, magistrale, à la Van Dyck. Ces portraits, de grandeur naturelle, sur lesquels l'homme de la pensée et l'homme de l'action ont écrit de leur main leur devise favorite, pourront être admirés, par ceux qui aiment le grand art et les grands citoyens, dans le salon que leur avait consacré Colard. Endormi maintenant dans une autre demeure, notre ami ne les verra pas ; mais ses fils, démocrates comme lui, marchant en tout sur ses traces et ayant le goût des arts, garderont précieusement ce legs.

Ce qui manque à Bruxelles, c'est le mouvement intellectuel, littéraire, scientifique, que l'on trouve à Londres, dans les grandes, villes d'Allemagne et même à Paris, sous la machine pneumatique de l'empire. Il n'y a guère ici de ces cours publics dans lesquels l'enseignement est si élevé, si lumineux, ni de ces réunions intimes ou brillantes, dont une conversation pleine d'enseignement, d'intérêt, de saillies piquantes, spirituelles, est l'un des plus grands charmes. Rarement aussi, vous entendrez cette causerie pittoresque, animée, colorée qui, en France, court les rues.

On n'étudie pas, on lit peu. Il se vend à peine 500 exemplaires d'un ouvrage sérieux imprimé en Belgique. Si l'on parle beaucoup, c'est pour ne rien dire qui n'ait trait aux femmes, au vin, à la bière, aux affaires, au jeu. Jamais un cabinet de lecture n'a pu s'y acclimater ; et ces cercles où l'on donne aux sociétaires de magnifiques fêtes, n'ont pas de bibliothèque. La pièce dans laquelle sont étalés, en petit nombre, des journaux politiques et littéraires, au milieu de beaucoup d'images, est mal éclairée, mal chauffée, presque toujours vide, alors que les autres regorgent de fumeurs, de joueurs, de danseurs. La Bibliothèque publique, celle du Musée, renfermant, si bien rangés, tant de beaux et bons livres, n'a à offrir à ses habitués qu'une triste antichambre, jamais remplie, d'ailleurs, et où les employés sont souvent aussi nombreux que les lecteurs.

Données par des maîtres capables pourtant, les leçons, en général trop abstraites, trop froides, le plus souvent récitées ou écrites, sont mal écoutées, et les cours, à part quelques-uns très-bien faits, peu suivis. Dans les établissements d'instruction à tous les degrés, les études sont faibles. La jeunesse n'en profite pas autant qu'elle le pourrait. « Cette jeunesse, qu'on voudrait appeler studieuse, mais « qui ne mérite pas ce beau titre (écrivait un jeune rédacteur du « *Libre Examen*), aime peu la science et dédaigne le plus sou- « vent de faire des efforts pour l'acquérir. »

La distinction avec laquelle beaucoup d'élèves passent leurs examens, subissent les concours ; les discussions des congrès d'étudiants, prouvent que là aussi, du moins, il y a de nombreuses exceptions.

Les journaux les plus lus, qui ont le plus d'abonnés, sont ceux dans lesquels les *faits divers*, accidents, sinistres, et les canards venant de France ou y allant, tiennent plus de place que les discussions sérieuses, les articles de fond et la querelle même du clérical avec le libéral.

Il n'en pousse pas moins, à chaque instant, — la presse ne connaissant pas, ici, les douceurs du timbre, du cautionnement et du monopole de l'imprimerie, — des feuilles de toutes couleurs qui vivent plus ou moins, ou tombent à l'automne.

Par paresse d'esprit plutôt que par jalousie, pour n'avoir pas la peine de porter un jugement, ceux-là souvent que l'on entend le plus crier contre l'invasion des produits français en tous genres, sont, pour les auteurs de leur pays, indifférents ou dédaigneux; et ils accueillent avec faveur, acceptent, les yeux fermés, les drames, les romans, les ouvrages de pacotille importés d'outre-Quiévrain.

Bruxelles a cependant tout ce qu'il faut pour être au niveau des autres capitales : des écrivains de mérite, des savants distingués, des professeurs instruits, des journalistes de talent.

Parmi les Belges vivants, nous citerons comme ceux dont les noms sont les plus connus, les ouvrages les plus lus : H. Conscience, faisant des romans français et flamands également populaires; les chansonniers Bovie, Clesse que les Belges appellent leur Béranger; les poètes, écrivains et journalistes : Labarre, Mathieu, J. Guillaume, Joseph Demoulin, Van Hasselt, le président de la Cour d'appel de Liége, Grandgagnage, que Thémis n'a pas enlevé aux muses; Frédérix, Delmée, Edouard Fétis, Couvreur, représentant, Hanno, Hallaux, Tardieu, Coomans, Érèbe, Delimal, Arnould, Gillard, Victor Joly, de Wauters, Alvin, bibliothécaire, Polain, Hénaux, Lemonnier, d'une originalité pleine de promesses, Franchi, Gachard, archiviste; les professeurs Tiberghien, Laurent, Van Bemmel, auteurs d'ouvrages importants de philosophie et de littérature; les chimistes Stas et Bergé; les historiens Th. Juste, Kervyn de Lettenhove, Nothomb, Altmeyer de la grande école historique, celle que Louis Blanc a si heureusement appelé, l'école des *faits dignes d'être accomplis;* Émile de

Lavelaye, dont la *Revue des Deux Mondes* publie de si remarquables articles; Quetelet, le savant directeur de l'Observatoire; les géologues d'Omallius-d'Halloy, vice-président du Sénat, et le major Le Hon; l'économiste Le Hardy de Beaulieu; Fétis, Ad. Michiels et Siret, qui ont fait des travaux intéressants sur la peinture et la musique; Defré, pamphlétaire incisif, mordant, quand il était *Boniface;* Ch. De Coster, à qui on doit une charmante légende d'*Ulenspiegel*, cette incarnation du génie flamand; Ch. Potvin, qui écrit avec un égal succès en vers et en prose, et a combattu, sous le nom de *Dom Jacobus*, avec beaucoup de verve, les ennemis de la libre pensée; Félix Delhasse, Émile Leclercq, le romancier de l'école de Balzac, au style coloré, poétique.

Bruxelles possède de plus une université indépendante du pouvoir, sans attache avec le passé, où l'enseignement est complet, basé sur les grands principes du droit, du rationalisme, de la science; il a des associations nombreuses protégées par la Constitution, soutenues par l'opinion et combattant avec succès l'ignorance, la superstitution, l'arbitraire, la misère; il jouit enfin de la liberté qui éclaire, échauffe, emporte tout : liberté de la presse, de l'imprimerie, de la tribune, d'association, de réunion, du culte, aucune ne lui est refusée.

La Belgique s'aidant, ce n'est donc, pour le progrès à accomplir, qu'une question de temps.

La politique, si méprisée des pédagogues, des économistes, même des philosophes, a contribué et contribuera plus que toute autre chose à l'éducation du pays, grâce, beaucoup aux lutteurs des journaux et des meetings démocratiques, ses soldats, un peu aux proscrits, ses martyrs!

Les proscrits ont, eux, en effet, inauguré, mis en honneur les conférences. Plaisant à tous, touchant à tout, la conférence tient le milieu entre les lectures publiques, que le célèbre romancier Dickens a faites l'un des premiers en Angleterre, avec un grand succès, et les cours publics, professés avec tant d'éclat à la Sorbonne, au collége de France, alors que la chaire libre était occupée par les Guizot, les Villemain, les Cousin, les Michelet, les Quinet. Elle offre la fleur du panier, comme disait Deschanel, aux gourmets littéraires qui veulent, sans prendre aucune peine, mordre aux fruits du savoir; et elle mène au but par un sentier fleuri.

Aux jours de la grande révolution, les émigrés, lorsqu'ils ne pouvaient pas se battre contre la France ou vivre de leurs revenus, se faisaient coiffeurs, cuisiniers, maîtres de danse. Les proscrits du 2 décembre ont vulgarisé, mis à la portée de tous l'histoire, la philosophie, la littérature, l'économie politique, les sciences. Émigrés et proscrits, chacun a enseigné ce qu'il savait.

Pendant plusieurs années, à Bruxelles et dans les grandes villes de Belgique, Deschanel, Bancel, Madier-Montjau, Chalmel Lacour, Laussedat, Joigneaux, A. Morel, Erdan, Pascal Duprat, Versigny, Arsène Meunier ont, par ces conférences, donné l'impulsion, semé la parole d'émancipation, de progrès. Les Belges qui se sont associés à eux et seront bientôt seuls dans l'arène : Potvin, Delmée, Bergé, Le Hardy de Beaulieu, Paul Janson et ceux qui, avec eux, instruisent le peuple dans les cours ouverts par la Ligue de l'Enseignement, ne laisseront plus éteindre le feu sacré.

L'accueil fait à cet enseignement ondoyant et divers, sans morgue, sans prétention, où l'esprit, l'éloquence, le savoir, la passion, la politique se mêlent, d'une manière si heureuse; les nombreux amis qui acclament toujours à Anvers Madier-Montjau, enseignant, depuis le coup d'État, avec autant d'élévation que de science, les philosophies de l'histoire et de la littérature ; le millier d'auditeurs, ayant pendant seize années, applaudi, à l'Université libre de Bruxelles, la parole sympathique, émue, entraînante, de Bancel jugeant la vie et les œuvres des grands orateurs, des grands écrivains, des grands penseurs de tous les temps ; tout prouve que la glace est rompue, que la Belgique, si haut placée dans l'industrie et dans l'agriculture, donne maintenant aux choses de l'intelligence, la place qu'elles doivent avoir.

Les congrès internationaux, qui poussent sur la terre libre de Belgique comme ses choux, ont aussi, en réunissant des penseurs, des orateurs, des démocrates de tous les pays, amené un courant tout nouveau d'idées.

Ces congrès, depuis celui des étudiants de Liége, dont on a tant parlé, jusqu'à celui des sciences sociales de Gand, où on a tant parlé, sans passer par le concile clérico-laïque de Malines, renouvelé du moyen âge, ont mis à l'ordre du jour, dans ce petit royaume, les questions sociales et politiques que tout peuple, tout citoyen doit connaître, étudier, chercher à résoudre, s'il veut remplir sa mission dans le monde.

XVI

MOUVEMENT POLITIQUE.

A l'heure qu'il est, c'est au mouvement politique, à la démocratie belge surtout, par sa presse, ses meetings, sa parole, à exercer sur la population une influence décisive, toute-puissante.

Certes, au milieu des éléments troubles et troublés dont se compose cette population, il y a du courage, de l'audace à faire de la propagande sociale, rationaliste, révolutionnaire dans le peuple; à agiter les masses, en les convoquant dans des comices où tous peuvent venir parler, faire entendre leurs plaintes, leurs vœux, et en créant une tribune, une presse, des associations pour les déshérités de la fortune, les parias de la politique.

Qu'est et que veut le peuple belge? Il est difficile, en effet, de le savoir, en voyant ce qui se passe, ce qui se dit, ce qui se fait.

La *Brabançonne*, dont la musique est du Belge Campenhout, les paroles du Français Jenneval, mort, comme le comte Frédéric de Mérode, en repoussant les Hollandais, est l'hymne de la révolution belge; cette révolution que les chants patriotiques d'un opéra français, *la Muette de Portici*, firent éclater à Bruxelles: elle retentit partout, après trente-neuf ans, autant qu'en 1830, et soulève le même enthousiasme. La Belgique semblerait donc être restée très-révolutionnaire. Seulement, l'on ne chante plus les paroles qui lui imprimaient son véritable caractère; et l'air national est mis, c'est le cas de le dire, à toutes sauces; on le joue indistinctement aux noces, aux enterrements, aux concours de pinsons, aux distributions de prix des jeux de boules, sur le passage de la cour et dans les processions, comme à l'anniversaire des jours de Septembre; les riflemen anglais l'ont pris, pour en faire un pas redoublé.

Autre contradiction : les libéraux envoient leurs enfants chez les jésuites, et, aussi dévotement que les cléricaux, se mettent à genoux, dans la rue ou sur les chaises des estaminets, quand passe, précédé de sonnettes, leur *bon Dieu*, porté par un prêtre. La bourgeoisie se montre heureuse, fière de saluer ses rois, ses reines, ses princes, et d'en être saluée.

Le commerce, la finance, comme l'aristocratie, le clergé et la cour; les fonctionnaires, les fournisseurs et ceux qui veulent être l'un ou l'autre; les sociétés particulières aussi bien que les corps constitués, élus, officiels; le théâtre et l'église; les colléges et les couvents; la garde civique et l'armée, tout s'associe aux deuils et aux fêtes de la famille royale par des manifestations de joie ou de tristesse, selon la circonstance, aussi voyantes que prolongées. Alors il se fait un étalage de drapeaux, crêpes, discours, compliments de condoléances, congratulations comme on n'en voit nulle part, et des réjouissances publiques ou des relâches de spectacles, bals, concerts, tribunaux, Bourse, travaux, affaires, qui forcent les indifférents, les indépendants, les opposants à jouer, malgré eux, le rôle de comparses dans la cérémonie du moment.

Les classes pauvres ne sortent de l'apathie, de l'indifférence où les retiennent la misère, l'ignorance, que pour se divertir à leur façon, ou chercher à oublier, pendant quelques heures, avec la bière et le genièvre, les douleurs de la semaine, le poids du jour. Une partie du peuple se laisse mener par les curés, et, en temps de choléra, va, comme pendant les pestes du moyen âge, se prosterner, au milieu de la nuit, des torches à la main, sur les dalles de l'église. Le reste se passionne pour les fêtes de toute nature, religieuses, monarchiques, nationales, peu importe, pourvu qu'elles soient à grand orchestre. Peu savent ou veulent user de la liberté.

Cette liberté, inscrite dans une constitution plus avancée que le pays, on n'en a guère profité pendant longtemps que pour faire de la contrefaçon, représenter les pièces d'auteurs étrangers et reproduire les articles, les nouvelles, les débats des peuples sans liberté.

Jusqu'à ces derniers temps, aussi, le droit de réunion, d'association n'avait presque été exercé que pour former des sociétés de plaisirs, de chants ou de jeux.

Dans l'État, le petit nombre seul jouit de ses droits politiques. Il faut, pour élire des représentants, des sénateurs, des conseillers provinciaux, un impôt de 20 florins (42 francs environ); pour être électeur communal, les taxes varient de 15 à 42 francs, suivant les provinces. Par suite, il n'y a que 104,000 électeurs sur 1,246,000 citoyens majeurs. C'est-à-dire que sous le rapport du droit civique, la Belgique est à la queue maintenant de tous les États de l'Europe, la Russie exceptée (1). Puis, tandis que la grande majorité, la nation des ouvriers, des cultivateurs, du petit commerce, des professions libérales, traitée ainsi en paria, ne réclame pas ses droits, les privilégiés ne les exercent pas. A Bruxelles, arrondissement, il y a 13,800 électeurs inscrits; 3,000 seulement vont ordinairement au scrutin, donner leurs voix aux candidats imposés par les doctrinaires de l'Association libérale.

Dans la société, par le bas prix des salaires, la concurrence des ouvriers entre eux, les monopoles des grandes compagnies industrielles, houillères, etc., les travailleurs sont en quelque sorte à la merci du capital qui, au besoin, appelle à son service les Chassepots belges.

Sous bien des rapports, en somme, la Belgique est plus arriérée, moins prospère qu'on ne le dit ou qu'on ne le croit. Le clergé, l'aristocratie, la ploutocratie, le royalisme y ont encore une influence prépondérante; et la condition des classes laborieuses y est moins heureuse que dans des pays moins riches, moins peuplés, moins libres; la statistique ne le prouve que trop : il y a 175,000 familles inscrites aux bureaux de bienfaisance, ce qui doit représenter, en Belgique, sur une population de 4,800,000 habitants un million de pauvres.

Depuis que, par les traités de 1815, la Belgique avait été enchaînée à la Hollande, les ouvriers n'ont pourtant jamais manqué à l'œuvre démocratique et sociale. Sous les Nassau,

(1) C'est ce qu'a démontré, par des chiffres et des arguments auxquels on n'a pas répondu, Ad. Demeur, demandant dans une conférence, à l'Union libérale, la révision de l'article de la Constitution qui fixe le cens électoral.

MM. de Potter, Tielemans, Bartels et leurs amis, soutinrent, jusqu'à ce qu'ils fussent obligés de chercher un asile à l'étranger, la lutte contre la monarchie orangiste, pour donner à leur pays l'indépendance et la république.

Après la révolution de Septembre, lorsque l'indépendance fut conquise, la république eut de nombreux partisans dans les grandes villes et parmi les volontaires, que deux républicains d'origine française, les généraux Niellon et Mellinet, avaient conduits à la victoire; mais dans le comité de constitution un seul membre la demanda, ce fut M. Tielemans; un seul membre du gouvernement provisoire, M. de Potter, l'appuya; au Congrès national, il n'y eut que 13 voix pour la voter, celles de MM. Seron, de Robaulx, Goethals, Goffint, de Labbeville, Fransman, Delwarte, Lardinois, David, De Smet, Pirson, de Thier et l'abbé de Haerne, lequel a, depuis, comme le Judas des apôtres, passé à l'ennemi.

Penseur, écrivain, homme de science et de conscience, M. de Potter, voyant son drapeau abattu, quitta pour toujours la scène politique; il se réfugia dans l'étude. La violence et la calomnie l'avaient, d'ailleurs, contraint d'abandonner la direction de son parti, la défense de ses opinions et même Bruxelles. Le club démocratique de la rue de la Bergère, où il faisait, avec ses amis, de la propagande républicaine, avait été fermé à la suite des vociférations d'une foule ameutée contre les républicains, que les metteurs en œuvre habituels de ces sortes d'exécutions sommaires, avaient dénoncés comme des saint-simoniens, et qui eurent de la peine à échapper aux insultes.

Déjà M. de Potter avait été accusé d'aspirer à la dictature et d'avoir choisi pour ses ministres MM. Tielemans et Lesbroussart. Cette accusation, habilement propagée, avait acquis assez de créance, pour qu'une grande fraction du parti républicain crût devoir se séparer de lui et demander la réunion à la France.

En 1848, M. Castiau, dont les amis politiques regrettent avec raison l'éloignement, le silence, salua, à la tribune des représentants, par de magnifiques paroles, la révolution de Février qu'autour de lui l'on maudissait tout bas, et qui semblait faire craquer les trônes les mieux consolidés. Lui aussi, lorsqu'il vit qu'aucun changement favorable à la cause du peuple ne se produisait en Belgique, il abandonna la vie publique, et il fut habiter la France.

Après le coup d'État, quand les proscrits arrivèrent à Bruxelles, c'était Labarre qui tenait d'une main ferme le drapeau républicain, hautement arboré dans le journal la *Nation*. Citoyen plein de cœur, de conviction, d'énergie, Louis Labarre, patriote dans la véritable acception du mot, est un des Belges qui furent le plus franchement sympathiques aux principes et aux hommes de la proscription. Dès le premier jour, il mit son journal à la disposition des vaincus et il est resté toujours leur ami. C'est lui qui, au nom des Belges, a prononcé les paroles d'adieu sur la tombe d'un de nos derniers morts, Émile Labrousse, dont il était si bien apprécié.

Alors que le coup d'État, flétri avec indignation par son journal, triomphait, Labarre, pour avoir défendu le gouvernement républicain, attaqué le système monarchique, avait failli être décembrisé par une de ces bandes de soulards, que les meneurs du parti de l'*ordre* savent si bien lancer contre leurs adversaires, en restant derrière le rideau. Averti par M. de Brouckere, venu, en grand costume, au sortir d'une cérémonie officielle, lui offrir de le faire garder par le poste de l'Hôtel-de-Ville, le journaliste républicain attendit, entouré de ses amis, le fusil au poing, dans les bureaux de la *Nation*, l'émeute réactionnaire, qui n'arriva point. Il continua de défendre la cause démocratique avec la même énergie; ce ne fut que lorsqu'une condamnation à plusieurs mois de prison — il avait glorifié Orsini — eût brisé sa plume, qu'il céda sa place à d'autres.

Poëte, littérateur, Labarre a eu plusieurs drames historiques joués et applaudis aux théâtres de Bruxelles, ce dont peu d'auteurs belges peuvent se vanter. Dans la biographie de Wiertz, son collaborateur à la *Nation*, son ami, il a donné sur le peintre et sur son œuvre des détails d'un grand intérêt. Plus récemment encore, rentrant dans la politique par la poésie, le vieux lutteur a, dans des vers inspirés par la Némésis vengeresse, chanté *les Gloires et les Vertus de l'Empire* sur un mode que le Napoléon et ses admirateurs, s'il en a, trouveront peu ionien.

Le mouvement s'est encore accéléré depuis ces derniers temps. Il s'est créé une presse démocratique, des associations de travailleurs, des meetings populaires, au moyen desquels les grandes questions sociales et politiques ont été posées, les classes laborieuses appelées à la connaissance de leurs droits, à la défense de leurs intérêts. La royauté elle-même, l'arche sacro-sainte, a été mise en cause, percée à jour par les courageux organes du socialisme, *la Liberté*, *l'Ancienne* et *la Nouvelle Tribune du Peuple*, *l'Internationale*, *le Mirabeau*, *le Peuple belge*, *l'Avenir* et *le Devoir*, de Liége, et des journaux satyriques qui rappellent la carricature des temps de Louis-Philippe, *la Cigale*, d'Otterbein, *l'Espiègle*, de Delimal, etc.

Sociétés de solidarité, de coopération, d'inhumation civile, Ligue de l'Enseignement, bibliothèques communes, réunions multipliées, discussions publiques, tout ce qui peut éclairer les masses, améliorer leur situation, a été mis en œuvre par des citoyens, peu nombreux, mais toujours sur la brèche. J'ai nommé Paul Janson, qui promet au Parlement belge un de ses plus grands orateurs; Georges Janson, véritable tribun; Robert, Féron, Arnould, tous trois jeunes aussi et pleins d'avenir; Ag. De Potter, Ad. Demeur, Claes, Splingard, Vangoidtsenhoven, Hector Denis, Fontaine, Coulon, Pellerin, Pauwels, avocats, ouvriers, journalistes, combattant par la parole, la plume, l'exemple, avec autant de dévouement que de talent; et les vaillants travailleurs de l'Internationale : Désiré Brismée, l'imprimeur de son journal officiel et son porte-drapeau, César De Paepe, son dialecticien à la tribune comme dans la presse et son énergique représentant aux congrès de l'extérieur, E. Hins, Vandenhouten, E. Steens, H. Verryken, etc., ses orateurs habituels.

La chanson des rues, non des bois, révolutionnaire, socialiste, fait sa propagande dans les familles comme dans les réunions publiques; c'est en s'accompagnant lui-même sur un instrument, que l'un de ses interprètes les plus populaires, l'aveugle Voglet, chante partout, comme les anciens bardes, ses poésies consacrées à la glorification du droit, du travail, de la libre pensée.

Si les démocrates, obligés de lutter contre les vieux libéraux et les cléricaux, n'ont pas acquis l'influence, la popularité qui leur sont dues, c'est que le travail, l'ignorance, l'estaminet empêchent la classe laborieuse d'aller entendre ses défenseurs, ses amis, de lire les écrits consacrés à sa cause.

Que les radicaux sincères, l'opposition avancée aussi bien que les précurseurs de la république démocratique et sociale, attendent le succès, non de compromis équivoques, de fusions tournant toujours en confusions, d'habiletés étranges, mais de la propagation de leurs principes, de la vérité de leur enseignement; qu'ils amènent les travailleurs à s'intéresser à leurs propres affaires, en consacrant aux meetings, aux journaux, à la lecture, avec le temps mal employé, de minimes cotisations, prises, non sur leurs économies, ils les doivent, s'ils peuvent en faire, à leurs familles, mais sur les dépenses dont la santé souffre comme la bourse.

Les germes semés dans une terre féconde, qui paraissait froide à la surface parce qu'elle était mal préparée, et qu'on doit, disait Michel, de Bourges, remuer jusqu'au tréfond pour la fertiliser, porteront bientôt leurs fruits. Le sang versé l'année dernière, dans les plaines de Charleroi, semble avoir été la rosée fécondante qui a fait lever les germes enfouis. Depuis, le pays s'est couvert d'associations ouvrières relevant de l'Internationale, la grande société des travailleurs, que l'on a cherché à rendre responsable, pour la détruire, des événements sanglants dont les grèves de Seraing et du Borinage ont été récemment le signal. Ce sera ainsi, par le socialisme, que le peuple belge entrera à pleines voiles dans la politique, l'arme de la délivrance : qu'on ne l'oublie pas.

A ceux, donc, qui sont à la tête du mouvement, de le bien diriger ; qu'ils persévèrent, restent unis, malgré les obstacles de tous genres semés sur leur route, et fassent comprendre aux moins éclairés, aux plus impatients de leurs compagnons des *trades-unions*, qu'une association appelée à rallier les travailleurs de tous les pays, doit, sans grèves tumultueuses, sans lutte, sans violence, sans s'exposer à la persécution, conquérir les droits du travail.

Les proscrits ne se sont point mêlés à ce mouvement démocratique et social. Bien que gardant et affirmant sur la terre étrangère comme dans la patrie, leur foi politique, ils n'avaient ni le désir ni le droit d'intervenir dans la lutte des partis qui divisent la Belgique; ils savaient trop bien qu'étrangers, ils ne pouvaient être que des alliés inutiles, embarrassants ou compromettants pour leurs coreligionnaires belges, et des ennemis pour le gouvernement dont ils auraient attaqué ouvertement les actes, les lois, la légitimité. Nos vœux, nos sympathies, nos applaudissements n'ont jamais du moins manqué à nos amis de la patrie d'adoption.

XVII

L'HOSPITALITÉ BELGE.

Aux premiers jours de leur arrivée, les proscrits ne songeaient guère à étudier les institutions de la Belgique, ni à admirer les beautés de la ville. Ce qui les attachait à Bruxelles, c'est que cette ville était le rendez-vous des Français venant chaque jour porter des nouvelles de Paris ou en chercher, le quartier général des réfugiés, qui se voyaient là serrés, nombreux, et se croyaient encore une armée ; le poste avancé d'où les vaincus de la veille pouvaient donner la main aux amis de France, épier l'occasion favorable, surveiller l'ennemi et, au besoin, tirer sur lui. Aussi avec quels regrets on voyait partir ceux que la police ou le désir d'assurer à leurs familles une position moins précaire, éloignaient de Bruxelles ! C'étaient des soldats qu'on croyait perdus, et l'on regardait presque comme des déserteurs les exilés qui, voyant la France asservie pour longtemps, s'embarquaient pour le Nouveau-Monde. Peu alors, après avoir donné trois mois d'espérance à la République, pensaient que l'empire était fondé.

Ce ne fut, par exemple, qu'un cri dans la proscription lorsque Cantagrel fut, avec Considérant, organiser un phalanstère dans le Texas. Tous disaient que ce n'était pas le moment d'aller fonder une société nouvelle en Amérique, lorsqu'il fallait renverser un gouvernement en France. Hélas ! le phalanstère est mort, Cantagrel est revenu, et l'empire vit encore.

Au milieu des préoccupations politiques, de la surexcitation générale, il était pourtant nécessaire que les proscrits se créassent une position qui leur permît d'attendre le jour où la révolution serait possible. Personne n'avait de l'argent à jeter par la fenêtre. Les uns possédaient à peine le strict nécessaire, n'ayant emporté dans leur fuite que ce qui leur était tombé sous la main ou leur avait été prêté par des amis; les autres s'étaient vus jeter sur la terre étrangère par les gendarmes, conduits aux frais de l'État, mais abandonnés ensuite à leur sort, sans ressources: le coup d'État condamnant les bannis, à la mort par la faim dans l'exil, comme il condamnait les transportés de Lambessa et de Cayenne, à la mort par les maladies ou les mauvais traitements. Beaucoup avaient eu leurs propriétés mises sous le sequestre, leurs études supprimées ou vendues à vil prix, leurs cabinets fermés. Tous, nous pouvions craindre que les proscripteurs, joignant l'hypocrisie à la violence, ne nous coupassent les vivres, en interceptant les envois faits par les familles. Lorsque au milieu de la terreur régnant encore en France, toute souscription devenait impossible, notre caisse de secours n'était pas assez bien fournie pour suffire aux besoins urgents, soulager toutes les misères.

Des lettres particulières, des recommandations chaleureuses, adressées de France à des Belges, jouissant de la considération générale, donnèrent bien aux exilés qui avaient le bonheur d'en être porteurs, des protecteurs influents, quelquefois des amis dévoués; mais ce devait être à la longue seulement que les Belges éclairés, indépendants, témoins des bons rapports régnant entre tous les refugiés, et voyant de près les hommes accusés de tant de crimes ou de méfaits par les gouvernements, pouvaient s'intéresser à la proscription, l'appuyer, la défendre.

Entretemps, le ministère Rogier-Frère-Tesch pouvait faire du bon plaisir sans opposition, et, en se vantant d'être hospitalier, obliger les refugiés à abandonner volontairement le sol belge. Empêcher en effet ceux qui avaient une profession de la remplir, un métier de l'exercer; c'était bien les condamner à l'expulsion, sans responsabilité, sans arrêté; contraindre moralement à quitter la Belgique, les proscrits que d'autres moyens d'existence n'y retiendraient pas : les ministres usèrent largement de la méthode.

Labrousse demanda en son nom et en celui de quelques-uns de nos amis de créer une institution que Bruxelles n'avait pas. Cette institution, en donnant à plusieurs proscrits la possibilité de retrouver leur position perdue en France, aurait rendu d'utiles services à la Belgique. Placée entre l'Athénée, où les élèves reçoivent l'enseignement classique, et l'Université, qui confère les grades dans toutes les facultés, elle faisait renaître sur des bases plus larges, avec de nouveaux éléments de progrès, des méthodes perfectionnées, un enseignement plus élevé, l'école centrale du commerce et de l'industrie, si florissante sous Labrousse, mais que ses successeurs avaient laissé dépérir. Les jeunes élèves, avant d'entrer dans les carrières auxquelles ils se destinaient, seraient venus s'y fortifier, dans des cours préparatoires, pour les épreuves des examens, les luttes des concours.

Deschanel et Chalmel-Lacour, sortis de l'Ecole normale, et occupant dans l'enseignement supérieur un poste important; Chauffour, professeur de droit à la Faculté de Strasbourg; Ennery, professeur de l'Université; Baune, ancien directeur de l'École municipale de Lyon; Servient et Deluc, répétiteurs à l'École polytechnique; Érambert, professeur de chimie et d'histoire naturelle à l'École de Saint-Cyr, étaient appelés à donner l'enseignement dans l'établissement qu'aurait administré Labrousse, dont les preuves étaient faites à Bruxelles comme à Paris, où il avait été sous-directeur de l'École philomatique. D'autres proscrits devaient faire des cours spéciaux : Charras était chargé de l'histoire militaire; Bancel, de celle de la parole; Laussedat, de l'anatomie; Versigny, de la philosophie du droit; Pascal-Duprat, de l'économie politique; Marc Dufraisse, de la législation comparée, qu'il professe avec tant d'éclat à l'École philotechnique de Zurich; Victor Hugo et Edgard Quinet s'étaient mis en tête de la liste, prêts à prendre, au besoin, la place d'honneur dans ce haut enseignement.

Sous de pareils maîtres, le niveau des études ne pouvait que s'élever, l'instruction être plus solide, plus étendue, la lutte des concours devenir plus brillante. MM. de Brouckere, le bourgmestre, et Verhaegen, le président de l'Assemblée des représentants, approuvaient, appuyaient vivement le projet. Le gouvernement refusa l'autorisation.

Joly, Dupont de Bussac, Madier-Montjau, voulurent prendre place au barreau de Bruxelles. Ils croyaient avoir des titres suffisants pour être inscrits sur un tableau d'avocats. Joly, député de l'opposition avancée sous trois gouvernements, procureur général aux premiers jours de juillet, commissaire général de la République après février, avait, comme jurisconsulte, comme avocat, comme orateur, une célébrité incontestée; il devait être d'autant mieux accueilli par les libéraux, que c'était à lui surtout, défenseur de Cécile Combette, qu'était due la condamnation de Léotade, à laquelle le libéralisme avait tant applaudi.

Dupont de Bussac, fut, avec Ledru-Rollin et Michel, de Bourges, de ceux qui, pendant tout le règne de Louis-Philippe, défendirent avec le plus de courage et de talent les accusés politiques; en droit commercial, il avait peu de rivaux au palais. Madier-Montjau appartenait à cette élite du jeune barreau, qui est arrivée maintenant au premier rang, conquérant la brillante position que l'exil seul a ravie au proscrit. Leurs confrères des départements, bien que moins connus, pouvaient porter partout avec distinction la toge d'avocat.

Le gouvernement refusa les autorisations; le barreau ne protesta pas.

Les Drs Laussedat et Testelin, l'un et l'autre aujourd'hui membres correspondants de l'Académie de médecine de Bruxelles, arrivaient, avec une réputation faite, de grandes villes où ils avaient une belle et nombreuse clientèle; ils croyaient pouvoir exercer leur profession de médecin, en se conformant aux règlements usités partout.

Le gouvernement refusa l'autorisation; le corps médical applaudit. Les autres médecins proscrits se le tinrent pour dit; ils ne firent aucune nouvelle démarche.

Versigny, Chalmel-Lacour et Laussedat avaient loué, dans les Galeries-Saint-Hubert, une salle pour donner des conférences; les deux premiers firent, l'un sur la philosophie du droit, l'autre sur l'histoire de la philosophie, une conférence, fort applaudie, et où il n'était point question de politique : le gouvernement leur ôta la parole : ils durent résilier à prix d'argent le bail. S'ils avaient ouvert un bal, on leur aurait peut-être permis de laisser danser, à moins qu'on ne leur eût fait payer les violons, en défendant même les danses.

Un autre proscrit demanda à créer un cabinet de lecture bien pourvu de journaux, de revues et d'ouvrages sérieux, établissement inconnu à Bruxelles...; le gouvernement ne le voulut pas.

Deux autres exilés, au contraire, Greppo et Benoît, du Rhône, furent condamnés par le gouvernement aux travaux forcés à perpétuité ; voici comment : les deux amis, que la fabrique de Lyon envoya en 1848 représenter les travailleurs à l'Assemblée nationale, étaient alors, chacun dans un genre différent, d'habiles ouvriers en soie. Lorsque l'on commanda, à Lyon, le manteau de la reine Victoria pour le couronnement, ce fut Greppo, bien connu déjà par ses opinions républicaines, qui se vit chargé de fabriquer le royal tissu.

Arrêté dans la nuit du 2 décembre, condamné à la transportation, Greppo, sa peine ayant été commuée en exil, vint en Belgique avec sa famille. Sa femme était bannie comme lui. Par ses nobles convictions, ses fiers principes, le dévouement avec lequel elle remplissait ses devoirs d'épouse, de mère, de citoyenne, Mme Greppo, que les amis et les ennemis du peuple connaissaient bien, méritait plus que toute autre de figurer sur les listes de proscription. Elle était appelée à donner à ceux qui auraient pu fléchir, l'exemple de la dignité et de la force d'âme dans l'adversité : elle n'a pas manqué à sa mission.

Si les avocats et les médecins abondaient en Belgique, les ouvriers en soie étaient rares. Le gouvernement, en trouvant sous la main deux comme il pouvait le désirer, fit proposer aux anciens *canuts* lyonnais de monter et diriger, à Deynze, des métiers à la Jacquard pour fabriquer en grand des étoffes de soie. Les conventions, arrêtées après un long débat, étaient médiocrement avantageuses pour les ouvriers proscrits, qui gagnaient beaucoup plus à Lyon. Elles leur assuraient cependant une position convenable. Mais à peine à l'œuvre, nos compagnons d'exil eurent à subir des exigences auxquelles ils ne devaient pas s'attendre, et qui étaient contraires aux conventions.

M. Rogier imposa à Greppo l'obligation de rester seul, en se séparant de Benoît, qu'on voulait renvoyer ; puis, ses agents firent sur les heures de travail, les jours de repos, le mesurage des pièces, toutes sortes de mauvaises chicanes. Greppo, indigné, déclara d'abord qu'il quitterait Deynze si Benoît n'y restait pas ; ensuite, qu'il ne voulait plus travailler dans une fabrique où le gouvernement avait la haute main. Sur ce, il fut, par ordre du bourgmestre, gardé par les gendarmes dans l'atelier, et prévenu que, sous aucun prétexte, il ne pourrait abandonner la petite ville où il était interné. La surveillance n'étant pas trop rigoureuse, Greppo put rompre son ban, brûla la politesse à M. le bourgmestre, transformé par le ministre Rogier en garde-chiourme, et revint à Bruxelles : il n'y put pas rester. Vingt-quatre heures après son arrivée, il dut partir pour l'Angleterre avec sa femme et sa fille. Élevée à bonne école, courageuse, jeune, apprenant avec facilité les langues étrangères, celle-ci devait, à Londres, à Manchester, à Lisbonne, où le destin conduisit ses parents, être leur consolation, leur bon ange.

Tout ce luxe de mauvais vouloir, de mauvais procédés paraissait alors chose naturelle. Le gouvernement était d'avis que des hommes condamnés par son tout-puissant voisin au bagne, à la déportation, au bannissement, étaient de trop grands criminels pour avoir, en Belgique, lorsqu'on les y tolérait, d'autres priviléges que celui de payer comptant leurs frais de séjour ou de s'en aller. Le public laissait faire, laissait passer. A cette époque, la *Nation* seule, dans la presse, et quelques voix amies nous défendaient en proclamant les devoirs de l'hospitalité.

Alors, beaucoup se dirent que la Belgique était un pays libre.... pour les Belges, et ils voulurent aller chercher un lieu de refuge où ils pussent utiliser leurs forces, leurs capacités, leurs connaissances diverses. Chauffour et Benoît, du Rhône, gagnèrent la Suisse ; Valentin et Pelletier, l'Angleterre ; Pascal-Duprat fut demander à Londres le droit de publier ses tables de proscription, écrites sous la dictée des proscrits ; Maire, son frère Chevanes et Brukner, après avoir à peine touché terre à Liége, où on les avait enfin laissé aller, s'embarquèrent pour l'Amérique, avec le projet, les premiers de faire de l'agriculture, le troisième de se placer comme ingénieur dans les chemins de fer ; Caylus, du *National*, les y avait devancés; il venait de fonder à New-York une succursale de la maison de commerce de Ch. Thomas et Montagut, dont il était l'associé.

Charassin chercha à Gerzey un asile paisible où il lui fut permis de vivre en philosophe, en penseur. Il faillit être jeté à la mer, pris d'abord, parce qu'il se tenait à l'écart, pour un mouchard, par ses compagnons d'exil, au milieu desquels passait alors pour un grand révolutionnaire, parce qu'il faisait beaucoup de bruit, un certain Hubert, dont la correspondance avec la rue de Jérusalem fut, par aventure, trouvée au fond d'une malle.

Ce fut sur un rocher entouré d'eau, contre lequel les vagues de la mer et les colères du despotisme, également impuissantes, venaient se briser, que Victor Hugo planta sa tente. Il allait lancer sur l'empire ses foudres : *Napoléon le Petit* et *les Châtiments.*

Le jour où il quitta la Belgique, des démocrates d'Anvers, Adolphe De Boe, Vanderplassche, avocat, Max Gozzi, Allemand fixé en Belgique, etc., lui donnèrent un banquet auquel assistèrent les internés d'Anvers et plusieurs proscrits venus de Bruxelles.

Après des discours véhéments, les exilés, par l'organe de Madier-Montjau, donnèrent rendez-vous dans la patrie libre à celui que la mer allait séparer d'eux.

Guiter voulut aller se fixer à Chambéry, où l'attendait son fils, condamné, par la commission mixte de l'Hérault, comme rédacteur en chef du journal républicain de Montpellier. Étienne Arago l'accompagna jusqu'à Cologne. En revenant, il s'était arrêté à Liége, où M. de Sélys-Longchamps, sénateur de l'opposition avancée, très-sympathique aux proscrits, le retint à dîner. Au moment où il était à table, Arago fut invité à se rendre immédiatement à l'Hôtel-de-Ville pour une communication importante. Croyant que quelque bonne nouvelle est arrivée de Paris, Arago y court. Il y trouve M. Piercot, bourgmestre, qui le met sous la garde de la police et ordonne de le diriger immédiatement sur Bruxelles. Prévenu, M. de Sélys-Longchamps intervient, proteste en vain. Le proscrit est, par les ordres de M. Piercot, conduit au chemin de fer, accompagné de gendarmes. Ceux-ci, manquant à la consigne donnée par un magistrat libéral, montèrent dans un autre wagon que celui où était leur prisonnier. Ils avaient compris qu'ils n'avaient pas affaire à un malfaiteur.

Le bourgmestre de Liége, en faisant arrêter, dans sa ville, un réfugié en rupture de ban et prévenu de manœuvres à l'extérieur, crut avoir bien mérité des gouvernements belge et français !

Servient était l'un des plus brillants, des plus courageux élèves de cette Ecole polytechnique qui avait donné des chefs à l'insurrection en 1830 et 1848. Miné par une cruelle maladie, il espérait que le soleil de sa patrie lui rendrait la santé. Comme il ne pouvait ni ne voulait toucher le sol des colonies françaises où il était né, il voguait vers une île anglaise située sous les tropiques, lorsque la mort le prit avant qu'il eût touché le port.

De Flotte, après avoir coupé sa longue barbe noire, était méconnaissable, même pour ses amis. Il rentra en France avec un passe-

12.

port belge sans être remarqué, et resta inconnu dans les bureaux d'une administration particulière, jusqu'au jour où il fut rejoindre les mille de Marsala. Lui aussi, la mort l'attendait en route. Il fut tué en Sicile comme Laviron l'avait été à Rome, en combattant à côté de Garibaldi pour l'indépendance de l'Italie. Tous deux, au nom de la démocratie française, dont ils étaient les vaillants représentants, ils ont ainsi protesté, les armes à la main, contre les violences faites à une nation amie, et, lavé avec leur sang, la tache imprimée au front de la France par ses gouvernants.

XVIII

LES INTERNÉS.

Pendant que les choses se passaient à Bruxelles ainsi que nous venons de le voir, que faisait-on dans les villes de refuge ?

Ceux qu'on avait envoyés gîter à Bastogne, à Turnhout et dans d'autres ports de mer du même genre, songeaient.

Car que faire en un gîte, à moins que l'on ne songe.

Ils songeaient à la patrie perdue, ou y mouraient, comme Texier à Tubize, de chagrin et d'ennui.

Dans la ville où trône, sur le clocher d'une église, Jean de Nivelle, avec son chien qui s'enfuit quand on l'appelle, comme la liberté en France, Rozier, le Mistral de l'Aveyron, égayait les exilés en leur chantant ses poésies patoises pleines d'humour. Racouchot cultivait des fleurs sur sa fenêtre, envoyant ses pensées de tous genres à son beau jardin des Antoines. Esquiros, le peintre fidèle, ingénieux, érudit des contrées où il a vécu, commençait sur la Belgique des études dans le genre de celles qu'il a publiées dans la *Revue des Deux-Mondes* sur la Hollande et la vie anglaise. Il reçut ordre d'interrompre son travail ou de sortir du royaume. Il prit ce dernier parti sans se faire prier ; par cela même, il ne s'occupa plus d'un ouvrage qui aurait été fort intéressant pour les Belges.

Antony Thouret, appelé, par les petits journaux de la réaction, Antony le Gros, bien que leur Murat, le chef des ventrus napoléoniens, lui rendît plusieurs centimètres de circonférence, était seul à Ostende.

Pendant des journées entières, il promenait, rêveur, ses pas majestueux sur le rivage de la mer du Nord, dont les flots, les murmures lui rappelaient ceux qu'il soulevait à l'assemblée par ses piquantes interruptions. C'était sa seule distraction, lorsqu'il vit de France arriver un proscrit.

Dans une ville renommée en tous temps pour ses huîtres, mais devenue, l'hiver, froide et déserte, un compagnon d'exil était le bien-venu. Les deux proscrits ne se quittèrent plus. Le nouveau réfugié fit la partie de bac ou d'échec de Thouret, accepta sans façon son déjeuner et souvent son dîner, puisa dans sa bourse comme dans la sienne.

Malheureusement, ce proscrit tomba malade et mourut, malgré les soins de l'ancien représentant, qui, en bon camarade, en ami politique, voulut lui rendre un dernier témoignage de sympathie, en jetant quelques fleurs sur sa tombe.

La cérémonie faite, Thouret recueillit pieusement, pour l'envoyer à qui de droit, ce que laissait le défunt. En ouvrant le portefeuille, la première chose qu'il trouva, ce fut une carte d'agent de police! Notre brave ami avait fait, d'une voix émue, l'éloge funèbre du mouchard que le gouvernement français avait attaché à sa personne, pensant sans doute qu'à lui seul Thouret pouvait faire un rassemblement!

Le Dr Gambon s'était confiné à Termonde, ville triste, entourée de hautes murailles, de fossés profonds, où il y a plus de fièvres que de plaisirs. Pour un médecin qui aime sa profession et l'exerce avec autant de désintéressement que de succès, le lieu était bien choisi. Gambon, après avoir donné des soins à Viox, un de ses compagnons d'internement, atteint par la *malaria* des Flandres, se mit à guérir les malheureux d'abord, ensuite les pauvres et les riches indistinctement. Il n'oubliait de soigner que lui-même et ne voulut recevoir de personne aucun honoraire.

Bientôt aussi sa réputation s'étendit avec l'affection qu'on lui portait. Cela ne faisait pas l'affaire des autres médecins. Ils dénoncèrent le proscrit comme se livrant à l'exercice illégal de la médecine. Le délit était flagrant, public, constaté. Gambon fut condamné à quelques francs d'amende que payèrent ses juges, qui étaient ses clients, ses amis.

Ce bon et modeste Gambon n'avait accepté le mandat de représentant que par devoir civique, pour remplacer son frère Ferdinand, arraché de son siége par la haute cour de Versailles. Il n'a jamais voulu quitter Termonde, où il jouissait de l'estime générale et croyait être utile. Il y est mort en libre penseur.

La magistrature, la troupe, les autorités, la population entière ont accompagné, avec ses amis venus de Bruxelles, sa dépouille mortelle jusqu'au cimetière, où un tombeau simple, mais qui témoignera de la reconnaissance de toute une ville, lui a été élevé par souscription.

C'était d'une autre manière que Joigneaux, relégué au milieu de la forêt des Ardennes, acquerrait, dans le Luxembourg, la réputation et la considération qui là, comme partout, restent encore aujourd'hui attachées à sa personne aussi bien qu'à ses travaux.

Dans le Luxembourg, les bois sont hauts, épais, les ruisseaux limpides, les prairies tapissées d'un gazon fin et aromatique, les coteaux semés de taillis, de bruyères; par suite, le gibier y abonde et est de premier choix; les jambons, les gigots de mouton qui en viennent, sont excellents; mais, quoique si peu éloigné des Flandres, pendant longtemps l'agriculture y a été en retard. Les champs étaient cultivés d'une manière peu intelligente, les arbres fruitiers taillés à la diable. La routine, en un mot, y était dame et maîtresse comme dans tant de nos campagnes de France. Eh bien! Joigneaux a transformé le pays, en créant et dirigeant lui-même une ferme modèle, faisant, dans toute la province, aux cultivateurs des conférences aussi instructives qu'intéressantes, et écrivant avec son style vif, coloré, familier, véritablement bourguignon, de petits traités sur l'agriculture, qui circulaient partout, étaient compris de tous.

Il a fait à Saint-Hubert, comme le saint qu'on y honore, mais dans un autre genre toutefois, des miracles. Le grand saint Hubert, après avoir détrôné saint Eustache, jadis patron des chasseurs, préserve, on le sait, et guérit de la rage les chiens que, de toutes les parties de la Belgique, on vient faire bénir dans sa chapelle, ou qui mangent du pain non moins bénit; et il assure, à ceux qui viennent faire dire des messes en son honneur, une ample tuerie de lièvres, de grives, de perdrix. Le républicain proscrit, en faisant adopter aux cultivateurs les méthodes nouvelles d'assolement, de taille, de culture, a augmenté la production des céréales, et a rendu plus savoureux les fruits des poiriers et des pommiers de ces contrées.

Interné avec lui, son compatriote et son collaborateur à la *Feuille du Cultivateur*, le Dr Moreau, allait dans les villages de ces montagnes, où il n'y avait pas de médecins, porter gratuitement les secours de son art aux malheureux et à tous ceux qui l'appelaient.

S'il est, en Europe, une ville française par l'aspect du pays, le caractère de ses habitants, son genre d'industrie, c'est Liége, la cité bruyante, animée, assise sur un beau fleuve, qui vient impétueux de France, traverse une partie de la Belgique et va se perdre en Hollande. De Dinant à Namur, de hautes montagnes abruptes, dentelées, couvertes de bois, de rochers, de bruyères, enserrent dans une profonde vallée le fleuve devenu belge. De Namur à Liége, la Meuse, grossie par la Sambre, coule plus paisible, tantôt entre des coteaux tapissés de vignes, couronnés de vieux châteaux, tantôt dans une plaine riante au milieu de laquelle se montrent, derrière des arbres, de belles maisons de campagne et de grands établissements industriels.

Adossée à une colline, sur laquelle grimpent ses maisons les plus curieuses de voir, pardessus les toits, le beau panorama qui se déroule autour de la ville, Liége domine une campagne pittoresque où les grands cours d'eau, les petits ruisseaux, les champs de blés, les prairies, les bosquets, les rochers s'entremêlent comme dans un paysage d'Auvergne ou de Suisse. L'industrie du fer, avec ses hauts-fourneaux, ses fonderies, ses laminoirs, la remplit de bruit, de fumée, de mouvement; et ses ouvriers, fabricant des fusils ou des machines, ont l'intelligence, l'activité, la gaîté qui manquent parfois aux travailleurs des Flandres, et dont sont doués ceux de nos grands centres de production. En général aussi, les Liégeois sont plus expansifs, plus empressés, plus ouverts que les habitants des autres provinces. Ils accueillent comme des compatriotes les étrangers, surtout les Français, leurs voisins. En politique, ils sont parmi les plus avancés, les plus progressistes, et se montrent aussi attachés à la jeune nationalité belge que les Bruxellois, bien qu'ils n'aient point à craindre de voir, par une annexion quelconque, leur ville perdre les priviléges, les avantages d'une capitale et tomber au rang de préfecture.

Ce fut de Liége que partirent, sous le commandement de M. Rogier, les premiers volontaires qui s'armèrent, en 1830, pour aller révolutionner la Belgique; et c'est à Liége que l'indépendance du pays, si elle était menacée, trouverait encore ses plus énergiques défenseurs.

Ils étaient enfants de cette ville, ces deux frères Bayet dont nous devons garder le souvenir. Comme les jumeaux de la Réole, ils étaient nés à la même heure, avaient sucé le même lait et les mêmes principes, combattu tous les deux pour l'indépendance de leur pays, et ils sont morts le même jour. L'un et l'autre, en 1830 et en 1848, ils auraient voulu voir la Belgique unie à la France républicaine. Après le coup d'État, ils donnèrent aux républicains français proscrits, des marques publiques de leur sympathie : c'était tout ce qu'ils pouvaient faire. N'ayant rien voulu accepter d'une monarchie adoptée par le Congrès contre leurs vœux, ils étaient sans fortune : dans un moment de désespoir, ils voulurent mourir ensemble. Ce fut sous les balles royalistes que tombèrent les généraux César et Constantin Faucher.

Plus enrhumé encore qu'à l'Assemblée, où il toussait tant, Viguier était trop âgé pour songer à reprendre ses outils d'armurier, dans une ville où, répétait-il souvent avec un certain orgueil en caressant sa longue barbe blanche, il était venu conscrit et retournait proscrit. Il se contentait d'inspecter en amateur les magasins de ses anciens confrères et les fabriques d'armes, où il était toujours bien reçu. Lorsque les internés des autres villes venaient visiter la patrie de Grétry et de Mathieu Laensberg, c'était lui qui leur faisait admirer les beautés de Liége, son université, le vieux palais des princes-évêques, transformé en palais de justice, l'église Saint-Jacques, du gothique fleuri, les promenades sur la Meuse, etc.

A. Morel, ancien rédacteur du *National*, d'une grande érudition, d'un esprit élevé, sut, en donnant des leçons et des conférences, se faire une bonne position. Geniller, professeur de mathématiques et l'un des orateurs les plus connus des clubs de Paris en 1848, ouvrit une institution qui est devenue la première de la ville.

Anvers diffère en tout de Liége : il est de tempérament, de climat, de situation, tout à fait hollandais ; on n'y parle que le flamand, et le commerce est la grande occupation de ses habitants. L'Escaut, sans le flux et le reflux de la mer, qui porte dans ses beaux bassins des vaisseaux marchands de toutes les nations, semblerait dormir. Du haut des remparts de la ville, on voit s'étendre, du côté de la Hollande, les polders, ces bastions de terre, gazonnés et palissadés, qui défendent la plaine contre la mer. Sur le port, lorsqu'un vent glacial ne chasse pas les nuages, l'on sent, l'on touche avec la main une brume sombre, humide, mêlée à la fumée des tourbes brûlées au loin, brouillard tombant souvent en rafales de pluie.

Occupés, toute la journée, de négoce, d'affaires, les Anversois ne sortent que pour aller, le jour, à la Bourse et à l'Entrepôt, le soir, à l'estaminet et au théâtre, parler de la hausse ou de la baisse des cotons, des denrées coloniales, des huiles, des céréales, et apprendre le nombre des vaisseaux partant ou arrivant ; s'ils se préoccupent de politique, c'est surtout pour savoir les nouvelles qui influent sur le cours des fonds publics et des valeurs industrielles. Depuis quelque temps, toutefois, boudant le roi vivant, refusant à la statue du roi mort, la position communale à la recherche de laquelle on l'a laissé si longtemps courir, faisant de l'opposition quand même aux ministres, ils ont constitué entre eux une espèce de république démocratico-cléricale aussi remuante que bruyante. Mais c'est qu'ils n'ont pas envie de voir bombarder leurs maisons, incendier leurs magasins, piller leurs marchandises pour le salut de la dynastie. D'après eux et d'autres, Léopold Ier ayant fait faire les fortifications d'Anvers, pour que le roi puisse s'y enfermer en cas de danger et attendre le secours des voisins, en soutenant un siége où la ville pourrait être dévastée, les Anversois prétendent que le jeu n'en vaut pas la chandelle.

Le coup d'Etat amenant la hausse, des gens aussi positifs ne pouvaient manquer de l'acclamer, et ils devaient considérer comme des perturbateurs de la prospérité commerciale, les proscrits qu'on leur envoyait. Néanmoins, dans ce milieu même, les réfugiés rencontrèrent des hommes de cœur, qui n'ont cessé de leur donner des témoignages d'estime et d'intérêt.

MM. Adolphe De Boe, propriétaire, Victor Lynen, banquier, V. Polaert, courtier de commerce, Henri Mistler, comptable,

De Harvent, propriétaire, les rédacteurs du *Précurseur* et de l'*Escaut* de ce temps, Dumoulin, d'origine française, etc., furent de ceux dont les proscrits ont eu le plus à se louer.

Cette ville, si froide de tempérament, si brumeuse, où l'on sait si bien calculer, est pourtant celle où a fleuri l'école des grands peintres Flamands. Aujourd'hui encore, ses musées, ses églises sont remplis de chefs-d'œuvre de Rubens, de Van Dyck et de leurs élèves. C'est au milieu de ses murs que s'élève Notre-Dame, le plus beau monument religieux de la Belgique, où abondent les églises gothiques, et qui, à Tournai, possède cependant une magnifique basilique de style byzantin. La cathédrale, avec ses cinq vastes et hautes nefs, son abside rayonnante, sa flèche s'élançant toute déchiquetée de fleurons, de pinacles, de trèfles, à 130 mètres dans les airs, témoigne dignement de la grande époque du style ogival.

Partout en Belgique, l'Hôtel-de-Ville, palais du peuple, marche l'égal de l'église, la maison de Dieu, et souvent, comme à Louvain, Ypres, Audenarde, il l'écrase de sa grandeur plébéienne. Trapu, bas, massif, il semble, à Anvers, rendre foi et hommage à sa superbe voisine, la cathédrale.

Pour des artistes, Anvers eût été un internement de choix. A chaque pas ils auraient eu à admirer, à étudier quelques-uns des magnifiques tableaux laissés par les chefs des écoles flamandes; au Musée : les plus belles toiles de Quentin Metzys, le forgeron que l'amour fit peintre, de superbes Jordaens, une remarquable série d'œuvres de Rubens et de Van Dyck, et à côté des vieux maîtres Van Eyck et Hemling, la pléiade des petits Flamands, Teniers, Van Ostade, Terburg, Miéris; à la cathédrale : de Rubens, une *Assomption*, une *Élévation en Croix* et son chef-d'œuvre, la *Descente de Croix*; à Saint-Paul : une *Flagellation*, de Rubens, un *Portement de Croix*, de Van Dyck, un *Christ crucifié*, de Jordaens; à Saint-Jacques : le tombeau de Rubens et le tableau où le peintre s'est représenté sous les traits de saint Jacques, entouré de sa famille. Ils avaient à voir dans toutes les églises ces sculptures en bois, en pierre, en marbre, que le XVIe siècle a semées, en Belgique sur les jubés, les tabernacles et les chaires historiées, et ces confessionnaux à arcades soutenues par des cariatides, dans lesquels on aperçoit un prêtre immobile entre ses deux pénitentes, comme un point d'interrogation entre deux accents circonflexes.

Or, il ne se trouvait parmi les internés qu'un peintre, Couny, de la Nièvre; dans une ville où il y a de nos jours encore, une école de peinture florissante, celui-ci ne pouvait faire qu'une chose, les portraits de ses amis, ce qui ne lui rapportait guère que des remerciements.

Les autres aimaient sans doute les arts, et ils profitaient de l'occasion pour s'en régaler; mais il leur fallait d'autres distractions : ils les cherchaient dans le mouvement du port, dans des excursions au milieu des campagnes où s'éparpillent, entourées de jardins, les maisons du faubourg de Berchem, à la promenade qui enveloppait de feuillages et de fleurs le carcan de pierres, aujourd'hui brisé, des remparts. Ils pouvaient même au besoin aller, comme les Anversois, assister aux concerts du Jardin Zoologique, si riche en animaux de tous les pays, entendre, au Grand-Théâtre, jouer l'opéra, danser, s'ils avaient eu le cœur à la danse, aux Variétés dont les bals masqués attirent les Bruxellois eux-mêmes, et étudier, au Ridyck, les mœurs des marins à terre.

Le Ridyck n'est pas une des moindres curiosités de la métropole commerciale de la Belgique. C'est une longue rue bordée de bouges obscurs, de salles de danse emplies de foule, de cabarets splendidement ou sordidement décorés, de boudoirs aux divans souillés de tabac, de gin et de vin. Chaque nuit, au milieu des cris, des chants, des danses d'une orgie débraillée, les matelots de toutes les nations viennent dépenser leurs économies d'une année de navigation, avec des filles de toutes les couleurs, les unes plâtrées, attifées, parées comme des danseuses de ballet, les autres

. . . . Dans le simple appareil
D'une beauté qu'on vient d'arracher au sommeil.

Ce qui manquait aux exilés, devenait pour beaucoup impossible à trouver, c'était un travail renumérateur. Chalmel-Lacour écrivait, avec son goût si pur, son talent si distingué, dans les journaux littéraires, et faisait, ce qui lui avait été interdit à Bruxelles, des conférences. Arsène Meunier en donnait de très-savantes sur la grammaire et la philologie : ses compagnons d'exil prétendaient qu'il se préparait ainsi, à devenir le minis re de l'instruction publique de la future république. A cause de ses théories classiques, il rencontrait parfois un rude contradicteur dans l'ancien préfet Gazard, toujours plein de verve et voulant qu'on fît de la révolution en grammaire comme en politique.

Agricole Perdiguier, représentant, si connu dans *le Tour de France* sous le nom *d'Avignonais la Vertu*, donnait des leçons de *trait* et continuait son histoire populaire. Alors encore, il y cherchait à réhabiliter Catilina, qu'il disait un ami du peuple, calomnié et mis à mort par l'aristocratie romaine. Sachant trop bien, par l'histoire des César et des Napoléon, ce que font, ce que disent les ambitieux, les intrigants, les débauchés, les hommes perdus de dettes et d'honneur, pour asservir le peuple en le flattant et le corrompant, nos autres amis réfutèrent et repoussèrent à l'unanimité, l'apologie du conspirateur, justement condamné par des hommes qui, d'ailleurs, ne valaient peut-être guère mieux que lui.

Rivot, après avoir inventé un papier végétal dont la composition lui donnait moins de profit que de peine, fabriqua des cages d'oiseaux où la fortune ne vint jamais nicher. Il devait hériter de 500,000 francs; seulement, son oncle, sans enfants et sans autre neveu que lui, était de son âge, avait des opinions toutes différentes des siennes, et, fort avare, n'envoyait rien à son héritier, voulant tout lui laisser à sa mort. Rivot, qui avait abandonné une fabrique de toiles peintes florissante, rentra chez lui aussi pauvre qu'un cadet de Gascogne, dont il n'était pas.

Benoît, de la Marne, instituteur, fit de l'enseignement et publia un recueil de *belgismes* ou *belgicismes*, qui lui valut plus d'ennemis que d'élèves. Le plus grand nombre des internés, ne trouvant point à s'occuper, se voyaient au moment de passer à l'état de Polonais, lorsque leurs rangs s'éclaircirent par diverses causes.

Tous se retrouvaient dans leur pension de la Couronne, ou dans les estaminets voisins de l'élégante Bourse que le feu a détruite. C'était la politique, les nouvelles de France qui défrayaient leur conversation; elles leur faisaient oublier quelquefois les peines de l'exil.

A Louvain, les internés n'étaient guère moins nombreux qu'à Anvers. Ils n'y étaient pas mieux. L'Hôtel-de-Ville, tout brodé d'arabesques, tout bosselé de statues, et qui ne pèche que par un trop grand luxe d'ornementation; des églises où l'on trouve d'assez bons tableaux de vieux peintres flamands, des balustrades en marbre découpées par Duquesnoy, des jubés et des tabernacles de pierre délicatement sculptés, sont bien dignes d'être visités, et plus d'une fois, par des étrangers, même par des républicains proscrits; mais ensuite, si on n'est pas fervent catholique, il n'y a plus qu'à aller se promener dans les bois qui entourent la ville, boire, au cabaret où Juste Lipse se reposait de ses travaux, la bière blanche et rafraîchissante dont Louvain est aussi fier, que Bruxelles l'est de son faro.

Pour les fidèles, au contraire, Louvain est la ville sainte. Il possède l'Université catholique, l'*alma mater*, qui élève dans le giron de l'orthodoxie ultramontaine des jeunes gens appartenant à la fine fleur du cléricalisme et de l'aristocratie ; et il conserve précieusement le corps miraculeux de la patronne des servantes, sainte Marguerite, et un Christ, non moins miraculeux, devenu policeman dans une occasion mémorable.

La sainte, jetée toute nue dans la rivière et noyée par des Dumolards flamands, remonta, en nageant sur le dos, le cours de l'eau et vint s'arrêter à l'endroit où repose, dans un tombeau, son corps d'où s'échappent toujours, on ne dit pas par où, des sons harmonieux.

Le Christ, à la figure noire, au manteau rouge, devant lequel les dévotes vont si souvent s'incliner, prit jadis par les cheveux des voleurs qui s'étaient introduits, la nuit, dans l'église et avaient mis la main sur les vases sacrés ; il les tint ainsi jusqu'au jour, donnant aux gendarmes de l'époque le temps de venir les empoigner !

Ce Christ est, on le voit, cousin germain de celui de Naples, qui baissa la tête pour éviter un boulet lancé par les assiégeants, contre l'église où il était cloué sur sa croix.

Louvain renfermait, au temps où le commerce et la science y florissaient, 200,000 habitants, dont 100,000 tisserands et 10,000 étudiants. De nos jours, la ville compte 26,000 âmes et 400 étudiants; en revanche, c'est la pépinière du jésuitisme, et les hommes noirs s'y mêlent aux hommes blancs : les moulins, dont la ville est entourée, étant peuplés de meuniers toujours enfarinés. Si Louvain avait dans son sein le primat de Belgique, dont l'archevêché est à Malines, ville plus célèbre par ses dentelles que par ses congrès, rien ne manquerait à sa gloire.

Amédée et Charles Bruys, Laboulaye, David donnèrent des leçons aux enfants des rares libéraux qui ne craignaient pas d'être anathématisés, en prenant pour instituteurs, aux portes de la ruche jésuitique, des républicains libres-penseurs. Michot-Boutet reprit les outils de menuisier qu'il avait quittés pour aller siéger à l'assemblée législative, et fit des meubles pouvant rivaliser, par l'ornementation, les sculptures, avec les stalles des églises de Sainte-Gertrude et de Saint-Martin. Magniez, venu d'Anvers, trouvant dës moulins à sa portée, redevint meunier et s'occupa du commerce des farines.

Après une journée consacrée au travail et à la promenade, c'était à Frascati que nos amis se réunissaient, le soir, pour se voir et causer de ce qui les intéressait.

XIX

BRUGES.

Une des premières villes abandonnées a été Bruges : c'est pourtant la ville de Belgique qu'après Bruxelles j'aime le plus.

Nous avions choisi cette résidence, Maigne et moi : pourquoi? je ne m'en souviens plus. Sans faire aucune démarche pour rester à Bruxelles, où nous aurions peut-être pris la place de quelque proscrit ayant intérêt à y demeurer, nous partîmes pour notre destination, par une froide soirée de février.

Il était presque nuit lorsque nous arrivâmes. En apercevant, au milieu d'une nappe d'eau allant se perdre à l'horizon, de hauts mats immobiles et une ligne de voiles que le vent agitait, nous crûmes que le convoi nous avait menés jusqu'à Ostende ; que nous avions devant nous la mer du Nord. Nous reconnûmes bientôt que ce que nous avions pris pour une mer couverte de vaisseaux, était un amas de blancs brouillards, au-dessus desquels s'élevaient les flèches des clochers de Bruges, et s'agitaient les bras entoilés des moulins à vent dont la ville est entourée.

En mettant pied à terre, nous fûmes assaillis par des mendiants qui nous suivaient en psalmodiant un perpétuel *stueblif;* et dans les rues désertes, dont les maisons, battues par une pluie fine, semblaient moisies, nous ne rencontrions que des capucins, des prêtres et des religieuses soigneusement voilées. Pour le coup, nous nous vîmes, avec un certain serrement de cœur, en plein moyen âge.

Le lendemain, les brouillards avaient disparu, les traces de la pluie étaient effacées. Le soleil, tout pâle qu'il fut, illuminait de ses rayons la cité qui nous avait paru morte. Bruges s'était transfigurée. Ternes, souillées dans l'ombre, par le givre et la brume, ses maisons jaunes, roses, azurées, pistaches, comme des Italiennes, semblaient s'être retournées, coquettes et parées, pour faire admirer les pignons dentelés, les tympans ornementés, les archivoltes contournées et les bas-reliefs de leur façade, et regarder, de côté, par la fenêtre, ce qui se passait dans la rue.

Des canaux, sur lesquels glissaient de longs bateaux, serpentaient au milieu de larges rues. La ville, entourée d'une ceinture d'eau et de gazon, protégée par les pacifiques tourelles de ses moulins à vent, portait sur la tête, ainsi que de hauts plumets, les obélisques des clochers.

Les moines et les mendiants n'avaient pas fui avec la nuit comme des ombres ; mais sous le voile noir de la religieuse apparaissaient, enveloppées de la vieille mante espagnole, de charmantes jeunes filles aux yeux noirs, au visage pâle encadré de cheveux bruns, au sourire gracieux, qui n'avaient pas la moindre envie d'entrer au couvent.

C'était des reflets de l'Espagne et de l'Italie que nous retrouvions sous ce ciel blafard des Flandres, au bord de l'orageuse mer du Nord.

Plus qu'Amsterdam, Bruges, avec ses canaux sinueux, ses 54 ponts de pierre ou de bois, ses nombreuses églises, sa physionomie, ses souvenirs, mérite d'être appelée la Venise du Nord, s'il est une ville au monde qui puisse être comparée à *Venezia la Bella*, cette perle de l'Adriatique.

Amsterdam est une cité riche, commerçante, industrieuse, vivante, protestante, de plus. Il a de larges canaux enroulés comme des serpents et portant des bâtiments de tous genres, des quais bruyants, animés, des maisons hautes, plates, sans style, ayant leurs pieds de bois dans l'eau et leur tête de briques dans le brouillard.

Au contraire, comme Venise, Bruges est une reine déchue, et comme Venise, elle garde dans ses musées, dans ses églises, dans ses monuments, des vestiges nombreux, des témoins éclatants de ses beaux temps de gloire, de prospérité, de richesse.

Ses maisons, de la renaissance espagnole, peintes à la fresque et s'alignant dans de larges rues, ne ressemblent en rien, sans doute, aux palais vénitiens, dont les escaliers de marbre descendent dans la lagune, et qui, à travers leurs grandes fenêtres, découpées par de fines colonnettes en arcades ogivales, contemplent l'azur toujours pur du ciel et des eaux.

Au lieu des dômes argentés par le clair-obscur des nuits étoilées, diadèmes de pierre dont les grands architectes de la Renaissance, Michel-Ange, Brunelleschi, Palladio, Bramante, ont couronné les monuments religieux de l'Italie, des clochers massifs, presque sans ouverture, à formes pyramidales, s'élèvent sur les églises de la ville flamande ; et les halles, malgré leur grand air, rappellent plutôt, avec leurs créneaux, leurs étroites fenêtres, un château féodal que le merveilleux palais des doges, où l'Orient a mis son empreinte lumineuse. Rien, à Bruges, ne ressemble, non plus, à la place Saint-Marc et à la Piazetta, auxquelles les eaux bleues du grand canal, la cathédrale byzantine et ses chevaux de bronze, le palais des doges, le Campanile, les mâts aux banderolles flottantes, les arcades des Procuraties font une si splendide décoration. Et ce sont des miniatures, de petits tableaux, suspendus dans de petits musées, qui remplacent les immenses toiles dont Titien, Véronèse, le Tintoret, Palma ont couvert les somptueux monuments de leur belle cité.

De certains côtés, toutefois, là où les eaux lèchent les murs des maisons, dont les balcons sont suspendus sur un canal qui s'enfonce dans des recoins obscurs ; quand on aperçoit, comme une éclaircie à travers l'enchevêtrement des pignons, un ciel serein ; que l'on voit se profiler à l'horizon les clochetons gothiques et les pinacles fleuronnés de l'Hôtel-de-Ville, de la chapelle du Saint-Sang, du vieux palais des comtes de Flandre, monuments du moyen âge flamand ; alors que les lourdes voitures ne roulent plus dans les rues, que les mariniers en veste de laine rouge chantent au loin dans leurs barques, on peut un moment se croire transporté dans la ville des doges.

Les femmes passant, le capuchon rabattu sur la figure, sont des dominos sortant du bal masqué ; et, avec un peu de bonne volonté, les chars, bas, allongés, vert-noir, recourbés sur le devant en forme de volute, qui stationnent autour des bassins, seront les gondoles, à la proue recourbée comme l'archet d'un violon, attendant, à l'ancre, les promeneurs attardés.

Les églises ne resplendissent pas, comme celles de Venise, de dorures, de bronzes, de marbres précieux et de magnifiques peintures; elles ne renferment pas les statues, les portraits, les monuments des artistes, des guerriers, des savants qui ont illustré le pays, ne sont pas un musée et un panthéon tout à la fois; mais elles peuvent montrer avec orgueil une Vierge avec l'enfant Jésus, de Michel-Ange; le beau mausolée en marbre noir de Charles-le-Téméraire et de Marie de Bourgogne, dont les statues, en cuivre doré, comme les anges et les figurines des frises, sont couchées revêtues des insignes de la royauté; les tombeaux de Charles-le-Bon et de plusieurs évêques, des tableaux remarquables des vieux peintres de l'école de Bruges : Pourbus, Crayer, Van Oost, Seghers et Quellyn; des chaires, des stalles, des jubés en bois sculpté ou en fer battu, d'un curieux travail. Les miniatures sont de Hemling, qui a semé sur la châsse gothique de sainte Ursule tant de merveilleuses petites figures; les petits tableaux, d'un coloris si éclatant encore, chefs-d'œuvre d'expression naïve, ont été faits par Hemling aussi, et par Van Eyck, l'inventeur de la peinture à l'huile, et à qui, par conséquent, l'Italie doit ses grands maîtres.

Dans leurs jours de splendeur, alors que Venise couvrait de ses vaisseaux la mer dont elle était la reine et, sur son trône de l'Adriatique, se parait, embellie par les arts, des richesses du monde, Bruges, comptoir des villes hanséatiques, entrepôt du commerce de l'Europe, recevait dans ses vastes magasins les produits de tous les pays civilisés, de l'Inde même; elle échangeait avec la France, l'Espagne et Venise aussi, les matières premières qui alimentaient ses métiers de tapisserie, ses manufactures de laine; et, au milieu de la fortune générale, les femmes des riches tisserands, comme les belles dames de Titien et de Véronèse, étalaient un luxe princier, — *en ce temps-là c'était déjà comme ça,* — ce dont s'émerveillait Marie de Bourgogne.

Après les tempêtes dans lesquelles ont sombré les républiques italiennes, Venise, appauvrie, humiliée, mutilée, semblait, sous la domination étrangère, être, avec ses palais en ruines, son port sans vaisseaux, ses canaux déserts, ses rues silencieuses, une nécropole de marbre ou, du moins, la belle aux eaux dormant.

Bruges, où l'on voit errer, comme des âmes en peine, 43,000 habitants dans l'enceinte où fourmillaient 200,000 citadins travaillant, guerroyant, faisant chère lie; où trônait une cour brillante ; où florissait une école célèbre de peinture ; Bruges, qui renferme aujourd'hui 22,000 pauvres, 1,200 moines, nonnes ou abbés, une vingtaine de couvents et d'églises dont les cloches sont toujours en branle, a l'air d'une ville morte, que les prêtres, escortés de mendiants, vont enterrer avec accompagnement de carillon.

Les guerres de religion, les conquêtes espagnole, allemande, française, le temps, qui a ensablé les bassins où venaient débarquer les vaisseaux marchands, les routes nouvelles ouvertes au commerce maritime en ont fait ce que nous le voyons.

Puissent les deux villes, ayant brisé le joug de la force, de la superstition, de la misère, revoir leurs beaux jours d'autrefois !

Notre première visite fut pour le bourgmestre : la police nous avait invités à faire cette démarche.

Ce bourgmestre, M. de Pélichy, était un vieux baron clérical, bonhomme, — il en avait l'air, — et fort inoffensif, mais prenant à la lettre toutes les instructions qu'il recevait du ministère.

Il nous prévint que nous ne devions pas nous absenter de la ville sans permission, ni surtout haranguer, sous aucun prétexte, ses administrés. Comme nous ne comprenions rien au flamand, et que les administrés de M. le bourgmestre au milieu desquels nous aurions pu faire de la propagande, ne savaient pas un mot de français, il nous fut facile d'accepter les conditions imposées et de les tenir.

Nous nous contentâmes de parler librement, entre nous, politique comme autre chose, et de faire de temps en temps l'école buissonnière. Notre prison était assez agréable et assez grande, d'ailleurs, pour que nous ne cherchions pas à nous évader.

Quand nous fûmes en règle avec l'autorité, nous nous installâmes le mieux que nous pûmes. Arrivé le premier et sorti tout récemment de la prison où on l'avait généreusement logé aux frais de la commune, Dubief nous faisait les honneurs de la ville. A notre tour, nous accueillîmes avec empressement les compagnons d'internement qu'on nous envoya de Bruxelles. Nous fûmes bientôt vingt-trois Français groupés dans la ville flamande. Parmi ceux-ci étaient avec nos amis Ch. Lagrange et Cholat, des républicains qui nous étaient connus de nom, d'autres, venant nous ne savions d'où, et n'ayant pas dit qui ils étaient. Ces derniers étaient tenus à distance jusqu'à plus ample informé. A Bruges et ailleurs, on a eu longtemps la peur du *mouchard*. Aux époques où un parti est écrasé par les mécomptes, les revers, les trahisons, bien peu, parmi les combattants, ne sont pas atteints par cette épidémie du *mouchard*, qu'on pourrait appeler, comme celle des magnanières, la *muscardine*, car c'est la maladie des partis qui filent un mauvais coton. Cette crainte, d'ailleurs, n'est pas toujours imaginaire, et peut devenir salutaire, lorsque la délation, l'espionnage sont, comme dans le Bas-Empire, ancien et nouveau, une institution d'État, un instrument de règne. La prudence, alors, est mère de la sûreté, dit la sagesse des nations; il s'agit seulement de bien voir, de bien juger les hommes, et de pas prendre pour des traîtres, parce qu'ils font ombrage ou opposition, ceux qui ne sauraient l'être : leur vie tout entière répondant pour eux.

L'un de ceux qui, par ses avis mystérieux, sa curiosité impatiente, nous fut ainsi un moment suspect, était un homme très-connu à Paris et qui avait joué, dans les élections, un certain rôle : c'était Croce-Spinelli, le riche joaillier de la place de la Bourse.

Croce-Spinelli avait une grande notoriété dans le commerce, qu'on voulait encourager, attirer. Tandis aussi que les décembristes faisaient fermer les établissements des cafetiers, des restaurateurs, des maîtres d'hôtels, et les cabinets des hommes d'affaires proscrits, il forçait la famille du joaillier banni, à laisser ouverts ses magasins de diamants et de pierres précieuses, afin de montrer que le commerce avait confiance dans le coup d'État. Notre compagnon d'internement était justement inquiet : il craignait que les voleurs ou la police, plus dangereuse encore à ses yeux, ne fissent une razzia de nuit dans ses magasins, mal surveillés par des commis. Ce qui le préoccupait en même temps, c'est qu'il travaillait alors à un ouvrage fort intéressant : il composait ses mémoires. Si ce travail n'a pas paru, c'est par la faute d'Hippolyte Magen, chargé de polir — ce qu'il ne fit pas — le diamant brut que le joaillier avait taillé.

Il en fut pour les autres réfugiés inconnus comme pour Croce. Tous se trouvèrent être également de bons républicains, de véritables proscrits. Au bout de quelques jours, nous étions tous de vieilles connaissances.

Nous eûmes bientôt trouvé les restaurants et les logements qui nous convenaient.

Les logements sont moins chers à Bruges qu'à Bruxelles, bien que les Anglais, qui y forment une véritable colonie, aient fait renchérir les loyers. En revanche, la nourriture est beaucoup plus flamande. La table d'hôte du Panier d'Or est à juste titre renommée : L'hôtel de Flandre est on ne peut plus confortable. Mais dans les petits restaurants et les cabarets borgnes et aveugles où on donne à dîner, on mange au naturel toutes sortes de choses qui ne sont pas sur la carte. Dans la pension, par exemple, où Flamens, Ansas, Changobert et sa famille, mes concitoyens Maigne, Perrein et moi, nous avons pris quelque temps nos repas, Dieu sait combien la mère Bootman, la *baesine* de l'estaminet, nous a fait avaler de couleuvres sous formes d'anguilles, dévorer de semelles de souliers déguisés en biftecks, et boire de l'eau de goudron baptisée bière jeune ! C'était pourtant à cette époque que, dans notre petit arrondissement, on accusait les trois Brivadois proscrits, de mener une vie de Sardanapale, et de se livrer à toutes sortes d'excès !

Nous allions, de temps à autre, boire un verre de véritable bière du pays, à la Carpe, le grand estaminet flamand de Bruges, ou prendre une demi-tasse au café Foy, sur la Grande Place, café à l'instar de ceux de Bruxelles; mais c'était l'*Amérique* qui nous attirait chaque soir. Les demoiselles de comptoir, fort gentilles d'ailleurs, parlaient très-bien le français. Nous n'avions donc pas besoin de faire la pantomime pour être compris. Presque partout ailleurs, au contraire, c'était par gestes que, sans être ni sourds ni muets, nous devions demander ce que nous voulions et converser avec nos interlocuteurs des deux sexes.

Cela étant aussi ennuyeux que gênant, nous nous mîmes tous à apprendre... l'anglais ! L'anglais, dans une ville où la population parle le flamand, cela paraît bizarre, et pourtant rien n'était plus naturel.

Nous, Français, à qui on enseigne si tard et si mal les langues étrangères, si on les leur enseigne, nous regardions comme une chose impossible, à l'âge où nous étions presque tous, de parler une langue si différente de la nôtre, râclant le gosier comme un verre de genièvre, et tellement rude que les abréviations même, d'une douceur charmante en Espagne, en Italie, où on dit *poverino*, *Juanita, Antoniella*, y sonnent en *ke* ou *ken*, et donnent *Charlke, Mieke, Fincke.*

Nous prévoyions aussi que nous ne tarderions pas à quitter la Belgique pour l'Angleterre. En anglais, du reste, nos succès furent si lents, si faibles, que le plus grand nombre des internés renoncèrent vite aux leçons. Vrais fils d'Albion, nos professeurs, il est vrai, se distinguaient de leurs compatriotes les plus excentriques, par leur originalité et leur façon d'enseigner. Leurs leçons furent par cela même, dans le principe, une de nos distractions. Ceux qui en profitèrent, purent quitter le continent et trouvèrent à Londres les occupations qu'à Bruges, aucun réfugié ne voulut chercher ou ne put obtenir. Ce qui s'était passé pour quelques-uns, les avaient complètement découragés.

Plus tard, resté seul, le capitaine Cholat, sorti de l'École polytechnique, se mit à l'œuvre. Il fit des études approfondies sur le dessèchement des marais avoisinant la mer. Faute de capitaux suffisants, son travail, qui aurait rendu à la culture des terrains précieux, ne fut pas mis à exécution.

Voici comment, au début, nous avions été traités. Le Dr Francisque Maigne, comme Gambon, avait dit adieu à ses chères études, à sa nombreuse clientèle, pour aller, acceptant un mandat imposé par ses amis, prendre, à l'assemblée législative, la place laissée vide par son frère Jules, condamné, pour la journée du 13 juin, à la transportation ; et comme Gambon il était dans l'exil, pendant que son frère se trouvait dans les prisons d'État.

Passionné pour sa profession, estimé comme médecin et comme homme, dans notre arrondissement, de tous, même de ses adversaires politiques, Maigne n'était pas devenu en Belgique assez remuant ni assez ambitieux pour déranger le sommeil de personne ; il avait demandé à s'enterrer à Nimy, bourgade dont la population réclamait un médecin par la voie des journaux, et où le bourgmestre l'appelait, en vertu d'une délibération du conseil communal. Le ministre Rogier, aimant mieux, sans doute, voir ses compatriotes tués par la fièvre belge que guéris par un Français, ne lui permit pas d'y aller.

Ne pouvant faire de la médecine ni de la politique, le proscrit voulut du moins consacrer ses loisirs forcés à des travaux en rapport avec ses goûts, son état. Se refaisant élève, il comptait acquérir, dans les livres et près du lit des malades, des connaissances nouvelles, se tenir au courant des progrès de la science, employer utilement son temps.

Il pria ses confrères de Bruges de l'admettre aux visites faites dans les hôpitaux, non point, bien entendu, pour prescrire des remèdes, donner des ordonnances, faire des observations, mais pour suivre la clinique en amateur, en homme désireux de s'instruire. On lui fit comprendre, d'une manière peu digne même, que sa demande était indiscrète et ne pouvait être agréée.

Les médecins et les avocats, si généreux pour des confrères dont ils ne pouvaient craindre la concurrence dans une ville où l'on ne parlait que flamand, n'avaient rien à se reprocher.

Le médecin militaire, M. Buys, homme loyal, franc, se conduisit tout autrement. Il ouvrit avec empressement au Dr Maigne les portes de l'hôpital qu'il dirigeait. Il ne crut pas introduire ainsi un ennemi dans la place, ni se compromettre en donnant à un proscrit la liberté de voir ses malades. Ceux-ci, bien soignés, bien traités, n'étaient guère nombreux. La visite était courte, offrait peu de sujets d'étude.

Maigne donnait à la lecture des nombreux livres de médecine, renfermés dans la Bibliothèque publique, les heures que la promenade ne nous prenait pas.

XX

HIVER ET PRINTEMPS.

Pour nous tous, la lecture et la promenade étaient la grande ressource de la journée. La Bibliothèque occupe le premier étage de l'Hôtel-de-Ville, bel édifice gothique de style sévère, découronné de ses flèches. La salle de lecture était grande, claire ; les livres ne manquaient pas ; seulement, il n'y avait guère que des ouvrages sérieux. Dans la disposition d'esprit où nous étions, ayant besoin de chasser toutes sortes d'idées noires, nous trouvions cette nourriture un peu indigeste. Les promenades n'étaient pas plus récréatives. Nous étions en plein hiver, alors que, plus éloigné de la mer et du Nord, Bruxelles, à 100 kilomètres de Bruges, allait entrer dans le printemps. La neige couvrait la campagne et les rues d'un tapis plus moelleux que chaud, et les eaux des canaux dormaient sous la glace.

Nous aurions pu patiner, comme les habitants de l'Écluse, lesquels nous voyions se livrer à cet exercice, en véritables Hollandais qu'ils sont, et venir, hommes et femmes, porter ainsi à Bruges les provisions du marché. Il nous eût été même permis de nous faire voiturer dans les nombreux traîneaux qui se croisaient dans la ville.

Par malheur, nous, hommes du Midi et du centre de la France, où il gèle rarement assez pour que les torrents soient pris, nous ne savions pas nous tenir sur des patins ; et, malgré l'autorité de

Scribe, il nous paraissait moins dangereux de glisser sur le gazon que sur la glace.

Les traîneaux nous souriaient peu. Ils n'étaient pas élégants, commodes comme ceux que l'on voit, par de belles journées d'hiver, glisser sur les boulevards de Bruxelles, attelés de beaux chevaux enharnachés de plumets, de sonnettes, de banderolles écarlates. A Bruges, ce sont des espèces de coffres en bois, peints en vert, que poussent, par derrière, des gens assez déguenillés. Ils servent à tout, portent indistinctement des morues fraîches à la Halle-aux-Poissons, de vieilles baronnes à l'église, de la viande à la boucherie, des enfants à l'école, les flâneurs où ils veulent.

Nous aurions certes eu honte, en eussions-nous eu l'envie, de nous servir d'un pareil véhicule, lorsque nous voyions courir dans la neige, les belles dames de Bruges, encapuchonnées comme les ouvrières, et les laitières de la campagne, grandes jeunes filles en jupon court, caraco long, petit chapeau de paille, qui portent le lait, dans des pots de bois suspendus par des cordes, aux deux bouts d'un bâton, en forme de joug, légèrement posé sur leurs épaules.

N'appartenant pas à la confrérie de Saint-Sébastien, nous n'avions pas le droit d'aller tirer à l'arc, arme de son père que le Brugeois manie si bien.

Ce que nous avions de mieux à faire pendant la mauvaise saison, c'était de visiter les églises, les monuments, les curiosités artistiques que renferme la ville.

En Italie, les églises inondées d'air et de lumière, remplies de statues, de fresques, de sculptures, ressemblent à des musées; comme les musées, elles sont ouvertes à tous depuis le matin jusqu'au soir. On y cause, on s'y promène sans être empêché, dérangé par personne. Ainsi, à Saint-Pierre, de Rome, même quand le Pape pontifie, et à la chapelle Sixtine, pendant que l'on chante le *Miserere* d'Allegri, chacun, inspectant, critiquant, admirant les curiosités étalées autour de lui, peut lorgner en toute liberté, les sibylles échevelées de Michel-Ange, ou les nobles matronnes romaines long voilées et vêtues de noir, les monsignori ou leur maîtresses, les soldats du Pape costumés en lansquenets, ou ses camériers mis à la Henri IV, les cardinaux en robes rouges sur leurs siéges, ou les damnés du jugement dernier dans les flammes.

En Belgique, les églises ne sont ouvertes au public que lorqu'on y célèbre des cérémonies religieuses ; alors, il est interdit aux curieux de circuler dans les nefs, d'entrer dans les chapelles. Pour y pénétrer dans la journée, il faut graisser la patte au saint Pierre terrestre qui en tient les clefs.

On a ensuite le droit de faire des stations devant des tombeaux mis sous enveloppe, des statues enfermées dans des gaînes, des tableaux cachés par des rideaux ou par des volets. Pour pouvoir contempler ce qu'il y a sous toutes ces couvertures, il faut encore donner la pièce au montreur patenté de saints et de saintes, qui laisse à peine le temps au visiteur d'en voir, au prix du tarif de fabrique, pour son argent.

Ces églises sont, à l'intérieur, tantôt sombres et humides comme des prisons, tantôt blanches et jaunes comme des estaminets. Les tableaux y sont donc placés dans de déplorables conditions de conservation, mis sous un mauvais jour ; ils sont, de plus, sous la garde de sacristains stupides ou cagots. Ceux-ci laissent moisir les toiles faute d'air, ou à certains jours enfument comme des jambons, en allumant des cierges bénits, les saints personnages que Rubens, Hemling, Van Eyck, Van Dyck ont rendus immortels ; souvent même ils risquent de faire rôtir sainte Ursule et ses onze mille vierges, dans un auto-da-fé semblable à celui où a été brûlé, à Venise, un des chefs-d'œuvre de Titien, le *Saint-Pierre-ès-Liens*, martyrisé ainsi une seconde fois par les siens. — Il est temps de mettre un terme à ces abus.

Ce qu'il y aurait à faire, ce serait de transporter dans des musées publics, placés sous la surveillance de conservateurs intelligents, les chefs-d'œuvres de peinture et de sculpture dont sont décorés les édifices religieux. Ceux-ci s'en donneraient, si bon leur semble, des copies devant lesquelles les dévots et les dévotes pourraient allumer des bouts de chandelles, tous les jours, se prosterner des heures entières, et qui, mieux enluminées, dans des cadres tout neufs, paraîtraient aux fidèles infiniment plus belles, plus divines que les œuvres originales.

L'art, les amateurs, le public exclu, parce qu'il n'a pas toujours un franc dans sa poche, des lieux où l'on n'entre qu'en payant, les ouvrages des maîtres, y gagneraient de toutes manières. Les marguilliers et les curés y perdraient, c'est possible. Comme ils doivent vivre de l'autel, non de ce qui est sur l'autel, c'est-à-dire de leur métier, non de celui des autres, ils n'auraient rien à dire.

A Bruges, les musées mêmes et l'hospice Saint-Jean, où sont conservées les célèbres peintures d'Hemling et des Van Eyck, ne sont guère mieux que les églises dignes de garder ces legs précieux. C'est dans une véritable salle d'hôpital, que l'on voit les œuvres les plus remarquables d'Hemling : *le Mariage de sainte Catherine de Siennes*, *l'Adoration des Mages* et *la Légende de sainte Ursule*, vierge et martyre, peinte sur une châsse merveilleusement ouvragée.

Memling ou Hemling, devenu soldat après une jeunesse orageuse, entra blessé à l'hospice Saint-Jean. Là, soigné par une bonne et jolie sœur de charité, il fut retenu, comme Van Dyck à Saventhem, près Bruxelles, par l'amour : il paya en tableaux le droit d'y finir ses jours. Aujourd'hui encore, ainsi qu'à cette époque, on a l'air de faire la charité au grand artiste, et l'on bat monnaie avec ses œuvres.

L'antichambre obscure, étroite, d'une école de dessin logée dans un bâtiment sans style, renferme d'autres toiles remarquables d'Hemling, et les œuvres qui, avec le célèbre triptyque de *l'Agneau*, dont la cathédrale de Saint-Bavon, à Gand, et la galerie royale, de Berlin, se sont partagé les volets, révèlent dans tout son éclat le génie de Jean de Bruges, ou Van Eyck, le premier des grands peintres de l'école flamande.

Ce n'est pas ainsi que l'Italie garde ses trésors : elle les enferme dans des palais.

Pour les exilés, pour les proscrits, fussent-ils condamnés, comme les Polonais, à mourir en Sibérie, loin de la patrie, esclave, agonisante, les saisons se succèdent, ainsi que pour les autres mortels, sans interruption ; les beaux et les mauvais jours passent également. Le soleil brille après l'orage : la nature est moins impitoyable que l'homme. Le printemps vint donc et couvrit de verdure, de feuillage, de fleurs, la vaste plaine qui, nue, enveloppée de son blanc linceul, nous avait paru triste et déserte. Nous fîmes alors, chaque jour, de longues promenades dans la campagne, si fertile, si bien cultivée, de la Flandre occidentale. Nous pûmes remarquer combien, sous le rapport de l'agriculture, le paysan flamand est supérieur au paysan français.

Dans les Flandres, l'homme a le même amour pour la terre que la femme a pour l'eau. Il la cultive, la soigne, la pare avec une véritable passion. Si, dans les arts manuels, dans l'industrie, l'ouvrier est lent, apathique, relativement peu intelligent, le paysan, dans la culture des champs, déploie beaucoup d'activité, d'adresse, de science même.

Quand ils sont convenablement nourris, les terrassiers belges sont cités en France comme les meilleurs travailleurs; et les moissonneurs, lorsque, tenant d'une main la faulx à manche court, de l'autre, un bâton à crochet, ils font tomber les épis, laissent derrière eux les moissonneurs des autres pays, qui se servent de l'ancienne faucille et même de la sape.

Encadrés d'arbres, les champs où croissent, selon les localités, le lin, le froment, la betterave, le tabac, le colza, sont peignés comme des jardins. C'est en gants blancs — non pas glacés, ni faits sur mesure toutefois — que les femmes arrachent les mauvaises herbes. Souvent on donne aux récoltes, sur les bords des champs, pour les empêcher de verser, une espèce de ceinture faite avec des épis tressés en guirlandes; et les gerbes récoltées, quand on ne peut pas les mettre immédiatement en meules, sont dressées dans les guérets, comme les faisceaux de fusils des soldats au repos. Préservées ainsi de l'humidité, elles ne peuvent ni germer ni pourrir, sur un sol souvent arrosé par les pluies, très-plat et que, à cause de cela, le cultivateur divise en plates-bandes larges, un peu bombées, séparées par des rigoles faites à la charrue.

Les fumiers, dont on sait si mal tirer parti dans nos campagnes, sont conservés, traités, distribués dans toutes les règles de l'art agricole. Les paysans flamands ne laissent rien perdre : ils mêlent le fameux *circulus* de Pierre Leroux au fumier des étables, et arrosent leurs récoltes avec certain liquide, qui fait croître l'herbe drue, mais ne sent pas la rose, et n'a même pas ce parfum balsamique du foin, qu'on aime à aspirer aux jours des fenaisons.

Dans son habitation aussi bien que dans son domaine, le paysan flamand fait régner l'ordre, la propreté. Petite ou grande, mais toujours à un seul étage, la maison, toute blanche avec des portes et des contrevents verts, un toit couvert de tuiles rouges, quelquefois de chaume, a ordinairement une cour pleine de poules, et un petit jardin où s'élèvent, à côté des choux dont ils sont nourris, des lapins non sauvages, juchés même, comme des lapins savants, sur des planches étroites, afin que, ne bougeant pas, ils engraissent.

Cette maison se carre toujours, gaie et riante à l'extérieur, dans les prairies ou les champs de la ferme. A l'intérieur, les vases en fer-blanc et en cuivre, les poëles en fonte, les meubles en bois, tout est frotté, reluisant; et, comme dans les villes, quelques images enluminées, représentant Léopold Ier, la reine Louise, qu'il est question de canoniser, le premier Napoléon bataillant, ou Geneviève de Brabant et sa biche, en décorent le plus souvent les murailles.

Toutes ces maisons disséminées sur des tapis de verdure, au milieu des arbres, comme des champignons dans les prairies, forment des villages bien différents de ceux de nos pays. Dans les nôtres, les maisons, sales, grises, crottées au dedans et au dehors, s'entassent en plein fumier, les unes sur les autres, le long des routes boueuses et des chemins poudreux. On dirait qu'elles ont peur de s'enrhumer au grand air, de prendre un coup de soleil dans la campagne, ou de s'ennuyer, en restant seules, isolées au milieu de ces paysages variés, ravissants, pittoresques que l'on rencontre à chaque pas en France, et qui manquent aux Flandres.

Ici, en effet, la campagne est trop uniforme, trop plate. Il y a bien, dans les environs de Bruges et d'Ypres, des sites heureux où se sont réfugiées de belles villas, dont les parcs et les bosquets se détachent sur les plaines, découpées en carrés de couleurs diverses par les bordures d'arbres. Il n'y a pourtant pas assez d'imprévu, d'accidents de terrain. Aussi, en suivant ces longues routes, pavées, bien entretenues, bien plantées, qui se déroulent en longues allées à travers les champs, on est moins frappé de la beauté de la campagne que de sa fertilité.

Cette fertilité est très-grande. En bonne mère qu'elle est, la terre donne ici tout ce qu'elle peut : les blés sont d'une hauteur prodigieuse; le lin, avec lequel on tisse les belles toiles de Flandre, vient admirablement; dans les prairies pousse épaisse, aromatique, l'herbe dont se nourrissent les belles vaches qui donnent jusqu'à quinze litres de lait par jour.

Les barrières placées sur les routes, pour en faire payer l'entretien à ceux qui en usaient sont tombées, ou prêtes à tomber; comme les octrois, ces barrières des villes, les entraves mises à la circulation, au transport, à l'échange des produits agricoles n'existant par conséquent plus, la valeur et le rendement des biens-fonds ne peuvent que s'accroître. Ici donc, la culture sur des terres morcelées, rapporte autant et peut-être plus qu'en Angleterre la grande culture dans la grande propriété.

Le travail de l'homme, sans capitaux, sans machines, donne des produits aussi élevés que dans le pays où l'aristocratie foncière, l'industrie et la richesse se réunissent pour porter l'agriculture à son plus haut degré de perfection.

Cependant, le travailleur ne récolte guère plus pour lui en Belgique qu'en Angleterre, ce qu'il a semé. Salarié, journalier ou fermier, il doit payer la rente de la terre. Si la propriété est plus divisée dans les Flandres que dans la Grande-Bretagne, rarement celui qui l'arrose de ses sueurs et lui fait porter ses plus doux fruits, en est le possesseur. Il est plus son maître que le prolétaire anglais, voilà tout. N'étant pas encore l'accessoire de la machine, le simple gardien du bétail, ayant un *chez soi*, il se livre avec plus de goût, de succès, de plaisir même, au rude labeur qui le retient attaché volontairement à la glèbe.

Les houilleurs des bassins du Hainaut gagnent de plus fortes journées que les paysans, paraissent mieux rémunérés de leur travail ; en réalité, ils endurent bien plus de souffrances, bien plus de fatigues, bien plus de misères que ceux-ci. Travaillant les jours, les nuits, au fond de souterrains froids, humides, obscurs, à la lueur d'une lampe fumeuse, exposés à tous les dangers que l'éboulement des roches, la rupture des cordages, les miasmes méphitiques des puits, l'explosion du grisou accumulent sur leurs têtes, les houilleurs, lorsqu'ils échappent à la mort, deviennent pauvres, infirmes, vieux avant l'âge. L'air pur, le soleil, la maison riante et propre, la verte campagne, tout manque à ces parias que courbe sous son joug le monopole des grandes compagnies, exploitant féodalement le sous-sol et le sol sur lesquels s'élèvent, semblables à des forteresses, les tours des hauts-fourneaux.

Dans une de ces excursions qui nous entraînaient quelquefois jusqu'aux bords de la mer, j'avais découvert entre les dunes de sable du rivage et les marais de la plaine de Dam, un site agreste, qui m'apparut comme une oasis du pays natal et m'en porta, pour ainsi dire, le parfum. J'y revins toujours avec bonheur. C'était, sur la pente d'un mamelon, autour duquel les champs se mêlaient aux prairies, un pli de terrrain ombragé par un petit bois de pins. Assis sur la mousse, à demi abrités contre le soleil qui dorait la cime des arbres agitées par le vent, nous parlions là souvent, avec Maigne et Perrein, des lieux et des personnes que nous aimions. Blesle, où restait seule, cruellement frappée par une séparation inattendue, Mme Maigne, qui allait bientôt venir rejoindre son mari dans l'exil; et Brioude, la chère petite ville dont les paysans, les ouvriers, les démocrates ont donné tant de preuves de dévouement à la République, de marques de sympathie à leurs représentants élus par le suffrage libre, emplissaient nos causeries de doux souvenirs. Alors, aspirant à plein poumons la senteur balsamique de la résine, écoutant le murmure, semblable à celui des vagues, que fait la brise en se jouant dans les branches, il me semblait que j'étais dans la campagne verte et boisée où, bien souvent, visité par des amis, j'ai passé les belles années de la jeunesse, au milieu des joies de la famille.

D'autres aussi, sans doute ont eu dans le désert de l'exil, ce mirage du pays natal : un arbre, une fleur, un oiseau le fait naître ; mais, hélas ! un coup de vent l'emporte, le premier nuage qui passe le fait évanouir.

XXI

FÊTES RELIGIEUSES.

A Bruges, la cour criminelle est fort occupée. Les coups de couteaux remplacent, dans cette partie de la Belgique, les coups de poing de la fin de toute querelle en Brabant. C'est ordinairement en flamand que les magistrats dirigent les débats, que les avocats plaident, défendent les accusés. Pour comprendre les témoins suivre l'affaire, il est indispensable de connaître cette langue. Ceux de nos amis appartenant au barreau, comme Flamens, Auzas, Dubief et Manau aîné, ancien secrétaire de Ledru-Rollin et aujourd'hui l'un des premiers avocats de Toulouse, ne devaient pas songer à plaider, donner des consultations dans le cabinet, ou aller ouïr, à l'audience, des confrères fort éloquents, sans doute, mais parlant et pensant trop en flamand.

Les autres n'avaient pas davantage la ressource de pouvoir, ainsi que le font les désœuvrés de nos villes de province, perdre une heure à la *correctionnelle* ou aux assises, pour voir jouer, suivant la cause, la comédie ou le drame : ils n'y auraient rien compris. Nous entrions bien quelquefois au palais de justice, mais ce n'était pas pour voir sur leurs siéges, les juges jugeant en robes noires ou rouges. Nous y venions admirer, dans la salle où le franc-juge de Bruges tenait ses audiences, la célèbre cheminée que décorent les statues des ducs et des duchesses de Bourgogne : une de ces magnifiques œuvres en bois sculpté, comme en savaient faire, jadis, les artistes belges, qui ont laissé encore à Bruges la chaire de l'église Saint-Sauveur.

Nous n'abusions pas, au surplus, du régal offert par les beaux-arts, n'étant, ni les uns ni les autres, des dilettanti bien passionnés.

Après les visites de rigueur aux monuments, une ascension à la haute tour des Halles, pour entendre de près son fameux carillon, et voir au loin s'étendre la vaste plaine que la mer enserre au Nord, nous aurions désiré que les cloches, sonnant, tous les quarts d'heure, le même air sur un ton aussi criard que fêlé, nous donnassent un peu moins de musique ; et, lorsque des amis, venus de Bruxelles ou de France, ne nous priaient pas d'être leurs cicéroni, nous laissions dormir, sans les déranger, le chanoine de Pala, Charles-le-Téméraire, Marie de Bourgogne, la madone et les onze mille vierges.

Si nous n'allions pas aux églises, les miracles et les processions venaient à nous.

Le saint-sang n'a jamais miraculé, j'ai le regret de le dire, pendant notre séjour à Bruges. Portée de la Terre-Sainte par Thierry, d'Alsace, qui recueillit, on ne dit pas en quel lieu, quelques gouttes du sang du Christ, la relique est enfermée hermétiquement dans une châsse d'or et de vermeil, incrustée de pierres précieuses et reposant sur un autel d'argent massif. Elle est exposée, tous les vendredis, dans la jolie petite église gothique de Saint-Basile, et portée en grande pompe, un jour de l'année, dans les rues de Bruges. Mais le saint-sang n'est jamais visible, et n'entre jamais en ébullition comme, à Naples, celui de saint Janvier, que les Napolitains ont bien raison, par cela même, de croire plus puissant que le bon Dieu.

Ce miracle sanguinolent, que les hérétiques nient, je l'ai vu, de mes propres yeux vu, dans la chapelle du patron de Naples, au milieu de ses vieilles parentes, qui injuriaient à grands cris leur oncle céleste, tant que son sang restait figé, et pleuraient d'attendrissement, d'admiration, lorsque le miracle s'opérait. J'ai été d'autant plus heureux de voir les choses se passer ainsi, que s'il en avait été autrement, on m'aurait fait probablement un mauvais parti. Les béates de l'assistance se seraient imaginées comme en d'autres circonstances, que c'était la présence d'un ennemi de la religion, qui mettait le grand saint en colère et le rendait sourd à leurs prières. Or, la dynastie des Bourbons régnait encore, et, en ma qualité de républicain, de proscrit, je sentais le fagot d'une lieue. N'ayant ni le pistolet du général Championnet, ni la baguette de l'escamoteur Bosco, pour faire faire le miracle à volonté, je pouvais être la victime d'une émeute féminine.

Il nous a été donné, au contraire, de voir, à Bruges, une sainte Vierge qui remuait les yeux d'une façon toute divine. Ce n'était point dans une église ni dans un des nombreux couvents d'hommes ou de femmes de la ville, que la madone miraculeuse avait élu domicile; les carmes déchaussés, si dévots à la Vierge, les capucins, toujours propres à répandre les bonnes odeurs de la foi, n'avaient pas été jugés dignes de la faveur céleste; les dames rouges, religieuses aristocratiques dont la petite chapelle est si coquette, n'étaient pas plus favorisées que les béguines, ces sœurs plébéiennes qui, libres le jour, cloîtrées la nuit, habitent une espèce de bergerie qu'on appelle un béguinage, où elles prient en commun et vivent séparément, de leur travail, chacune dans leur maisonnette. L'enfant Jésus avait voulu voir le jour dans une crèche; c'était dans la chambre obscure, enfumée, nue, d'une pauvre vieille femme, que sa mère immaculée et toujours vierge avait voulu ouvrir les yeux. Pendant huit jours, tout Bruges fut se prosterner aux pieds de la bonne Vierge en plâtre qui tournait les yeux, disait-on, comme l'évêque Parisis à la Législative, quand il était en colère. Cela humiliait fort la madone en marbre de Michel-Ange, qu'on laissait se morfondre dans son coin.

Nous fûmes où allait tout Bruges.

Soit que nous ne demandions pas le miracle à genoux, soit que nous eussions, ainsi que le dit le Psalmiste, des yeux pour ne point voir, Marie, pleine de grâces pour tous les autres, ne daigna pas nous honorer d'un regard, et persista à rester aussi aveugle que muette, sous la robe chamarrée et la couronne dorée dont on l'avait attifée. A travers les lampes, qui l'environnaient d'une auréole de flammes, ce que nous aperçûmes, ce fut une de ces poupées enluminées de rouge et de bleu dont on fait, selon leurs habillements, des saints ou des polichinelles, des bonnes vierges ou des cocottes, destinées à amuser les enfants ou à recevoir les adorations de la gent dévote. Bien loin de posséder ce grain de foi qui transporte les montagnes, nous étions, il est vrai, assez sceptiques pour croire, avec Voltaire, qu'une montagne de foi ne transporterait pas un grain de moutarde. Comment ne serions-nous pas revenus bredouilles de notre pieuse visite ?

Heureusement le clergé flamand nous a amplement dédommagés de notre mésaventure. Dieu ! les beaux spectacles qu'il nous a donnés !

Dans les environs de Bruxelles il y a certes bien des pèlerinages célèbres, des cérémonies religieuses de haut goût. A Malines, siége de l'archevêché et des congrès cléricaux, les rues sont, en tous temps, encombrées de calvaires et de groupes de saints ou de saintes, autour desquels brûlent constamment des lampes qui préservent la ville de la foudre, dont les bonnes femmes, à Bruxelles, se garantissent, en semant sur les toits l'herbe de tonnerre, ne fleurissant, selon elles, que tous les sept ans. La bonne Vierge de Hal fait marier, dans l'année, les jeunes filles assez dévotes à l'Immaculée-Conception pour aller, en robe blanche et nu-pieds, à sa fête. Saint Job, que l'on doit raser tous les deux jours, guérit, dans sa chapelle, des clous plantés n'importe où. A Dieghem, le patron du lieu soulage du mal de dents, appelé par certains le mal d'amour. Les brasseurs, les cultivateurs, les cochers de vigilantes vont faire bénir, à Anderlecht, leurs chevaux, leurs ânes, et se faire bénir eux-mêmes. Dans Bruxelles même, pendant la nuit de la Trinité, les paysans de toutes les campagnes voisines, avec bon nombre de femmes de la ville, viennent, tête nue, demander un remède pour les maux d'yeux à Dieu le Père, qu'on voit dans l'église de la Chapelle, rue Haute, coiffé à l'oiseau avec ailes de pigeon, et portant son fils pendu à sa ceinture.

Les processions cependant laissent fort à désirer dans la capitale.

Longues files d'hommes habillés de noir et tous laids, tenant à la main un cierge, de gentilles fillettes vêtues de blanc et jetant des fleurs en papier, de prêtres, d'enfants de chœur, de bedeaux, portant des bannières de toutes les couleurs et des saints de toutes les tailles ; le tout flanqué de pompiers, de soldats, tambours et musique en tête, voilà tout ce qui en fait la façon. Comme partout, le saint-sacrement est en queue, porté par le doyen de Sainte-Gudule, avec la gravité solennelle de tout porteur de reliques, sous un dais qu'entourent des lanternes (non Rochefort), allumées en plein midi.

Une procession de ce genre étant un spectacle gratuit, les

Bruxellois la regardent toujours passer avec un nouveau plaisir. Mais elle n'offre rien de nouveau, rien de surprenant. Les habitants des rues où elle se déroule ne font pas non plus beaucoup de frais pour elle. Une modeste guirlande de feuillages appelés *mai*, et des flammes, des banderolles, des drapeaux enjolivés de cœurs enflammés, de lys mystiques, de devises confites en dévotion, mises aux fenêtres des maisons qui veulent payer quatre ou cinq francs l'honneur d'être ainsi décorées par la fabrique, c'est tout ce qu'on se permet pour la circonstance.

C'est bien autre chose à Bruges, pour la fête du saint-sang, et à Ostende, le jour de la Saint-Pierre, lorsque le curé jette dans la mer les gouttes d'eau bénite, sans lesquelles l'Océan serait fatal aux baigneurs comme aux marins.

Alors on appelle dans les processions le ban et l'arrière-ban de la milice noire; et les divertissements du carnaval s'y mêlent aux pompes du Carême.

Avec les prêtres de toutes les paroisses, les congréganistes des deux sexes, les troupes de la garnison, marchent d'abord, les capucins et autres ordres de moines mendiants et nasillants, les magistrats en robes, les fonctionnaires en habits brodés, les pompiers en grande tenue. Tout ceci peut se voir encore dans plusieurs de nos grandes villes du Midi, parfois avec accompagnement de pénitents blancs, noir, le plus souvent gris, et toujours masqués de leur cagoule percée de trois trous. Là, même dans celles où il y a des cultes dissidents, les processions sortent aussi dans les rues au mépris de la loi : Napoléon étant plus que jamais l'allié et le protecteur du cléricalisme.

Ce qui donne un cachet particulier, une saveur spéciale aux cérémonies religieuses des Flandres, c'est le défilé des enfants, jeunes filles, grands garçons, qui passent, passent sans fin, costumés, travestis comme on l'est sur les théâtres, aux bals masqués et dans les cavalcades des jours gras.

Ducs et duchesses de Bourgogne en manteaux de velours et couronnes de carton doré ; petits Chinois agitant des parasols ; jeunes-vieux troupiers de l'empire entourant l'aigle et le buste de Napoléon Ier de nom ; enfants Jésus et saints Jean-Baptiste en maillots roses avec leurs moutons ; Turcs du sérail et croisés de Godefroid de Bouillon ou de Thierry d'Alsace ; Madeleines repentantes, les cheveux épars ; vierges et martyrs portant les instruments de leur supplice ou un cœur sanglant; bayadères de l'Inde en robes courtes toutes pailletées; saints barbus, mîtrés, crossés, avec l'auréole, les palmes et le costume de l'emploi; bergers et bergères enrubannés, la houlette à la main; marins en veste rouge, chapeau ciré, soutenant des barques avec leurs agrès de pêche; damoiselles, pages, troubadours, chevaliers du moyen-âge, que sais-je encore! se succèdent à la file; et toute cette foule parée, bigarrée, composée d'un millier de petits personnages heureux et fiers d'avoir un rôle à jouer, traverse, en chantant des cantiques ou aux sons des fanfares, une autre foule pressée, curieuse, ravie, accourue de toute la province.

De son côté, pour faire honneur aux spectateurs comme aux acteurs, les villes font les choses en grand : les rues sont sablées, plantées de branches de pin; des arcs de feuillages, des reposoirs magnifiques sont dressés sur les places; les fenêtres sont pavoisées de drapeaux, et chacun expose devant chez lui, non pas ses draps de lit plus ou moins blancs, comme on fait dans l'Auvergne, à la Fête-Dieu sur le passage du saint-sacrement, mais ce qu'il a de plus beau.

Service de table, batteries de cuisine, verres, cristaux, lampes, chandeliers avec leurs bougies allumées, tout sert de décoration aux façades; les murailles disparaissent sous les glaces, les miroirs, les descentes de lits, carpettes, tapisseries, etc., et au milieu de tout cela sont étalés, à la place d'honneur, les tableaux ou lithographies, représentant n'importe qui, n'importe quoi, dont on est possesseur; de sorte qu'on y voit la légende de sainte Ursule à côté de celle du petit-caporal, le portrait du roi regardant le Juif errant, les lorettes de Gavarni voisinant avec les onze mille vierges de Cologne, la *Permission de dix heures* ou les *Aventures d'Ulysse et de Calypso* faisant face au miracle de la Salette.

Nous n'irons plus à pareilles fêtes; — qui sait même si, depuis l'an de disgrâce 1852, où nous les vîmes dans des villes inféodées alors aux cléricaux, elles n'ont pas été emportées par un coup de balai du libéralisme triomphant, et tout à fait guéri — cela nous étonnerait — de son catholicisme rentré?

En temps ordinaire, nous nous retrouvions au restaurant, à l'estaminet ou à la promenade. Dans nos conversations, égayées par les vives et spirituelles saillies des réfugiés venus des bords de la Garonne, nous mêlions la politique à tout; il n'y avait guère que Lagrange qui se tînt à l'écart, isolé.

A l'hôtel du Commerce, où il mangeait avec les officiers, notre collègue discutait et faisait des discours comme s'il eût été à l'Assemblée législative. Quand il se promenait, il arpentait le terrain à grands pas, gesticulant, parlant haut tout seul, avec la préoccupation affairée de l'homme d'État ou du général d'armée combinant de vastes desseins.

C'est que Lagrange croyait, en effet, être un grand politique et avoir les qualités, peut-être même le grade de général qu'on lui avait donné, un moment, en février. Aussi, il ne doutait pas qu'il n'eût le principal rôle dans la révolution à laquelle on devait s'attendre, lorsque *Cocambo*,— il appelait ainsi familièrement son peuple de Paris, — serait en humeur de briser le joug, il nous disait avec conviction que, toute modestie à part, les autres représentants pourraient être alors des drapeaux, mais que lui serait le glaive. Plus tard, à La Haye, il exprimait la même pensée en ces termes : la Hollande est un petit royaume, mais elle possède en ce moment les trois épées de la République française : Lagrange, Barbès et Charras. Les Bonapartes n'y toucheront pas.

Dans le fait, Lagrange, par la part qu'il avait prise, à Lyon, aux événements de 1834, et, à Paris, à la révolution de février, jouissait d'une popularité dont beaucoup ont toujours été surpris, et qui cependant était méritée. Il en était un peu de sa personne comme de ses discours qui n'étaient guère écoutés lorsqu'ils les prononçait à la tribune, et faisaient beaucoup d'effet dans les journaux, où ils étaient revus et arrangés.

Bien en vue, sous un jour favorable, sur un théâtre où il pouvait briller, attirer les regards du peuple, être admiré, applaudi, Lagrange était capable de faire de l'héroïsme et en faisait, se jetant tête baissée au plus épais de la mêlée. Lorsque l'orage était sourd, lointain, la fermentation des esprits à l'état latent, Lagrange se réservait, restait en dehors des comités, des réunions qu'il n'aurait pas dirigés, où il n'aurait pas eu, du moins, voix prépondérante, il ne se compromettait dans aucun des complots, des mouvements, qui se préparaient dans le silence ou n'avaient pas un grand retentissement sur la place publique.

Lagrange ne ressemblait donc en rien au portrait qu'en ont fait, suivant leurs opinions, les journaux républicains et la presse réactionnaire. Ce n'était ni un démagogue forcené, un ultra-révolutionnaire ne reculant devant aucune violence, aucun excès, ainsi que le disaient nos ennemis; ni un de ces soldats du droit, de la liberté, toujours prêts à la lutte, au sacrifice, comme Barbès et Garibaldi.

Républicain sincère, ayant des opinions radicales, et demeuré jusqu'à la fin, fidèle à la cause du peuple qu'il a toujours servie, Lagrange suivait sa ligne droite sans dévier, mais sans se hâter. Il ne voulait emboîter le pas derrière personne, ni subir malgré lui aucun entraînement. Il comparait même les impatients, le devançant de trop loin, à des balles élastiques qui, lancées avec violence contre l'obstacle, rebondissent et reviennent en arrière au-delà du point d'où elles sont parties.

Ayant pour règle qu'on peut être courageux et prudent tout à la fois, et qu'avec un peu de mise en scène le dévouement n'en est pas moins méritoire, Ch. Lagrange ne se mêlait à la bataille que lorsqu'elle était engagée sur toute la ligne, et alors il combattait au premier rang.

En parcourant la campagne, notre compagnon d'exil avait visité un joli château à tourelles, environné de fossés, qu'on offrait de louer à un prix modéré.

Il nous proposa d'y aller fonder une espèce de phalanstère ou de communauté démocratique dont, tout naturellement, il aurait été le président. La campagne était agréable, le château bien meublé; — nous aurions eu à notre disposition un beau jardin pour cultiver des fleurs et planter nos choux, un parc ombragé de grands arbres et, *comme seigneurs de ce canton*, le droit de chasse dans les plaines voisines sur lesquelles abondaient les lièvres et les perdrix, droit précieux en Belgique, où les chasses étaient réservées et accordées alors à ceux-là seuls qui justifiaient avoir la jouissance, à un titre quelconque, de cent hectares de terre.

Les uns, ainsi que cela se faisait à Ménilmontant du temps des saints-simoniens, auraient cultivé les légumes, les autres fait la cuisine; les chasseurs, si on leur avait laissé prendre un permis de chasse, refusé ailleurs déjà à quelques-uns de nos amis, devaient nous approvisionner de gibier. Nous aurions ainsi vécu à la française, pas trop mal et à bon marché.

La proposition était tentante; — elle fut rejetée à l'unanimité.

Il y a dans le cœur de l'homme un tel besoin d'indépendance, dans l'esprit des républicains un si grand amour de la liberté, et les véritables démocrates en sont si bien venus à regarder, instinctivement ou théoriquement, l'autorité sous toutes ses formes comme la grande ennemie, que tout ce qui ressemble à la caserne, au collége, au couvent, répugne, repousse, paraît un esclavage.

Vivre en famille, seul, ou dans des pensions dont les règlements n'imposent aucune contrainte, voilà ce qu'on aime mieux payer plus cher, pour être plus mal, que l'existence en commun sous une règle sévère, rigide, uniforme; ce que l'on préfère à la promiscuité dans l'égalité même. C'est parce qu'ils veulent être libres, indépendants en tout et partout, que les démocrates français, ayant pourtant la réputation d'aimer l'égalité, non la liberté, ne peuvent pas adopter, en politique, un programme commun, faisant loi pour tous, ni s'astreindre à une discipline quelconque, ou se soumettre à la direction des hommes de leur opinion, les plus capables d'organiser le parti. Voilà pourquoi, aussi, les associations, que l'on voit se créer si facilement ailleurs, ont tant de peine à s'acclimater chez nous. Alors que les frères moraves, les quakers, les mormons et tant d'autres sectes de l'Allemagne, de l'Angleterre, de l'Amérique ont fondé des corporations nombreuses, florissantes, subsistant depuis longtemps, nos saint-simoniens, nos fouriéristes, nos Icariens n'ont jamais pu organiser une société basée sur le principe de la communauté; et les associations de tous genres, si répandues en Belgique, sont presque inconnues en France.

XXII

LA KERMESSE.

A Bruges, pour nous retenir, mai, sans y être le beau mois des roses, nous ménageait une surprise : il nous amenait la kèrmesse.

Ce qu'est une kermesse flamande, on ne peut s'en faire une idée avant d'y avoir assisté.

Les vogues, pardons, fêtes patronales et baladoires de France n'y ressemblent en aucune façon. Chez nous, tout se passe en une journée. Le matin, le clergé, accompagné du maire sanglé de son écharpe, des marguilliers en bonnet de soie noire, et de la brigade de gendarmerie dans son grand costume, porte en procession le saint patron de la paroisse, sur un brancard couvert de fruits prématurés et bénits, remède infaillible contre la colique. Au dîner, on mange en famille le pâté de ménage ou les tripes à la mode du pays, arrosés de petit bleu.

Dans l'après-midi, les moutards grimpent au mât de cocagne pour gagner les saucisses municipales ; le soir, la jeunesse danse sur la place publique et à la mairie, aux sons de la musette, du tambour ou du violon ; et la cérémonie faite, chacun va se coucher, les uns avec leurs femmes et les autres tout seuls, absolument comme dans la chanson de Marlborough.

Le lendemain, on remet le saint dans sa niche, le mât dans les greniers de la maison commune, les violons dans leur étui, et jusqu'à l'année suivante tout est dit.

En Belgique, la kermesse dure huit, quinze jours et quelquefois, comme à Bruges, un mois entier. Elle est presque toujours compliquée de foire. La partie religieuse y tient peu de place : c'est la fête nationale par excellence, le centre de réunion animé, bruyant, joyeux, où afflue, de loin comme de près, tout ce qui, jeune ou vieux, aime à s'amuser, à rire et surtout à boire.

Ce qui annonce et parfume la kermesse, ce sont les *scholes*, poissons blancs, plats, séchés et salés, découpés comme ces cols à dents de loups portés par les dames avant les modes à la mousquetaire ; se déroulant en guirlandes le long des avenues, ces pâles sœurs des harengs-saurs prennent de suite au nez et, quand elles se laissent manger, à la gorge tout ce qui vient à la fête ; mais elles font boire : c'est leur destination, leur mérite.

Au milieu d'une foule tourbillonnant sur elle-même entre les buvettes qui bordent les rues, une autre foule est assise aux tables chargées de verres pleins ou vides que l'on dresse partout.

Les saltimbanques, les marchands de fruits et de gâteaux, les femmes à barbe, les porteurs de loteries à 5 centimes, les montreurs de phénomènes vivants, les cornets à piston, les tambours, les grosses caisses, mêlant leurs cris et leurs airs, donnent un spectacle aussi varié que bruyant, au public charmé d'y assister, en avalant beaucoup de poussière et non moins de bière.

La kermesse, c'est, en somme, un gigantesque estaminet en plein vent. La danse, le plus grand plaisir des fêtes patronales de nos campagnes, dans lesquelles, sous le nom de polka, la froteska a remplacé la bourrée d'Auvergne, — où l'on embrassait toujours sa danseuse, — la danse est un accessoire dans la kermesse. On s'en passe volontiers. Anvers, Gand organisent parfois en plein air cependant, des bals populaires nombreux et animés. A Bruxelles on ne dansait que dans les guinguettes des faubourgs : pour la célébration de la grande kermesse imitée des Flamands, un de ces bals publics a été donné sur la place de l'Hôtel-de-Ville : il a eu beaucoup de succès.

Introduit depuis peu dans les fêtes, le tir à la carabine et au fusil, si cher à la Suisse, qui en a fait une institution nationale, passionne médiocrement encore les Belges, malgré les réclames et les sacrifices faits à Bruxelles ou ailleurs pour en doter le pays. Les tirs à l'arbalète, à l'arc au berceau ou à l'oiseau, prospèrent, au contraire, comme au bon vieux temps. Ils figurent, avec les parties de boule, de quilles, de palets, dans le programme de toutes les kermesses, que couronnent les distributions de prix, de médailles, de comestibles, aux vainqueurs des concours.

Regardez un de ces petits chefs-d'œuvre où Teniers a peint avec tant de naturel, de verve, de style, les mœurs et les fêtes des Flamands de son temps, et vous reconnaîtrez, en vous trouvant au milieu d'une véritable kermesse, que les fils n'ont pas dégénéré de leurs aïeux.

Buveurs chantant, riant, fumant; vieilles femmes s'extasiant devant les parades des paillasses; jeunes filles au bras de leurs amoureux; enfants qui pleurent, chiens qui aboient, ivrognes qui trébuchent, rien ne manque de ce que l'on admire sur les toiles du peintre flamand. Seulement, maintenant, la couleur fait défaut : l'uniformité du costume déteint sur tout.

Depuis que la crinoline, faisant le tour du monde, a emprisonné le beau sexe dans son cercle de fer, et que le chignon, béni par saint Ignace, a fait courber toutes les têtes féminines sous son joug, la plus belle moitié du genre humain civilisé, porte les mêmes modes, est habillée de la même manière. En Belgique, les Brugeoises seules restent fidèles à leur mante à capuchon; les Anversoises n'ont gardé que la coiffe aux larges ailes arrondies flottant sur les épaules, et les paysannes du Brabant, mises à la mode du jour, quand elles viennent à la kermesse, portent sur la tête, au lieu de l'ancienne faille de soie noire, un châle de laine à ramage posé à la Fanchon.

Dédaignant ces vestes, ces gilets, ces culottes aux couleurs voyantes, bigarrées, tranchées d'autrefois, les paysans ont adopté le pantalon noir, la casquette noire, la blouse bleu-noir. Ils ressemblent ainsi à des croque-morts en négligé; cela les distingue des bourgeois, des fonctionnaires et des élégants belges, français et autres, qui, en grande tenue, tout de noir habillés aussi, avec le chapeau tuyau de poêle et l'habit à queue de morue, ont l'air de croque-morts en toilette.

En revanche, les progrès de l'industrie et des lumières ont donné à la kermesse actuelle deux nouveautés : les moulins sur lesquels tournent indéfiniment, avec accompagnement de musique, les enfants et leurs bonnes; puis, les somnambules qui ont, en disant la bonne aventure les yeux fermés, le plus grand succès dans un pays où beaucoup savent tirer les cartes et se les font tirer.

Ce bruit, ce mouvement, ces spectacles, cette foule, tout cela recommence le lendemain, dure des semaines entières sans qu'on s'en lasse ; et voilà la kermesse !

Aucune population, nous le croyons, n'aime autant à se divertir et se divertit de si peu de chose que la population belge. Elle s'amuse de s'amuser, de voir s'amuser les autres.

Enterrements, noces et festins ; dimanches et lundis, jours gras, jours fériés, lendemains de fêtes, concours de musique et de jeux, sérénades aux torches fumeuses, courses aux hippodromes, défilé de voitures, au Cours, appelé la course, en carnaval ; promenade de Longchamps, qui se fait à Bruxelles le 1er lundi de mai ; anniversaires de l'avénement, du mariage, de la naissance du roi, de la reine, des princes et des principicules ; kermesses quelconques : tout sert de prétexte pour quitter sa province, son village, sa maison, ses affaires, le travail, pour aller où va le monde, célébrer, en joyeuse compagnie, la fête du jour.

Et que ne célèbre-t-on pas depuis le premier jour de l'an, qui ouvre la marche, jusqu'à la Saint-Sylvestre ? La Veillée des Dames, souvenir des Croisades, que les épouses fêtent en portant leurs époux au lit ; la messe d'Or, pour empêcher les voyageurs de verser en route ; la messe d'Anges, au moyen de laquelle les petits enfants morts dans l'âge d'innocence vont au Ciel à toute vapeur par train express ; la messe de Jeunesse, que toute jeune fille, ayant dans sa poche douze francs, prix fixe, doit faire dire en devenant nubile, si elle veut échapper à Satan ; sainte Cécile, en l'honneur de laquelle on fait de la musique partout ; saint Joseph, patron des maris belges ; sainte Catherine, que coiffent, comme ailleurs, les vieilles filles ; le lundi après le 1er janvier, appelé *Lundi-Perdu*, parce que les ouvriers l'emploient à demander aux patrons des étrennes immédiatement transformées, sans miracles, en faro ; saint Thomas, forçant ceux que l'on peut mettre sous clef à payer une discrétion ; Pâques pondant les œufs farcis de bonbons ; Noël, avec son arbre illuminé et couvert de fruits sucrés ; les *Innocents*, régalant les fillettes habillées, en blanc, de *koukebaks* et de *rystpap*, autrement dit de crêpes et de tartes au riz ; saint Nicolas, descendant par la cheminée pour mettre des cadeaux dans les souliers des enfants bien sages et des verges pour les polissons; Vendredi-Saint, où l'on fait des repas maigres qui ne sont pas de maigres repas; les Rois, que les boulangers, même républicains, reconnaissent en donnant aux pratiques des *cramicks*, gâteaux de Carême sans beurre ni fèves; le jour de première communion, occasion de festins, de vacances et de toilette pour les parents et pour les enfants, à qui on donne ce jour-là une première leçon de coquetterie, de gourmandise, d'envie et de paresse; tout le calendrier y passe; et chacune de ces grandes journées est plus ou moins honorée par le chômage, la flânerie, des distributions de jouets aux moutards, et une consommation générale, pour les grands comme pour les petits, de dragées, *caramels*, bonshommes en spéculaus, pains d'épices historiés de dessins en sucre, etc., le tout largement arrosé de faro, de lambic, de café et de *gouttes*.

Pourvu, du reste, qu'il y ait dans les rues quelques loustics travestis ou grotesquement accoutrés, des fanfares à la tête de sociétés médaillées portant des bannières non moins médaillées; des conscrits armés de balais et chantant à tue-tête, sur un air assez semblable à celui de la complainte : *Adieu, pauvre Carnaval*, leur chant de départ :

Hij is er in, hij is er uit,
En in de mei is hij soldaat.

(il est dedans, il est dehors, au mois de mai il sera soldat), chant du départ flamand, n'ayant rien de commun avec celui de Chénier, et qui pendant les quinze jours consacrés au tirage, retentit sans relâche dans la Belgique entière; s'il se fait un mariage du beau monde, un enterrement de première classe, une revue de la garde civique; s'il passe des voitures de la cour, avec les livrées rouges, et escortées par les guides; des chars de masques précédés surtout des géants : le papa, la maman, *Jan*, *Mieke* et le Grand Turc; lorsqu'une exhibition, un concours, une cérémonie publique ont lieu, il y a du populaire partout; et tous, acteurs, spectateurs, heureux de voir, d'être vus, entassés, foulés, sont enchantés de leur journée; de sorte qu'en réalité la foule se donne à elle-même un spectacle dont elle est le plus bel ornement.

Pour un étranger, rien n'est gai, animé, curieux comme cette foule qui se rue, incongrue, dans la rue, se pressant, se heurtant au milieu des voitures dont la circulation n'est jamais interdite, sans qu'il arrive aucun accident, bien que la police ne se montre nulle part.

C'est pendant les jours gras, et surtout le premier dimanche de Carême, appelé, dans la catholique Belgique, le *Grand Carnaval*, qu'il faut suivre cette population, courant la ville en chantant, masquée ou non, la chansonnette favorite du jour, que le Casino a mise en vogue, et de vieilles chansons qui reviennent chaque année sur l'eau, comme *Vive le champagne, le champagne et l'amour! Allez donc, Lisette*, etc. On la voit s'engouffrer, bigarrée, gambadant aux sons stridents du mirliton, du cornet, du tambour, dans les galeries Saint-Hubert, traverser comme une trombe le passage, alors trop étroit, et se répandre dans les cafés, les estaminets, les bals publics, qui s'emplissent jusqu'à la gueule. On dirait une fête perpétuelle dans le pays de Cocagne.

La misère est grande cependant, les souffrances des classes laborieuses sont vives et profondes, car les familles sont plus nombreuses et les salaires moins élevés que dans les pays voisins. Mais l'amour des plaisirs, qui, renouvelés souvent, coûtent chers bien qu'ils soient à bon marché, fait tout oublier : la jouissance du moment tient lieu de tout.

Cet amour des plaisirs faciles dont le *médaillomanie*, le travestissement, sont les signes caractéristiques, est exaspéré par de certains jours privilégiés. Ainsi, en Carnaval, il est de règle que chacun prenne part aux saturnales modernes. La jeunesse des classes laborieuses porte chez sa *tante* ce qu'elle peut, lorsqu'elle n'a rien su mettre de côté, et court, en bandes joyeuses, costumée d'une manière plus grotesque que pittoresque, les rues, les cafés, les estaminets ; puis, tout va au bal masqué, même les vieilles femmes, qui se déguisent parfois, pour y accompagner leurs filles, voire leurs petites-filles.

Ce concours spontané, empressé de tous à tout, imprime aux fêtes nationales, aux grandes solennités publiques, un cachet de grandiose, d'animation, de pompe qu'on ne retrouve nulle part.

Alors, les villes, les sociétés, les particuliers rivalisent de luxe, d'élégance, de goût, pour que le spectacle ne laisse rien à désirer.

Au XXVme anniversaire du jour où Léopold Ier monta sur le trône, les illuminations et les décorations des maisons furent splendides. Il y eut partout des arcs de triomphe, des chars allégoriques, des cavalcades comme les plus grandes capitales n'en ont jamais vu.

Pendant ces fêtes extraordinaires, il y a dans les villes une invasion de provinciaux et de campagnards, ce que les farocrates de Bruxelles appellent les *paysans*. On ne sait plus où se réfugier, où trouver un petit coin pour être à l'abri de la foule et du bruit. C'est après un certain temps seulement que la mer rentre dans son lit.

A Bruges nous n'avons jamais vu de ces foules. La ville, qui pourrait encore contenir ses 200,000 habitants d'autrefois, est, même pendant la kermesse, assez solitaire, passablement déserte. Nous trouvâmes, un dimanche, bien plus de mouvement, de tapage dans un bourg voisin, où il y avait un concours de musique. Les trente ou quarante sociétés instrumentales de villes, bourgs et villages venues au concours, faisaient un charivari superbe, lorsqu'en défilant, elles jouaient chacune leur air, suivant l'usage. En revanche, quand elles exécutaient le morceau donné par le jury pour disputer le prix, beaucoup en auraient remontré à bien des corps de musique de nos grandes villes de France.

L'été, bien que tempéré par la brise de mer, est assez chaud à Bruges pour qu'on puisse y quitter, pendant quelques jours, ses vêtements d'hiver. Les ouvrières n'en gardent pas moins, dans les plus fortes chaleurs, leur manteau de drap noir à capuchon, suivant la vieille mode des Espagnes. Il est vrai qu'avec un petit bonnet blanc orné de rubans roses ou bleus, et des gants jaunes, elles ont toujours l'air d'avoir une mise élégante, même alors que la sombre enveloppe n'est qu'un cache-misère. Beaucoup de ces jeunes filles gagnent à peine, en effet, 50 centimes par jour, en tissant ces dentelles vaporeuses dites de Malines, que les marchands font payer si cher aux dames du grand et du demi-monde, pour leurs toilettes de jour et de nuit.

Les Brugeoises se servent d'ailleurs de leur capuchon comme d'un éventail et d'un masque. Elles le font tomber d'un gracieux mouvement de tête, sur leurs figures ou sur leurs épaules, de manière à se laisser voir et à se cacher, suivant qu'elles vont à l'église, ou fuient, ainsi que la nymphe, derrière les saules.

Les laitières montrent, elles toujours, leur taille élancée et leur visage riant, encadré par un petit chapeau de paille semblable à celui des paysannes de la Haute-Auvergne, ou à l'ancien bibi anglais.

Les plaisirs sont peu variés, peu nombreux dans la capitale de la Flandre occidentale. Le théâtre s'ouvre rarement l'hiver, et est constamment fermé l'été. Dans cette saison, on a, pour se distraire, avec la promenade, une ressource, celle d'aller prendre des bains de mer à Blankenberghe ou à Ostende, les stations de Belgique, avec Spa, où se font les cures d'eaux.

Spa attire les étrangers, les touristes et les malades que les médecins envoient promener aux eaux, par ses délicieuses promenades dans les bois, ses ruisseaux gazouillant aux pieds de collines rocheuses, ses sources thermales et surtout sa roulette. L'air et l'eau rendent souvent des couleurs à celles qui n'en ont pas, et toujours la santé à ceux qui se portent bien. Le trente-et-quarante, pas plus que la rouge et la noire, ne rendent rien à personne, et prennent ordinairement la bourse de leurs amis les plus fervents.

Nous n'avions rien à faire à Spa, et ne pouvions même pas y aller, — cela nous était défendu ; — il nous était plus facile de passer quelques heures à Ostende. Grâce au voisinage, au chemin de fer, nous avions la possibilité d'exécuter cette fugue sans accompagnement de police.

Le port de cette ville, animé par le mouvement des bateaux à vapeur et à voiles que la pêche, les évolutions de la marine belge et le transport des voyageurs entre la Belgique et l'Angleterre y rassemblent, la haute digue, battue par les flots d'une mer orageuse, des bains que l'on va prendre en voiture au milieu de la vague écumante, avaient de quoi nous tenter. Mais, pour nous, il y avait là, trop de princes en fonctions ou en disponibilité d'emplois, de grands personnages couverts de décorations et de rhumatismes, de femmes titrées et plâtrées. Nous délaissions pour son humble rival Blankenberghe, les beaux hôtels, l'aristocratique Kursaal, les parcs aux huîtres, la bonne chère et les bons vins, qui, plus que l'eau salée, retenaient tout ce monde à Ostende.

Blankenberghe n'était alors qu'un village de pêcheurs; maintenant il tend à prendre du ventre, à devenir bourgeois : augmentant chaque année, avec le nombre de ses hôtels, le prix de ses loyers et de ses denrées. La mer y est aussi salée qu'à Ostende, la nourriture l'est beaucoup moins; et la plage, tapissée d'un sable fin, compacte, résistant sous le pied, s'étend à l'infini, tour à tour couverte ou laissée à nu par le flux et le reflux des vagues, qui vont caresser mollement les dunes du rivage.

Au sortir d'un bain aussi rafraîchissant que tonique, après avoir fait une pleine eau, avalé, en se laissant doucher par le flot, quelques gorgées de liquide saumâtre que l'on ne voulait pas boire, et repris ses vêtements dans la guerite roulante des baigneurs, on va déjeuner de grand appétit. La marée, les moules que nous voyions porter, dans de larges paniers d'osier, des bateaux sur le rivage, où les filets séchaient au soleil, sont alors surtout excellentes. Passant immédiatement de la grande tasse dans la poële à frire, le poisson est infiniment meilleur que lorsqu'il a fait, même par express, un voyage plus ou moins long en voiture.

Lorsqu'on voit ces monceaux de cabillauds, d'esturgeons, de soles, de plies, de raies, de merlans, de harengs, de turbots, étalés, suivant la saison, sur les plages des ports de mer, on croirait que le poisson de mer est abondant et à bon marché en Belgique, où le poisson de rivière est rare, cher, fade; il n'en est rien.

On ne mange guère que le vendredi, de la marée dont le prix reste toujours assez élevé. Les minques, c'est-à-dire les halles aux poissons sont cependant ordinairement bien garnies, et il y en a dans toutes les villes importantes. — Les grains, que la pluie arrange mieux dans la terre que dans les sacs, sont, chose étrange! moins favorisés que les poissons, qui se trouvent si bien dans l'eau. Nulle part, que je sache, ils n'ont un toit de pierre ou de bois pour s'abriter du mauvais temps. Les marchés de céréales se tiennent partout en plein air.

Nous nous rendions en omnibus à Blankenberghe, situé à une douzaine de kilomètres de Bruges; nous en revenions à pied. Il n'y avait pas alors de chemin de fer.

Malgré les recommandations de notre bourgmestre et la surveillance de la police, plusieurs de nous étaient allés voir leurs amis de Bruxelles, d'Anvers, de Liége, de Louvain, et en avaient reçu des visites. Les chemins de fer sillonnant la Belgique en tous sens, et mettant à quelques heures les unes des autres les principales villes, les communications étaient assez faciles, assez promptes pour que nous pussions nous absenter un ou deux jours, sans qu'on le sût ou qu'on voûlut y faire attention. Nous étions donc restés en relations avec nos amis, tout en faisant de petites excursions pour admirer les beautés de notre nouvelle patrie.

Toutefois, au bout d'un an, nous avions tous assez de notre internement. Pendant que les uns faisaient leurs préparatifs pour aller en Angletetere, ceux qui pouvaient revenir à Bruxelles s'empressaient de quitter Bruges pour toujours. J'étais de ceux-ci. Je dis adieu à cette ville que j'ai revue depuis avec plaisir et dont je garderai toujours le souvenir. Maigne, Bertal, Poumarède vinrent me rejoindre plus tard. Ansas, Perrein, les familles Manau et Mancel partirent volontairement pour Londres. Changobert fut forcé de quitter non-seulement Bruges, mais la Belgique. Il s'était oublié à Blankenberghe, où la santé de sa femme exigeait sa présence. Il fut expulsé et se rendit à Jersey.

XXIII

LES AMIS DES PROSCRITS.

La situation s'était sensiblement améliorée à Bruxelles.

Les Français établis dans la ville avant le coup d'État, lorsqu'ils partageaient les principes des exilés ou retrouvaient au milieu d'eux des concitoyens, accueillaient, cela va sans dire, les nouveaux venus avec une grande cordialité, et mettaient tout en œuvre pour leur être agréables ou utiles. Parmi ceux-ci, je rappellerai ce brave Lecureux, de l'ancien *National*, qui jouissait comme commerçant aussi bien que comme démocrate de l'estime générale, et que nous eûmes la douleur de perdre bientôt; Buquet, de l'Oise, si bon et sachant si bien obliger; Silvestre, du Puy-de-Dôme, ami sûr et dévoué; Delsart, de la *Tribune*, venu, lorsque le vaillant journal républicain était tombé sous les condamnations des juges de Louis-Philippe, à Bruxelles où il avait pris le premier rang parmi les sténographes de l'Assemblée.

Par l'entremise d'Étienne Arago, dont les relations étaient très-étendues, et de Labrousse, ayant des amis nombreux qui, dans les mauvais jours, ne lui ont pas fait défaut, des Belges influents avaient fait adoucir certaines mesures de rigueur, aplanir quelques obstacles, ouvrir un battant de porte, à ceux pour qui toute carrière avait été fermée jusqu'à ce moment.

Ainsi, nous n'étions plus obligés, pour faire viser notre cartouche jaune par la police, que de grimper une fois par mois la Montagne de la Cour. Cela finit même par tomber tout à fait en désuétude. Nous obtenions plus facilement notre permission de dix heures, c'est-à-dire l'autorisation de découcher et d'aller voir le pays, pourvu que ce ne fût pas du côté de la frontière.

M. de Brouckere n'avait jamais été républicain, M. Tielemans ne l'était plus, et tous les deux obtinrent mieux encore pour les réfugiés républicains.

Grâce à eux, Place ouvrit un cours d'hygiène au Musée, puis à l'Hôtel-de-Ville; le fabuliste Lachambaudie fit des lectures publiques à l'Université; Bancel donna des conférences tout à la fois à l'Université et à l'Hôtel-de-Ville.

MM. Charles de Brouckere et Tielemans étaient deux hommes de la révolution de septembre. Le premier, tour à tour capitaine d'état-major, colonel d'artillerie, commandant de corps, ministre des finances, de la guerre, administrateur d'une compagnie industrielle, fournisseur des armées, professeur d'économie politique, représentant de l'opposition libérale, bourgmestre, était populaire et ménagé par le roi. Il ne se distinguait ni par la fixité des principes, ni par l'élévation de la pensée, ni par l'austérité des mœurs. C'était un homme d'action, de courage, d'intelligence, et dont l'activité était grande, le caractère entier, le cœur généreux. Il voulait accueillir royalement dans sa bonne ville de Bruxelles, dont il se croyait un peu le seigneur et maître, tous ceux qui, par leurs antécédents, des recommandations honorables ou leur position, avaient, à ses yeux, des titres à l'hospitalité d'un peuple libre. Parfois il lutta contre des ministres pour protéger des proscrits qu'aucune personne influente n'appuyait; et quand il en trouva l'occasion, il employa à des travaux de la commune ceux dont il connaissait l'aptitude. Mongin, conducteur des ponts et chaussées, fut ainsi attaché par lui à la surveillance de la conduite des eaux de la ville, et il justifia bien par les services rendus le choix du bourgmestre.

Comme M. de Potter son ami, M. Tielemans, avait échappé, sous les Nassau, à une condamnation pour délit de presse, en se refugiant à l'étranger; était allé, après la révolution de 1830, de Suisse à Paris, où les républicains français l'avaient fêté; et reçut, en rentrant à Bruxelles, au lendemain des journées de septembre. une ovation populaire. A la commission de Constitution, il fut le seul, on l'a vu, qui proposa la République; son opinion repoussée, M. Tielemans adopta franchement la Constitution libérale et progressive votée par le Congrès. Il fut nommé ministre des finances par le régent.

Entré dans la magistrature, M. Tielemans a glissé doucement, en modifiant sans doute ses opinions, de la République dans la monarchie. Il a pu toutefois, même en arrivant à la première présidence de la cour d'appel de Bruxelles, garder, sans avoir à faire amende honorable pour le passé, son indépendance et sa fidélité aux principes de 89, qu'il cherche à réaliser dans l'ordre de choses actuel.

En Belgique, ce sont les tribunaux, les cours, les chambres, les conseils provinciaux, suivant les fonctions, qui présentent les listes de candidats parmi lesquels le roi choisit ordinairement le fonctionnaire désigné par l'opinion publique. Les cours de justice nomment même seules leur président.

C'est aussi, du reste, avec le concours du pouvoir judiciaire et à la suite de stage, d'examens — la vénalité des charges étant abolie — que sont conférées les fonctions de notaire, d'avoué, etc.

Les docteurs Vleminckx, l'éminent président de l'Académie de médecine, Moeremans, Limauge, fixé maintenant à Paris, Graux et Feigneaux, devenu le beau-frère de Deschanel, tous médecins distingués, l'échevin Devadder, libéral éclairé, servirent utilement, en plusieurs circonstances, par leurs certificats, leurs démarches, leurs attestations, les réfugiés que l'on voulait interner ou expulser, alors qu'ils étaient malades, infirmes, ou dans l'impossibilité de trouver ailleurs des moyens d'existence. MM. de Linge, artistes, littérateurs, rendirent par toutes sortes de prévenances, autant que cela dépendit d'eux, le séjour de Bruxelles agréable aux proscrits de leur connaissance. Ils contribuèrent plus que personne à faire donner à Deschanel, en le présentant à MM. de Brouckere et Quetelet, l'autorisation de faire des conférences au Cercle artistique et littéraire.

M. de Bone, aimable vieillard, toujours jeune par l'intelligence, ouvrit aux écrivains les trésors de sa riche bibliothèque et de ses souvenirs non moins précieux, car il avait été en relation avec les conventionnels et beaucoup d'hommes politiques. MM. Rachez, Français d'ailleurs, et Dupuich, dont les institutions de jeunes gens sont justement renommées, appelèrent, pour des répétitions ou des cours, les exilés qu'ils savaient pouvoir par leur savoir, leurs études, remplir cette tâche avec distinction. Les familles Winer et Cassel, dont leur coreligionnaire israélite, Ennery, a eu surtout tant à se louer; celle de M. Macau, le conseiller provincial, confièrent aussi à des proscrits l'éducation de leurs enfants.

D'un autre côté, ceux qui partageaient nos opinions ou étaient les ennemis des proscripteurs et des despotes, ne restaient pas inactifs : ils nous donnaient de nombreux témoignages de confraternité. A Liége et à Verviers, le beau-frère de Colard, Mottet, alors un des démocrates les plus avancés de la province; Goffin, le vaillant rédacteur du journal radical; M. de Sélys-Longchamp, représentant presque seul au Sénat, encore aujourd'hui, le parti du progrès et de la liberté, venaient, avec les amis d'Anvers dont j'ai dit les noms, nous prêter au besoin leur appui.

Le docteur Quinet, mort il y a deux ans, en libre-penseur, entouré de l'estime général, faisait de Quiévrain, où il résidait, pénétrer en France les brochures, correspondances et livres prohibés que les réfugiés avaient à envoyer. Contrebandier de l'idée, il faisait aux portes de l'empire, pour le compte de la démocratie internationale, une propagande active sur la frontière, cette ligne souvent idéale, dont les gouvernements ont voulu faire une barrière infranchissable, et qui devrait être la simple marque distinctive des nationalités dans la fédération universelle; quelque chose comme le ruban tricolore dont s'entouraient, aux jours de fêtes, nos grandes assemblées républicaines, pour rester dans le peuple en s'en distinguant. Cette frontière, il la traversait à toute heure, au milieu des gendarmes et des douaniers, sans se préoccuper du péril. Après le coup d'État surtout, mettant à la disposition de ceux qu'on lui adressait des travestissements, de l'argent, des voitures, le docteur Quinet fit, malgré les polices belge et française, auxquelles il était également suspect, entrer en Belgique ou en France, suivant les cas, bon nombre de proscrits.

A Bruxelles, nous pouvions compter sur le concours de plusieurs Belges bien connus, parmi lesquels nous citerons : Adolphe Demeur, avocat, plaidant toujours avec talent au barreau, dans des meetings, dans des livres, les justes causes; Félix Delhasse, dont les réfugiés, depuis la Restauration, ont reçu de si nombreuses preuves de sympathies; les frères Bayet, à qui nous avons déjà rendu un juste tribut de regrets; Vanberckelaer père, pharmacien instruit, chez qui Martin Bernard, Louis Blanc et leurs amis, venus de Londres, furent en décembre 1851 si bien accueillis; Vangoydtsnoven père, l'ami de Buonarotti ; Ch. Potvin, l'un des rédacteurs de là *Nation ;* les deux frères Deneck, tanneurs, combattants de septembre, restés les hommes de la révolution, et qui, vivant simplement, font un emploi si honorable de leur fortune acquise par le travail ; Louis Labarre, Colard, — et j'en oublie sans doute.

Louis Labarre, dans son journal *la Nation*, enregistrait toutes les protestations des réfugiés, dénonçait à l'opinion publique les mesures arbitraires dont ils étaient victimes, et pouvait arrêter ainsi quelquefois les bras prêts à frapper.

J.-N. Colard était devenu, pour ainsi dire, un des nôtres ; il assistait presque toujours à nos réunions, était le premier dans les souscriptions, prenait part à tous les actes de nos bons et de nos mauvais jours. Il occupait, plaçait, obligeait d'une manière quelconque ceux qui avaient besoin de ses bons offices ; recevait comme ouvriers surnuméraires dans ses ateliers, les réfugiés que la police voulait faire sortir de la Belgique, sous le prétexte qu'ils n'avaient pas de moyens d'existence ; venait en aide aux proscrits expulsés et jetés, sans ressources, sur les vaisseaux partant pour l'Angleterre.

Lorsque, simple ouvrier tailleur à Paris, Colard faisait son apprentissage, au milieu d'une jeunesse républicaine qui conspirait sans trêve, sans repos, le renversement de la monarchie orléaniste, était reçu, par Barbès et Lamieussens, membres de la Société des Familles, il ne prévoyait guère la haute position sociale où il devait arriver dans sa patrie, par sa probité à toute épreuve, son activité intelligente, son entente des affaires. Bien secondé, du reste, par une compagne digne de lui et par les associés, qui continuent avec ses fils, à faire prospérer l'établissement dont l'importance grandit chaque jour, il a vu tout lui réussir. Aux jours de la fortune, possédant dans la capitale et dans les principales villes de la Belgique, des magasins de confection renommés par la supériorité et le bon marché des produits, il n'avait oublié ni les hommes, ni les principes, ni les traditions de son loyal passé.

Il resta le compagnon de ses ouvriers qui l'aimaient comme un patron juste et bienveillant, toujours prêt à rétribuer convenablement leur travail, à accueillir les réclamations fondées, et à leur venir en aide quand une maladie les empêchait de travailler. Dans la vie publique, sans ambition personnelle, notre ami ne voulut jamais rien être; il n'usait de son influence que pour servir en toutes circonstances sa cause, et faire dans les luttes du scrutin triompher les meilleurs. Il est mort en libre-penseur; et une foule immense de citoyens de toutes les opinions, de toutes les classes, en l'accompagnant au champ du repos, ont fait au démocrate, fils de ses œuvres, fidèle à sa foi politique et rationaliste, des funérailles comme les plus grands personnages de l'aristocratie bruxelloise n'en ont jamais eu.

Deux maisons, celle de M. Gendebien et de M. Bourson, s'étaient en même temps ouvertes aux vaincus. M. Alexandre Gendebien, l'une des grandes figures de la Révolution de septembre, à laquelle il prit une part glorieuse, a toujours aimé de cœur la France et les Français, en restant dévoué à la patrie belge. Républicain de principe, il avait d'abord voulu, après 1830, la réunion de la Belgique à la France, parce qu'il craignait que la République belge ne fût étouffée en naissant par les rois de l'Europe absolutiste, ou opprimée par un dictateur; et il croyait trouver dans la monarchie de Louis-Philippe, alors au début de son règne, tous les avantages du gouvernement républicain. Plus tard, il défendit avec une éloquence passionnée l'indépendance et l'intégrité de son pays, plus menacé par les protocoles de la diplomatie que par les armes des Hollandais. Lorsqu'il vit la Belgique déchirée par le traité des vingt-quatre articles, un grand nombre de ses concitoyens livrés, malgré leurs protestations, à la Hollande, il se retira pour toujours de la vie politique, après avoir, au moment du vote néfaste, jeté ce cri suprême qui a retenti dans l'histoire : « Non! trois cent quatre-vingt mille fois non, pour les trois cent quatre-vingt mille Belges que vous avez sacrifiés à la peur! » En février 1848, il acclama avec enthousiasme le triomphe de la révolution qui donnait la République à la France.

M. Gendebien, membre du gouvernement provisoire, en 1830, est aujourd'hui un beau et énergique vieillard, qui, sous les cheveux blancs, garde le feu sacré des grands jours. Sur les bords de la tombe, il vient, au bout de trente-huit ans, maudire encore et accuser, preuves en mains, dans un écrit vigoureux autour duquel libéraux et cléricaux ont fait la conspiration du silence, le roi des doctrinaires, qui sanctionna le crime de lèse-nation de 1839, après l'avoir rendu possible en exposant, par une trahison concertée avec la diplomatie étrangère, l'armée belge au désastre de Louvain.

M. Gendebien offrit aux proscrits une hospitalité cordiale, affectueuse, empressée. Sa famille, dont faisait partie notre compatriote Mourlon, un de ces jeunes officiers d'élite que la France avait, en 1831, envoyés en Belgique dans le but d'organiser l'armée, se joignait à lui pour rendre les réunions agréables de toutes manières aux exilés.

C'était la conversation intéressante, instructive, animée des salons français, que les exilés trouvaient dans les soirées de madame et M. Bourson.

D'origine française, M. Bourson, depuis longtemps domicilié en Belgique, était directeur du *Moniteur*, journal officiellement peu favorable aux vaincus, et chargé d'enregistrer avec plus ou moins d'éloges les hauts faits des vainqueurs. Certains aussi étaient surpris de voir chez lui des proscrits ; mais la politique était reléguée au rez-de-chaussée. Dans son salon, M. Bourson était le libre-penseur, le littérateur indépendant qui accueillait, quelles que fussent leurs opinions, les personnes ayant un nom, une notoriété quelconque.

Presque au lendemain du coup d'Etat, Michel, de Bourges, Emile de Girardin, de Flotte, Cantagrel, Rittinghausen, s'y trouvèrent réunis et eurent sur le socialisme des discussions très-vives.

Appartenant à cette phalange d'esprits élevés, qui gardent en tous temps le culte du droit et se passionnent pour l'idée nouvelle, madame Bourson faisait les honneurs de son cercle avec beaucoup de grâce et d'amabilité. A l'occasion, elle savait également défendre ses principes ou ses amis d'une manière aussi poliment ironique que spirituellement mordante. M. Darimon, qu'elle avait connu lorsqu'il écrivait dans le journal de Proudhon, était venu lui faire une visite à Bruxelles. Dans la conversation, ce petit homme d'Etat, qui s'imagine être de taille avec Louis Blanc, crut comprendre à de certaines paroles, — il était peut-être question de fidélité aux principes,— que madame Bourson le prenait pour l'ancien membre du gouvernement provisoire. « Je crains, dit-il, madame, que vous ne me confondiez avec M. Louis Blanc. — En aucune façon, fit madame Bourson avec son fin sourire; je ne vous confonds nullement avec M. Louis Blanc, soyez-en sûr. » Le chevalier comprit et sortit. Comme il n'avait pas ses culottes courtes, il prit ses jambes à son cou et court encore.

Les femmes savent bien mieux que les hommes panser les blessures, amortir les chagrins, adoucir les infortunes de ceux qui souffrent moralement ou physiquement : à Bruxelles, elles ne manquèrent pas à leur mission.

Les pensionnats cités par l'instruction approfondie qu'ils donnent, la bonne éducation et les soins éclairés qu'y reçoivent les élèves, leur bonne tenue, le choix des maîtresses et des professeurs, confièrent à des réfugiés, à leurs femmes ou à leurs filles, l'enseignement de la littérature, de l'histoire, des mathématiques. Celles qui bravèrent les préjugés soulevés contre des républicains, accusés d'être des hommes sans principes, et s'exposèrent surtout à voir les classes riches, aristocratiques, cléricales, retirer de leurs établissements les jeunes filles livrées ainsi aux ennemis de la famille, de la propriété, de la religion, furent mesdames Goussaert, Anglaises, Vincent, de Suisse, Vent, Française, sœur du savant pasteur protestant, mort à Bruxelles, Méthiviers, rentrées maintenant en France, leur patrie. La prospérité toujours croissante de leurs pensionnats, aujourd'hui encore les premiers de la ville, prouve qu'elles n'ont pas eu à se repentir d'avoir accompli une noble action.

Mademoiselle Vincent avait déjà fait ses preuves en ce genre ; alors qu'elle dirigeait une modeste institution de demoiselles, elle envoyait aux prisonniers de Belle-Isle, de Corte, des consolations et des fleurs ; depuis, quand le succès eut couronné ses travaux, les proscrits de Londres, de Suisse, de Belgique reçurent plus d'une fois ses sympathiques offrandes ; et elle prit chez elle, voulut élever comme l'enfant de la maison, la fille d'un proscrit, la jeune Espérance Lemaître, dont la mère venait de mourir.

Deux des principales sociétés de Bruxelles mettaient, d'autre part, leurs salles à la disposition des exilés pour donner des conférences qu'on ne défendait plus. Les membres du Cercle artistique et littéraire, sur la proposition de MM. de Brouckere et Quetelet, élevaient, dans l'étroite salle des Galeries Saint-Hubert, la tribune où Deschanel inaugura l'ère de la conférence.

La conférence, cette enfant de l'exil, devait grandir vite et bientôt courir le monde. Acclamée à sa naissance par les hommes politiques et littéraires les plus marquants de la Belgique, comme par la plupart des proscrits de tous les pays présents à Bruxelles, elle avait eu pour parrains Victor Hugo, Edgard Quinet, David, d'Angers, Michel, de Bourges, et Alexandre Dumas.

Deschanel commenca là ces charmantes causeries sur les écrivains français, qu'il a continuées plusieurs années de suite, suivi dans sa flânerie littéraire par un auditoire d'élite où le beau sexe abondait. Le Dr Laussedat y fit bientôt aussi, sur l'anatomie pittoresque que les peintres doivent connaître, des conférences très-intéressantes.

A la Société philharmonique, Madier-Montjau, plein de feu, de vigueur, faisait de la littérature, de l'histoire; Erdan, à cette heure en Italie, d'où il envoie au *Temps* de si curieuses correspondances, développait une théorie très-savante sur la création d'une langue universelle; Deluc faisait en professeur habile, de la physique expérimentale.

Après s'être fait connaître par ses conférences et des consultations données à des Bruxellois influents, guéris par lui, sans autorisation de la faculté belge, Laussedat avait été admis dans le corps médical, — les autres médecins proscrits ayant dû déclarer préalablement par écrit, qu'ils ne s'autoriseraient point de ce précédent pour demander et obtenir la même faveur.

Plus tard, cependant, Testelin vint à son tour enfoncer les portes fermées; il venait alors de traduire un ouvrage anglais sur les maladies des yeux, et était depuis plusieurs mois, l'un des médecins consultants de l'institut ophthalmique dirigé avec tant de distinction par le Dr Vanroosbroeck, de Gand, avec le concours de M. Warlomont, etc., établissement où sont traités gratuitement les malheureux.

D'autres médecins, rebutés, il est vrai, par le mauvais vouloir ou les obstacles qu'ils rencontrèrent, ne demandèrent ou n'obtinrent rien. Ils ne furent plus du moins dénoncés, inquiétés pour exercice illégal de la médecine.

Les avocats furent moins heureux : ils n'eurent pas le plaisir d'avoir un seul représentant au barreau de Bruxelles; même après l'amnistie, Joly, quoique appuyé par de puissantes recommandations, ne put faire inscrire son nom sur le tableau de l'ordre. A bout de ressources, notre doyen fut contraint de recommencer, à l'âge où les autres se reposent, une carrière dans laquelle il aurait trouvé la fortune, s'il n'avait pas sacrifié le barreau à la politique. Allant au delà des mers, à Alger, où des amis l'appelaient, Joly reprit la toge, et conquit immédiatement la première place dans ce barreau français dont, malgré les précédents, il reste chaque année le bâtonnier, élu par l'unanimité des suffrages.

Dans la presse libérale, en revanche, les réfugiés trouvèrent parfois aide et appui. MM. Pérot et Bérardi, entre autres, successivement directeurs de *l'Indépendance belge*, accueillirent avec beaucoup d'affabilité ceux de leurs compatriotes qui leur étaient recommandés ; ils mirent à la disposition des écrivains de la proscription, le feuilleton de leur journal, dont certains noms, mis au bas seulement d'articles de science ou de littérature, pouvaient empêcher l'entrée en France.

Les proscrits, lorsqu'ils n'étaient pas en position de s'en passer quelquefois la fantaisie, n'étaient pas complétement privés de certains plaisirs relativement coûteux, les spectacles et les concerts, par exemple ; encore ici, il y avait *peu ou prou du Français* dans ce qui leur advenait d'agréable.

Un concitoyen de M. de Parieu, ce grand personnage de l'empire, qu'Aurillhac vit en 1848 faire, dans son club de *scorjadou* (en français, coupe-gorge), des motions si révolutionnaires, M. Quélus-Groslier, l'habile directeur des théâtres des Galeries et de la Monnaie, aujourd'hui professeur de déclamation au Conservatoire, donna leurs entrées à plusieurs de nos amis. Notre compatriote Delabarre, l'excellent hautbois, à la tête maintenant d'un des beaux établissements photographiques de Bruxelles, fit admettre sans rétribution aux concerts du Parc, tous ceux qui le demandèrent. Bocage, le grand acteur de l'époque romantique, le vieux républicain de 1830, resté fidèle à ses opinions, mettait lui aussi, lorsqu'il venait à Bruxelles en représentation, un grand nombre de billets à la disposition des exilés, dont il avait, avant le coup d'État, soutenu les journaux de son argent, affirmé les principes.

Madame Ristori, l'illustre tragédienne, voulut elle-même que les soldats du droit, écrasés par la force et pleurant la patrie esclave, vinssent l'applaudir sans avoir à acheter ce bonheur. Au milieu de ses triomphes, la noble italienne se souvenait de son pays frémissant sous le joug de l'étranger, et attendant le signal pour reconquérir son indépendance et sa liberté.

XXIV

LES PROSCRITS A LA RECHERCHE D'UNE OCCUPATION.

Voulant joindre, suivant le précepte d'Horace, l'utile à l'agréable, ceux qui n'avaient pas des revenus suffisants pour élever leur famille, demandèrent au travail, à l'industrie, au commerce les ressources nécessaires. Il ne fallait compter ni sur les subsides, ni sur les places, ni sur les crédits. Beaucoup furent obligés d'entrer par des routes diverses dans des carrières toutes nouvelles, d'étudier les premiers éléments du métier, de la profession choisis, de recommencer l'apprentissage de la vie.

Lorsque les réfugiés avaient la possibilité de reprendre leurs occupations habituelles, ils réussissaient plus vite et mieux que tous.

Plusieurs des autres firent plus d'une école, surtout dans l'industrie, où il est indispensable d'apporter des capitaux et une aptitude spéciale, qu'on ne peut pas acquérir en un jour.

La plupart durent souvent changer de voies, de moyens, pour arriver au but modeste où ils tendaient.

Les contrastes entre l'état ancien et l'état présent étaient parfois bizarres, saisissants.

Ces transformations étranges dans les travaux et les habitudes des proscrits, témoignent surtout de deux choses également honorables pour eux : la ferme volonté où tous étaient de ne devoir qu'à eux-mêmes leur position, et l'énergie déployée pour triompher des obstacles, des difficultés semés sur la route de l'exil.

L'enseignement attira naturellement, avec les professeurs enlevés à leurs chaires, les exilés qui, ayant fait de bonnes études, pouvaient avec un peu de travail, en relisant leurs vieux auteurs, se mettre promptement au niveau de leurs nouvelles fonctions, ou avaient le talent de communiquer facilement aux autres ce qu'ils savaient, ce qu'ils apprenaient.

Deschanel, Chalmel-Lacour, Ennery, Laboulaye, de l'Université, Deluc et Servient de l'École potytechnique, ne tardèrent pas à prendre brillamment leur place au soleil.

Bancel, Madier-Montjau, que le barreau et la politique avaient jusque-là exclusivement occupés, firent dans les pensionnats des résumés de leurs conférences publiques, et réussirent comme ils pouvaient l'espérer. Baune, pour avoir des élèves et leur communiquer son instruction si variée, si féconde, n'eut qu'à revenir à ses chères occupations du passé.

Comme ceux-ci, à des époques diverses, Rolland, passé de brigadier d'artillerie maître d'étude, puis ayant quitté le collége pour l'Assemblée nationale; Bertal, ex-juge de paix, Lefebvre, notaire, Aubanel, licencié en droit et docteur en philosophie, Poron, ex-notaire, Amable Lemaître, journaliste, professèrent dans diverses institutions l'histoire, la géographie, la grammaire.

Un négociant du Haut-Rhin, enlevé aux affaires par la politique, faisait en alsacien, à la satisfaction de ses rieuses éleves, un cours sur les *chosses* de l'ancien et du nouveau Testament.

Bourzat, avocat, aussi fort en droit canon qu'en droit écrit, mais qui avait plus étudié les pères de l'Eglise et ceux des codes, que le *De viris illustribus*, s'était fait précepteur. Enveloppé, dans toutes les saisons, d'un manteau de caoutchouc, la figure à demi-cachée dans sa cravate, il allait, ses livres sous le bras, portant tout avec lui, comme le sage Bias, donner des leçons de rudiment dans les maisons particulières.

Comme ses deux collègues : Ennery ce loyal et excellent homme, si instruit, d'opinions si fermes, d'un sens si droit, et Laboulaye, que l'originalité de son esprit, un caractère ouvert, de fortes convictions rendaient sympathique à tous; Bourzat, qui pour ne laisser manquer de rien les siens, s'imposait tant de privations en tous genres, a succombé à l'œuvre avant la fin de la journée.

Des dames, des demoiselles, ayant reçu une brillante éducation, destinées à avoir dans le monde une position heureuse, enviée, et chez qui l'élévation de l'esprit, la noblesse du caractère s'alliaient au savoir : Madame Madier-Montjau, mesdemoiselles Fleury, Dupont de Bussac, etc., firent chez elles ou dans les pensionnats Vincent et Vent, avec beaucoup de distinction, des cours d'histoire, de chant, de dessin ou de littérature. Elles voulaient rendre moins lourd aux leurs le poids de l'exil.

Le commerce de vins fut également ce qui séduisit un assez grand nombre de proscrits. Louchet, Carion, Labrousse, Fleury, Brives, Fargin Fayole, Saint-Prix, Rives, Oscar Gervais, d'autres encore en essayèrent.

Si la bière est la boisson naturelle de la Belgique, le vin, celui de France spécialement, n'y est pas moins en grand honneur : il n'est point de bonne fête sans lui. Dans toutes les occasions solennelles où une ville, une société reçoivent les vainqueurs d'un concours, les lauréats d'un athénée, les membres d'un congrès, des étrangers invités à prendre part à un exercice quelconque, on offre et l'on boit le vin d'honneur. Dans les repas, les vins de tous les âges, de tous les pays, de tous les crus, sont versés avec une telle profusion, que le nombre des bouteilles restées sur le carreau est souvent le triple de celui des convives.

Allez-vous chez un ami, un parent, une personne avec qui vous êtes en relations d'affaires, vous êtes d'abord invité à prendre un verre de vin suivi de plusieurs autres; vin qui dans le pays wallon est de l'excellent bourgogne, et dans le Brabant du bon bordeaux ou du madère sec.

Dans les bals masqués les plus sans-façon, on répand le champagne comme s'il en pleuvait. Au café même il n'est pas rare de voir prendre pour consommation, du médoc ; et aux tables d'hôtes ordinaires, d'où la bière n'est pas exclue pendant la semaine, il est d'usage de se passer la demi-bouteille de vin, les dimanches et les vendredis.

Le vendredi saint surtout est peut-être le jour où ce liquide, qui n'a rien de commun avec le saint sang que la couleur, coule en abondance, pour effacer probablement les péchés des Belges.

Les libéraux autant que les cléricaux font très-dévotement maigre, ce jour-là. Sur les tables d'hôte, il n'est servi aux abonnés que des poissons, des légumes et des sucreries. Dans les petits restaurants mêmes, où on ne donne ordinairement que le classique bifteck; le hareng-saur et la raie avec les patates à l'eau, voilà tout ce qu'on peut obtenir en payant grassement. Dans les ménages, le beurre, les œufs, le fromage, le lait sont en outre interdits. En tous lieux, ce qui est mangé est à l'eau; mais, par compensation, tout ce qui mange, clérical ou libéral, se met au vin.

Le père, le mari, le fils désertent le logis, et vont faire, dans les restaurants, les hôtels, des repas qu'on pourrait appeler homériques, si les turbots, les saumons, les cabillauds, les homards n'y remplaçaient pas les quartiers de bœufs braisés, les veaux et les moutons rôtis servis entiers aux festins de la Grèce héroïque. Pour faire passer le gros et le menu fretin qui pourrait, s'il n'était pas assez arrosé, s'arrêter dans le gosier, les vins de Bordeaux, de Bourgogne, du Rhin, de Champagne, de Madère se succèdent sans relâche; et lorsque la table est jonchée de bouteilles, beaucoup de convives sont dans les vignes du Seigneur, disant, comme Piron, sans doute : « Le jour où la divinité succombe, il est bien permis à l'hu- » manité de chanceler. »

Depuis que les droits d'accise ont été diminués de moitié, les octrois supprimés, le vin ne revient pas plus cher à Bruxelles qu'à Paris : il est pourtant encore un objet de luxe ; voici pourquoi : les restaurateurs et maîtres d'hôtels font payer le double de ce qu'ils valent, les vins ordinaires, pour forcer les dîneurs à prendre les qualités supérieures, sur lesquelles ils gagnent encore plus. La bourgeoisie, le commerce n'ayant que des caves-cuisines où se font le pot-au-feu, le ménage, les dépôts de charbon, de pommes de terre, ne peuvent pas songer à acheter en gros une boisson que le faro remplace si bien pour eux. Les gens riches seuls en font habituellement usage; ne regardant pas au prix, ils veulent avoir les meilleurs crûs.

En Suisse, dans le canton de Vaud, les caves sont des pièces décorées avec goût, éclairées par des lampes suspendues à la voûte, pavées de mosaïques de marbre ou de pierre, confortablement meublées, chauffées au besoin. Ce sont de véritables salons, où l'on dresse la table autour de laquelle viennent s'asseoir sans cérémonie, les francs buveurs aimant à avoir sous la main, lorsqu'ils font un bon repas, les livres de leur bibliothèque de prédilection.

En Belgique, les caves sont de bonnes vieilles caves, sombres, fraîches, profondes, qui conservent précieusement les trésors qu'on leur confie, et sont remplies de bouteilles sur lesquelles l'araignée tisse sa toile. Ainsi garnies, elles entrent dans la dot des femmes, comptent dans l'avoir des propriétaires. Il y en a dont le contenu est estimé soixante mille francs. Beaucoup ont pour dix mille francs de vins.

Nos amis connaissaient ces usages. Étant sur les lieux et pouvant représenter de bonnes maisons de France, ils devaient tout d'abord croire que, dans un pays aussi altéré, ils réussiraient infailliblement, en donnant aux meilleures conditions possibles, purs, naturels, de première qualité, les produits de nos pays vignobles.

Mais, comme tout autre commerce, celui des vins exige la connaissance du marché, le désir et la possibilité d'être à ce que l'on fait; or, dans la situation où nous étions, inquiets, irrités, surexcités par les événements politiques, nous n'avions pas l'esprit assez calme pour nous lancer, avec beaucoup de chances de réussite, dans des voies où nous n'avions jamais mis le pied.

Presque tous les exilés qui, dans les divers centres de proscription, se sont livrés au commerce ou à l'industrie, ont échoué. Pelletier, du Rhône, si entreprenant, si intelligent, apte à tant de choses diverses, n'a trouvé lui-même, après avoir essayé bien des métiers, qu'en Amérique, au bout de longues années, l'heureuse veine d'où il a tiré une fortune faite avec des fleurs artificielles.

En Europe : Raynal, à Barcelone, Dijon fils, à Palma, ont seuls, en vendant des grains, des oranges, du charbon, fait de bonnes affaires.

En Belgique, il n'y avait que Louchet qui, avant la proscription, eût été dans la *partie*, comme on dit. Directeur du *Bonhomme Manceau*, ce journal républicain si vif d'allures, de style, d'esprit, commandant de la garde nationale du Mans, négociant estimé de tous, et ayant une nombreuse clientèle, Louchet avait été jeté en prison par le coup d'État, condamné au bannissement et obligé, pour faire immédiatement honneur à ses affaires, d'opérer une liquidation désastreuse où il avait perdu une soixantaine de mille francs.

En rentrant dans les affaires, en Belgique, il n'avait besoin que d'être connu. Bientôt, par conséquent, il eut fondé une maison qui est devenue très-importante, et a remplacé avantageusement celle fermée dans son pays natal.

Carion, sous-commissaire de la République, était aussi, pour réussir comme il l'a fait, dans les meilleures conditions. Il s'occupait déjà chez lui, quoique d'une autre manière, de commerce; et, vivant au pied de ces riches coteaux où le Chambertin, le Clos-Vougeot, le Pomard, le Volney donnent les meilleurs vins de la Bourgogne, il savait apprécier les qualités de chaque crû, avait des amis parmi les propriétaires des vignobles les plus renommés. Il pouvait dire :

« Nourri dans le sérail, j'en connais les détours. »

Les autres étaient moins en mesure de soutenir la concurrence des innombrables marchands de vin, venant, de France, s'abattre sur la Belgique.

Labrousse avait dans tout le pays d'excellentes connaissances, d'anciens élèves désireux de lui être agréables et utiles en achetant ses vins ; mais il ne songea à s'adresser à eux que lorsqu'il n'était plus temps, aux jours où il pouvait à peine marcher, s'occuper d'affaires.

Fleury, avec sa délicatesse de sentiments, sa fière et noble susceptibilité, ne souffre pas plus d'impolitesses dans les rapports privés, que de capitulations de conscience dans la vie politique. Bien loin aussi de marcher sur les traces de ces commis-voyageurs de l'ancien régime, qui, pour placer leur marchandise, rentraient par la fenêtre quand on les faisait sortir par la porte, notre compagnon d'exil éprouvait un véritable soulagement et poussait un soupir de satisfaction, lorsque le concierge disait que le maître de la maison était sorti. Il ne croyait point alors avoir perdu sa journée.

L'apprentissage ayant été fait, Fleury a pu, longtemps après l'amnistie, reprendre cette occupation avec plus de profit et moins d'ennuis. Il n'a plus pour clients que des amis.

Brives, directeur, pendant la République, du *Vote universel*, tué sous lui par la réaction, était resté dans l'exil le gai causeur, le flâneur philosophe que tous avaient connu. Il remettait toujours les affaires sérieuses au lendemain, surtout lorsqu'il contait, moitié patois, moitié français, suivant l'usage du Midi, quelque anecdote de son cher Montpellier.

Fargin Fayole de la catégorie des condamnés du 13 juin, longtemps détenu à Doullens, puis à Belle-Isle, s'était échappé, bien longtemps après le coup d'État, de l'hôpital Saint-Louis, où, transféré pour raison de santé, il était cependant gardé à vue. Venu à Bruxelles, il représentait une bonne maison de Reims.

Généreux, d'un caractère ouvert et franc, toujours jeune, ayant à réparer le temps perdu, Fayolle offrait à ses nombreuses connaissances, empressés de trinquer avec lui, plus de champagne qu'il n'en vendait.

C'était en grand seigneur que Saint-Prix, traitait les affaires ; comme à son beau château de la Tour-du-Vert, il proposait ses bons vins de Saint-Peray presqu'au prix de revient. Il composait en même temps, avec l'aide du pharmacien Vanberckelaere, une boisson tonique et salubre destinée, par son bon marché, à devenir le vin du peuple, si l'invention eût réussi. Elle ne réussit pas.

Oscar Gervais, lui, travaillait pour le roi de Prusse, je veux dire pour un négociant anglais avec qui, presqu'en arrivant, il s'était intimement lié.

Commissaire général de la République dans l'Hérault et les départements voisin, Gervais avait été, au coup d'État, arrêté avec Dijon, le premier avocat de Montpellier, les journalistes démocrates de la ville et 400 républicains de ce département de l'Hérault qui a fourni 3,000 victimes à la déportation ou à l'exil. Dans l'humidité et la malpropreté des cellules où les détenus étaient entassés sur la paille, notre ami fut atteint d'un accès de goutte. Cette maladie le sauva de Lambessa, mais passa à l'état chronique sous le ciel brumeux de la Belgique.

L'exilé aurait eu besoin de soleil, d'air pur et sain au moins : il s'enferma dans un magasin sombre et froid. Il y restait des heures entières, vendant aux étrangers, dans l'intérêt d'un autre, et sans vouloir de rétribution, bien que la politique eût absorbé la plus plus grande partie de sa fortune, ces vins de France qu'en des jours meilleurs, il prodiguait avec tant d'empressement, dans sa riante campagne de la Terrasse, aux exilés étrangers et à ses amis, avec qui il n'a jamais compté.

Rives avait souvent envoyé les vins de ses propriétés du Lot-et-

Garonne aux marchands de Bordeaux, qui sans doute les avaient expédiés plus d'une fois en Belgique, baptisés Médoc et vendus en conséquences ; les faisant venir directement de chez lui, sans qu'ils fussent coupés, sophistiqués, Rives eut de la peine à les placer, bien qu'il les eût mis, dans une chanson très-spirituelle, sous l'invocation de la *Dive bouteille.* Il vit, en revanche, affluer dans son café de Munich, les buveurs de bière de Bavière, attirés par la supériorité des consommations.

Chacun ensuite chercha à faire de son temps, de ses facultés le meilleur emploi possible.

Patapy, avoué, l'un des républicains les plus influents et les plus considérés de Limoges, où, pendant un voyage, il a été enlevé, cette année, par une courte maladie, monta une scierie mécanique. En peu de temps, il parvenait, en adoptant les machines les plus perfectionnées, à avoir pour clients tous ceux qui auparavant, étaient tributaires des scieries d'Anvers et de Paris.

Delort (du Lot), que l'on avait arraché de son siége de juge, montait sur un théâtre où l'on chantait l'opérette, non comme acteur, il est vrai, mais comme directeur ; et il ne perdait pas au change.

Rousseau, avoué, républicain d'un esprit si alerte, d'un cœur si chaud, que l'exil a miné et douloureusement frappé de toutes les manières, tenait des livres, était répétiteur.

Aisière, charbonnier à Clamecy, devenait blanchisseur à Bruxelles. Ses filles, apprenant en même temps à *amidonner* le linge et à déchiffrer la musique, repassaient, dans leur petit logement, les chemises des proscrits, sur le modeste piano acheté cinquante francs à la Grand'Place. La mère Aisière, sortant de son village, était venue assez peu au courant de la question extérieure, pour demander si les Belges étaient faits comme les Français. A Molenbeek, elle s'occupait de politique tout le jour, et ne manquait jamais, à chaque nouvelle importante donnée par son journal, d'aller demander à Joly, en qui elle avait toute confiance : « *Citoyen, c'est-i bon pour nous ?*

Cette bonne mère Aisière a bien profité de ce qu'elle a appris. Naguère, à Paris, écoutant dans son magasin de charbons, une conversation de ses pratiques sur les choses du jour, elle disait à un de nos amis : « Ces gens-là n'entendent rien en politique. J'en sais long, moi, sur les affaires d'État. Si je voulais parler ! »

Gastinel, le plus vieux des membres de la proscription belge, puisqu'il est un des rares survivants du combat de Trafalgar, où il fut blessé, fournissait d'immortelles et de fleurs du Midi les jardiniers de Bruxelles.

Roselli-Mollet s'était plus occupé de l'étude des questions sociales et métaphysiques que des réalités du terre-à-terre : il ouvrait un magasin de comestibles.

Meurs, journaliste, après avoir noirci tant de papier avec de l'encre, faisait, au moyen de blancs d'œufs, par un procédé de son invention, un produit albumineux excellent pour le collage des tissus. Au bout de quelque temps, il était parvenu à en expédier dans les principales manufactures de France et de Suisse.

Un autre journaliste qui depuis..., mais alors il ne brûlait pas la chandelle par les deux bouts et vivait modestement de son petit commerce avec sa famille, sans avoir d'*obligations* à personne, s'était fait épicier.

Le plus jeune des proscrits, Saillant, démocrate ardent, passionné pour la bonne musique, les beaux vers, les grandes choses, n'a jamais su nager entre deux eaux, et il n'eût aimé à se baigner que dans des flots d'harmonie. Il dirigeait une école de natation couverte et chauffée où, l'hiver même, venaient faire une pleine eau MM. de Potter et Gendebien, qui conservaient, mieux que bien des jeunes, la vigueur et l'énergie de leur passé révolutionnaire.

Avant lui, Camille Berru, un des rédacteurs de *l'Événement*, que les décembristes voulaient envoyer prendre des bains de mer sur les côtes de l'Algérie, parce qu'il n'avait pas courbé la tête devant le coup d'État, enseignait, dans une vaste piscine, aux libéraux belges, l'art de faire toutes sortes de plongeons sans manquer aux principes. De son côté, pour augmenter les ressources du petit ménage, madame Berru, consacrait ses veilles à un travail dont les hommes sont seuls ordinairement chargés ; elle faisait de la typographie pour un éditeur de Bruxelles.

Buvignier, après avoir fait autrefois imprimer ses discours, revoyait, comme correcteur, et faisait imprimer ceux des autres.

Papon, avocat, et Radoux, architecte, étaient devenus photographes. En attendant les étrangers que se disputaient tant de concurrents habiles, ils faisaient le portrait de leurs amis ; métier peu productif!

Forcés d'abandonner la Champagne, où ils avaient une fabrique de dragées qu'ils ont relevée à Paris sur une grande échelle, les Jacquin importèrent à Bruxelles des métiers circulaires d'un nouveau système, pour la confection des tissus de laine et de coton.

Petit-Jean, l'un des inventeurs de l'argenture des glaces, ou étamage sans mercure, procédé si favorable à la santé des ouvriers mis à l'abri des émanations d'une substance délétère, fonda à Laeken une grande manufacture de glaces. Il sema beaucoup sans rien recueillir : les contrefacteurs s'enrichirent à ses dépens. D'une imagination ardente, courant sans cesse après de nouvelles découvertes, l'inventeur ne savait pas donner à ses intérêts, à ses affaires, les soins ni le temps nécessaires.

Popelu, comptable d'une grande maison de roulage de Paris, se fit souffleur dans un petit théâtre de Bruxelles. Thérin, architecte communal, doué d'une belle voix de basse-taille, se décida, pour n'être pas à la charge de la caisse des secours, à devenir chantre de paroisse. Dupont de Bussac, avocat, obligé de laisser dormir le code, prit le *codex*, et sut utiliser ses connaissances en chimie, de manière à composer, avec du fer et du quinquina, une substance que les médecins emploient, avec beaucoup de succès, pour la guérison de la chlorose.

Dans ce congrès de la proscription, toutes les classes de la société, toutes les professions indépendantes, comme toutes les parties de la France avaient, pour ainsi dire, leurs délégués. Lachambaudie, Jénisson et Watripont y représentaient cette bohême littéraire dont Murger a été le type, l'écrivain.

Comme les rapsodes de la Grèce ou les trouvères du moyen-âge, Lachambaudie, que le bon Lafontaine eût reconnu pour un des siens, allait réciter ses fables philosophiques et démocratiques un peu partout. Il était aussi bien accueilli par le libéralisme bourgeois que par la jeunesse radicale ; et vivait dans l'intimité du plus gallophage et du plus hâbleur des Belges, le spirituel rédacteur du journal clérico-monarchico-libéral, qu'on devrait appeler le *Figaro bruxellois*.

Jenisson, compositeur, poëte, chantait lui-même, au Jardin d'Hiver, à la demande d'un public jeune et mêlé, les chansons dont il avait fait les paroles et la musique. Associé au frère d'un procureur général de Belgique, il ouvrit ensuite, dans une cuisine de cave, un cabaret artistique dont la décoration et le personnel étaient des plus pittoresques.

Watripont avait porté, avant 1848, le pantalon garance du troupier français; après 1858, il est revenu d'une campagne d'Italie, avec la chemise rouge des garibaldiens. Dans l'intervalle, il s'était engagé dans la légion étrangère de l'hyménée (vieux style), d'où il sortit, malgré lui, avec un congé en bonne forme par suite duquel il s'est trouvé mari-garçon.

D'un esprit original, inventif, Watripont avait conçu le projet d'élever en grand des lapins, dans la plaine de Waterloo rendue si fertile, disait-il, par les débris de la boucherie humaine que les armées y avaient faite en 1815; il devait organiser une correspondance de voitures, portant les lapins au marché et les Anglais au champ de bataille. N'ayant pas réussi, il donna des conférences où le discours était entremêlé d'airs chantés par une dame anglaise.

Les jeunes gens n'étaient pas nombreux dans nos rangs, composés surtout de républicains appartenant aux générations de 1830 et 1848. Ils purent facilement reprendre le chemin de l'école pour se faire une nouvelle carrière.

Frappaz, instituteur, et Alix jeune, étudiant, firent leurs cours de médecine et reçurent le grade de docteur. Alix n'en a pas longtemps profité : il est allé habiter Paris, où, après avoir passé une thèse brillante, il a repris l'exercice de sa profession. Frappaz s'est fixé à Bruxelles par des liens de famille, et il y a une nombreuse clientèle.

Moizard, clerc de notaire, vendit des châles. Auguste Cheval, négociant, entra dans la comptabilité. Ainsi de tous! Le plus grand nombre des exilés s'ingénièrent à se caser provisoirement où et comme ils purent. Ils attendaient toujours l'heure de la délivrance.

Le nid fait, il fallait le remplir. Ceux qui avaient dans la patrie leurs femmes, leurs filles, les appelèrent. Et elles, dévouées, aimantes, vinrent partager les douleurs de l'exil, porter les douces consolations de la famille. Quelques-uns se choisirent sur la terre étrangère une compagne à qui ils voulurent donner leur nom par le mariage; d'autres essayèrent de se rattacher aux lieux où ils devaient vivre, par ces liens de fleurs, quelquefois de paille, qui se dénouent aussi vite qu'ils se forment, lorsqu'ils ne se changent pas en carcan. Que voulez-vous?

> La faim, l'occasion, l'herbe tendre, et, je pense,
> Quelque diable aussi les poussant.

Ils fourragèrent peut-être un peu dans le pré touffu où s'épanouissent les fleurettes faciles à cueillir. On n'avait que l'embarras du choix : le choix ne fut pas toujours bon.

XXV

MŒURS POPULAIRES.

Les mœurs du pays autorisaient, il faut l'avouer, bien des choses. En Belgique d'abord, comme au temps des patriarches, le précepte *croissez et multipliez* est fidélement observé, suivi. Chacun travaille, de son côté, à augmenter la population ; souvent sans en demander l'autorisation à son bourgmestre ou à son curé. Les malthusiens sont inconnus.

Dans la milice noire des deux sexes, tout ce qui même fait vœu de chasteté, ne tient pas, à en croire les mauvaises langues, ce qui est promis. En ville, on a des amants ou des maîtresses sans que cela tire à conséquence, donne lieu à des observations malveillantes ; et dans les rangs les plus élevés comme les plus infimes de la société, vivre maritalement avec une personne à laquelle on est attaché par affection, intérêt ou vanité ; afficher publiquement ses caprices d'un jour ou ses vieilles amours, est bien porté, accepté, j'allais dire approuvé. Par suite, le protecteur de la fille sera reçu avec toutes sortes de prévenances par la mère. La sœur voit dans l'amant de sa sœur un beau-frère, qui peut lui revenir à un autre titre, en tout bien, tout honneur.

Les femmes de service, appelées *sujets*, probablement parce que les maîtres exercent certains droits du Seigneur, se croient louées pour tout faire. Une d'elles entrée dans une maison dont les propriétaires n'avaient ni fils ni locataires, réclamait, comme étant volée à cause de cela, un supplément de salaires. Beaucoup pensant de même, comptent pour l'augmentation de leur gage sur les profits du service de nuit.

Le laisser-aller, l'indifférence, la passivité avec lesquelles les femmes accordent ici les faveurs que la passion, l'intérêt ou le tempérament leur arrachent ailleurs, semblent indiquer qu'elles trouvent tout naturel de faire ce qu'elles font. Elles ne se donnent, en effet, ni ne se vendent pas : elles se laissent prendre.

On ne verra donc point à Bruxelles la corruption élégante, raffinée, tapageuse ou cupide des autres grandes capitales; les lorettes n'y tiennent pas, comme à Paris, le haut du pavé, et ne vont pas au bois dans des huits ressorts; la prostitution ne s'étale point en public, impudente, parée, triomphante comme à Londres, la ville prude par excellence. Bien que les filles publiques y affluent comme dans toutes les villes importantes, les Bruxelloises, d'après les statistiques, forment la très-petite minorité du personnel des maisons de tolérance. Il n'y a par conséquent en réalité ni dépravation ni immoralité.

Non ! ce qui serait attribué dans d'autres nations civilisées à la corruption, ce qui est dû dans les peuplades sauvages à l'état de nature, tient en Belgique à l'absence du sens moral, oblitéré par l'ignorance, la misère et la superstition. Réunis, ces trois fléaux ne peuvent partout qu'abêtir, démoraliser le sexe charmant, tendre, gracieux, lorsque l'éducation, la raison, le bonheur le rendent à ses destinées, à qui nous devons nos mères, nos épouses, nos filles et nos sœurs.

Par suite de cette indifférence morale, plutôt que par tolérance philosophique, les filles-mères, très-nombreuses ici, loin d'être déplacées dans leur milieu, sont aussi considérées que leurs compagnes plus sages ou plus heureuses; trouvent aussi facilement des maris. On s'inquiète si peu de ce qu'on regarde comme un détail, que des futurs ont seulement appris de l'officier de l'état-civil, au moment de prononcer le *conjungo*, l'existence d'un enfant né d'un autre père, et qu'ils s'empressaient de légitimer par leur mariage.

Chez les femmes, sur lesquelles l'éducation du monde plus encore que l'instruction exerce sa toute-puissante influence, on remarque rarement ce ton, ces manières de la bonne société, cette coquetterie de la pudeur qui distinguaient ordinairement les personnes bien élevées, alors qu'il n'était pas de mode d'afficher les toilettes, les allures, les excentricités des cocottes. Beaucoup ont dans leur causerie, dans leurs habitudes, dans leurs manières, une naïveté, une liberté inconnues en France. Par exemple, dans une réunion où se trouvent des dames et des demoiselles, on entend des conversations impossibles sur les sujets les plus croustilleux, les moins gazés ; au théâtre, tout le monde parle à haute voix des faits et gestes des lionnes du demi-monde, des amants de la comtesse X.; fait des observations sur la toilette ou la figure des filles de maison s'étalant dans les pourtours des loges. Aux jours gras, des dames, que l'on verra le mercredi suivant aller très-dévotement à l'église, recevoir sur le front la croix des Cendres, vont masquées, en compagnie de leurs maris ou de cavaliers complaisants, boire du vin de Champagne, dans les salons somptueusement meublés des harems, où les odalisques attendent que quelque sultan de carnaval leur jette le mouchoir.

A Anvers, les mères de famille conduisent leurs filles au Rydyk, voir les danses échevelées et les poses plastiques des matelots faisant sauter leurs matelottes. Chez les libraires, sont étalées au premier rang, les chansons égrillardes, les œuvres licencieuses, malsaines, qu'on relègue ailleurs dans l'arrière-boutique; dans les rues, des commissionnaires en blouse blanche, parfois des enfants, portent de grandes affiches, annonçant la publication des mystères d'un établissement suspect ou des scandales du jour.

Tout cela est admis, passe, paraît fort simple. Voici pourquoi : pendant que les maris, les pères vont au bureau, à l'estaminet, au cercle, au travail, aux affaires, les femmes, les mères restent seules chez elles avec les enfants, qu'elles ne tutoient pas et qui ne se tutoient pas entre eux : ce qui ajoute au froid de la famille. Elles ont pour toute compagnie les filles de service, qui changent de condition aussi souvent que de chemises, et baragouinent le français, quand elles ne parlent pas le patois flamand ou le marollien pur. Le commerce de détail dont elles paraissent avoir le monopole, à en juger par le nombre des enseignes sur lesquelles on lit ces mots : *l'épouse une telle*, marchande, etc.; et l'achat des provisions à la halle les mettent en relation avec des gens dont l'éducation n'est pas très-soignée, la conversation fort intéressante. Dans les veillées, il n'est ordinairement question, en causant, que des cancans du voisinage, ou de la chronique scandaleuse du moment.

Ce genre d'existence n'est guère propre à former l'esprit et le cœur, à apprendre les usages du monde. Convaincues que là où il y a de la gêne il n'y a pas de plaisir, celles qui devraient être les institutrices de la famille comme de la société, se mettent à leur aise de toute manière, disent ou font ce qui leur passe par la tête, se désennuient comme elles peuvent et, sauf la brillante pelure dont elles se parent pour aller à l'église, au Parc, à l'estaminet, elles portent au dehors toutes leurs habitudes du dedans.

Dans l'aristocratie, le kant anglais et la politesse française, se combinant d'une certaine façon, recouvrent le fond national d'un vernis doré. De temps en temps néanmoins on entend parler de scandales qui font sensation, tant celles ou ceux à qui on les impute ont porté loin le dévergondage, le cynisme. Par compensation, les dévotes du grand monde ont des raffinements de pudeur inconnus ailleurs : tout Bruxelles sait de quels genres de broderies à jour, certaine grande dame faisait orner ses chemises de nuit !

A cette facilité de mœurs d'un genre spécial s'allie, mais chez le *sexe fort* seulement, une étrange rudesse d'allures, et dans le ton, les manières, un sans-façon peu adouci par l'éducation.

Une grossierèté native, inconsciente d'elle-même, domine dans les classes ouvrières. Chez les autres, un certain manque de savoir-vivre peut faire prendre pour de l'impolitesse, ce que l'on ne doit attribuer qu'à l'oubli des règles de la civilité puérile et honnête.

Les disputes sont nombreuses, car on entend et on fait mal la plaisanterie ; et si les duels sont rares, les coups de poing sont fréquents. Les pierres sont souvent mises en branle aussi par le populaire, qui songe peu à faire des barricades et beaucoup à casser les vitres, voire même, dans les grandes circonstances, à démolir les maisons abandonnées à l'émeute.

Dans les estaminets, il n'est pas rare d'entendre des messieurs bien couverts siffler comme des merles, talent de société que cultivent même pas mal de jeunes filles. En sortant de ces établissements, il est encore plus commun de voir, sur toute la ligne des magasins, des hommes d'âge, souvent médaillés et toujours vaccinés poser en Manneken-Pis.

Peu se découvrent devant un mort qui passe : Plusieurs fument en l'accompagnant, et au cimetière, on foule les tombes comme le sol d'un champ de foire. Un enterrement, fait du reste avec beaucoup d'ordre et le plus souvent, musique en tête, par les corps d'État et les sociétés particulières, est un spectacle comme un autre, un peu moins gai, voilà tout. Les assistants causent, rient quand le cortége est beau. Il en fut ainsi au convoi de Léopold Ier, ce roi qui, disait-on, emportait les regrets de tout un peuple. On aurait pu croire, à la tenue des spectateurs, qu'on assistait à l'entrée triomphale de son successeur.

Dans les rues, chacun marche devant lui, en bousculant sur son passage les femmes comme les hommes, sans dire gare, sans s'excuser : aux autres de se mettre de côté ! Les troupiers surtout qui, n'ayant rien à faire, courent toujours après les bonnes, ou s'attablant le soir, dans les cabarets, pensent ne jamais arriver à temps à la caserne, passent dans la foule comme un boulet. Attachés à leur coupe-choux, qu'ils dégaînent, quand ils ont bu, avec la désinvolture de vrais zouzous français, ils semblent, ainsi lancés, des pelotons s'exerçant à enfoncer un carré ennemi.

Ici, la foule elle-même, c'est un tournoiement, un pêle-mêle de gens qui se heurtent, s'enchevêtrent les uns dans les autres, avec autant de soin, de plaisir, qu'on en met dans nos grandes villes à se dépêtrer du milieu des cohues où l'on est engagé, et à glisser entre les rangs pressés, que l'on voit s'ouvrir instinctivement pour livrer passage.

A Bruxelles, on reçoit, avec un égal flegme, une égale insouciance, les enfants dans les jambes, les coudes des passants dans le dos, et sur les habits les éclaboussures des voitures, que le populaire laisse circuler, sans s'en inquiéter, au plus épais de la foule, alors qu'à Paris il les jetterait immédiatement dans le ruisseau. Les propriétaires de chambres garnies sauf en cela comme en tout, les exceptions, et pour mon compte j'en connais, sont, après plusieurs années, aussi froids, aussi exigeants pour leurs locataires payant régulièrement les termes, que le jour où ils ont loué. Ils n'ont d'égards pour eux que s'ils sortent de bon matin, rentrent avant dix heures du soir, ou même ne rentrent pas du tout. Telle personne que vous avez vue tous les jours au café ou au cercle, avec qui vous avez mangé longtemps à la même table d'hôte, qui vous a peut-être tutoyé, ce qui se fait plus souvent entre étrangers qu'entre parents, ne vous saluera pas, au bout de quelques mois, en passant près de vous. Dans les établissements, si ceux qui servent disent toujours *s'il vous plaît*, en portant les consommations, ceux qui sont servis, en les reçevant, ne disent presque jamais *merci*.

Comme le latin aussi, le flamand dans les mots brave l'honnêteté. Cependant, son juron le plus sonore, celui dont sont émaillées les conversations des ouvriers, *godferdoume* (en pur flamand, *godverdom*) est moins grossier que les *b*..... et les *f*..... dont on use avec tant de prodigalité en France.

Ces mots veulent simplement dire *Dieu vous damne* : ils rappellent le juron des romantiques et celui des Genevois *pur-sang* : *Dieu me damne*. Seulement, les Flamands envoient les autres à Satan au lieu de se donner à lui. Ils tirent assez le diable par la queue pour savoir ce qu'en vaut l'aune et ne pas désirer lui appartenir tout entier.

La musique adoucit les mœurs, est une maxime peu neuve, mais consolante, que dans une foule de solennités publiques on répète partout, sur tous les tons, avec accompagnement de grosse caisse et de cornet à piston. L'humoriste Jean-Paul a, de plus, écrit quelque part qu'un peuple qui chante est un peuple honnête, à qui on peut se fier.

Or, en Belgique, où tout le monde chante, joue d'un instrument, fait partie d'une société chorale, lyrique, musicale quelconque, on est au moins passionné pour les sérénades, les concerts, les fanfares ; les mœurs devraient être plus douces, plus pures que dans tout autre pays. Il n'en est rien, nous venons de le voir : bien au contraire. Les mélomanes eux-mêmes crèvent les yeux aux pinsons pour les faire mieux chanter. La sagesse des nations est donc ici en défaut.

En revanche, nous n'avons aucune raison de ne pas croire le peuple belge digne de justifier l'aphorisme de Jean-Paul ; toutefois, nous pensons que si, en Belgique, la population s'occupait moins de musique et plus de politique, ne chantait pas autant et s'instruisait davantage, elle ne pourrait que gagner au lieu de perdre, et verrait même augmenter, pour le bien de tous, l'harmonie générale.

XXVI

IGNORANCE. — MISÈRE. — SUPERSTITION.

Dans le milieu fatal où vivent les classes travailleuses, l'entraînement de l'exemple, la force de l'habitude, les privations de tous genres, sont sans influence, cela va sans dire, sur le plus grand nombre des femmes, qui remplissent leurs devoirs d'épouses, de mères, comme elles le doivent, sans s'en faire un mérite.

Dans les autres classes aussi, la minorité seule se permet de ces choses que les Anglais appellent *shoking*, les Français, *inconvenance*. Le nombre des personnes bien élevées et observant les usages du monde est aussi grand, sans doute, à Bruxelles qu'autre part. Seulement, personne ici ne se formalise de ce qui ailleurs blesserait le goût, l'opinion publique, soulèverait une réprobation générale, serait au moins trouvé ridicule ou mauvais. C'est précisément pour cela que le niveau moral est inférieur à ce qu'il devrait être. L'éducation par le monde ne se faisant pas ou se faisant d'une manière incomplète, et aucun mélange sérieux ne s'opérant entre les diverses couches de la société, il y a contagion de bas en haut. Tout se trouble : le mauvais finit par l'emporter sur le bon.

A Bruxelles, ville que toute la Belgique copie, la bourgeoisie est radicalement séparée des prolétaires. Elle en est séparée par la langue flamande que peu de gens instruits parlent ou entendent ;

par des priviléges légaux, écartant du scrutin ceux qui ne payent pas un certain cens ; par l'instruction dont profitent si peu, malgré les sacrifices de l'État et des communes, une population consacrant au travail ou à l'estaminet le temps que demanderait l'étude ; enfin par l'esprit d'association même, chose si bonne en soi, si utile.

L'association, en effet, crée partout des lieux de réunion, de plaisirs, d'enseignement, où les sociétaires trouvent toutes sortes d'agréments, d'amusements, de moyens de s'instruire, mais dont le public non payant, le peuple par conséquent, est exclu.

On dirait donc deux races à part, à peine en contact, et ne se pénétrant point, par les bons côtés du moins.

En France, au contraire, la bourgeoisie plonge si profondément dans le peuple, qu'il est difficile de reconnaître où s'arrête la ligne de démarcation.

La confraternité de l'école, de la caserne, du champ de bataille, le suffrage universel, une même langue, l'agriculture, l'industrie, les affaires ont créé des relations multiples, diverses, entre les producteurs et les consommateurs, les oisifs et les travailleurs. Nos paysans, nos ouvriers ont été jetés dans le grand courant de civilisation qui efface les angles les plus saillants, adoucit les aspérités les plus rudes, en attendant qu'il emporte toutes les inégalités. Ayant toujours, au milieu d'eux, des hommes instruits, éclairés, se faisant leurs éducateurs sans même le savoir, ils prennent, avec la conscience de leur valeur, cet esprit d'égalité qui implique le respect de la dignité des autres comme de la sienne propre ; et, en voyant de quel poids leur vote pèse daus la balance de l'État, ils arrivent vite à comprendre quels sont, dans le pays, dans la commune, dans la famille, leurs droits, leurs devoirs, leurs véritables intérêts.

Chez nous, en résumé, les classes intelligentes déteignent sur les classes ignorantes. C'est le contraire en Belgique.

A ces causes seules, il faut attribuer, ce nous semble, la supériorité apparente et, à certains égards, réelle des prolétaires français sur les prolétaires belges, car l'instruction, cette grande initiatrice de la civilisation, n'est pas plus répandue dans les campagnes de France que dans celles de la Belgique.

Le soleil, le vin qui animent, échauffent tout, devraient avoir une certaine action sur les mœurs, le caractère des peuples. « *Mais ils n'en ont pas en Angleterre* », chantait Pierre Dupont dans une boutade un peu bien patriotique ; et cependant la société anglaise est tout à fait différente de la société belge.

Là, ce qui règne dans les salons, dans le monde, c'est la règle, la hiérarchie, le cérémonial, le *kant*. Dans les rues, où tous les passants courent, tant on est pressé d'arriver à ses affaires, chacun, prenant sa gauche (en France, c'est sa droite), évite soigneusement la rencontre des passants, autant pour obéir à l'usage que pour ne pas perdre un temps précieux en se heurtant à des obstacles ; les ouvriers ne vont guère au *palais de gin* que les jours où le travail chôme. En France, d'ailleurs, il y a des départements entiers, dans le Nord, où les cultivateurs ne boivent pas de vin, et dont le ciel est souvent brumeux, sombre. Bien plus, dans les pays vignicoles, la plupart des paysannes et des ouvrières trempent à peine, une fois la semaine, leurs lèvres dans la liqueur vermeille que leurs maris font jaillir du raisin.

N'étant pas éclairées, dirigées, les classes laborieuses, sans moyens assurés d'existence, sont fatalement livrées aux pernicieuses influences que la misère, l'ignorance et la superstition exercent sur la moralité et la sociabilité des peuples, des peuples catholiques principalement. Elles sont vouées à tous les genres d'exploitation. Le mal ne cessera que lorsque les causes transitoires, accidentelles, qui produisent cet état de choses, auront disparu.

Les prolétaires belges, en outre, travaillent lentement, sans beaucoup de goût, quand il ne s'agit pas de reloctage pour les femmes, d'agriculture pour les hommes. Ils gagnent peu et payent cher presque toutes les denrées alimentaires achetées au détail. Ne faisant pas d'épargnes suffisantes pour améliorer leur position, pourvoir aux besoins de la famille, s'établir, ils vont, pour s'étourdir ou par habitude, dépenser, en boissons frelatées, enivrantes, le peu qu'ils ont d'argent ou de crédit.

Alors même qu'ils échappent à cette ivresse épatée, hébétée que donnent le *gin*, l'eau-de-vie de grain, des bières où l'on met parfois, cela a été constaté par un rapport à l'Académie, de la coque du Levant, l'abus seul de la boisson, ils sortent la tête lourde, l'esprit obtus, mécontents des autres et d'eux-mêmes, prêts à se disputer avec leurs compagnons, à faire du tapage chez eux.

Là, ils retrouvent leur nombreuse famille n'ayant bu que de l'eau et pris pour tout repas, dans la journée, des pommes de terre peu farineuses, de maigres tartines de pain demi-blanc à peine beurré, et une décoction de chicorée sans sucre, aromatisée de café, légèrement blanchi de mauvais lait.

Mal logés, mal vêtus, ne recevant du père, du mari qu'une faible portion — rien souvent — du salaire avec lequel tous doivent vivre pendant la semaine, les femmes, les enfants excitent, par leurs plaintes, leurs larmes, l'aspect même de leur misère, la colère de ceux qui n'ont ni bonnes raisons, ni argent à leur donner. Là encore, on échange des gros mots, suivis trop souvent de brutalités, de coups, que les plus ivres donnent sans marchander.

D'un autre côté, la mauvaise distribution, l'exiguïté, l'insalubrité des logements, entraînent une promiscuité qui initie de bonne heure les enfants à tous les secrets de l'alcôve, excite leur imagination, développe leurs sens avant l'âge. C'est en tous pays, un peu l'histoire du paupérisme. Ici, on en voit mieux l'origine, la croissance. Très-précoces pour fumer, pour boire, pour tout, les garçons, à peine au sortir de l'enfance, mais peu *Josephs*, font, à l'estaminet, aux kermesses, aux bals masqués, l'instruction des fillettes de douze à quinze ans, lorsque celles-ci ne sont déjà pas assez avancées pour que l'enseignement soit mutuel.

En jouant, pour un verre de faro, un ruban, une contredanse, un morceau de pain d'épice, ces jeunes filles perdent la fleur d'innocence que plus tard des séducteurs de profession, de vieux débauchés, voudront ou croiront acheter à prix plus ou moins réduit. Cette première chute se fait sans qu'on y pense : elle est bien souvent suivie de l'expiation, un enfant, que la mère, quelle que soit sa position, élève avec dévouement, et n'abandonne jamais. Devenue plus prévoyante ensuite et ayant besoin de gagner davantage à cause des nouvelles charges du ménage, la jeune mère, ou celle qui aurait pu l'être, trouve aussi facile que licite de tirer parti de sa jeunesse, de sa fraîcheur, de sa beauté, pour accroître un salaire insuffisant.

Dans un État où la mendicité est interdite, où le commerce d'amour doit être patenté par le gouvernement pour être exercé publiquement, le menu fretin de celles qui font la contrebande et le courtage marron, sans précautions ou sans protections suffisantes, peuvent craindre d'être mises à l'Amigo comme des mendiantes, ou cloîtrées à la Cambre, avec les impures; mais elles ne croient avoir rien à se reprocher ; et toutes dévotes qu'elles soient à la *bonne Vierge*, communiant à Pâques, et *vendredi chair ne mangeant point*, elles n'ont pas l'idée que ce qu'elles appelent *faire l'amour* devienne un grand *péché.*

Les confesseurs, il est vrai, sont si complaisants, donnent l'absolution avec tant de facilité, que les pénitentes peuvent récidiver aussi souvent que l'occasion s'en présente, sachant qu'ici-bas comme au ciel, il leur sera beaucoup pardonné, parce qu'elles auront beaucoup aimé.

Sur cet article, les prêtres sont plus tolérants qu'en France. Loin de lancer l'anathème et la damnation, ils ont de douces paroles pour la brebis égarée qui vient leur confier ses péchés mignons. Plusieurs même, à en croire une presse impie, prennent sur eux la moitié du péché. Cela serait peu surprenant : la confession doit produire ici comme ailleurs, plus qu'ailleurs peut-être, ses résultats accoutumés. *Lorsqu'on approche du feu*, selon les expressions de Paul-Louis Courier, *le soufre et le bitume, bien que ce feu ait promis, dit-on, de ne pas brûler, ce qui doit en résulter, c'est un embrasement général.*

Pour être complétement édifié sur les effets de la confession auriculaire, il faut lire les pages éloquentes du grand pamphlétaire qui, avec Quinet et Michelet, dans leur livre *la Femme, le Mari et le Prêtre,* a le mieux dévoilé les mystères de la plus redoutable institution du catholicisme. Nous en citerons au moins quelques fragments : les emprunts que nous faisons ainsi aux autres ne pouvant qu'être agréable à nos lecteurs, heureux de rencontrer le plus souvent possible d'aussi bonnes fortunes :

« Si on défend l'amour aux prêtres, et le mariage surtout, on « leur livre les femmes. Ils n'en peuvent avoir une, et ils vivent « avec toutes, familièrement, c'est peu, mais dans la confidence, « le secret, l'intimité de leurs actions cachées, de toutes leurs « pensées. L'innocente fillette, sous l'aile de sa mère, attend le « prêtre d'abord, qui, bientôt l'appelant, l'entretient seul à seule; « qui le premier, avant qu'elle puisse faillir, lui nomme le péché.

« Instruite, il la marie ; mariée, la confesse encore et la gouverne ; « dans ses affections, il précède l'époux, et s'y maintient toujours. « Ce qu'elle n'oserait confier à sa mère, avouer à son mari, le « prêtre doit le savoir, le demande, le sait, et ne sera point son « amant. En effet, le moyen? n'est-il pas tonsuré? Il s'entend dé- « clarer à l'oreille, tout bas, par une jeune femme, ses fautes, ses « passions, ses désirs, ses faiblesses, recueillir ses soupirs, sans se « sentir ému ; et il a vingt ans !

« Confesser une femme ! imaginez ce que c'est. Tout au fond de « l'église, une espèce d'armoire, de guérite, est dressée contre le « mur, exprès, où le prêtre, non Maingrat, mais quelque homme « de bien, je le veux, sage, pieux, homme pourtant et jeune... « attend le soir après vêpres sa jeune pénitente qu'il aime, elle le « sait ; l'amour ne se cache point à la personne aimée. Vous m'ar- « rêtez là : son caractère de prêtre, son éducation, son vœu, — je « vous réponds qu'il n'y a vœu qui tienne ; que tout curé de vil- « lage sortant du séminaire, jeune, robuste et dispos, aime sans « aucun doute une de ses paroissiennes. Cela ne peut être autre- « ment, et si vous contestez, je vous dirai bien plus : c'est qu'il les « aime toutes, celles du moins de son âge ; mais il en préfère « une..... Celle-ci, elle arrive, se met à genoux, à genoux devant « lui, dont le cœur saute et palpite. Vous êtes jeune, monsieur, « ou vous l'avez été ? Que vous semble entre nous d'une telle si- « tuation ?

« Seuls la plupart du temps, et n'ayant pour témoins que ces « murs, que ces voûtes, ils causent ; de quoi, hélas ! de tout ce « qui n'est pas innocent. Ils parlent, ou plutôt murmurent à voix « basse, et leurs bouches s'approchent, leur souffle se confond ; « cela dure une heure ou plus, et se renouvelle souvent.

« Ne pensez pas que j'invente. Cette scène a lieu telle que je « vous la dépeins, et dans toute la France, chaque jour se renou- « velle par quarante mille prêtres, avec autant de jeunes filles, « qu'ils aiment parce qu'ils sont hommes, confessent de la sorte, « entretiennent tête-à-tête, parce qu'ils sont prêtres, et n'épousent « point, parce que le pape s'y oppose. »

Pour être froids, insensibles, maîtres de leur raison, de leurs sens, et résister à la tentation à laquelle ils s'exposent, dans un rendez-vous mystique avec des pénitentes naïves ou curieuses, timorées ou passionnées, ignorantes ou très-instruites, qui viennent, les yeux pleins d'éclairs ou de langueur, le sein palpitant, se mettre pour ainsi dire toutes nues devant eux, les confesseurs devraient être des saints ou des statues de marbre. Or, il n'y a pas de saints, vivants, et en Belgique comme partout ailleurs les prêtres sont de la même pâte que les autres hommes.

Combien aussi, loin d'éteindre l'incendie, l'allument par leurs questions indiscrètes ou canoniquement indécentes, et égarent par les habiletés d'une séduction toute confite en dévotion, toute saupoudrée d'onction divine, les brebis qu'ils ont à faire paître.

Des affaires scandaleuses, où des membres de la milice cléricale sont impliqués, défraient assez souvent les colonnes de la presse libérale pour qu'on soit édifié là-dessus; et dans le *Maudit*, le *Moine*, la *Religieuse*, un prêtre a fait de telles révélations, que personne ne peut plus ignorer les dangers du confessionnal, où le catholicisme se retranche comme dans son dernier fort.

A cause de cette confession, qui met le corps, la conscience, les sens des faibles, des ignorants, des malades sous la main de l'Église et organise l'inquisition dans les familles; et aussi, par le célibat imposé aux prêtres par des vœux qu'ils ne peuvent, dit très-bien Proudhon, ni tenir, ni rompre, le catholicisme est, au XIXe siècle, de toutes les religions, le plus grand, le plus puissant, le plus habile ennemi de la liberté et de la dignité humaine, l'obstacle principal à l'avénement du règne de la justice et de la morale universelle.

A la démocratie d'aviser!

XXVII

CHARITÉ BELGE.

Pour combattre la misère débordant de toutes parts, et en amoindrir les ravages, la charité en Belgique est si ingénieuse, si active, si dévouée, si généreuse, qu'on a pu, avec raison, parler d'une *charité belge.*

Concerts, bals, spectacles, tombola, sermons, mascarades, tout est occasion de demander pour les pauvres. On quête pour eux à domicile, à l'église, dans les cercles, les établissements publics, partout. A chaque instant, des souscriptions s'ouvrent pour soulager une infortune, augmenter les ressources d'un établissement de charité, secourir les vieillards, les aveugles, les pauvres honteux. Dans beaucoup de lieux publics, des quêteurs officieux recueillent des offrandes destinées à une catégorie spéciale de malheureux infirmes ; et ceux-ci, à la fin de l'année, viennent, accompagnés de musique, porter un tableau d'honneur à l'établissement dont la recette a été la plus forte.

Des hospices généraux ou spéciaux, des maisons de refuge, des salles de consultations gratuites, sont ouverts en grand nombre, aux frais de l'État, des villes ou des particuliers ; on laisse en même temps mendier dans la rue, à l'estaminet, sous un prétexte quelconque, presque tous ceux qui veulent.

Certes, ce n'est pas nous qui incriminerons cette tolérance, et blâmerons les bonnes œuvres ainsi faites dans une société organisée comme la nôtre.

L'interdiction de la mendicité, si on ne détruit pas le mal en le coupant dans sa racine, est loin d'être un remède, un palliatif contre le paupérisme. C'est souvent une hypocrisie gouvernementale, quelquefois une cruauté, une injustice. Le malheureux arrache ordinairement, par l'importunité, l'obstination ou la véhémence de ses sollicitations, le triste et douloureux spectacle de ses misères publiquement étalées, ce que peut-être il n'obtiendrait pas ou obtiendrait difficilement par d'humbles suppliques, de discrètes demandes, la constatation légale de son indigence, des protestations sans retentissement, des intermédiaires négligents ou partiaux. On peut être ainsi trompé, sans doute, par de faux pauvres; on ne peut du moins avoir, en dépensant son argent en *charités*, de quelque manière qu'on les fasse, ni regrets ni remords. « Qui donne aux pauvres donne à Dieu ! » a dit le poëte.

La charité toutefois pourrait être mieux entendue, plus profitable à tous. Elle ne devrait pas, comme cela arrive si souvent, dégénérer en aumône. L'aumône, qu'elle soit faite à la porte des couvents comme au moyen-âge, dans les églises comme à Rome, dans les estaminets et les bals comme en Belgique, est toujours l'aumône. Or, l'aumône, tout le monde le sait et le dit, dégrade et humilie celui qui la reçoit, sans donner aucune satisfaction réelle, à celui qui la fait autant souvent, par habitude ou par ostentation que par devoir. Elle engendre et entretient le paupérisme.

Presque toujours, en outre, elle est en raison inverse de l'avoir de celui qui donne. Le centime mis par l'ouvrier dans la sébille de l'aveugle, est pour lui une taxe plus lourde, que ne l'est pour les heureux de la terre, la pièce blanche qu'entre deux quadrilles ils laissent tomber de leurs doigts gantés, dans un plat d'argent.

Autre chose encore : à Bruxelles, les mendiants ne peuvent pas pénétrer dans les cercles et cafés de la bourgeoisie ou de l'aristocratie; et ils envahissent, sous toutes sortes de noms, de formes, de costumes, les cabarets et les estaminets où va la classe ouvrière, emportant, de là, une recette relativement élevée et prélevant de cette façon, pour ainsi parler, une dîme sur les pauvres.

Par toutes ces considérations, ce qu'on fait à Bruxelles pour remédier au paupérisme, est sans résultats sérieux : les indigents pullulent. Surexcitée par les crises financières, le renchérissement des denrées enlevées, à haut prix par l'Angleterre, l'augmentation des loyers surtaxés pour les travaux de la ville, les maladies endémiques et épidémiques causées par l'insalubrité des logements, l'insuffisance ou la mauvaise qualité de la nourriture, la misère augmente chaque jour au lieu de diminuer. Les mêmes causes amènent les mêmes résultats dans toute la Belgique. Le million de nécessiteux appartenant aux cent soixante-quinze mille familles inscrites aux bureaux de l'assistance publique, sur une population de cinq millions d'habitants, ne l'atteste que trop.

Il en est des institutions de la bienfaisance officielle, comme des œuvres de la charité individuelle. Celles qui pansent les plaies sans les guérir sont inefficaces et à beaucoup d'égards mauvaises, puisqu'elles laissent le paupérisme vivace ; que souvent elles encouragent la mendicité, la fainéantise, les mauvais instincts, en ôtant aux indigents valides le désir, ou la volonté de nourrir, entretenir, élever eux et leurs familles, par le travail et l'économie.

Toutefois, il n'y a pas de principes qui puissent ordonner de les supprimer, quand on n'a rien de mieux à mettre à la place, alors qu'elles empêchent les malheureux de mourir de froid, de faim ou de maladie; autrement, les principes seraient aussi meurtriers que les fusils, dont les balles répondent trop souvent aux plaintes des misérables et des affamés.

Ce qu'il y a à faire, c'est de transformer par l'étude, par la science, ces institutions de bienfaisance, de charité, en institutions de solidarité, de fraternité, de mutualité, de justice. Tous doivent y travailler ; mais la classe ouvrière peut surtout, par ses propres efforts, au moyen de l'association volontaire, conquérir le bien-être, le bonheur, marcher à grands pas vers son affranchissement absolu. A côté de la caisse d'épargne, de la salle d'asile, de la crèche ou école gardienne, de l'hôpital, des hospices d'enfants trouvés, de vieillards et d'infirmes, qu'elle crée des sociétés ouvrières, coopératives, de production, de consommation, de crédit et d'échange, des caisses de retraite et d'assurance mutuelle ; voilà les moyens d'améliorer dès à présent, sans entretenir le paupérisme ou propager la mendicité, la position des travailleurs. Ceux-ci sont appelés ainsi à s'entr'aider, à ne compter que sur eux, à se procurer au meilleur marché possible les objets nécessaires à la vie; à avoir droit, en cas de maladies, de chômage, de grèves, d'accidents, de vieillesse, à une rétribution qui n'est pas une aumône, mais une chose due, le prix du travail fait, la récompense du devoir accompli. Toutes ces institutions, de plus, préparent les voies au socialisme dont elles ne sont que les affluents et qui peut seul, par une meilleure organisation du travail, la juste répartition du capital, de la propriété, des instruments de production, supprimer le prolétariat, fonder une société où il n'y aura de pauvres que ceux qui voudront l'être.

Ce socialisme s'incarnera en Belgique, comme ailleurs, à son heure, par la révolution qui amènera la république démocratique et sociale. En attendant, l'État, la commune, les associations, les citoyens doivent améliorer le présent et préparer le terrain de l'avenir, par la diffusion des lumières morales et intellectuelles, c'est-à-dire, par l'instruction qui éclaire, fortifie, orne l'esprit, fait les citoyens, et par l'éducation qui parle au cœur, adoucit, épure les mœurs, donne à la famille un de ses plus doux charmes.

On parviendra ainsi à faire disparaître peu à peu ce qui sous tous les régimes, dans toutes les latitudes, à toutes les époques, enfante les rivalités internationales, les luttes intestines, les guerres étrangères, les haines individuelles, la plus grande partie des crimes, nous avons nommé l'ignorance, la misère et la superstition. C'est au moyen de l'enseignement public, libre, laïque, en dehors de toute religion, donnant les éléments d'abord, puis les lois de la science moderne, de la morale humaine, du droit public inauguré par 89 et éclairé, développé par les penseurs de tous les pays, que les peuples peuvent arriver progressivement, pacifiquement, au but vers lequel marche la démocratie tout entière.

Désormais, l'instruction civique, professionnelle et scolaire, ou classique à tous les degrés, achèvera l'œuvre commencé. Mais pour cela il faut que l'instruction soit obligatoire et donnée à tous, moyennant une rétribution proportionnelle à la fortune de chaque élève.

Tant que l'impôt, en effet, radicalement transformé, ne sera pas devenu une prime d'assurance, le coût des services rendus, la gratuité absolue équivaudrait à un surcroît considérable de taxes au budget ; et tout en faisant payer plus qu'ils ne doivent, à ceux qui profiteraient peut-être peu ou pas de l'enseignement, elle serait surtout avantageuse aux riches.

En Belgique, la *Ligue de l'enseignement*, composée d'hommes instruits, dévoués, appartenant aux diverses fractions du parti du progrès, est entrée dans la voie de salut avec une activité, une ardeur dont on doit attendre les meilleurs résultats. Cours publics, publications substantielles, fondations de bourses, bibliothèques populaires, distributions d'encouragements de tous genres, de prix, elle met tout en œuvre pour répandre l'instruction, la moralité autour d'elle.

A Bruxelles, à côté des pensionnats dans lesquels les élèves viennent finir leurs études, se perfectionner, une femme d'un grand mérite, madame Gatti de Gamond a ouvert une école, libre de toute attache religieuse et gouvernementale. Les jeunes filles y reçoivent, avec une instruction solide et rationnelle, cette bonne et féconde éducation que la femme du monde, la mère de famille est seule capable de donner. On verra bien ainsi, que lorsqu'elle ne sera pas *élevée sur les genoux de l'église ni jetée dans les bras de l'université impériale* ou *royale*, la jeune fille bien dirigée est appelée à devenir la compagne instruite, aimable, aimante, que doit espérer le jeune homme régénéré par un enseignement éclairé, fort, scientifique et moral.

Les petits enfants trouvent dans les écoles gardiennes fondées par souscriptions, et dans les *jardins*-écoles que madame de Marenholtz, belle-fille de Benjamin Constant, est venue établir d'après la méthode Frœbel, les leçons, les amusements, les soins appropriés à leur âge.

Madame la baronne de Crombrugghe, à qui on doit de charmantes historiettes pour les enfants, a organisé, pour les jeunes filles de la classe ouvrière, des réunions où elles s'instruisent de tout ce qui peut leur être utile, profitable. Par suite de tous ces efforts, de tout ce mouvement, des progrès réels, apparents ont, depuis ces derniers temps surtout, été obtenus pour la moralisation et l'instruction des générations nouvelles, dont l'enseignement politique se fait en même temps par d'autres voies.

Dans l'histoire de l'enseignement populaire en Belgique, de M. Léon Lebon, fonctionnaire au ministère de l'intérieur, ouvrage riche en documents de tous genres et où la matière est traitée à fond, on peut voir que ce qui reste à faire est peu de chose en comparaison de ce qui a été fait.

XXVIII

TIRAILLEURS DE L'EXTÉRIEUR.

Pendant la longue durée de leur séjour en Belgique, les proscrits n'ont pas cherché à révolutionner le pays où ils ont un asile. Ils ne se sont posés ni en réformateurs ni en redresseurs de torts. Personne ne leur en a fait un reproche ou un mérite. Le gouvernement n'a point porté d'accusation de ce genre contre ceux même qu'il expulsait.

Mais, dans le principe, abordant le port après l'orage, venant d'une terre ensanglantée, asservie, livrée aux sbires du proscripteur, terrorisée par les violences de l'état de siége, des commissions mixtes et des colonnes mobiles; par la suppression de toutes les lois, de toutes les libertés; et se trouvant dans un pays ou régnaient la liberté, la tranquillité, la loi, ils devaient voir tout en beau. Sur la foi des institutions, et d'après tout ce qu'on disait de la prospérité, du commerce, de l'industrie de la Belgique, ils pouvaient croire que le peuple belge était le plus heureux aussi bien que le plus libre des peuples de l'Europe. Ne s'en fussent-ils pas rapportés au bruit public, ils n'avaient d'ailleurs ni le temps ni le désir de chercher les défauts, de sonder les plaies de l'organisation sociale ou politique d'une nation dont ils ne se croyaient que les hôtes passagers.

Ils n'avaient alors qu'une pensée, qu'une volonté, combattre à outrance l'ennemi qui avait tué la République, proscrit les républicains, mis la main sur la liberté et le pied sur la France. L'œil fixé sur la patrie, écoutant les moindres bruits du dehors, ils forgeaient leurs armes pour la lutte nouvelle.

Ces armes n'étaient ni bien nombreuses ni bien puissantes. Aux forts, aux canons du despotisme, ils n'avaient à opposer que la presse; et contre les sabres des gendarmes, les baïonnettes des soldats, ils ne pouvaient croiser que la plume.

Sans être bien convaincus que *ceci tuerait cela*, ils se mirent tous à l'œuvre dans la mesure de leurs forces, parce que c'était leur devoir de protester au nom du droit, de la justice, contre la force et l'iniquité, d'élever la voix quand tout faisait silence; et qu'ils n'avaient pas le choix des moyens.

A ce moment, commenca cette série de pamphlets, de brochures de tous genres, excitant ouvertement le monde civilisé à la haine et au mépris des acteurs et des complices du coup d'État, par cela seul qu'ils racontaient simplement les faits des décembristes et les biographies des conspirateurs arrivés au pouvoir. Comme des traits empennés, ces feuilles légères étaient lancés de tous les pays environnants sur la France, que défendait mal sa triple ceinture de douaniers, de policiers, de gendarmes.

Ceux qui n'écrivaient pas, faisaient circuler, passer à travers tous les obstacles les œuvres prohibées, bien secondés en cela par les contrebandiers, vendant au poids de l'or une marchandise, dont le placement leur rapportait davantage que celui du tabac ou des dentelles.

Le premier exemplaire de *Napoléon le Petit*, envoyé dans les flancs d'un magnifique cabillaud, fut payé 80 francs, par un célèbre banquier bien connu pour vouloir tous les genres de primeurs. Les exilés emplissaient de ces brochures, d'où qu'elles vinssent, des bourriches de gibier ou des fromages de Hollande arrangés de manière à ne pas avoir une mine suspecte; ils les donnaient à des amis ou connaissances, qui les emportaient cousues dans les doublures de vêtements où les douaniers les dénichaient parfois; ce qui entrainait l'arrestation du porteur. Tantôt ils les faisaient transporter par la poste napoléonienne elle-même dans des lettres de commerce, ou en chemin de fer, dans des malles à double fond; tantôt ils en bourraient les poches de commis-voyageurs qui s'en chargeaient, quoique partisans du coup d'État (ils l'étaient presque tous alors), comme d'une lettre de recommandation pour les démocrates de France, à qui ils avaient ainsi l'espérance de vendre du vin. On en mettait jusque dans le ventre des napoléons en plâtre,— on les aurait mieux aimés tous en terre,—que la police française faisait colporter sur les frontières dans un but de propagande. Nous étions sûrs ainsi que ces napoléons-là porteraient des armes pour se faire battre, ou ne pourraient pas nous trahir sans être décapités par leurs agents. C'était toujours une petite consolation pour les proscrits.

Ces révélations rétrospectives ne peuvent pas donner à nos chers compatriotes le désagrément de voir casser ou fricasser à la frontière les bibelots, le poisson et le gibier que la Belgique leur envoie. Depuis qu'un petit fils de Rabelais raconte les prouesses d'un autre Gargantua et de sa benoîte benoîton famille, la France est devenue l'île des lanternes; la police et la douane n'y voient que du feu. Tout le monde fait de la contrebande. Il n'en était pas ainsi dans la première période de l'exil: les contrebandiers, les colporteurs, les lecteurs craignaient Cayenne. Le despotisme, assis sur un trône lézardé aujourd'hui de toute part, semblait fondé sur le roc.

Je puis donc, sans indiscrétion et sans compromettre personne, puisque ce livre ne pénétrera pas en France, apprendre à tous, que le gaz explosible fabriqué à Bruxelles par Henri Rochefort, est envoyé à Paris dans des huîtres d'Ostende. Cela explique le haut prix de ces mollusques, si chers aux gros crevés de l'empire et à leurs crevettes; le monopole des engraisseurs belges n'y est pour rien.

En Angleterre, en Suisse, l'on pouvait combattre à visage découvert. Il n'en était pas de même en Belgique. Ici, l'on devait se voiler d'un pseudonyme, ou garder l'anonyme, pour pouvoir rester au poste avancé, d'où il était le plus facile de tirer sur l'ennemi, sans exposer la proscription française aux rigueurs du gouvernement belge, ou attirer l'orage sur la Belgique. Alors que ce pays faible, mal défendu par sa neutralité, ses droits, les traités partout déchirés, ne pouvait pas compter encore sur l'Europe, tout pouvait l'exposer aux colères, aux agressions d'un voisin perfide, dangereux, guettant l'occasion favorable pour faire ce qu'il n'avait pas osé en décembre, annexer ce royaume. Ordinairement aussi c'était à Genève ou à Londres qu'on faisait imprimer ce genre d'écrits.

En mettant sur l'œuvre leur empreinte et leurs noms, Victor Hugo burinait sur l'airain, à Jersey, *Napoléon le Petit* et *les Châtiments*. De Londres, Ledru-Rollin faisait ses éloquents appels aux républicains ; Félix Pyat adressait, sans se lasser, *urbi et orbi*, ses lettres si spirituellement violentes, flèches finement ciselées, à la pointe acérée et trempée dans la lave révolutionnaire ; Pascal Duprat publiait les *Tables de Proscription ;* Schœlcher écrivait *l'Histoire de la Terreur bonapartiste* à Paris et dans les départements ; Xavier Durrieu, ancien rédacteur en chef du *Temps*, racontait les épisodes de la conjuration napoléonienne. Les comités de la Commune révolutionnaire et de la Révolution lançaient en Angleterre manifestes sur manifestes, pour frapper l'ennemi au défaut de la cuirasse ; Berjeau biographiait les principaux chefs du bonapartisme, dont il arrachait les masques ; Poupart stygmatisait l'usurpation et la tyrannie. Sur les bords du lac d'Annecy, Eugène Sue, l'écrivain socialiste, laissant les romans de mœurs pour la politique, décrivait la France sous l'empire, disait la douloureuse *Histoire d'une famille de proscrits*, et donnait la suite des *Mystères du Peuple*, cette démocratique Illiade qu'on dirait écrite avec des larmes et du sang.

En Suisse, Cœurderoy, croyant la France épuisée, dégénérée, prête à mourir de faiblesse, de décrépitude, de pourriture, appelait, dans un jour de souffrance et de désespoir, la Révolution par les cosaques. Malardier faisait paraître coup sur coup des pamphlets rappelant par l'humour, la verve, ceux de Claude Tillet, son compatriote ; il livrait aux jugements de l'Europe le Napoléon couronné, son cousin, le César déclassé, les mameloucks du Corps législatif, et comparait les listes civiles de Louis-Philippe et de la République avec celles de l'empire.

Les brochures écrites en Belgique ne furent pas signées, nous avons dit pourquoi. Elles furent attribuées aux proscrits qui par la nature de leur talent, leurs antécédents politiques ou littéraires, pouvaient être facilement atteints et convaincus d'en être les pères.

N'ayant pas reçu de confidences, déclarant, de plus, que je n'ai à donner aucune preuve de ces paternités, il m'est bien permis de répéter aujourd'hui sans inconvénients ce que nous nous disions alors dans l'intimité. On donnait la *Biographie des trois maré-*

chaux et des aides de camp de Louis-Napoléon à Charras, qui connaissait à fond l'armée, Paris, les souteneurs du nouveau régime; et qu'on savait bien capable de marquer d'un fer rouge, par le style comme par la parole, les complices du coup d'État.

Le Deux-Décembre devant le Code pénal, œuvre d'une grande portée, malgré son petit format, sous une forme originale et piquante, revenait à Marc Dufraisse, que l'on soupçonnait fort aussi d'être le vieux Romain de l'école de Caton, Cremutius Cordus, venant apprendre aux Français de la décadence ce que coûtait l'empire, alors en bas âge, et devenu depuis, n'ayant fait que croître et enlaidir, l'avale-tout que l'on sait. Le poëme plein de beaux vers sur le *Deux-Décembre*, où les sanglants épisodes du coup d'État sont retracés avec autant d'énergie que de vérité, appartenait à Étienne Arago, qui a reconnu, je crois, et il a eu raison, cet enfant de l'exil.

Mollot, mort si jeune, et d'une mort si triste que rien ne pouvait faire prévoir, était l'auteur de *Ratapoil*, croquis de mœurs décembristes très-bien réussi; Jourdan, ancien magistrat, et Meurs, journaliste, avaient travaillé ensemble à l'enquête sur les journées de décembre, document précieux pour l'histoire. Sous le nom d'Étienne Marcel, Ernest Lebloye faisait, avec la passion du démocrate armé de toutes pièces, la critique de l'empire et annonçait ce qui devait remplacer le napoléonisme.

Hippolyte Magen, à lui tout seul, avait mis au service de la cause *la Terreur décembriste, les Nuits de Saint-Cloud, le Mariage de César, un Drame sous l'Empire, le Tyrannicide, le Pilori*, tout un arsenal de brochures, qualifiées un peu crûment par Michel, de Bourges, à cause de la forme, mais que l'étranger goûtait fort, pour leur saveur épicée. *Les Voix mystérieuses, la Magistrature impériale, la Veille du Sacre*, avaient été publiées par Callet, représentant orléaniste, abandonné par les siens comme trop compromettant, et qui fut se faire emprisonner à Paris, pour délit de correspondance avec l'étranger.

Le traité *tuer un tyran n'est pas un crime*, déterré par Madier-Montjau dans la poussière des bibliothèques, fut déclaré l'œuvre de l'archevêque de Malines... pas le titulaire vivant, hâtons-nous de le dire, mais un du XVIe siècle, peu républicain et fort ligueur, je suppose. C'était Madier, lui, qui avait écrit dans la *Nation*, sur le tyrannicide, des articles ayant fait beaucoup de bruit. Rajeunissant cette thèse avec une vigoureuse logique, il établissait que celui qui met les autres hors la loi, se met par cela seul lui-même hors la loi de tous; et qu'en tuant le tyran, sous la domination duquel l'honneur, la liberté, la vie des citoyens, ne sont point garantis, respectés, en sûreté, on est dans le cas de légitime défense, tout autant que lorsqu'on abat un loup enragé dont on a à redouter les ravages.

Tavernier fut proclamé l'officier général dont les lettres sur les guerres de Crimée, eurent tant de retentissement et renfermaient des renseignements si curieux, qu'on les attribua à Jérôme Napoléon.

Nous ne savons plus sur le compte de qui on mit l'*Agonie de la France*, *Proscrits et Proscripteurs*, et une foule d'autres petits écrits répandus alors. C'étaient toutes ces publications, dont on peut voir la nomenclature complète dans le *Bulletin bibliographique*, livre très-curieux, édité par un de nos compatriotes à Bruxelles, chez Briard, que nous cherchions à faire pleuvoir sur la France, en y ajoutant, avec le compte-rendu des meetings, des banquets et des réunions démocratiques, les discours prononcés sur la tombe de nos morts. Nous espérions submerger ainsi l'empire naissant.

Une propagande de ce genre, active, permanente, universelle, pouvait seule, en effet, à ce moment, raviver à l'intérieur les colères et les espérances du parti vaincu; porter la lumière au milieu des ténèbres, réveiller l'opinion publique, réagir contre l'intimidation, la terreur répandue partout et permettant aux audacieux, aux violents, de tout oser, de tout faire, d'accomplir impunément l'œuvre de despotisme.

Malheureusement, le plus grand nombre des projectiles n'allaient pas toucher le but. Beaucoup se perdaient en route; les autres, s'ils tombaient à Paris, restaient où ils étaient. Chacun voulait bien tâter du fruit défendu; mais comme la peur du mouchard était grande, le danger encouru en faisant circuler ces écrits, très-réel, on gardait pour soi, chez soi, ce qu'on recevait de l'étranger. Peu de ces brochures prohibées pénétraient dans les départements. Les campagnes n'en avaient point connaissance.

Séparés de leurs guides exilés, emprisonnés ou transportés; décimés par les razzias de décembre; privés des enseignements d'une presse libre, du droit de réunion, les paysans et les ouvriers furent, les yeux fermés, sous la conduite des gendarmes, des fonctionnaires, des prêtres, mettre leurs votes dans l'urne à double fond d'où sortit triomphant, immaculé, puis empereur, celui qui, ayant violé son serment, porté atteinte à la souveraineté du peuple, déchiré la Constitution, renversé la République, avait été condamné comme parjure et usurpateur par la justice, et devait subir la peine portée par les lois.

Ces plébiscites, fruits de la violence ou de la fraude, et qu'on arrachait au peuple, le sabre sur la gorge, la main dans la poche, ne modifiaient en rien notre situation; nous les appelions, comme le fera l'histoire, des *plébiscides.* Notre opposition resta la même. Qu'y avait-il donc de changé? Les proscrits demeuraient les soldats du droit et de la liberté, en face de César usurpateur, proscripteur, despote. En principe, ils ne reconnaissaient pas au peuple le droit d'aliéner sa souveraineté, sa liberté, ses droits; de se donner un maître; ayant toujours proclamé que la République, c'est-à-dire, le *gouvernement de tous par tous et pour tous*, est au-dessus des majorités. En fait, ils ne voyaient qu'une odieuse et indigne comédie dans les prétendus arrêts d'un suffrage sans liberté, sans sincérité, sans garanties. Les exilés ne faisaient donc pas retomber sur un peuple ignorant, désarmé, la responsabilité des actes, des votes qui semblaient amnistier, consacrer le *fait accompli.* Ils savaient que le jour où ils avaient été mis hors la loi, hors la patrie, la France avait été jetée dans la servitude, enchaînée.

XXIX

LA LÉGENDE NAPOLÉONIENNE.

Au milieu des tirailleurs, quelques-uns des nôtres travaillaient d'une autre manière pour la cause commune ; ils mettaient l'histoire à la place de ce qui avait rendu possible, fait le second empire : *la légende.*

Légende militaire, légende bourgeoise, légende populaire du Napoléon Bonaparte, voilà ce que pendant si longtemps les historiens enseignaient, les poëtes chantaient, les orateurs glorifiaient, les peintres reproduisaient, embellissaient, illustraient ; ce que l'armée acclamait, le peuple entendait conter, croyait, et dont il gardait le souvenir.

C'était porté par ce triple courant que le prétendant, connu seulement par les tristes échauffourées de Boulogne et de Strasbourg, mais neveu de son oncle, enveloppé de sa popularité, avait pu enfoncer les portes de l'assemblée nationale et de la présidence, puis, passer sur le corps de la République et escalader le trône impérial.

Pour le peuple, Napoléon, dit le Grand, était encore le continuateur de la Révolution, qu'il avait fait rentrer dans son lit, enrayée, détournée de son cours ; le destructeur de l'ancien régime, qu'il avait restauré ; l'ennemi des prêtres et des nobles, à qui il avait rendu leurs titres, leurs richesses et leur pouvoir ; le petit caporal, mettant un bâton de maréchal dans la giberne des soldats, dont il faisait l'engrais de ses champs de bataille; le soldat parvenu, humiliant et courbant dans la poussière les rois de droit divin, au milieu desquels il avait pris place par son sacre et son mariage avec une archiduchesse autrichienne; l'homme providentiel, ayant rendu grande, prospère, glorieuse, enviée la France, sur laquelle il avait fait peser, une centralisation étouffante, une police inquisitoriale, un despotisme sans limites, le douloureux impôt du sang, les lourdes taxes sur les vins, les décimes de guerre, le joug des garnisaires; et qu'il a laissé envahir, abaisser, partager.

Les historiens militaires, les hommes du métier ne se contentaient pas de faire de leur empereur le premier capitaine des temps modernes; ils n'admettaient pas que le grand homme eût pu commettre une erreur, se tromper dans ses prévisions, dans ses calculs, dans ses plans; ils lui attribuaient tous les triomphes, toutes les grandes choses, toutes les victoires et conquêtes du règne; rejetaient les revers, les échecs, les déroutes, les pertes d'hommes et de territoire, l'invasion, sur ses généraux, ses ministres, sa famille: ils accusaient la trahison, la défection, la fatalité, tout excepté lui. Ainsi, c'était le Directoire qui avait compromis le succès de l'expédition d'Égypte. Les désastres de la campagne de Russie étaient dues à des causes dans lesquelles l'ambition, l'imprévoyance du César français, les colères des peuples étrangers n'entraient pour rien! et l'invincible général avait fui d'Égypte comme de Russie, laissant ses armées foudroyées par la peste, les maladies, l'incendie, le froid, plus encore que par l'ennemi. En Espagne, Joseph, imposé et maintenu roi par la force après un guet-apens, était seul responsable des colères d'une nation courageuse, levée comme un seul homme pour chasser l'étranger et reconquérir son indépendance. Ainsi de tout.

D'autre part, tous ces écrivains de l'École impériale, ces tacticiens de cabinet, avaient en faible estime les hommes et les généraux de la République, les Hoche, les Desaix, les Kléber, les Moreau, les Jourdan, les Joubert, les Carnot, qui, avec les conscrits de la levée en masse et des volontaires mal payés, mal armés, mal nourris, pieds nus, sourds aux lâches alarmes, chantant la *Marseillaise*, repoussèrent l'ennemi du sol sacré de la patrie, et donnèrent à la France cette ceinture de pays conquis à la révolution, que les bonapartistes de nos jours appellent les frontières naturelles de l'empire. Ils les sacrifiaient en toute occasion à leur héros, au capitaine qui, à la tête de la meilleure armée du monde, chef d'un empire immense, disposant de toutes les forces, de toutes les ressources d'un grand peuple, n'avait pu empêcher le flot sanglant de l'invasion de passer deux fois sur la France; à l'empereur, qui avait laissé amoindrir, humilier, rançonner, enserrer dans un carcan de fer, la nation à laquelle de si grandes destinées étaient promises, si elle était restée républicaine.

Ils s'indignaient qu'on reprochât à Napoléon d'avoir provoqué les longues guerres de son règne par son insatiable ambition, au lieu d'en rejeter la responsabilité sur l'Angleterre, la Russie, l'Allemagne ; et ils ne soupçonnaient pas que le vainqueur d'Austerlitz, d'Iéna, pût avoir perdu par ses fautes sa dernière bataille, à Waterloo. Ney, Grouchy, Soult, Bourmont, la pluie, le brouillard, voilà les causes de la chute de l'empire, de l'envahissement de la France!

La bourgeoisie libérale voyait dans le Napoléon de fantaisie créé par ses historiens, un *Robespierre à cheval*, comme l'avait appelé madame de Stael. Il avait étouffé à l'intérieur, il est vrai, la liberté sous la gloire, mais il avait semé dans l'Europe, avec le fer, les principes de 89, et renversé sous les pieds de ses chevaux, les barrières que le passé féodal et monarchique opposait à la marche de la société moderne. Ce libéralisme saluait en lui le restaurateur des finances, de l'ordre, de la religion ; le législateur à qui on devait les codes, monument immortel élevé par son génie ; le politique habile qui par ses traités, ses actes, ses projets, ses guerres, devait mettre la France au premier rang des nations. Dans l'*Acte additionnel*, *le Testament et les prophéties* de Sainte-Hélène, il voyait même la preuve qu'ayant gardé le souvenir de son passé républicain, instruit par l'adversité, l'ingratitude des courtisans et les ennuis du pouvoir absolu, l'homme du dix-huit brumaire aurait rendu la France aussi libre que glorieuse, s'il était remonté sur le trône.

Les chansons de Béranger, le crayon de Charlet, les images d'Épinal, les orgues de barbarie, les récits des *vieux de la vieille* contés sous le chaume, dans les cabarets, avaient tellement enraciné dans les populations agricoles et ouvrières la *légende populaire*, qu'un Napoléon seul était capable de faire évanouir ce fantôme.

Le peuple ne pouvait être éclairé, détrompé, arraché au fétichisme napoléonien, qu'en voyant sur le trône un Bonaparte, héritier des traditions impériales, propagateur des idées napoléoniennes et maître absolu, recommercer l'ancien, en l'imitant avec autant de servilité que de maladresse.

Comme l'oncle, le neveu a accompli au coup d'État, son dix-huit brumaire; s'est fait donner, par des plébiscites arrachés à la peur, une prolongation de pouvoir, puis l'empire; a été sinon sacré par un pape, — il ne l'a pas pu, — au moins bénit par un archevêque; a créé des nobles pour avoir une aristocratie nouvelle à côté de l'ancienne; fait poursuivre, condamner les libres penseurs, ses idéologues à lui, pour obtenir l'appui du catholicisme; et parce qu'il a fait régner l'égalité dans la servitude, s'est posé en représentant de la démocratie.

Dans l'intérêt de sa politique, comme l'autre par la soif de conquêtes, le susdit neveu a jeté la France dans toutes sortes de guerres entreprises contre le droit des peuples, ou ruineuses, sans profit pour le pays; et ainsi que Napoléon dit le Grand, afin de consolider sa dynastie, il a fondé le despotisme sur des institutions du bon plaisir, supprimé toutes les libertés, augmenté toutes les charges publiques, courbé la nation sous le triple joug d'une police arbitraire et violente, d'une bureaucratie tracassière, administrant et centralisant tout, et d'une armée nombreuse, bien payée, ayant pour dogme l'obéissance passive à ses chefs.

Enfin, avant d'avoir connu la défaite, subi l'invasion à laquelle le second empire mènerait infailliblement s'il durait, la France, sous lui, par ses aventures militaires, ses armements, ses préparatifs de guerre, la perturbation jetée partout dans les affaires industrielles, financières et commerciales, les inquiétudes, les méfiances semées en Europe par tout ce système personnel, dynastique, napoléonien, de la politique intérieure et extérieure, est aussi appauvrie, affaiblie, isolée, qu'elle l'était en 1815.

Ce qui fait l'originalité du numéro 3, le voici : il a remis sur son trône le pape; l'autre l'avait mis en prison; fait empereur un de ces Hapsbourg d'Autriche dont le Napoléon Ier avait voulu faire un roitelet, en lui prenant une partie de ses États; et c'est sur les Français qu'il a gagné sa bataille d'Austerlitz. Ce triste plagiaire, le peuple heureusement l'a sous les yeux, sous la main. Il peut l'apprécier tel qu'il est, le juger.

Avec ses yeux glauques, son teint lymphatique, sa figure blafarde, sa démarche mal assurée, sa voix traînante, sa prononciation étrangère et étrange, le Louis-Napoléon, même avec sa tête laurée, ne ressemble en aucune manière, au physique, à l'empereur que les peintres, les sculpteurs représentaient toujours en César romain.

Au moral, si, autant que le chef de sa race, il méprise les hommes, se joue des serments, il n'a rien de ce qui faisait le prestige, la puissance, la renommée de l'homme néfaste dont personne ne peut du moins contester le génie militaire et despotique ; il n'a jamais conduit ses soldats à la victoire, jamais paru sur un champ de bataille, excepté à Magenta, où il se plaignait, lui aussi, de sa grandeur qui l'attachait au rivage. Pour usurper la popularité, la renommée, le titre de *grand*, que les nations accordent si facilement parfois à ceux qui les foulent aux pieds, il n'a aucune des qualités de l'emploi : c'est l'Augustule du bas empire français.

Le peuple maintenant voit à l'œil nu le napoléonisme, qu'on lui avait fait regarder jusqu'alors par le gros bout de la lorgnette ; et peu à peu pour lui, selon une pittoresque expression de Félix Pyat, je crois, l'épopée impériale se change en ripopée.

Il fallait autre chose pour démolir le piédestal sur lequel MM. Thiers, Mignet et les écrivains de leur école avaient élevé Napoléon Ier, pour le faire paraître plus grand que nature. Le livre, ici, devait répondre au livre. C'était en rétablissant les faits, en rendant à chacun ce qui lui était dû ; faisant justice des erreurs, des flatteries, des sophismes, des menteuses théories, des injustes accusations de l'école fataliste ; en écrivant, en un mot, l'histoire vraie, sincère du consulat et de l'empire, que la lumière devait se faire. Edgard Quinet et Charras se mirent à l'œuvre.

L'époque bataille, si longtemps obscurcie par les fumées de la poudre et de la gloire, allait apparaître sous un jour nouveau.

Élève de l'École polytechnique, Charras prit une part brillante à la révolution de juillet 1830, révolution si vite escamotée, elle aussi, par les doctrinaires de cette époque. Bientôt suspect au nouveau pouvoir, il dut conquérir ses grades à la pointe de l'épée, en Afrique où malgré ses opinions républicaines bien connues, il sut se concilier l'estime de ses chefs. Ceux-ci, et le maréchal Bugeaud entre tous, disaient de lui qu'il était aussi habile organisateur que vaillant militaire. Dans le *National* il avait défendu, comme journaliste, les principes que février vit triompher. Appelé, après la victoire du peuple, à occuper provisoirement le ministère de la guerre, il avait traversé cette période si tourmentée, sans qu'on eût eu à lui reprocher un de ces actes, de ces votes, qui pèsent sur la mémoire d'autres républicains placés dans des situations moins difficiles que la sienne.

Poëte, historien, philosophe, Edgard Quinet avait toujours été du grand parti de la liberté. Sous Louis-Philippe, au Collége de France, la chaire du haut de laquelle lui et Michelet enseignaient avec tant d'éloquence, le beau, le vrai, le juste, avait été brisée. Ébloui, un moment, comme tous les hommes de sa génération, par l'éclat du drame napoléonien, Quinet avait chanté dans un poëme l'élévation et la chute du Titan moderne, mais il n'avait jamais sacrifié aux faux dieux du despotisme, jamais glorifié le culte de la force. Tous les deux avaient, dans des genres différents, le talent, le savoir, l'énergie nécessaires pour la tâche qu'ils s'étaient imposée. Ils entrèrent dans le cœur de la question par Waterloo même.

XXX

WATERLOO.

Waterloo est un petit village situé à 20 kilomètres environ de Bruxelles, dont le sépare la forêt de Soignes. Il a donné son nom à la bataille fatidique livrée dans la vaste plaine où s'éparpillent, au milieu des champs de blés, le Mont-Saint-Jean, la Haye-Sainte, la ferme d'Hougoumont, Braine-Lalleud, Plancenois, — les principaux points stratégiques de la journée, — parce que les Anglais y avaient leur quartier général, leur centre d'action.

Nous y allions tous souvent ; non pas, comme les Anglais, pour râcler l'écorce des arbres sur lesquels s'appuya quelque illustre général ; ou acheter, en souvenir du combat les boutons de culotte et les fragments d'armes rouillées, que l'on fabrique pour l'exportation dans les villages voisins, en faisant du vieux avec du neuf !

Non ! du haut du tumulus, sur lequel les vainqueurs ont posé un lion qui menace toujours la France, alors que les héritiers des chefs de la coalition cousinent avec un autre Napoléon et vont banqueter à sa cour, nous voulions voir la scène où se déroula le grand drame que nous jugions d'une façon toute nouvelle.

Instruits par les événements récemment accomplis, avant même de l'être par nos amis, nous comprenions, à cette heure, que la France avait dû payer par la honte et les douleurs de l'invasion, la honte et les douleurs de la servitude sous laquelle elle avait si longtemps courbé la tête; qu'elle avait été vaincue, non par la coalition des rois absolus de l'Europe, mais par l'alliance des peuples soulevés contre leur envahisseur.

Nous reconnaissions que le grand despote avait disparu dans la tempête où sombrèrent à la fois son génie et sa fortune, parce qu'il avait asservi son pays et ne sut pas le défendre; qu'il fut justement attaché à son rocher de Sainte-Hélène, pour avoir attenté à l'indépendance des nations étrangères et à la liberté de la nation française.

En même temps, voyant que ce n'étaient pas les nations, mais leurs maîtres qui avaient profité de la victoire, puisqu'après l'invasion de notre patrie, l'Europe tout entière tombait sous le joug de la Sainte-Alliance, nous constations ce fait, dont les démocraties étrangères doivent, elles aussi, tenir compte, que les révolutions fécondes, celles par lesquelles les peuples conquièrent leur liberté, leurs droits, s'accomplissent lorsque la France est libre, triomphante, non lorsqu'elle est vaincue et esclave.

Plusieurs des proscrits parcoururent souvent dans tous les sens le champ de bataille. Charras étudia avec le plus grand soin les lieux, en releva les plans. Bien souvent accompagné de sa femme, qui a si bien décrit dans ses mémoires tous les sites qu'elle a vus, Edgard Quinet visita les stations de la voie sanglante où vint tomber l'empire. Pour lui éviter les fatigues d'une longue marche, Lefebvre père et fils, aussi obligeants qu'actifs, marcheurs infatigables, voyant et jugeant bien, battirent à pied, à plusieurs reprises, la plaine, coupée de ravins, de ruisseaux et accidentée par des plis de terrain, des monticules boisés, des fermes, des enclos, où pendant trois jours, se livrèrent les combats acharnés dans lesquels l'armée française fut anéantie, l'empire renversé, Napoléon foudroyé.

Pour refaire cette campagne de Waterloo, il fallait mesurer toutes les distances, connaître la topographie exacte du pays, suivre la marche des corps d'armés, réunir tous les détails qui dans la question étaient d'une importance décisive; cela fut fait.

Les simples curieux ne prenaient pas autant de peine. Ils n'avaient besoin même ni d'étudier les plans de la bataille, ni d'écouter les explications des soi-disant débris de la vieille garde se tenant à l'affût des visiteurs, au pied du lion; lorsque notre ami Armand Chéron voulait les accompagner, ce qu'il faisait toujours avec un nouveau plaisir. Chéron connaissait à fond tous les épisodes de ces terribles journées ; et bien que n'ayant jamais servi, il faisait, du haut de la pyramide de terre élevée par la coalition, manœuvrer les armées dans la plaine, aussi loin que le regard pouvait s'étendre, avec tant de précision, de feu, que nous nous trouvions suffisamment renseignés, et n'appelions plus notre cicérone que *le colonel*.

Charras avait pu, en même temps, dans le cabinet, compulser, analyser, comparer les documents, les écrits, les plans, que les historiens étrangers, français, et les généraux des deux camps ayant pris part à la lutte, avaient publiés ou mis à sa disposition. Il fut terminer en Suisse, dans la retraite, son livre, fait avec la clarté, le savoir, l'autorité de l'homme de guerre et de l'homme politique.

Le livre fit sensation. Il découronnait Napoléon de l'auréole de gloire immaculée, que les thuriféraires quand même de l'empire avaient posée au front du vaincu de 1815 : les faits, les dates, les ordres donnés, démontrant d'une manière irréfutable, que malgré le génie déployé dans la conception du plan de bataille, le vainqueur d'Austerlitz avait laissé écraser son armée, à Waterloo, par ses fautes dans *l'action*.

Charras écrivait le récit de la campagne de 1813, lorsque la mort vint le prendre dans la vigueur de l'âge.

Les pages laissées par lui, sur ce mouvement national de l'Allemagne, entraînant dans la croisade contre l'oppresseur commun, les rois plus désireux de régner sur des États en lambeaux, que de jouer leur couronne, les armes à la main, font doublement regretter que le travail soit resté inachevé.

Chauffour, après avoir lui-même, très-vigoureusement réfuté M. Thiers persistant dans ses appréciations sur Waterloo, a fait paraître l'ouvrage de son beau-frère, précédé d'une remarquable introduction.

Edgard Quinet, se plaçant d'abord sur le même terrain, apportait d'autres renseignements, jetait une lumière nouvelle sur les causes qui ont amené la défaite de l'armée française, la chute de l'empire.

Avec le style coloré, imagé, dont il sait si bien envelopper de grandes pensées, Quinet parlait surtout à ceux que les détails stratégiques, les termes techniques, l'histoire nue et sévère laissent froids, indifférents ou incertains.

Plus tard en Suisse, dans un ouvrage dont le retentissement a été grand, l'historien compléta son œuvre, développa sa critique. Il enleva à l'empereur-législateur son plus beau titre de gloire, démontrant jusqu'à l'évidence que c'étaient les assemblées nationales de la première république, qui avaient posé les grands principes et tracé les grandes lignes de nos codes; qu'on a donné sans raison, sans justice, le nom comme l'honneur de ces codes, à l'homme qui y a marqué seulement son empreinte, en y infiltrant, autant que cela a dépendu de lui, le privilége, l'inégalité, l'arbitraire.

Lorsqu'il habitait Bruxelles, où nul ne fut plus ferme, plus digne, plus ardent défenseur du droit, Edgard Quinet, dans toute la maturité de son talent, travaillait sans repos, écrivant, mais ne parlant plus en public. Malgré les sollicitations de ses amis, il ne voulut jamais remonter dans une de ces tribunes de la terre étrangère, où tous l'appelaient comme leur maître.

Il revoyait, corrigeait ses œuvres anciennes et en ajoutait de nouvelles.

L'hospitalité de la Belgique, il la paya en élevant un monument que le temps ne détruira pas, au grand écrivain, au grand penseur à qui son pays, se disant libéral, refuse une statue, parce qu'il a été libre penseur; comme il en refuse une à l'un de ses grands patriotes, le doyen des métiers, Agneessens, parce qu'il ne fut pas comte; alors que tant de médiocrités inconnues, de célébrités de clocher, d'ennemis même de la liberté y sont taillés en pierre, en bronze ou en marbre. Notre compagnon d'exil donnait une édition complète des œuvres de Marnix de Sainte-Aldegonde, enrichie de commentaires précieux et, comme frontispice grandiose, d'une préface qui fit rugir le catholicisme tout entier.

C'est à peu près dans le même temps, que parurent ses lettres sur la révolution religieuse au XIXe siècle.

Toutes remarquables qu'elles fussent, ces lettres et celles d'Eugène Sue sur la même question, firent peu de conversions. Il n'y avait guère plus dans la démocratie ni néo-catholiques, ni néo-protestants. Il nous paraissait donc contraire aux principes comme aux traditions, de vouloir imposer, enseigner, propager simplement même, une croyance que nous n'avions pas, donner aux autres une religion dont nous ne voulions pas pour nous. Et nous étions convaincus qu'avec sa logique, son tempérament, son génie, la France de Rabelais, de Montaigne, de Voltaire, de l'encyclopédie, de la Convention, des libres penseurs modernes, sortirait plutôt du catholicisme par la révolution que par la réforme ; en allant en avant dans les voies ouvertes par la science et la raison, non en retournant en arrière par la route de la religion : cette religion fut elle-même débarrassée par Channing de deux des personnes de la trinité et d'une partie de ses dogmes mystiques.

Au contraire, l'éloquent écrivain portait aux écoles providentielles et fatalistes qui, expliquant tout par la volonté de Dieu ou l'enchaînement des faits, justifient tout par le succès, des coups dont elles ne se relèveront plus. Dans son introduction à l'histoire, l'une des plus belles pages de la littérature française, il proclama et fit voir que le mal n'engendre que le mal, et que la vérité, la justice seules sont fécondes.

Son beau livre sur les révolutions d'Italie reparut, agrandi encore par la pensée, par le style. Marc Dufraisse y avait ajouté une préface digne de l'ouvrage.

A Bruxelles, ces deux proscrits s'étaient trouvés unis pour cette œuvre que nous applaudissions tous. En Suisse, où ils sont maintenant, l'un sur les bords du Léman aux eaux bleues, l'autre près du lac de Zurich d'un vert d'émeraude, ils ont publié, chacun de leur côté, sur des sujets différents, des écrits bien diversement jugés.

En entendant les critiques amères, passionnées, dont des journalistes et des hommes marquants de l'opposition avancée avaient salué ces nouvelles publications ; les éloges, les applaudissements que ne leur avaient pas marchandés la presse et les coryphées des vieux partis, j'avais été aussi surpris qu'affligé. Je me demandai si la solitude n'était pas mauvaise conseillère, l'isolement au milieu des étrangers une cause de faiblesse et d'erreur ; si en face de cette nature alpestre, grande, sublime, mais froide et immuable ; perdus entre les géants de pierre, dont la tête couverte de neiges éternelles se cache dans la nue, et les grands lacs dont les eaux tranquilles reflètent l'azur du ciel sans jamais être troublées par l'impur limon des bas-fonds, le penseur, l'homme politique voient l'humanité comme elle est ; jugent les événements, apprécient les faits, sentent, comme ceux qui sont au milieu de la mêlée, des orages terrestres, du torrent de la vie.

Mais je me rappelai que les deux grands précurseurs de la Révolution, J.-J. Rousseau et Voltaire, avaient longtemps foulé le sol républicain de l'Helvétie, et, au milieu des petitesses d'un calvinisme intolérant et des sublimités de la nature, étaient restés les infatigables défenseurs de la vérité, de la liberté, de la justice. Alors j'ai ouvert la *Révolution* de Quinet, le *Droit de la paix et de la guerre* de Marc Dufraisse.

J'ai tout d'abord vu dans ces deux ouvrages, en les lisant avec l'attention qu'ils méritent, que ce qui y éclate à chaque page, c'est, pour le présent, la haine du despotisme sous lequel est courbée la France, le mépris des hommes et des choses de l'empire; c'est, pour l'avenir, des projets de réforme que nous pourrions tous signer des deux mains, nous qui voulons arriver au progrès par des voies plus larges, plus heureuses que celles où nos pères ont laissé leur chair et leur sang pour le salut de la Révolution.

Il n'y a donc pas, nous en étions sûrs d'avance, ni défection, ni abdication.

Dans les passages qu'on a signalés surtout comme des défaillances, en les isolant et les relevant avec une singulière insistance, alors qu'on laissait dans l'ombre, le fond, la substance de l'œuvre, j'entrevois une réaction à outrance, par cela même exagérée, contre certaines doctrines à l'ordre du jour et qui ont leurs représentants dans presque tous les partis; je veux dire : le cosmopolitisme, le militarisme, l'exaltation des intérêts matériels proclamés le but suprême, le terrorisme comme moyen de gouvernement, le droit de la force consacré par la loi, l'intolérance érigée en dogme, la dictature proclamée en principe, le socialisme sans justice, la démocratie sans liberté, la nationalité sans patrie.

Et j'attribue, — ce que nous ne nous attendions point cependant à y trouver, — des jugements à notre sens erronés ou injustes contre notre grande Révolution ou ses révolutionnaires, et les ironies à double tranchant que nos ennemis ont pu retourner contre nous, à l'indignation soulevée dans tout esprit fier, honnête, généreux, par le spectacle des maux dont il est témoin; par la crainte des dangers que font courir à la patrie, à la société moderne, à l'humanité, le despotisme, la servitude, l'anarchie, la guerre, la superstition, le fanatisme, l'amour effréné du luxe, des jouissances, des plaisirs, à côté de l'ignorance et de la misère, pour tout dire, le byzantinisme enté sur le moyen âge.

Toutefois, Edgard Quinet, dans les pages mêmes où il accuse la Révolution de n'avoir pas donné au monde, par les fautes des révolutionnaires, ce qu'elle promettait, ce qu'elle pouvait donner, glorifie, exalte cette Révolution, en énumérant simplement les grandes choses qu'elle a accomplies ; et dans ses considérations sur la question religieuse, comme dans ses *Révolutions d'Italie*, admirablement inspiré par son sujet, il nous a donné des arguments irréfutables, pour combattre celles de ses opinions récentes qui s'écartent le plus des opinions de la démocratie républicaine.

Nous avons aussi retrouvé le Marc Dufraisse des anciens jours, en lisant dans son livre, si antinapoléonien d'un bout à l'autre, ces fières paroles, condamnation sans appel des complices et des compères du coup d'État qui, lorsque les morts de décembre reviennent menaçants, invoquent la prescription pour couvrir leur empereur :

« Ce n'est pas que toujours la mort purge le crime : il est des « forfaits qui survivent au coupable. La vénalité, la félonie des « mandataires du peuple, la haute-trahison de son magistrat su« prême, l'usurpation de la souveraineté nationale, sont des crimes « imprescriptibles et partant irrémissibles. Le temps ne les efface « pas. Le souverain lui-même ne peut en octroyer l'abolition. Les « lettres qui l'accordent sont présumées subreptices, et il est dé« fendu aux juges d'en ordonner l'entérinement. Ni les dettes de « l'homme, ni la fougue de ses passions, ni le prétexte de servir ses « propres convictions, ni l'allégation du salut public, ni l'élection « de la providence, ni le succès, ni la durée, ni la gloire, ni les hon« neurs du triomphe, pas même l'apothéose, rien ne peut justifier, « excuser, atténuer des crimes indélébiles, la mort même ne les « éteint pas ! le coupable défunt n'en peut être racheté ; *Si etiam* « *post mortem damnatur*. Il faut qu'il expie, son nom et ses os « ressortissent à la justice de l'histoire. L'égout réclame sa dé« pouille quand elle a usurpé le Panthéon. »

Marc Dufraisse, condamné d'abord à la déportation avec quatre de ses collègues, à cause surtout de son discours à l'Assemblée législative, où il osa parler de Robespierre sans l'insulter ; puis expulsé, est resté, ce qu'il a toujours été, l'homme du droit absolu, le révolutionnaire juriste qui dans son premier écrit traduisait, au lendemain du 2 décembre, les prévenus de crimes contre l'État devant la justice du pays. C'était par Fouquier-Tinville qu'il faisait requérir, contre les auteurs et complices de l'attentat à la souveraineté nationale, l'application des peines afflictives et infamantes méritées par chacun d'eux; mais en 1852 l'accusateur du tribunal révolutionnaire n'invoquait plus aucune loi d'exception, aucun décret de salut public: c'était au nom des règles du droit commun, des textes du Code pénal ordinaire, qu'il demandait la condamnation des coupables. Cela suffisait pour que l'expiation fût complète.

Aujourd'hui Marc Dufraisse veut encore justice et non vengeance. C'est ce que nous voulons tous aussi : rien de plus, rien de moins. Certes, la pitié est une grande et noble chose; mais il faut qu'elle soit la suivante de la justice, et ne l'arrête point. A ces conditions, ayons — plaise à Dieu que ce soit demain, — beaucoup de pitié pour les vaincus ! Avant tout, gardons-en toujours pour nos morts; laissons-les enfin dormir en paix dans la tombe qui les a tous réunis.

XXXI

LA LÉGENDE ROUGE.

Pourquoi, après trois quarts de siècle, lorsque les principes qu'ils ont semés sur les ruines du passé, en les arrosant de leur sang, s'épanouissent dans le monde entier, ferions-nous comparaître à la barre des criminels ou combattre entre eux, ces grands révolutionnaires de notre grande Révolution?

Pourquoi arborerions-nous aujourd'hui le drapeau d'un de ces partis de la Convention, dont nous ne pouvons avoir ni les colères, ni les haines, ni les préventions, ni les aveuglements, ni les excuses?

Ces hommes d'un autre temps, d'une autre race pour ainsi dire, avaient à renverser, exposés à tous les dangers, la société féodale, monarchique, sacerdotale, du passé ; à briser le cercle de fer et de feu dont les rois, les prêtres, les nobles enserraient la France, sur laquelle s'étaient déchaînées la guerre étrangère, la guerre civile, la famine, la misère. Ils avaient à sauver la patrie, la République, la Révolution ; et ils combattirent dans une sombre nuit que la foudre et les éclairs emplissaient de bruits sinistres, d'effrayantes lueurs. Aveuglés par la fumée de la bataille, ils s'entretuèrent les uns les autres, croyant tirer sur l'ennemi.

Ayant une foi invincible dans l'infaillibilité de ses principes, convaincu qu'en lui seul était le droit, la vérité, la force, et que tout ce qui n'agissait pas, ne voulait pas, ne pensait pas comme lui, était l'adversaire mortel, chaque parti allait droit devant lui, brisant tous les obstacles qui paraissaient entraver sa marche vers le but suprême, le salut du peuple; mais ils combattirent sous le même drapeau, pour la même cause, avec la même foi, le même amour pour la patrie; ceux, au moins, que la mort a pris pleins de jours, d'énergie, de vaillance, n'ayant jamais courbé la tête sous le despotisme, jamais porté une main sacrilége sur la patrie, jamais trahi la cause du peuple. Ceux-là étaient les enfants de cette Révolution, qui comme Saturne les dévora tous, ainsi que le prévoyait si douloureusement Vergniaud. Mais, suivant la forte parole d'un grand historien, ils ne se sont pas connus.

A mesure, en effet, que l'on aura tous les éléments de ce grand procès, jugé mais non instruit; que les systèmes, les préjugés d'écoles, de doctrines, n'auront plus d'influence sur les jugements de la démocratie moderne; on reconnaîtra, nous l'espérons, que presque toutes les accusations portées par les conventionnels, les uns contre les autres, furent injustes, fausses ou exagérées, doivent être attribuées à l'esprit de parti, qui, aveuglé, fanatisé par les dangers de la patrie, rendait les malentendus sanglants, l'antagonisme mortel, l'intolérance fatale aux révolutionnaires comme à la Révolution. L'histoire dira que dans le sein de la Convention, au plus fort de la tempête, il n'y eut ni faction de l'étranger, ni parti monarchique, ni amis de l'anarchie, ni fauteurs d'immoralité, ni comité de dictateurs aspirant au pouvoir suprême; mais des républicains consciencieux, convaincus, marchant au but par des voies diverses, et qui ont payé leurs funestes divisions, leurs malheureuses erreurs, de leur réputation, de leur vie.

Nous ne pouvons donc qu'applaudir aux généreuses tentatives de cette pléiade de jeunes chercheurs : Hamel, Jules Claretie, Tridon, Avenel, Bougeart, etc., qui, après Louis Blanc et Michelet, les maîtres, viennent réhabiliter, justifier, exalter quelques-uns de ces hommes ou de ces partis des grandes assemblées républicaines, maudits, condamnés, poursuivis jusque dans le tombeau, par les contre-révolutionnaires de tous les pays, après s'être déchirés de leurs propres mains.

Nous serions heureux de voir laver de toute souillure, rendre dignes de la Révolution, dont on ne peut pas plus les séparer que de l'histoire, par la grande part qu'ils y ont prise, tous ceux, sans exception, qui ont combattu, souffert ou péri pour elle.

En opposant des faits, des documents, des preuves aux soupçons, aux allégations, aux accusations qui pèsent sur la mémoire de ces morts, les écrivains que nous voyons, chacun à son point de vue et d'après ses investigations particulières, glorifier les partis dont ils se portent les défenseurs, les témoins, font œuvre utile, méritoire. Puissent-ils faire entrer tous les grands révolutionnaires dans le panthéon de la démocratie ! Pour cela, il ne faut plus emprunter à nos ennemis leurs calomnies contre quelques-uns des nôtres ; jeter dans la boue ceux qui étaient sur le piédestal ; mettre une idole à la place d'une autre idole ; prononcer l'ostracisme, parce qu'on s'ennuie de les entendre toujours appeler, dans l'histoire révolutionnaire, les incorruptibles, les purs, contre ceux à qui toutes les réactions ont jeté l'anathème. Défaire d'un côté ce qu'on édifie de l'autre serait une faute autant qu'une injustice.

Provoquée par de longs siècles d'oppression, de misère, de crimes ; rendue nécessaire par les dangers de la France ayant à défendre, dans une guerre sans pitié, sans merci, ses libertés voilées jusqu'à la paix pour resplendir alors éclatantes, son indépendance et son intégrité ; appelée à maintenir l'unité et l'indivisibilité de la République, qui était menacée d'être coupée en morceaux ou partagée de nouveau, non point en communes libres, unies à l'État par un lien fédéral, comme on dirait aujourd'hui, — cela était dans l'esprit des constitutions républicaines, — mais en provinces, séparées par les barrières et les antagonismes d'un passé écroulé aux acclamations du peuple tout entier ; devant conserver et donner au monde, les principes de 89 enfantés aux grands jours de la liberté ; veiller au salut des républicains les plus dévoués, promis au poignard, à la corde, à la guillotine ; défendre Paris, que les émigrés, les coalisés, les conspirateurs de l'intérieur avaient, dans des manifestes célèbres, voué à l'incendie, au pillage ; la Terreur a fait son œuvre. Avec elle, malgré elle, si on veut, — bien que je ne l'admette pas, — la Convention a sauvé la France, qui portait dans ses flancs le droit moderne, et que Napoléon, avec le despotisme et la gloire, a laissé envahir. Mais désormais elle appartient à l'histoire. Nous n'avons plus à aller l'y chercher.

Après que la philosophie a fait évanouir, comme une ombre, la légende dorée ; que l'histoire contemporaine a détrôné la légende napoléonienne, nous ne comprendrions plus que la démocratie créât de ses propres mains une légende rouge ; qu'elle remuât la Terreur pour en faire, soit la condamnation de notre passé révolutionnaire, soit l'épouvantail des révolutions à venir, en en voilant comme d'un nuage de sang le jour qui vit naître l'ère moderne, ou en la faisant flamboyer, lueur sanglante, à la tête des colonnes marchant vers la terre promise. Que pour en faire l'enseignement du présent, qui gros du passé, a dit un grand philosophe, engendre l'avenir, les historiens signalent les fautes, les malheurs, les excès de la terrible époque où tous, dans les assemblées nationales, les clubs, les armées, avaient fait un pacte avec la victoire ou la mort; c'est leur devoir. Qu'en tenant grand compte du temps, des circonstances, des nécessités du moment, ils montrent ce qu'on aurait pu faire, éviter, préparer; proclament lesquels des acteurs du sombre drame comprirent le mieux les périls ou les ressources de la situation, servirent la République, le peuple avec le plus d'habileté, de dévouement, de courage, se montrèrent les plus ardents ou les plus intelligents apôtres du progrès ! C'est leur mission !

Il est naturel, légitime aussi, que chaque démocrate manifeste ses sympathies, ses préférences pour les hommes, les partis avec lesquels, suivant son tempérament, ses études, ses doctrines, ses mœurs, son genre d'esprit, il sympathise le plus ou est davantage en communion d'idées. Ce n'est ni la triste indifférence, ni l'absurde éclectisme, ni un immoral fétichisme que nous prêchons.

Ce que nous demandons, répétons-le, c'est qu'on n'imprime pas au front de la Révolution la tache d'un autre péché originel, dont ses enfants porteraient la marque indélébile et devraient être rachetés par quelque nouveau Messie.

Ce que nous ne voulons pas, c'est, en marchant, la tête haute, le cœur ouvert et l'esprit libre, vers l'avenir, nous charger du lourd fardeau sous lequel ont succombé nos pères.

Il y a impiété à traîner sur la claie les corps de ceux dont nous sommes les fils, à découvrir leurs plaies béantes ; injustice, à laisser aux hommes que la patrie en danger eut à sa tête, la responsabilité de tout le mal accompli, en rapportant tout le bien au hasard, à la providence, à la foule ; que sais-je ? ingratitude, à renier ceux qui ont fait, en sacrifiant leur vie et leur mémoire, triompher la Révolution dont nous recueillons les bienfaits.

Mais aussi, c'est folie de prétendre ressusciter ces morts, de les prendre pour modèles, pour guides, pour chefs ; de ne jurer que par eux. Nous qui vivons, soyons de notre temps, et n'acceptons la responsabilité que de nos actes. Laissons derrière nous les armes, les passions, les préjugés d'une époque qui n'est pas la nôtre. Tout cela est aussi inutile à la Révolution future que les arquebuses et les pierriers du moyen-âge aux combats de notre siècle. On ne remonte pas le cours des âges ; et la France ne reverra plus l'enfantement d'un nouveau monde.

Entrons donc dans les voies nouvelles que la science, la liberté, la justice nous ouvrent ; et dans la grande croisade contre tous les despotismes, toutes les exploitations, toutes les iniquités sociales et politiques, que notre cri de ralliement soit : *En avant ! l'humanité le veut !*

XXXII

TRAVAUX LITTÉRAIRES.

A côté de Quinet, plusieurs proscrits écrivirent. Ils firent de la science ou de la littérature légère, dans laquelle la politique tenait une place plus ou moins grande.

Lachambaudie donnait de charmantes sœurs à ses fables, adoptées par plusieurs pensionnats, comme plus appropriées à l'éducation des enfants que celles de La Fontaine. Yvan publiait d'intéressantes impressions de voyage; Noël Parfait et Tavernier faisaient paraître des romans et des articles de critique littéraire; Erdan dévoilait les secrets de la France mystique, ouvrage que la France impérialiste, et sinon mystique au moins catholique, n'a pu lire, parce qu'il attaquait la religion des Bonapartes. Paul de Jouvencel traitait en métaphycien politique, des questions relatives à la bourgeoisie et à la religion; Hetzel continuait, avec la plume de Stahl, d'enrichir de ses croquis fantaisistes, pleins d'humour et d'esprit, les livres qu'il éditait, et dont les illustrations étaient des premiers artistes de Paris. Deschanel racontait, avec sa finesse railleuse et élégante, le bien et le mal qu'on dit des femmes; Belin, dans une traduction aussi fidèle que bien écrite, faisait connaître à la France le *Rationalisme* du libre-penseur italien Ausonio Franchi; Souesme, lui-même, venu avec la réputation d'avaler des gendarmes tout crus, et qui pourtant ne trouvait jamais assez tendres les biftecks *cuits à la diable*, à ce qu'il disait, des restaurants d'Ixelles, ni jamais assez sucré le café servi chez madame Henri, Souesme avait traduit en vers les deux mille pensées du poète latin Publius Syrus.

Les docteurs Testelin et Moreau vulgarisaient la science médicale, par des œuvres que les hommes du monde aussi bien que les hommes compétents peuvent consulter avec fruit. Le premier, aussi habile dans la pratique que dans la théorie, traduisait de l'anglais le traité de Mackensie, sur les maladies des yeux dont il avait fait surtout une étude approfondie. Il y ajoutait des notes du plus grand intérêt et des planches dessinées par Borderies, un autre proscrit. Le docteur Moreau visitait souvent les malheureux dans leurs cabanes isolées. Dans les montagnes des Ardennes comme dans sa Côte-d'Or, son pays, où il a voulu aller mourir, il savait combien il est difficile d'avoir à temps, loin des villes, des soins intelligents et des remèdes : et il donnait dans un petit traité intitulé *le Médecin des Campagnes*, les conseils et les prescriptions dont chacun peut tirer bon parti, en attendant l'arrivée de son docteur.

Place réunissait ses souvenirs de médecin, souvenirs piquants; car le guérisseur du corps sait presque autant de secrets que le confesseur se disant le guérisseur des âmes. Il résumait aussi, d'une manière fort instructive, en quelques pages, les leçons d'hygiène qu'il faisait à l'Hôtel-de-Ville.

Revenu du Texas, où le phalanstère, établi au milieu d'un pays que l'esclavage souillait alors, n'avait pu prospérer, Cantagrel commença une série d'études sur les questions les plus hautes de la métaphysique. Il voulait démontrer par les mathématiques l'existence de l'être suprême ; ce qui faisait dire à Joly, en plaisantant, que le disciple de Fourier travaillait à fabriquer des bons dieux. Comme nous étions plus préoccupés, à cette époque, de ce qui se passait sur terre que de ce qui existait dans les cieux, nous nous passionnions beaucoup moins qu'on ne le fait aujourd'hui pour ces thèses de l'autre monde; et Joly pouvait, sans prendre couleur, faire son mot.

Échappé de Cayenne, Attibert, dans un livre où, comme dans les bagnes de Ribeyrolles, abondent les documents que l'histoire recueillera pour dresser le martyrologe des proscrits, raconta les tortures auxquelles étaient soumis les transportés sur les plages pestilentielles de la Guyane.

D'autres écrivains vinrent ensuite remplacer ceux qui étaient partis. Même après l'amnistie, le mouvement littéraire et politique ne s'arrêta pas. Ce fut à Bruxelles que Proudhon, préférant l'exil à la prison, fit de son plus important, de son plus remarquable ouvrage, la *Justice dans la Révolution et dans l'Église*, une édition nouvelle, où il ajouta des articles qui rappelaient le journaliste de 1848. C'est là aussi qu'il écrivit *les Majorats littéraires*, *les Démocrates assermentés*, *la Capacité des Classes ouvrières*, *le Droit de la Force*, et qu'il ébaucha la plupart des ouvrages publiés après sa mort. Ces écrits, dans lesquels on retrouve pourtant le style, la dialectique, le *faire* ordinaire du grand polémiste, n'ont pas produit le même effet, ni eu le même retentissement que d'autres œuvres du même auteur. Cela tient moins encore peut-être à ce que les doctrines qui y sont développées, n'étaient plus acceptées par la grande majorité du parti démocratique, qu'à ce qu'ils n'étaient point édités à Paris. Paris veut bien imposer à tous sa littérature, ses goûts, ses modes, sa politique; mais il accepte difficilement ce qui se fait sans lui, hors de chez lui.

Comme Proudhon, venu en Belgique pour se soustraire à une condamnation pour délit de presse, Rogeard, qu'une petite brochure avait en un jour rendu justement célèbre, se remit à l'œuvre; il fit courir, répéter par toute l'Europe *les Propos de Labienus*, et donna de plus, avec *Pauvre France*, d'autres écrits en vers et en prose, très-vigoureux, très-bien faits, qui n'avaient qu'un tort, celui de venir après un chef-d'œuvre.

Après l'amnistie, qui avait vidé les prisons, Boichot compléta à Bruxelles ses études, que dans l'état militaire il avait été obligé d'interrompre ; puis il composa de petits traités sur la géographie, l'astronomie, les connaissances à l'usage de tous qui, par leur méthode, leur clarté, leur concision, doivent plaire à la jeunesse studieuse en l'instruisant, et sont appelés à devenir classiques. Abordant ensuite des sujets qu'il connaissait bien, notre ami signala les abus, les dangers, les dépenses que les armées permanentes traînent à leur suite ; et il formula les grands principes qui doivent présider, dans une démocratie, à l'organisation de la force publique pour la défense nationale; amener ce qu'il a appelé la *Révolution dans l'armée.*

Dans un écrit intitulé *la Question du Lendemain*, Boichot a donné, en quelques articles, le programme des réformes, que les républicains démocrates et socialistes les plus radicaux voudraient voir adopter, mettre au moins à l'ordre du jour, et proclamer l'idéal vers lequel on doit se diriger. La législation directe, c'est-à-dire le peuple, faisant lui-même sa loi dans ses comices, est un de ces *désiderata* dont il fait avec raison l'énumération.

Comme le suffrage universel, la législation directe ne vaut sans doute que suivant le degré d'intelligence, de moralité, de liberté réelle du peuple, qui fait ainsi acte plénier de souveraineté ; aussi bien, les cantons de Genève, de Lauzanne, de Berne, où le système représentatif est en vigueur, entendent et exercent mieux les droits de l'homme et du citoyen, que les petits cantons de la Suisse, Uri, Zug et Schwyz, où le peuple, catholique et ignorant, fait directement la loi. Mais en principe, la législation par le peuple est la seule forme de République qui consacre réellement le droit de tous, la souveraineté populaire. En fait, c'est l'unique moyen de faire les réformes sociales qui peuvent amener l'abolition du prolétariat.

Cependant, ce principe, adopté après février par les sociétés secrètes, et que défendirent avec éclat Ledru-Rollin, Considérant, et l'allemand Rittinghausen plus que jamais fidèle à ses doctrines d'alors, passionne peu les esprits et les populations en France. au moment même où l'un des plus importants cantons de la Suisse, celui de Zurich, en fait l'application, que la Confédération helvétique le discute, le met en délibération. Ne serait-ce pas qu'en France les diverses fractions du parti démocratique, et Paris, tête et bras des révolutions, comptent plus ou moins sur la dictature pour réaliser leur idéal social et politique?

La dictature peut bien surgir des tempêtes populaires, comme la foudre des orages du ciel, pour frapper, briser, réduire en poudre tout ce qui fait obstacle à la Révolution ; mais, son œuvre faite, elle n'a plus de raison d'être : elle ne saurait rien fonder de solide. Jamais la dictature, que ce soit celle d'une ville, d'une assemblée ou d'un homme, ne sera capable, surtout, d'imposer les réformes par lesquelles les sociétés sont transformées, à une nation qui ne serait pas prête à les recevoir, ne les voudrait ou ne les demanderait point. Une révolution ainsi faite n'aboutirait pas, ne durerait pas. C'est la société elle-même qui, par ses mandataires dans le présent, par tous ses membres dans l'avenir, doit résoudre les grandes questions d'où dépendent son existence, son bonheur.

Il faut donc marcher à la suppression du gouvernement représentatif, en l'améliorant, le dépassant, mais non en rebroussant chemin vers les gouvernements absolus, personnels, ni même vers les champs de mai et de mars des Gaulois et des Francs, nos ancêtres; car tout le progrès est du côté de l'avenir. C'est en instruisant le peuple sur ses devoirs aussi bien que sur ses droits et ses intérêts, qu'on lui donnera le pouvoir et les moyens d'être réellement souverain pour son plus grand bien.

Il ne faut point non plus s'enfoncer dans le passé pour y prendre un communisme qui, sous un nom nouveau, amènerait l'égalité dans la servitude, comme les couvents du moyen âge l'ont connue; ou une misère générale, telle que celle dont sont atteintes, de nos jours encore, les tribus nomades de l'Algérie et les peuplades sauvages. Malgré leurs inégalités et leurs maux, le présent, la civilisation sont supérieurs au passé, et aux institutions surannées, usées, barbares ou appropriées à des sociétés, à des temps qui ne sont plus les nôtres. C'est en avant, non en arrière comme l'enseignent les religions, qu'est le paradis terrestre. A la science sociale d'y conduire le genre humain. Cette science doit trouver la loi qui, en détruisant l'exploitation de l'homme par l'homme et par le capital, ne créera pas l'exploitation de l'homme par la communauté, la commune ou l'État, mais assurera au travailleur la propriété des instruments comme des fruits de son travail, d'où résultent la mutualité des services, l'échange des produits à leur juste valeur. Elle seule aussi amènera le bien-être universel et le règne de la justice, par la réalisation, dans la société, de la liberté, de l'égalité et de la fraternité, indissolublement unies.

Dans les *Souvenirs d'un Prisonnier d'État*, Boichot a ensuite raconté sa vie à Belle-Isle et à Corte, au milieu de ses amis moins résignés que Silvio Pellico, tout en supportant fièrement la captivité.

En retraçant les impressions que faisaient naître en lui les récits du dehors, la visite des amis, la vue des paysages, des monuments, des villes qui apparaissaient devant lui comme les tableaux d'un diorama, alors qu'à travers les étroites meurtrières des murailles, il apercevait un petit coin de terre verte et fleurie, ou que, transporté par mer d'une forteresse dans l'autre, il découvrait de vastes horizons, notre compagnon d'exil a su mêler d'une manière très-heureuse la politique et la poésie, dans ce livre qu'on pourrait appeler le voyage d'un prisonnier autour de sa cellule.

Thoré, sous le nom de Burger, continuait, dans des notices où se révélaient l'artiste et le critique autant que l'écrivain, à faire connaître et apprécier les trésors des musées de la Belgique, de la Hollande et de l'Angleterre.

Dans ces derniers temps, Bancel a réuni sous ces titres : ***Harangues de l'Exil*** et ***Révolutions de la Parole***, les conférences que pendant tant d'années il avait faites à l'Hôtel-de-Ville et à l'Université libre. Il donne ainsi un cours de littérature presque complet. Pour ceux qui ont assisté aux conférences, le livre ne peut pas remplacer la parole émouvante de l'improvisateur ; ils y retrouveront néanmoins ce qu'ils ont si souvent applaudi. Appréciations élevées, impartiales sur les œuvres des orateurs, des écrivains, des artistes et des penseurs, détails pleins d'intérêt sur la vie de chacun d'eux, allusions mordantes aux événements, protestations énergiques contre l'iniquité, l'arbitraire et le despotisme, éloquentes revendications de la liberté, du droit, de la justice, conseils partant du cœur donnés à la jeunesse, tout cela mêlé avec autant de bonheur que de talent : Voilà ce qui en fait une œuvre originale, écrite avec une grande pureté de style et de goût.

Le docteur Laussedat a donné sur le Mont-Dore, cette petite Suisse de la France, sur ses sites pittoresques et grandioses, les mœurs de ses habitants, ses beaux établissements de bains, la nature de ses eaux thermales, si efficaces dans le traitement de quelques-unes des maladies régnant à Bruxelles, un travail savant et intéressant tout à la fois, où les touristes, les médecins, les malades trouveront également ce qui peut leur être utile ou leur plaire.

Chaque samedi, Henri Rochefort rallume sa lanterne, dont la flamme, malgré vents et marées, gendarmes et douaniers, reste éclatante et flamboie au festin de Balthazar.

Ceux qui ne faisaient pas de livres en lisaient, étudiant les théories politiques et sociales, que la Révolution a pour mission de réaliser. Ils achetaient aussi parfois les ouvrages instructifs, rares, qu'ils trouvaient à bon marché dans les ventes publiques aux enchères, que Bluff, réfugié allemand, fait avec tant de profit pour les amateurs, dans une ville où, pendant si longtemps, la contrefaçon a reproduit les principaux auteurs de tous les pays. Nos bibliophiles : de Thou, de la famille du célèbre historien, Deguelle, Guilgot, Borderies, enrichirent ainsi, à peu de frais, leurs bibliothèques, d'œuvres curieuses. D'autres firent des collections de tableaux et d'objets d'art, qui dans les premiers temps de notre séjour abondaient en Belgique. En furetant bien dans les boutiques de bric-à-brac, les marchés de vieilleries, les greniers des châteaux, on pouvait faire alors de véritables trouvailles.

Benjamin Raspail, artiste lui-même, et qui a exposé des *natures mortes* très-bien réussies, avait eu de ces bonheurs. Retouchant, rentoilant les vieilles peintures qu'il découvrait enfouies sous la poussière, au milieu de toutes sortes de croûtes, il était parvenu à composer une galerie d'amateur où l'on remarquait plusieurs tableaux de maître.

Passionné pour la peinture, bien que s'y étant pris trop tard pour devenir un grand connaisseur, Gastinel faisait des *hasards* qui le ravissaient. Aussi bon que confiant, et ne pouvant pas se donner le luxe d'une *galerie*, notre vieil ami cédait ensuite aux premiers venus qui l'en priaient, et ne le payaient souvent pas, les tableaux les plus estimés par lui, ceux dont il espérait trouver un placement avantageux, les laissant au prix coûtant, parfois même au-dessous de leur valeur.

Fournier, en même temps qu'il donnait des articles bibliographiques aux revues, réunissait dans des albums les gravures anciennes ou rares, trouvées par lui aux paniers des revendeurs, et dont il savait apprécier la valeur. En mettant le pied à Paris, après l'amnistie, ce proscrit fut arrêté comme un conspirateur par la police, qui le retint vingt-quatre heures en prison, sans lui dire pourquoi. Ferme dans ses opinions, mais simple, tranquille, vivant en famille, Fournier était, à coup sûr, le plus inoffensif des exilés. Il faut croire qu'on aura pris pour des allusions au présent, les gravures où les orgies du bas-empire et les crimes des Césars étaient représentés !

XXXIII

PROMENADES. — RÉUNIONS.

Au milieu de toutes ces occupations, il y avait naturellement bien des heures consacrées à la promenade, récréation aussi économique qu'hygiénique. Pour peu que le temps le permît, nous faisions, par les grandes routes pavées et bordées d'usines, de fabriques, de jardins maraîchers, une pointe dans la campagne, jusqu'au milieu des bouquets d'arbres et des prairies ou s'entremêlent les châteaux, les villages, les fermes.

Quand nous nous attardions trop, nous dînions en route, mangeant une friture de goujons à la *Petite île* :

Dans les prés fleuris
Qu'arrose la Senne,

un bifteck aux *Deux Maisons*, rendez-vous des couples qui cultivent le sentiment et le veau froid, ou une omelette au jambon à Vleurgat, sur la lisière du bois de la Cambre, dans lequel l'on n'avait point encore fait des routes sans ombrages et des lacs sans eaux.

Nous suivions parfois, le dimanche, la foule, qui à Bruxelles comme à Paris aime à déserter la ville pendant les jours de fête. Nous allions alors le plus souvent à Boitsfort, à Groenendael ou à la Hulpe, villages cachés dans des bois touffus qui font concurrence aux restaurants : un dîner sur l'herbe, sous des arbres verts, au bord d'un ruisseau, avec le saucisson, la salade et le faro, étant un des plaisirs que se donnent volontiers les Bruxellois faisant de la villégiature en famille.

Nous nous arrêtions rarement à Laeken, où de frais gazons, un *Tivoli*, émaillé de jeux et de ris (vieux style), des grottes peu naturelles, remplies à certaines heures de nymphes bocagères, et les mousquetaires, non de la reine, attiraient la jeunesse amoureuse de plaisirs et ceux qui vont chercher la ville à la campagne.

A l'occasion, nous poussions jusqu'à Tervueren, ouvrant à tous, pour les solennités de sa kermesse, son beau parc royal, que peuplent des faisans et des chevreuils, à Saventhem, qui garde religieusement le tableau que Van Dyck, jeune et amoureux, y laissa pour adieu, à l'abbaye de Villers, dont les ruines, illuminées par le soleil couchant ou éclairées par la lune, au milieu d'un paysage charmant, sont d'un effet si pittoresque.

Ce qu'on avait sous la main ou pour mieux dire sous le pied était un peu dédaigné. Les proscrits ne fréquentaient guère le magnifique boulevard qui fait à Bruxelles, au printemps, une verte ceinture, si belle depuis qu'avec l'octroi ont disparu le fossé profond et la barrière en bois pourri dont il était déshonoré.

Le Parc lui-même, avec ses massifs épais, ses tapis de gazon, ses beaux horizons, ses grands arbres, dont nous avons vu, depuis, renverser par la tempête les plus beaux, ceux à l'ombre desquels nous aurions tous juré que les derniers des Bonaparte seraient venus s'asseoir pour demander l'aumône aux passants; cette promenade, où l'on a de frais ombrages l'été, du soleil l'hiver, quand un seul rayon perce la nue, un air pur toujours et jamais de poussière, était délaissée par la grande majorité des exilés. La première année, en arrivant, presque tous, au contraire, allaient se grouper autour de la corbeille de verdure qu'a remplacée la gerbe d'eau. Depuis, nous nous y réunissions une dizaine à peine, pour lire les journaux et causer, dans l'allée que nous appelions l'allée des *Bedeaux*, parce que le général Bedeau et les sacristains de Sainte-Gudule l'avaient adoptée comme nous, celle qui va en diagonale du grand bassin à la porte s'ouvrant vers le palais Ducal.

Nous avons souvent parcouru en tous sens le beau jardin où se livrèrent, en 1830, des combats acharnés entre les Belges et les Hollandais; et quand, parlant des révolutions de France et du Brabant nous nous reposions sur un banc, ce fut sans doute plus d'une fois sur celui de Cambon que nous étions assis.

Le soir, on s'éparpillait dans les lieux de réunions, où chacun se groupait suivant ses affinités, ses goûts, ses relations passées ou présentes. Bien qu'une fusion plus ou moins grande de toutes les fractions du parti républicain se fût faite à la suite du coup d'État, dans la proscription belge, on pouvait encore, sans trop chercher, reconnaître les anciennes nuances politiques.

Ainsi, le *National* faisait sa partie de domino au *Café du Théâtre*, où Latrade, au souvenir de ses foins qu'on rentrait sans lui, soupirait bruyamment en posant le double-six.

Aux *Arts*, rue de la Fourche, la *Réforme* jouait au bésigue, jeu moins innocent qu'il ne le paraît, car il a été le complice du coup d'État, en retenant au cercle de la rue de Richelieu, dans la nuit du 2 décembre, les républicains que Joly voulait emmener dans les rues de Paris voir ce qui se passait. C'est là que Buvignier appelé par les journaux de la rue de *Poitiers*, nous n'avons jamais deviné pourquoi, *le féroce Buvignier*, dit à ses partenaires, causant, les cartes à la main, de choses indifférentes, ces mots devenus historiques : « *Messieurs*, nous ne sommes pas ici pour nous amuser ; jouons ! »

Les purs du socialisme allaient fumer chez la citoyenne Sébert. Tout en faisant avec une égale ardeur de la politique Blanqui et de la médecine Raspail, cette exilée soignait avec le même dévouement, quels que fussent leurs opinions ou leurs médecins, tous les proscrits malades au chevet desquels elle allait veiller. Expulsée après le coup d'État, la citoyenne Sébert a été condamnée à l'emprisonnement pour société secrète, en France où elle était rentrée à la suite de l'amnistie. Sortie de prison, elle est venue de nouveau habiter Bruxelles jusqu'à des temps meilleurs ; et sur la Grand'-Place, dans la maison même où Victor Hugo a écrit dans une modeste chambre son *Napoléon le Petit*, elle a ouvert, à l'enseigne du *Petit Gavroche*, un débit de tabac parfaitement approvisionné de produits indigènes et exotiques de premier choix.

Les *bleus* pouvaient se rencontrer chez le baron Coppens, ancien préfet du Pas-de-Calais sous Cavaignac ; et Coppens, en bon camarade, invitait parfois les *rouges* à venir danser chez lui avec des princesses polonaises.

La démocratie pacifique et internationale prenait le thé chez Deguelle, où l'on était toujours si cordialement accueilli par son excellente femme et par lui. Là se réunissaient, avec les phalanstériens Cantagrel, de Thou et plusieurs autres réfugiés français, d'All' Ongaro, l'élégant poëte italien, le socialiste allemand Rittinghausen, qui écrit aussi bien dans notre langue que dans la sienne, les belges Vangoidtsnoven père, le vieil ami des babouvistes, Adolphe Demeur, tout jeune alors et plus ardent disciple du fourierisme que du parlementarisme, et Haeck, que l'industrie a enlevé aux meetings, où il traitait avec tant d'autorité les questions financières, après avoir donné, pour rester indépendant, sa démission d'employé au ministère des finances, enfin le hongrois Jean Ludwigh, ministre sous Kossuth. Ludwigh était comme celui-ci resté, après le compromis avec l'Autriche, volontairement exilé, parce qu'il voulait l'unité, l'autonomie de sa patrie. Il n'a quitté Bruxelles, où il a publié en français plusieurs ouvrages fort intéressants sur la Hongrie, que lorsque ses compatriotes l'ont appelé, malgré son éloignement, à être un de leurs représentants à la Diète. A Pesth il défendra dans la presse et à la tribune les principes des véritables révolutionnaires.

C'était chez la mère Moreau, rue de la Tête-d'Or, que les montagnards allaient politiquer entre le petit verre de cassis et la demi-tasse.

Et puis les voisins voisinaient. Dans le bas de la ville, madame Jacquin donnait, les dimanches, un dîner aux proscrits habitant, dans son voisinage, Schaerbeek, l'ancien marais transformé depuis peu en faubourg très-peuplé, bien bâti. Ayant dans l'exil perdu son mari, privée de ses deux fils aînés forcés, pour ne pas être livrés au gouvernement français, de se réfugier en Amérique, madame Jacquin était à la tête d'une importante manufacture de tissus de laine. Bien secondée par son fils le plus jeune, elle dirigeait sa fabrique avec intelligence et faisait d'une manière très-empressée les honneurs de sa table, où les andouillettes de Troye et les escargots de la Champagne, venant de la patrie, figuraient comme les plats d'honneur.

Au centre de Bruxelles, les ouvriers parisiens faisaient le lundi chez Frémyn, fabricant de lampes et véritable artiste dans son état. Bien qu'ils dussent ordinairement substituer, pour arroser les marrons grillés, le faro au petit vin blanc de la barrière, leurs réunions étaient gaies, animées par l'entrain, la vivacité de réparties, l'esprit naturel que les enfants de Paris portent partout avec eux.

Dans le haut Ixelles, non loin du quartier Léopold, ou se carrent dans de larges rues les beaux hôtels habités par l'aristocratie et par les Anglais, un certain nombre de familles de proscrits s'étaient groupées, peut-être par hasard, peut-être aussi pour être moins éloignées les unes des autres et plus près du soleil. C'était une petite colonie française au milieu de Bruxelles. Liées par la communauté de goûts, de positions, de principes, les familles Baune, Madier-Montjau, Fleury, Dupont de Bussac, Vergnes, Lafittau, Rousseau, qui la composaient, se voyaient souvent. Elles organisaient de temps en temps des réunions intimes et charmantes où régnaient l'union, une douce gaîté, et auxquelles étaient admis quelques amis des quartiers éloignés ou venant de France, les familles Quinet, Laussedat, Smith, entre autres. Le rire frais et joyeux des jeunes filles faisait envoler jusqu'au lendemain les soucis et les tristesses de l'exil. La musique, dans les grandes circonstances quelques quadrilles dansés au piano, et une causerie aimable, spirituelle, vive, rendaient les soirées bien courtes.

Se mettre dans ses meubles eût été considéré, au début, comme une folie ou un manque de foi : aussi, pour donner à peu de frais un air de fête aux appartements loués en *garnis* et dont l'ameublement laissait fort à désirer, les dames recouvraient de toile perse les canapés et les fauteuils qui montraient un peu la corde, ornaient de fleurs nouvelles la cheminée trop nue, et imprimaient, avec un rien, un cachet d'élégance, de distinction à toute la décoration du salon de réception, salon petit, mais rempli, comme le désirait le sage, de véritables amis.

Pendant la belle saison, les jours de vacances générales, la colonie d'Ixelles émigrait en masse dans la campagne; et l'on faisait sous les arbres touffus de la forêt de Soignes un pique-nique. Les proscrits trouvaient le menu doublement bon : il se composait de mets apprêtés à la *mode du pays* par les dames, qui savaient que la cuisine belge n'avait pas fait oublier à leurs maris la cuisine française.

La famille, c'est une lourde charge pour celui à qui on a enlevé la patrie, la fortune, les moyens d'existence ! Lorsqu'après avoir vu sa carrière brisée, son industrie anéantie, ses propriétés confisquées, séquestrées, aliénées pour rien, l'exilé erre sur la terre étrangère, sans relation, sans appui, n'ayant qu'un asile incertain, une hospitalité douteuse, un travail mal rétribué, des ressources insuffisantes, il lui faut plus de courage, de résignation, de dévouement qu'à un autre; puisque père, mari, il a charge d'âmes, doit nourrir, soutenir, lui et les siens. Si alors il n'est point secondé, appuyé, aimé par sa compagne, son malheur est entier et sans remède.

Cependant la famille est une des grandes consolations comme un des grands stimulants de l'exilé.

Voulant que sa famille vive honorablement de son travail, que ses enfants reçoivent une éducation convenable, le père ne reculera devant aucun déboire, aucun sacrifice, et supportera fièrement, patiemment, les plus rudes épreuves, les plus grandes privations, les labeurs les plus ingrats, pour donner à ceux qu'il aime le pain du corps et de l'esprit, et leur montrer ce que peut faire un républicain qui veut remplir tous ses devoirs.

Lorsqu'on est seul, isolé au milieu des étrangers, des indifférents, qu'on ne peut compter que sur soi ou sur des mercenaires, il faut être ferme de principes, fort de volonté, bien trempé, si ayant à lutter contre la souffrance physique, le mal du pays, l'inclémence des temps, l'injustice des hommes, les misères de la proscription, on ne se laisse pas envahir par le découragement et la désespérance, abattre ou démoraliser par l'adversité; si on ne va pas à la dérive, en cherchant l'oubli de sa position dans des remèdes qui obscurcissent l'intelligence, détruisent la santé, ou en faisant de ces capitulations de conscience, que ceux qui sont heureux, riches, en bonne santé, bien conseillés, ne comprennent même pas, tant ils en sont à l'abri.

Soutien, force, encouragement, consolation, dévouement, éclairé, rien ne manque, au contraire, a celui dont la bonne et courageuse compagne, entourée d'enfants selon son cœur, partage ses opinions dans la bonne comme dans la mauvaise fortune, dans la défaite comme dans la victoire, aime ce qu'il aime, hait ce qu'il déteste. Elle lui rend agréable son intérieur, en l'entourant de prévenances, de soins affectueux; tandis qu'elle-même, dédaigneuse de plaintes, de regrets superflus, elle garde une fière et noble résignation, ou semble prendre son parti de toutes les privations, pour ajouter au mérite du sacrifice, en laissant croire à son mari, à tous, qu'elle est heureuse! Ainsi protégé par la bienfaisante fée du foyer, l'exilé peut attendre et espérer.

Elles furent nombreuses dans la prosciption, ces femmes fortes et vaillantes qui restèrent à la hauteur de leur mission, remplirent le devoir jusqu'au bout, donnèrent à tous l'exemple du courage. Madame Quinet a tracé de quelques-unes d'elles, dans son livre, des portraits très-ressemblants, qu'il ne faut pas retoucher. Si nous voulions mettre ici les noms de toutes, nous remplirions ces pages. Nous devons cependant rendre hommage à une d'elles, qui les représente admirablement, madame Baune, parce que celle-ci a été, toute sa vie, mêlée à la politique.

Mariée à l'un des plus énergiques et des plus persévérants lutteurs de la démocratie, à un républicain de l'avant-veille qui, pour sa foi politique, a été dénoncé aux cours prévôtales, sous les Bourbons, condamné à la déportation sous Louis-Philippe, à l'exil sous Louis-Napoléon, madame Baune s'est trouvée emportée au milieu des mouvements révolutionnaires, où jouaient leur liberté et leur vie les hommes des générations qui ont fait 1830 et 1848. Si elle n'a pas eu à subir une rigoureuse détention comme cette pauvre Laure Grouvelle, qui en est morte folle, ou la transportation en Algérie, comme notre tant regrettée Pauline Roland, tuée par le climat meurtrier de l'Afrique, c'est que madame Baune a toujours eu dans le parti républicain une position à part, position utile, noble, grande, mais qui la mettait moins en vue, et la faisait respecter de ses ennemis mêmes : elle fut la sœur de charité de la démocratie. Initiée à tous les projets, à toutes les conspirations qui se tramaient pour la conquête de la liberté, connaissant parfaitement les hommes et les choses du temps, qu'elle jugeait avec son sens ferme et droit, madame Baune arrêtait les impatients, encourageait les incertains, accompagnait de ses vœux dans leurs entreprises héroïques les combattants républicains. Quand les soldats de la liberté étaient vaincus, elle pansait les plaies des blessés, portait aux prisonniers des consolations, des secours, bravait les dangers, les fatigues, et, ce qui pour une femme est plus grave encore, la calomnie, afin de favoriser l'évasion de ceux qui étaient arrêtés ou poursuivis, rendait à tous l'espérance. Lorsqu'ils furent vainqueurs, en février, elle rentra dans la vie privée et ne se montra qu'aux jours, bientôt venus, de la réaction triomphante. Ce fut à elle que notre illustre Lamennais, alors que le coup d'État avait mis en servitude ou dispersé les hommes, voulant mourir en libre penseur et être enterré dans la fosse commune, confia la suprême mission de le garder à ses derniers moments, de le défendre contre les prêtres guettant leur proie morte ou vivante, et prêts à tout, pour faire croire à la confession du prêtre sorti de l'Église avec tant d'éclat et devenu l'apôtre de la liberté. Madame Baune remplit cette mission avec sa fermeté et sa dignité habituelles. Peu de temps après, relevant d'une grave maladie, dont maintenant encore elle ne parvient à arrêter les progrès qu'à force d'énergie et de volonté, madame Baune fut retrouver son mari en Belgique.

Pour rester près des siens, dont il a les principes et gardera les traditions, son fils, sacrifiant la position lucrative qu'il pouvait se faire à Paris, à un modeste emploi dans le commerce à Bruxelles, vint l'y rejoindre, lorsqu'il vit sa famille exilée volontairement pour toujours.

Les célibataires et les maris garçons allaient volontiers, de temps à autre, au Casino Saint-Hubert, où alors, pour cinquante centimes par soirée, on avait des chansons pas trop épicées et des consommations pas trop sucrées. Ils y passaient une ou deux heures, au milieu de l'atmosphère de fumée dans laquelle se plaît tant ce genre de mammifères, que notre ami Hardy, d'Issoire où il y a bon vin à boire, jolies filles à voir, appelait les *cocottes*, bien longtemps avant que les naturalistes modernes leur eussent donné ce nom, parce que toujours, disent-ils, ces espèces coquètent et caquètent.

Ce fut à cette époque que Marie Sasse, devenue l'une des étoiles de l'Opéra de Paris, fit là ses débuts. Poète à ces heures, Victorin Chabrier, qui publiait ses productions sous le nom de Pierre Laval, eut la bonne fortune de dédier à la jolie actrice une romance dont la musique était de Pierre Benoît, jeune compositeur appelé à être un des grands maîtres de la Belgique, et que mademoiselle Sasse chanta au milieu des applaudissements du public.

Les spectacles et les concerts étaient peu suivis. C'était aussi le petit nombre qui recevaient, d'amis ou de connaissances belges, des invitations à des dîners ou à des soirées de famille. Nous vivions beaucoup entre nous.

Il y avait en Belgique, à côté des proscrits français, des proscrits italiens, espagnols, allemands, hongrois, polonais en assez grand nombre ; nous avions peu de relations avec eux. Nous ne sympathisions guère qu'avec ceux qui appartenaient aux partis dont Mazzini, Mierolavski, Kossuth, Jacoby sont les plus illustres représentants, et qui voyaient seuls, selon nous, haut et juste ; c'étaient les italiens Armellini, l'un des triumvirs de la République romaine, Sterbini, l'ancien ministre de cette République, le colonel Pianciani, qui fut le chef d'état-major de Garibaldi à Mentana, Moscardini et Dall'Ongaro, les Allemands Schultz, membre du Parlement de Francfort et Raveaux, le Hongrois Ludwig, le Polonais Lelewel.

Il y avait entre les exilés des diverses nationalités des causes de séparation, d'éloignement peu apparentes, mais réelles. Marc Dufraisse, dans son ouvrage, a très-bien indiqué une de ces causes, lorsqu'il a dit : « L'exilé s'imagine toujours que sa patrie le rappelle ; c'est sa consolation de le croire et sa vertu de l'espérer ; « c'est aussi son devoir de travailler à l'affranchissement de la « grande famille dont il est membre, et du sol sacré dont il est « l'enfant. Pourquoi faut-il que dans la fièvre de nostalgie qui « le consume, dans sa soif de liberté et d'indépendance pour la « terre où il naquit, tous les moyens de son but lui semblent bons ? « L'exilé baisera la main des oppresseurs du peuple au sein duquel « il vient se réfugier, s'il attend de la force dont ils disposent la « délivrance et le retour. Oublieux des liens de la solidarité qu'il « viole en les invoquant, il ne s'inquiète pas de savoir si l'asservissement de son pays n'aidera pas à consacrer, par la gloire, « l'asservissement du peuple libérateur ; pourvu qu'il recouvre sa « patrie libre, peu lui importe que la patrie des autres reste esclave.

« La morale des nationalités ne diffère pas de celle des proscrits. « Peu soucieuses des devoirs de la fraternité, dès qu'il leur faut « pour s'affranchir une épée étrangère, elles ne regardent point « entre les mains de qui l'épée se trouve. »

Les Polonais, les Hongrois et les Italiens, nous le comprenions, en effet, par bien des signes, tout en détestant l'oppresseur de la France, comptaient en général sur lui pour reconquérir une patrie libre du joug de l'étranger.

Se jouant, des principes dont il se couvre au besoin comme d'un drapeau, et des hommes en qui il ne voit que des instruments, Louis-Napoléon a toujours trompé, menti, porté en tout et partout l'hypocrisie, le machiavélisme de la pire espèce. Janus moderne, ayant une face tournée vers la guerre, l'autre vers la paix, il a cherché à faire accroire aux partis monarchiques, aux aristocrates, aux prêtres, aux rois, qu'il était le sauveur de l'ordre, de la religion, de la propriété, de la famille; que l'empire c'était la paix et le triomphe de l'autorité sur la démagogie. A la démocratie, aux travailleurs, aux peuples sous le joug, il s'est fait représenter par les bonapartistes de la gauche, comme l'ennemi de la noblesse, de la bourgeoisie et du clergé, l'homme providentiel qui allait, à l'intérieur, donner les réformes sociales que les assemblées de la République avaient refusées, et, à l'extérieur, déchaîner la Révolution sur l'Europe monarchique, rendre leur indépendance aux nations partagées comme un vil bétail par leurs conquérants, ressusciter les grandes nationalités sur lesquelles le despotisme avait scellé la pierre du tombeau.

Cette fantasmagorie,— le gendarme, le mouchard et le fonctionnaire aidant, — contribua beaucoup à faire sortir en France du scrutin, les plébiscites qui amnistièrent le coup d'État et donnènèrent l'empire.

A l'étranger, la propagande internationale, faite avec habileté et persistance, sous toutes sortes de formes, par des traîneurs de sabres, jurant de mettre tout à feu et à sang jusqu'à ce que la carte d'Europe fût refaite, et par des émissaires mystérieux promettant aux opprimés ce qu'ils désiraient, firent du Napoléon, bon cousin des empereurs de Russie et d'Autriche, très-cher fils du pape, le futur libérateur de la Hongrie, de la Pologne et de l'Italie.

Les Polonais, dont le premier Napoléon, victorieux, maître d'une partie de l'Europe, tout-puissant, avait pris les enfants pour ces sanglantes boucheries, et ne voulut pas faire un peuple, gardaient l'espérance d'être secourus, délivrés par la France impériale. Même après la guerre de Crimée, alors que l'occasion de soulever la Pologne, en la proclamant indépendante et libre, s'était de nouveau offerte, et avait été repoussée, parce qu'une guerre révolutionnaire, une guerre de nationalités eût été un danger pour tous les porte-couronnes, les Polonais gardaient une partie de leur foi en Bonaparte et de leurs illusions. Depuis, le czar de Russie a écrit avec la pointe de son glaive, sur la pierre du sépulcre où est enterrée, sanglante, leur patrie : *Finis Poloniæ;* et le czar de France l'a reçu en grande pompe aux Tuileries.

Les Hongrois, pendant la guerre d'Italie, espérèrent également que l'empereur dont la vaillante et nombreuse armée venait aider les Italiens à chasser l'Autrichien de leur beau pays, mettrait l'épée de la France au service de la Hongrie frémissante, indignée, demandant, elle aussi, à briser le joug de l'Autrichien.

Le traité de Villafranca, en terminant brusquement la guerre, leur fit bien voir que le Napoléon sur lequel ils comptaient, n'avait pas l'haleine assez longue pour courir si loin, ni la bosse des nationalités assez développée, pour guerroyer en faveur des peuples, contre un empereur avec qui il devait avoir tant de raisons d'être bien. Les Hongrois alors se raccrochèrent à cet empereur dont ils auraient voulu s'affranchir ; celui-ci, comme d'habitude, promit beaucoup, ne tint rien. Ce fut après Sadowa seulement, qu'écrasé par les Prussiens, le monarque absolu dont l'autorité pesait tant à toutes les populations de races diverses rangées sous ses lois, fit des concessions. Il donna aux Madgyars, pour sauver ses Etats, le dualisme qui, en leur accordant certains droits, les laisse liés à l'Autriche, et il daigna se laisser couronner roi de Hongrie.

L'Italie, plus heureuse, a vu la France combattre et vaincre avec elle, dans les champs de Magenta et de Solferino, l'étranger qui la foulait aux pieds ; mais elle a su ce que lui a coûté l'intervention de celui qui prétend ne jamais aller en guerre que pour *une idée*, et qui n'aurait d'ailleurs pas bougé, si Orsini ne lui avait pas mis le feu sous le ventre. Elle a acheté la Lombardie par la cession de Nice et de la Savoie ; puis, lorsque Garibaldi lui a donné les royaumes de Naples et de Sicile, quand la victoire de la Prusse à Sadowa lui a valu la Vénétie, elle reste décapitée, Rome est occupée militairement par les soldats de Napoléon qui y remplacent ceux de François d'Autriche, pour garder le Pape.

Ce n'est point pour les mêmes raisons que nous avions peu de rapports avec les proscrits allemands, en petit nombre du reste ; ils étaient presque tous rentrés ou partis pour l'Amérique, lorsque nous sommes venus en Belgique. Leur crainte et leur haine du Napoléon comme du napoléonisme, très-accentuées, très-légitimes à coup sûr d'ailleurs, les rendaient injustes pour la France, soupçonneux même pour sa démocratie républicaine. D'un patriotisme ombrageux, exalté, bruyant, exclusif, ils n'étaient pas trop convaincus, malgré tout ce qu'ils entendaient ou savaient des proscrits, que nous ne voulussions pas donner à la France, si nous redevenions les plus forts, ses frontières naturelles, et ne fissions pas, dans le fond du cœur, des vœux pour que l'empire s'annexât la rive gauche du Rhin et la Belgique.

Parce qu'Alfred de Musset, pour répondre à un poëte de leur nation sur le même ton que l'attaque, avait dit :

> Nous l'avons eu, votre Rhin allemand ;
> Il a tenu dans notre verre!

Ces représentants de la démocratie allemande étaient disposés à croire que la démocratie française avait soif de conquêtes, était altérée de combats, désireuse d'assurer l'indépendance, l'unité, la suprématie de la patrie française, en lui donnant pour ceinture les fleuves, les pays, les montagnes qui pouvaient mettre une barrière infranchissable entre elle et les peuples voisins.

XXXIV

PATRIE ET NATIONALITÉ.

Oui ! nous aimons la patrie quand même, toujours et partout. Nous la voulons libre, heureuse, indépendante, forte. Nous souffrons de ses souffrances; nous nous indignons des outrages, des violences, des servitudes, des lâchetés sous lesquelles elle courbe le front. Nous pleurons des larmes de sang sur elle, lorsqu'elle est envahie par l'étranger, esclave sous un maître, déchirée par la guerre civile. Nous prenons part à ses triomphes, à ses luttes, quand elle combat pour la justice, le droit, la liberté ; et quand nous l'avons perdue, nous la regrettons et l'aimons encore plus peut-être ; car la patrie, on ne l'emporte pas à la semelle de ses souliers : Danton l'a dit avant nous. On ne l'emporte même pas là où est la liberté. Ce n'étaient pas des exilés, ces Anglais qui, aux grands jours de notre première Révolution, portaient sur la poitrine, dans les grandes fêtes républicaines, l'inscription où on lisait ces belles et philosophiques paroles : *Ubi libertas, ubi patria.* Il avaient volontairement abandonné leur vieille Angleterre.

En même temps, nous savons qu'au-dessus de la patrie il y a l'humanité qui embrasse, contient dans son sein toutes les patries, et veut que ces patries soient toutes respectées, dans leur liberté et leur indépendance, égales devant la justice et le droit, quels que soient leur étendue, leur puissance, le nombre, la race et la couleur de leurs enfants.

Nous repoussons donc ce cosmopolitisme vague, abstrait, métaphysique, prêchant l'amour de tout le monde — vertu facile, a-t-on si bien dit, de quiconque veut se dispenser de faire ce qu'il doit à son pays, — et qui anéantit la patrie dans l'humanité, les peuples dans le genre humain.

Mais nous rejetons également ce principe égoïste, matérialiste des *nationalités*, en vertu duquel un peuple peut prendre aux autres par la force, la ruse ou le concert des chefs d'État, ce qui est à sa convenance.

C'est que pour nous, la patrie n'est pas un vain son, un mot sonore, une creuse entité, comme l'affirment les ultra-humanitaires; ni un corps sans âme, une matière inerte qu'on peut pétrir à son gré, ainsi que le veulent les politiques de la diplomatie et du militarisme!

La patrie, c'est la terre sacrée, arrosée par le sang de ses enfants autant que par celui de ses ennemis, fécondée par la sueur de ses travailleurs, embellie par ses artistes, enrichie par ses industriels, illustrée par ses savants, accrue par les alluvions que les flots de la mer humaine ont en passant déposées sur ses rives, ou par la volonté des peuples s'agglomérant suivant leur propension naturelle, et non par les conquêtes violentes ou les annexions subreptices qui ne portent, les unes et les autres, que des élements hétérogènes, nuisibles.

C'est le doux pays qui renferme les lieux où l'on reçut le jour, où l'on a aimé, où l'on voudrait dormir à côté de ses pères; l'atelier social où chaque peuple, remplissant sa fonction spéciale, suivant ses aptitudes, son tempérament, le climat, se divisant le travail, fait son œuvre, sa partie dans le grand concert de l'humanité.

C'est l'État qui a pour frontières naturelles les bras de ceux qui veulent le défendre, au besoin mourir pour son indépendance; et dans lequel toutes les séparations artificielles, élevées par les différences de religion, de coutumes, de langage, de mœurs, de costumes, sont tombées ou tombent peu à peu, minées par l'égalité des droits, les aspirations communes, l'uniformité des lois, la solidarité des intérêts, et enfin par le temps qui fond, sans les détruire, toutes les variétés dans une harmonieuse unité.

La *nationalité*, telle qu'on l'entend de nos jours, est tout à la fois un fait matériel, qui est parce qu'il est, une expression géographique, qu'un coup de vent peut effacer de la carte ou qui n'a laissé de traces que dans les annales des peuples, et une agglomération d'hommes, de terres, que les traités, les guerres ont créée et peuvent détruire. C'est un édifice construit sur le sable, battu par tous les vents, qu'il faut palissader de baïonnettes, cuirasser de fer, ceindre de canons pour l'empêcher de crouler.

C'est encore le droit donné au plus fort, au plus habile ou au plus heureux, d'englober dans ses États, avec ou sans le consentement des intéressés, tantôt ceux qui parlent la même langue, tantôt ceux qui ont la même religion, tantôt les habitants des villes et des campagnes situées au bord d'un fleuve, aux pieds d'une montagne, sur les rives d'un lac, qui bornent ou arrondissent son domaine national.

La patrie et la nationalité se trouvent quelquefois unies, confondues. Heureux les peuples pour qui cela arrive! Souvent, elles se distinguent d'une façon très-tranchée.

Ainsi, dans les jours glorieux des communes, au milieu des guerres, des luttes, des orages dont la Belgique était agitée, des diversités d'usages, de mœurs, de gouvernements, malgré l'antagonisme des classes, il y avait une patrie flamande.

Alors que l'Allemagne, luthérienne au nord, papiste au sud, était fractionnée en une multitude de principautés rivales, hostiles et dominées par un absolutisme à deux têtes, il y avait la patrie allemande.

La Suisse est moitié protestante aussi, moitié catholique, composée de citoyens qui parlent l'allemand, le français, l'italien, le romand, et gardent encore l'empreinte de leur pays d'origine. Et il y a une patrie suisse.

Il y avait également la patrie italienne, soit au moyen âge, sous les républiques florissantes du XVIe siècle, malgré les discordes civiles, les guelfes et les gibelins, le dualisme du pape et de l'empereur; soit de nos jours, quand, partagés entre plusieurs maîtres, les Italiens subissaient, avec les princes imposés par la Sainte-Alliance, le joug de l'Autrichien.

A cette heure que la Pologne, mise en lambeaux par les puissances du Nord, est ensevelie dans une tombe de fer par la Russie, il y a encore une patrie polonaise.

Et jamais la patrie française ne fut plus aimée, mieux défendue, affirmée d'une manière plus éclatante que dans la tempête de 92 et de 93, lorsque la France, envahie, déchirée de ses propes mains, versait son sang par tous les pores et imposait à ses enfants les plus durs sacrifices.

Au contraire, il n'y a plus qu'une nationalité juive, et il n'y a encore qu'une nationalité belge.

Dispersés à tous les vents du ciel, disséminés dans toutes les nations, les Hébreux ont quitté pour toujours la terre où vécurent leurs patriarches, leurs prophètes, leurs rois, ou le peuple juif eut ses jours de grandeur et de gloire : ils n'y rentreront plus. Mais, ralliés sous le drapeau de Jérusalem, par les traditions, les souvenirs, la religion du passé, par cette communauté d'origine, de race, qui donna à leur nation une individualité si énergique, si originale, ils passent étrangers au milieu des hommes avec qui ils ont à vivre, ne voulant d'autre abri, on le dirait, que la tente du voyageur. Formant une vaste association dont les membres, sous des cieux différents, sous des gouvernements divers, sont attachés entre eux par un lien invisible, mystérieux, indissoluble, ils sont un peuple dans les peuples.

Si la Belgique n'est qu'une nationalité, ce n'est point parce qu'elle est composée de Wallons et de Flamands, différant par les mœurs, le langage et peut-être par les intérêts ; c'est parce que le temps n'a pas cimenté les assises sur lesquelles repose l'État nouveau, et qu'il y a plutôt juxta-position des élements divers dont elle est composée, que fusion.

Dans les villes, tous comprennent, tous veulent certainement la prospérité, la durée de leur jeune nationalité. Dans les campagnes, où l'ignorance est grande, il y a peut-être beaucoup d'habitants qui se disent flamands ou wallons, mais ne savent pas trop s'ils sont Belges, étant avant tout de leur pays, qui est Steenockerzeel, Poperinghe, Jodoigne ou telle autre localité non moins célèbre. Il n'y a là rien d'étonnant : cela s'est vu en France il y a peu.

Avant le suffrage universel, qui a profondément remué et instruit les masses, même en produisant de si tristes résultats, un paysan d'une des localités où l'on parle patois, entendant raconter, sous Louis-Philippe, les combats livrés aux Arabes par les Français, demandait, un jour devant nous dans son langage intraduisible, et avec une naïveté épatante : *C'est nous que sons les Français?*

Les Genevois eux-mêmes, attachés de cœur, de volonté, mais depuis une époque peu éloignée, à la confédération helvétique, disent ordinairement, lorsqu'ils se mettent en route pour Berne, par exemple, qu'ils vont *en Suisse.*

Dans la civilisation moderne, ce qui fait surtout la *patrie*, la conserve, garantit le mieux son indépendance, c'est la liberté, l'égalité, le bien-être des citoyens.

Homère dit que Jupiter prend la moitié de son âme à l'homme qui est réduit en servitude. Il en est de même pour un peuple : la perte de la liberté lui enlève la moitié de son âme, c'est-à-dire la meilleure partie de ses forces morales, de son énergie civique.

L'inégalité de droits, de charges, de fortune, de rangs, de classes, transforme l'*alma mater*, la mère par excellence, en une marâtre que les enfants déshérités, ceux qui portent seuls le poids du jour, le joug du travail, ne peuvent pas aimer.

Le pauvre a-t-il une patrie !

Vienne alors l'étranger, la nation est mûre pour l'invasion ou la conquête qui, en lui ravissant l'indépendance, mutile en même temps son corps, détruit son unité.

L'unité, on en parle aussi beaucoup de notre temps. Quelque forte, quelque utile, quelque puissante qu'elle soit, lorsqu'elle ne tient compte ni des libertés individuelles, ni des franchises légitimes des communes, elle n'est pas la patrie, ne la remplace pas, car elle n'est alors que la mauvaise et dangereuse contrefaçon de l'union, principe sans lequel toute confédération ne serait qu'un corps sans tête ; le plus souvent même, elle opprime la patrie.

Il en est ainsi lorsqu'un peuple se fige dans un moule de fer, s'incarne dans un homme, s'enferme dans un sépulcre blanchi, enveloppé des bandelettes du passé.

C'est ce que trois grandes nations sont, grâce au militarisme, au centralisme, au césarisme, en train d'expérimenter à leurs dépens. Si la Révolution ne vient pas briser l'œuvre d'unification commencée dans le sens monarchique, au lieu des trois grandes patries, française, allemande et italienne, qui devraient être sœurs, il y aura une France impériale, un empire germanique, un royaume d'Italie, toujours prêts à se combattre, à s'entredéchirer, en mettant l'Europe entière en feu.

Protégée par sa neutralité et par l'intérêt des puissances européennes encore plus que par les traités, la Belgique, au contraire, née d'hier, toute petite qu'elle est, mais grandissant par la liberté, forte par l'amour de l'indépendance, peut voir sa *nationalité* devenir la *patrie*, une patrie aimée de ses enfants, respectée de ses voisins : elle n'a qu'à marcher franchement, résolument dans la voie ouverte par sa Révolution de septembre.

Ce que les protocoles ont fait, les protocoles peuvent le défaire ; et des fortifications ruineuses, des armements exagérés, de nombreux soldats enregimentés dans des armées permanentes ne feront qu'appauvrir le pays, sans lui donner les moyens de résister aux violents, aux forts qui voudraient détruire l'œuvre de la Révolution. L'industrie, l'agriculture elles-mêmes, devenues florissantes, ne peuvent pas seules consolider le nouvel ordre de choses, assurer l'avenir. Celles-ci veulent avant tout pour elles l'extension du marché, des débouchés pour leurs produits, de gros bénéfices : l'argent n'a pas de nationalité.

D'autre part, les richesses naturelles et matérielles d'un pays sont souvent un appât pour les envahisseurs, une cause de conquête.

Ce n'est que sur les principes de la liberté, du droit, de la justice que l'on peut fonder et rendre indestructible un État nouveau, une société nouvelle.

Pour cela, il faut enfoncer les institutions dans le cœur des citoyens et dans le sein de la terre, en attachant, par l'instruction, le suffrage universel, la juste rétribution du travail, les citoyens à la patrie : ici, les Belges à la Belgique.

XXXV

LES FLAMINGANTS.

Les démocrates belges n'ont point à se jeter dans la querelle du libéral et du clérical, ni même dans le mouvement *flamingant*. Ils ont bien autre chose à faire.

Le libéralisme parlementaire, s'il est moins hostile aux idées nouvelles, moins ennemi du progrès que le cléricalisme, diffère trop peu de celui-ci, pour que les hommes avancés s'enrôlent sous ses bannières ; et il est assez fort pour garder ses positions, auxquelles il tient autant qu'à ses principes. Qu'il soit laissé à lui seul !

Le mouvement qu'on se donne, depuis quelques années, pour faire parler le flamand aux Belges, qui se sont révoltés en 1830, surtout parce que leur roi voulait les forcer à se servir de cette langue, ne peut aboutir à rien d'avantageux au pays. Tout ce qui tend à fondre les couleurs trop tranchées, à faire disparaître les différences qui séparent les provinces, et, dans les provinces, les classes, est un bien, un progrès ; et la démocratie a pour devoir de détruire toute cause de division, d'inégalité.

Le *français*, le langage bien entendu, — je me hâte de mettre les points sur les i, pour ne pas être lapidé comme Proudhon, — en envahissant la Belgique progressivement, sans violences, sans injustice, respectant les usages, les droits acquis, mettrait tous les Belges en communication plus intime les uns avec les autres, et leur donnerait la langue qui se parle ou s'entend dans une grande partie du monde.

Le flamand parlé en Belgique n'est plus qu'un patois qui diffère de ville en ville, et s'éloigne tant du flamand littéraire, assez distinct lui-même du néerlandais, que la classe ouvrière à Bruxelles et dans les Flandres mêmes ne comprend presque pas les pièces données au théâtre flamand. C'est à cause de cela que les populations laborieuses des Flandres, isolées, laissées en quelque sorte, par leur langue, en dehors du mouvement général, sont inférieures en civilisation à celles des pays wallons qui parlent toutes le français, bien qu'ayant conservé, pour leur usage particulier, un idiome assez semblable à celui dans lequel les classes instruites parlaient et écrivaient aux temps de Froissart, et que des savants croient être une réminiscence du gaulois.

Où serait donc le mal pour le pays que le *français* devînt la langue usuelle des Flamands, comme des Wallons. Si, en attendant, on laisse à chacun, — ce qui est de toute équité, — le droit d'être entendu et de se faire entendre de ses administrateurs, de ses juges, de ses fonctionnaires, personne n'aurait à en souffrir.

En France, la langue d'*oc*, si belle, si poétique, a disparu, elle aussi, devant sa rivale, la langue d'*oil*, devenue le *français ;* et les patois du Centre, du Midi, ou l'on ne parle guère encore ce français dans les campagnes, reculent chaque jour devant les lumières de l'instruction, le frottement des populations. On s'inquiète peu de savoir s'ils existent, et on les laisse mourir de leur belle mort, sans leur faire même un enterrement de première classe. Aucun habitant ne s'en plaint, et la France ne s'en trouve que mieux : c'est une étape vers l'égalité.

Venu d'Anvers, que la question des fortifications avait tant agacé, exaspéré, le mouvement *flamingant* a été favorisé par la crainte de l'annexion, cette menace que les Belges voient depuis si longtemps suspendue sur leur pays comme une épée de Damoclès : on a voulu faire du *flamand* une barricade contre l'invasion française. avec un voisin comme celui d'outre-Quiévrain, la crainte d'un coup de main, d'une prise de possession, à vrai dire, n'est pas chimérique ; et il est tout naturel que le peuple belge soit plus susceptible à l'endroit de sa nationalité, que des peuples plus forts ou plus vieux, car cette nationalité est plus jeune, plus menacée que les autres.

Par cette raison même il faut se hâter de rendre glorieuse, puissante la nationalité belge, en l'incarnant assez dans le droit et la liberté, pour qu'elle ne puisse plus en être détachée. Lorsque chaque citoyen intéressé à la chose publique, éclairé sur ses droits, aura son bulletin de vote comme son fusil, et saura se servir des deux, l'indépendance de la Belgique sera plus assurée qu'elle ne l'est avec des remparts et des armées, qui ne résisteront jamais aux gros bataillons, du côté desquels, on le sait, est presque toujours la victoire.

Ainsi gardé par ses libertés, son énergie vitale, ce petit pays peut être sans doute encore envahi, conquis par des voisins ambitieux, mettant la force au service de leurs convoitises : mais alors il deviendrait la robe de Nessus attachée aux flancs des ravisseurs, le levain qui ferait fermenter, soulever le peuple forcé par ses maîtres d'être fratricide.

Partagées, annexées, foulées aux pieds, l'Irlande, depuis des siècles, la Pologne depuis cent ans, sont un lourd boulet, une plaie toujours saignante pour l'Angleterre et la Russie. Ces grandes puissances pourtant, voulaient marcher en avant, faire jouir leurs peuples des bienfaits de la civilisation moderne ; et l'Irlande, la Pologne sont attachées au passé, refoulées dans le moyen âge par leurs traditions féodales, sacerdotales, monarchiques, paralysées par le dépeuplement, la misère, l'ignorance !

Que serait-ce, si ces deux pauvres opprimées, portant dans leur sein l'amour de la liberté, du progrès aussi bien que de l'indépendance, avaient été attachées vivantes à une nation en décadence ou esclave?

Régénérés par le baptême républicain qu'ils ont reçus aux États-Unis, les fénians irlandais ont fait trembler la Grande-Bretagne, parce qu'ils ont désormais avec eux la démocratie anglaise; et ils la forceront à être juste pour leur verte Erin, déjà délivrée, grâce à leur levée de boucliers, des chaînes de l'Église anglicane. De même, asservie contre sa volonté, la Belgique gardant la flamme intérieure qu'aucun pouvoir, aucun despotisme, n'auraient pu étouffer, serait l'étincelle qui mettrait le feu aux poudres. Elle s'affranchirait vite, en affranchissant le peuple auquel elle serait rivée.

Chaque jour, d'ailleurs, le danger s'éloigne de plus en plus.

Louis-Napoléon, au déclin de son règne, alors que rien de ce qu'il entreprend ne lui réussit plus, ne tentera pas ce qu'il n'a pas osé faire au moment où il se croyait tout permis, tout possible, lorsque le succès semblait justifier ses audaces.

L'Europe, tout entière sous les armes, veille pour empêcher des remaniements de territoire, des partages de peuples dont un seul, l'ennemi de tous, profiterait.

Dans tous les cas, avant que le *flamand* accepté par les *wallons* soit devenue la langue nationale, et élève ainsi une barrière nouvelle entre la Belgique et la France, l'empire aura croulé depuis longtemps. Alors la France républicaine respectera la nationalité belge comme toutes les autres, grandes ou petites.

Certes, la France de l'empire peut bien être entraînée encore dans une de ces aventures néfastes, où elle voit ses enfants se battre et périr par milliers pour des causes injustes, car elle n'est pas maîtresse de ses destinées. Le parlementarisme impérial, fabriqué la veille de l'anniversaire du 14 juillet, n'a pas été — comme on se l'imaginait à Saint-Cloud — la soupape de sûreté, par où devait s'échapper le trop plein des colères de la démocratie; c'est une fissure, une crevasse de plus à la locomotive qui emporte à toute vapeur l'empire aux abîmes. Acculé sur le bord du précipice, sous la pression des citoyens affamés de liberté et des soudards qui demandent leur pâture de grades, de croix, de haute paie, son empereur, en danger de mort, peut encore recourir à la guerre comme à un suprême dérivatif, et chercher à rejeter sur l'étranger le torrent dont rien ne peut arrêter le cours; mais la France, elle, a perdu, que ses voisins en soient bien convaincus, la passion de la gloire, le désir des conquêtes, le goût des jeux sanglants de la guerre et du hasard. Ce qu'elle veut, ce qu'elle demande, c'est la liberté et la paix.

On la rend responsable des fautes, des crimes de ses maîtres, qui, après lui avoir mis le mors et le frein, l'entraînent, ensanglantée par l'éperon, sur les champs de bataille, à la curée des peuples, à l'assaut des nations. Ignorant son histoire, oubliant ce qu'en ont fait les Bonapartes, par la violence et le despotisme, on l'accuse, dans le passé comme dans le présent, des maux qu'elle a soufferts avec les autres. Et celui qui les a foulés aux pieds comme elle, les peuples l'appellent toujours le *grand!* A l'étranger, où tant de gens chantent encore, avec les refrains de Béranger, les gloires de l'empire, bien peu rediraient, sans croire blasphémer ces beaux vers de l'auteur des *Iambes* :

O Corse! à cheveux plats, que ta France était belle
Au grand soleil de messidor!
C'était une cavale indomptable et rebelle,
Sans frein d'acier ni rênes d'or :
Une jument sauvage à la croupe rustique,
Fumante encore du sang des rois,
Mais fière, et d'un pied libre heurtant le sol antique,
Libre pour la première fois.
Jamais aucune main n'avait passé sur elle
Pour la flétrir et l'outrager,
Jamais ses larges flancs n'avaient porté la selle
Et le harnois de l'étranger.
Tout son poil était vierge, et, belle vagabonde,
L'œil haut, le corps en mouvement,
Sur ses jarrets dressée elle effrayait le monde
Du bruit de son hennissement, etc.

Redevenue république par le triomphe de la démocratie, la France de messidor et de février sera assez forte, assez grande avec la liberté, pour défendre son indépendance; et elle fera de ses soldats des travailleurs, de ses armes des outils d'ouvriers et des socs de charrues, de ses casernes des écoles. Proclamant comme moyen, le désarmement général et la non intervention, comme base du droit international, la fédération des peuples libres, comme but, la paix, la fraternité, le bien-être universel, elle renoncera à toute guerre offensive, et ne voudra imposer à aucune nation ni son gouvernement, ni ses institutions, rien, pas même la liberté. La démocratie moderne sait que la liberté est un fruit du sol, qu'il faut conquérir soi-même, si l'on désire en jouir pleinement, longuement; et elle a appris que les peuples ne veulent plus être sauvés malgré eux.

Non, notre belle et chère France ne cherchera plus à s'agrandir soit par la conquête,—elle cimente mal dans le sang un édifice construit sur des ruines, — soit par l'annexion — celle-ci, malgré un prétendu suffrage universel, donne, au lieu de citoyens dévoués à la patrie, des sujets mécontents, regrettant leur nationalité perdue; — mais elle rayonnera dans le monde par les principes de droit, de liberté, de justice, proclamés, enseignés, réalisés par ses fils républicains; et faisant la meilleure des propagandes, par le spectacle de l'union, de l'égalité, de la prospérité régnant parmi ses citoyens, elle sera bientôt entourée d'une ceinture de nations libres et heureuses comme elle, qui formeront l'alliance indissoluble que la coalition des rois ne pourra plus jamais rompre.

Maintenant encore, chaque pays, il faut l'avouer, a ses chauvins. Ceux-ci ne rêvent que batailles, crient sur les toits, en diverses langues, que leur pays est le premier du monde, leur armée la plus formidable de l'univers, leurs soldats les plus vaillants des hommes. En les entendant, les voyant dans leurs brasseries, leurs estaminets, leurs cafés, leurs banquets, leurs fêtes, faire, le verre à la main, au milieu des acclamations, des hourrahs, des vivats, rimer en anglais, allemand, français, russe, italien, espagnol et flamand, *gloire et victoire, guerriers et lauriers,* on est toujours tenté de dire comme ce Gavroche parisien témoin d'une manifestation bachiconationale de ce genre : *Ce sont des patrouillotes qui fratergrisent.*

Pour ne pas leur ressembler, il n'est pas nécessaire de se faire les chevaliers errants de la liberté, les paladins de l'humanité, des redresseurs de torts envers et contre tous. Il n'y a qu'à aimer et servir sa patrie en observant ces préceptes de justice, vrais pour les peuples comme pour les hommes : « Ne fais pas aux autres ce que « tu ne voudrais pas qu'ils te fissent ; fais-leur ce que tu voudrais « qu'il te fût fait. »

En résumé, nous affirmons hautement toutes les patries ; c'est pourquoi nous soutenons de nos vœux, de nos encouragements, les nations libres qui se créent ou qui grandissent, et nous protestons par tous les moyens en notre pouvoir, contre les tyrans d'un peuple qu'on met aux fers ou qu'on égorge, comme le peuple polonais. Heureux d'être encore sur ce point en communion de principes avec les démocrates de la Belgique et de tous les pays, nous voulons étouffer sous le fédéralisme et la fraternité, les haines nationales que Louis-Napoléon, et c'est là un de ses plus grands crimes, a ravivées, en soulevant contre la France toutes les défiances de l'Europe.

Donc, nous sommes de notre pays comme nous sommes de notre temps ; et si nous ne chantons pas :

> Ah ! qu'on est fier d'être Français,
> Quand on regarde la colonne !

Toujours nous redirons, vaincus ou vainqueurs, combattant sur le sol natal ou exilés, notre hymne nationale, l'immortelle *Marseillaise.* Elle proclame les doctrines de nos pères, qui sont les nôtres, dans ses sublimes strophes que tout le monde sait par cœur :

Amour sacré de la patrie
Conduis, soutiens nos bras vengeurs.
Liberté, liberté chérie,
Combats avec tes défenseurs.
. . . .
Aux armes citoyens, etc.

C'est le chant de délivrance et d'indépendance des peuples; ce n'est pas celui des batailles et de la conquête : voilà pourquoi aussi elle est devenue partout le chant social. En Angleterre, en Allemagne, en Belgique, en Italie, ailleurs encore, les travailleurs, maintenant qu'elle est proscrite en France, la chantent aux jours des grandes manifestations populaires.

XXXVI

DES COMPAGNONS D'EXIL.

Aux grandes assises de l'exil où tant de peuples avaient leurs représentants, se trouvaient des Espagnols. Ceux-ci avaient contre Napoléon et sa race les mêmes griefs, les mêmes haines que les Allemands : mais ils ne regardaient point la démocratie française comme une ogresse capable ou désireuse d'avaler les Pyrénées. Ceux que les réactions absolutistes ou sacerdotales, les révolutions militaires ou les prononciamientos des généraux avaient forcés de chercher un asile au moins provisoire en Belgique, et parmi eux trois surtout, Garrido, Orense, Paz, sympathisaient de toutes manières avec nous.

Fernando Garrido, le jeune écrivain à qui la France doit de bien connaître l'Epagne contemporaine, et que nous avons vu figurer au premier rang dans les manifestations républicaines de ces derniers temps, n'a passé que peu de mois en Belgique. Habitant Londres, il y était venu seulement faire imprimer son remarquable ouvrage. Nous avons eu des relations plus suivies, plus intimes avec Orense et le colonel Paz. Orenze, tout marquis d'Almaïba, tout grand d'Espagne qu'il fût, titres auxquels il a renoncé d'ailleurs, était l'un des chefs du parti républicain en Espagne. D'une intelligence élevée, de principes fermes, ayant une belle fortune, beaucoup d'instruction, il a acquis une grande influence dans cette

Espagne où tout s'est fait jusqu'à ce jour par les soldats, au profit des généraux qui se disputent le pouvoir, et qui viennent encore de faire avorter la révolution par laquelle une reine bigote, sensuelle, absolue, avait été chassée, une monarchie pourrie renversée.

Son influence, sa fortune, il les a toujours mises au service de la cause démocratique. A la tribune, dans les réunions du parti avancé, au milieu des populations impatientes du joug des prêtres et des camarillas, il a constamment soutenu les principes les plus radicaux. Lorsque la révolution qu'il appelait, qu'il prévoyait depuis longtemps, a éclaté, il a été le premier à lever le drapeau de la république, et est devenu avec E. Castalar, Figueras, Pierrad et un petit nombre de citoyens, jeunes, ardents, énergiques, l'âme des manifestations démocratiques organisées sur tous les points de l'Espagne.

Plus jeune, ayant lui aussi un régiment à ses ordres, Orense eut donné à son pays la république fédérative, qui eût régénéré l'Espagne que ses traditions, ses fueros, ont si bien préparée à ce genre de gouvernement. Il n'a pu que protester contre la monarchie votée par des cortès qui n'ayant pu trouver un roi étranger, ont donné à leur pays un régent du cru, pour tenir le trône chaud.

Ancien aide-de-camp d'Odonnel, dont il n'avait ni l'ambition, ni les principes, le colonel Paz, homme de cœur et d'action, s'était retiré du service pour ne pas se mêler à des luttes intestines dans lesquelles la liberté n'avait rien à gagner. Bien qu'ayant de la peine à marcher, il était toujours en mouvement, toujours en voyage, pour être au courant de ce qui se passait dans la démocratie européenne, et se trouver là où on aurait besoin de lui.

Plus que personne, Paz contribua ainsi à l'organisation de la première association internationale dont Garibaldi fut le président, et travailla à susciter des ennemis à l'empire napoléonien.

S'il n'aimait guère celle qu'on appela si longtemps l'innocente Isabelle, et qu'il n'a pas eu le bonheur de voir expulser de son pays avec son mari et son Marfori, il détestait encore plus le Napoléon. Paz voyait en celui-ci non-seulement le meurtrier de la république française, mais aussi l'empereur dont la chute amènerait en Espagne le triomphe de la Révolution. Il ne l'appelait, dans son langage moitié français moitié espagnol, que le *brigantè des Tuileries*, et répétait souvent qu'avant de mourir, il espérait entendre à Bruxelles donner le nom de *Bonapartè* aux pommes appelées maintenant *court-pendues*. Il ne lui a été donné de voir que le déclin de l'empire buvant ses hontes du Mexique.

Une maladie rapide a enlevé notre ami, à Bruxelles; et par une fatalité étrange, lui, le libre penseur, le vieux conspirateur, qui détestait tous les prêtres et se défiait de toutes les polices, il n'a pas pu faire respecter ses dernières volontés. Le clergé s'est emparé de son corps comme s'il s'était converti; et la chancellerie espagnole a mis la main sur ses papiers, comme s'il eût été un fidèle sujet de la très-catholique reine d'Espagne. Écartés de son lit de mort par des personnes intéressées à rester seules près du mourant, ses amis n'ont pû que protester contre l'indigne comédie jouée par des prêtres qui pratiquent, au besoin, avec un égal cynisme, le vol au cadavre et la mutilation des femmes mortes enceintes.

Toutes les fois que l'occasion s'en est présentée, nous nous sommes mêlés aux manifestations que nos amis belges ont faites en l'honneur d'un peuple opprimé, d'un martyr de la démocratie, d'une juste cause. Avec eux, nous avons accompagné à sa dernière demeure l'un des triumvirs de la République romaine, Armelliuis le vieux patriote mort en libre penseur; et par la voix de Bancel, notre éloquent interprète, nous lui avons rendu l'hommage de la dernière heure. Avec eux, nous sommes allés saluer de nos acclamations le vénérable doyen de toutes les proscriptions, l'illustre Lelewel.

Courbé par l'âge, par l'exil, le travail, ce grand citoyen, comme Buonarotti, avec qui il a tant de rapports, est resté jusqu'à son dernier jour, l'homme fort, le savant modeste, le patriote énergique qui se dévoue tout entier à sa cause, et veut tout devoir à lui-même. Le proscrit publiait à Bruxelles de remarquables travaux sur l'histoire et la numismatique. Comme la science ne rapporte guère, il aurait fait souvent maigre chère, si ses amis n'avaient, à son insu, payé un supplément pour le modeste repas qu'il faisait en consultant son budget.

Avec la démocratie belge encore nous avons adressé nos félicitations et nos vœux à la grande République américaine, victorieuse du Sud et venant d'abolir l'esclavage.

Si nous n'avons pas pu rendre les derniers devoirs à la mère de Kossuth, qui s'est éteinte à Bruxelles, où elle a passé inaperçue, c'est que l'inhumation, nous ignorons par quel ordre, s'est faite de nuit, sans que personne en fût prévenu, comme s'il se fût agi de quelque grand criminel. La présence des représentants de la démocratie européenne au convoi de l'exilée, n'aurait pourtant pas troublé le repos de celle qui allait dormir sous la terre étrangère, ni compromis les destinées de cette Hongrie que Kossuth et la démocratie hongroise avaient révolutionnée, pour la rendre indépendante et libre.

En dehors du cercle des réfugiés étrangers et des Belges dont j'ai dit les noms, nous pouvions faire encore des connaissances agréables. Par les uns ou par les autres, nous nous trouvions en relation soit avec les amis de nos amis venant de France les voir, soit avec des étrangers résidant à Bruxelles, et quelques célébrités politiques des pays voisins, qui visitaient la Belgique.

Parmi ces derniers, je citerai Calamata, le célèbre graveur italien, que sa patrie libre a rappelé, et qui vient de mourir, et deux jeunes hommes, Berend et Bilbao, qui par le caractère, les opinions, aussi bien que par le pays, appartenaient à deux mondes opposés. Plein de verve, d'humour, sceptique en tout, Berend, Allemand, de l'école de Heine, aimait plus la flânerie et les plaisirs faciles que les travaux sérieux. Dans ses lettres à la *Gazette de Cologne*, dont il était le correspondant, les principes ou les dissertations politiques tenaient moins de place que les bruits du monde, les nouvelles des salons ; et ce qui a fait le succès de sa *Quarantaine*, les seules pages littéraires laissées par lui, ce sont les paradoxes brillants, les boutades spirituelles, dont il a semé l'ouvrage.

Patriote ardent, démocrate convaincu, énergique, Bilbao, du Chili, avait combattu et souffert pour la liberté. Il s'était dévoué tout entier au triomphe de la cause qu'il défendait maintenant avec éclat, la plume à la main, dans la *Libre Recherche* de Bruxelles comme dans les journaux de son pays : la fédération des Républiques de l'Amérique méridionale pour fonder les États-Unis du Sud.

Tous les deux, nous les avons vus au milieu de nous, dans la force de l'âge, pleins d'avenir ; et tous les deux, à cette heure, sont morts, bien loin l'un de l'autre, et d'une mort aussi différente qu'a été leur vie. Berend est tombé sur la terre étrangère, emporté par le choléra, en buvant du champagne. Bilbao s'est éteint doucement dans sa patrie, près de sa jeune femme, en célébrant la nature, et faisant des vœux pour le bonheur des Amériques. Il quittait la vie avant le temps, victime de son dévouement à l'humanité. Pour arracher à la mort une jeune fille emportée par les flots, il s'était rompu un vaisseau dans la poitrine et ne put plus guérir.

A côté de nous, il y avait des Français proscrits, avec lesquels nous ne frayions guère, bien qu'ils fussent aussi hostiles que nous à l'homme de décembre : c'étaient les orléanistes. Ils étaient peu nombreux : six en tout. Les généraux Changarnier, Lamoricière et Bedeau, le représentant Callet, le journaliste Campan, le questeur Baze, restaient seuls en Belgique, où ils ont tous dignement supporté l'exil.

Les autres représentants de la même opinion, éloignés momentanément de la France par le décret de janvier, MM. Thiers, Créton, Chambolle, Duvergier de Hauranne, Jules de Lasteyrie, rentrèrent, après quelques jours de promenade à l'étranger, en vertu d'un décret spécial, soit que le gouvernement nouveau crût n'avoir rien à craindre d'eux, soit qu'il espérât pouvoir bientôt obtenir leur concours. Les représentants de l'opposition républicaine, placés dans la même catégorie : Edgard Quinet, Chauffour, Versigny, Pascal Duprat, Antony Thouret, durent, au contraire, partager jusqu'au bout le sort de leurs collègues expulsés à perpétuité. Les burgraves de la majorité royaliste reprirent promptement à Paris, sinon leurs positions, au moins leurs habitudes, leur train de vie. Ils y retrouvèrent le napoléonien Émile de Girardin, qui n'avait pas voulu être le témoin de Louis-Napoléon au coup d'État, comme s'était vanté de l'avoir été un des leurs, M. de Montalembert, mais qui se serait volontiers laissé faire ministre du nouveau gouvernement.

Les orléanistes plus encore que les légitimistes avaient fait, nous ne pouvions l'oublier, à la République et aux républicains tout le mal dont ils étaient capables, et rendu possible la réussite du coup d'État.

Dans deux circonstances surtout, au 13 juin 1849 et au 31 mai 1851, la majorité avait été entraînée par l'homme d'État, l'organe, le chef des orléanistes, M. Thiers, dont Paris a pourtant fait son représentant au Corps législatif, oubliant que les bleus sont toujours les bleus, les blancs toujours les blancs, pour ne voir que l'ennemi du gouvernement actuel.

Au 13 juin, cette majorité avait violé un des articles de la Constitution, en approuvant l'intervention à Rome, des soldats envoyés par le président pour tuer une République. Elle avait ainsi ouvert la brèche par où passerait le futur César, pour violer la Constitution tout entière, tuer la République française, et attenter, au Mexique comme à Rome, à l'indépendance des peuples.

Au 31 mai, la même majorité avait mutilé le suffrage universel, sous le prétexte de le réglementer, en enlevant le droit ou le pouvoir de voter, aux prolétaires que M. Thiers appela la *vile multitude*. Elle avait, par là, jeté dans les rangs des rares partisans du prétendant, les masses, mises hors la constitution par une assemblée issue du suffrage universel, et dès lors prêtes à suivre ou à laisser faire celui qui semblerait leur rendre leurs droits, venger la souveraineté populaire, et débarrasser le pays de ses mandataires infidèles, accusés de trahison envers la République.

Après avoir amené, par leurs provocations à la tribune, aussi bien que par leur vote inconstitutionnel, la manifestation du 13 juin, les orléanistes, de concert d'ailleurs avec toutes les fractions de la réaction, avaient livré à la Haute-Cour de Versailles, trente représentants, siégeant sur les bancs les plus élevés de la Législative. Lorsqu'enfin, après le 2 décembre, le président qu'ils croyaient renverser et remplacer par un des leurs, eut dissous l'Assemblée nationale, chassé, emprisonné, exilé les représentants de toutes les oppositions, ce furent les orléanistes dans les départements—où il y avait au moment du coup d'État peu de bonapartistes— qui dénoncèrent, condamnèrent, firent incarcérer, bannir, transporter leurs ennemis, les républicains. Ils ne leur pardonnaient pas d'avoir renversé le trône de leur roi Louis-Philippe. Dans le Midi seul, où les passions religieuses se mêlent aux passions politiques, ils laissèrent aux légitimistes l'honneur de proscrire leurs adversaires communs.

Aucun proscrit n'a eu de relations avec le général Changarnier. Ce général, orgueilleux, ambitieux, dans lequel les orléanistes et les légitimistes voyaient, chacuns de leur côté, le Monck qui devait faire remonter sur le trône de leurs pères le comte de Paris ou Henri V, et qui ne travaillait probablement que pour son propre compte, nous était profondément antipathique.

Avec une figure et une désinvolture rappelant celles de la hyène, — la bête fauve à l'œil faux, aux dents aiguës, qui se tourne tout d'une pièce, — le général Changarnier était de toutes manières infatué de sa personne ; on le voyait toujours si pommadé, ficelé, maquillé, que les soldats l'avaient appelé le général Bergamotte. Quoiqu'il ne possédât aucune des qualités qui font le grand capitaine, l'homme d'État, et ne fût qu'un soldat courageux, un bon général, il se croyait destiné par son génie, son influence, sa position, à jouer le premier rôle dans la paix comme dans la guerre.

Dévoué corps et âme à la réaction, dont il était le bras, le général Changarnier menaçait constamment de son grand sabre les républicains que, malgré sa journée du 13 juin, il redoutait ; et il se laissa jouer, arrêter, emprisonner, exiler par les décembristes, qu'il dédaignait profondément et croyait devoir à peine surveiller. Le général vivait d'ailleurs à Malines fort simplement, voyant peu de monde. Comme il n'était pas riche, il allait renvoyer son unique serviteur, un valet de chambre, lorsque la pension de retraite, supprimée un moment, fut payée aux généraux exilés, plus privilégiés en cela que nos amis Charras, Brukner, Cholat, Valentin, dont on brisait l'épée sans respect pour les droits acquis, sans dédommagement.

Charras et quelques autres proscrits voyaient parfois le général Lamoricière. Celui-ci, dans l'exil comme à la tribune et sur le champ de bataille, restait l'adversaire brillant, bouillant, impétueux de tout ce qui lui faisait obstacle, lui opposait une résistance ; et il ne pouvait pas se résoudre à ne rien faire, à ne rien être. Allié par sa femme aux familles de l'aristocratie cléricale, aux de Mérode entre autres, le général Lamoricière vécut beaucoup dans un monde où la politique et la religion convergeaient vers le même but, la consolidation du trône et de l'autel : sans être dévot, il en prit plus ou moins l'esprit et la couleur. Supportant avec impatience l'inaction, l'oubli auquel il était condamné, alors que les officiers qu'il avait eus sous ses ordres faisaient la grande guerre, remportaient des victoires, lui passaient sur le corps, le général se sentait vieillir, dépérir, miné, de plus, par les rhumatismes et le spleen.

Lorsque, ayant perdu un enfant, il fut rentré en France, il se livra, dans ses terres de Bretagne, à la chasse et à l'agriculture avec une ardeur fébrile qui trompa un moment son besoin d'activité, mais ne l'apaisa point.

Aussi, quand le Pape, sur le conseil de l'abbé de Mérode, l'appela pour défendre son pouvoir temporel, le général Lamoricière, approuvé par les siens, encouragé par ses amis politiques, béni par les prêtres, reprit avec joie son épée, et courut au secours de la papauté, fidèle alliée de l'empire. Là, comptant sur l'appui des Français, qui alors laissèrent faire, il fut se faire écraser par les Italiens à Castelfilardo, d'où il revint, vaincu, découragé, mourir au milieu de ses concitoyens, dans la catholique Bretagne, où il est déjà regardé comme un saint martyr.

Quoique Breton, catholique, exilé, le général Bedeau refusa, lui, de se mettre à la tête des soldats du Pape. Après 1848, au contraire, il aurait accepté, — si le général Cavaignac, alors chef du pouvoir exécutif, lui en eût donné l'autorisation, — le commandement des troupes de Victor-Emmanuel, qui voulait réorganiser son armée démoralisée, presque anéantie depuis le désastre de Novare. Malgré ses doctrines politiques et religieuses, le général Bedeau était, en effet, un ami modéré, timide, mais sincère de la liberté, dévoué sans réserve à sa patrie, et qui regardait comme le premier de ses devoirs de faire ce que demanderaient la gloire, les intérêts, le salut de la France. A cause de cela, tout attaché qu'il fût par les affections, les principes, à la dynastie des d'Orléans, il crut devoir l'un des premiers, aux journées de février, faire cesser par la troupe une résistance qu'il jugeait inutile, et se rallier à une Révolution qui lui paraissait faite par le pays, pour le pays.

Plus tard, quelques-uns de ses collègues, des généraux assez prudents pour n'être venus que le lendemain acclamer la République, l'appelèrent, pour ce fait, le général *crosse en l'air*. Arbitrairement proscrit, privé de son grade, ayant perdu sa haute position, le général Bedeau, militaire et patriote avant tout, encourageait de ses vœux les plus ardents les armées françaises combattant en Crimée et en Italie, applaudissait à leurs triomphes, même sachant que ces triomphes pouvaient faire oublier décembre, consolider l'empire en le rendant populaire, et éterniser sa proscription. Il croyait que la France reprendrait ainsi son rang, sa puissance en Europe.

Devant la grandeur ou les dangers de cette France qu'il avait servie avec tant d'amour, la forme, le système de gouvernement étaient pour lui choses secondaires. Nous lui avons entendu dire que pour défendre l'indépendance de la patrie en danger, il servirait son gouvernement, quel qu'il fût, même celui qui aurait mis la terreur à l'ordre du jour.

Le général Bedeau avait été sous la Législative notre président le moins partial. En Belgique, il reconnaissait loyalement que la majorité à laquelle il appartenait avait été souvent injuste, imprévoyante, inhabile dans ses attaques passionnées contre le parti républicain, dont, cela va sans dire, il approuvait d'ailleurs rarement les actes ou les principes. Il existait donc entre lui et nous moins de causes d'éloignement; quand nous le rencontrions au Parc, où il allait tous les jours, après qu'il eut quitté, pour Bruxelles, Mons où il avait d'abord été interné, nous devisions avec lui sur les événements du jour, que nous jugions assez peu souvent de la même manière.

Le représentant Callet vivait isolé, combattant, de son côté, les décembriseurs par des brochures vigoureuses, bien écrites, portant juste. Nous n'allions pas le déranger.

M. Campan était devenu à Bordeaux, après Boyer-Fonfrède, le rédacteur en chef de la *Gironde*, l'un des journaux les plus violents, les plus haineux de la réaction monarchique. A Bruxelles, il avait pris position à *l'Étoile*, feuille que l'on disait subventionnée par la famille d'Orléans et qui, dans tous les cas, était très-dévouée à la dynastie de Louis-Philippe. Le Napoléon et son gouvernement n'étaient certes pas ménagés par la feuille orléaniste ; elle lui faisait une rude guerre ; mais en toute occasion, et sous le premier prétexte venu, elle attaquait non moins vivement les républicains. Cela ne nous donnait pas le désir de frayer avec ses rédacteurs.

Médiocrité vaniteuse, bavarde, remuante, Me Baze, en arrivant à Bruxelles, où il est resté peu de temps ayant obtenu l'autorisation d'être inscrit au barreau de Liége, avait colporté contre quelques-uns de nos amis, — bien que déclarant ne pas y croire, — de ces bonnes petites calomnies que leurs ennemis n'ont jamais épargnées aux républicains victorieux ou vaincus. Ce n'était pas une bonne recommandation près de nous. De plus, à l'Assemblée législative, où il était l'aide de camp de M. Thiers, personne plus que lui n'avait contribué par les manifestations trop éclatantes de ses espérances, l'ardeur de son zèle, ses provocations contre la gauche, à dévoiler les projets de la majorité dont il était l'un des enfants terribles, à montrer l'audace et les progrès de la conspiration monarchique, et il avait été l'un des auteurs de cette fameuse loi des questeurs qui fut le signal du coup d'État.

XXXVII

LOI DES QUESTEURS.

Le vote contre la loi des questeurs a été reproché aux représentants républicains qui l'ont donné, comme une faute, presque comme un crime.

Après le coup d'État on a dit, à gauche comme à droite, que dans un conflit entre le pouvoir législatif et le pouvoir exécutif, il fallait toujours soutenir le pouvoir législatif; que la faction napoléonienne, armée de toutes les forces de l'État, était plus menaçante, plus dangereuse pour la liberté, que la faction royaliste, sans autorité et sans popularité ; que par conséquent, en investissant la majorité des pouvoirs extraordinaires qu'elle demandait, même avec le dessein de s'en servir contre la République, en donnant à l'Assemblée nationale les moyens d'enrayer la conspiration bonapartiste, on eût empêché le coup d'État de s'accomplir.

Certes, le coup d'État n'eût pas mieux réussi le 17 novembre que le 2 décembre, cela est incontestable. Il est donc permis, au lendemain de l'événement, de regretter que la loi dite *des questeurs* n'ait pas été adoptée, puisqu'on peut se bercer de l'espoir que, cette loi étant en vigueur, l'empire ne se serait pas fait.

Mais si la loi, ayant passé avec le concours de tous les républicains de l'Assemblée, la conspiration avait triomphé, si l'empire s'était fait, de quelles récriminations, de quelles accusations n'aurait pas été poursuivie en France, à l'étranger et sans doute dans l'histoire, l'opposition républicaine? Qui donc, en effet, dans la démocratie, n'aurait pas proclamé, partout et avec raison, qu'en s'alliant, pour investir d'une espèce de dictature le général en chef des conspirateurs royalistes, à une majorité qui avait voté la mutilation du suffrage universel, et ne voulait pas revenir sur son vote au moment même où son ancien complice, le lui demandait dans l'intérêt de sa politique, les républicains acceptaient la solidarité de la loi du 31 mai, trahissaient leurs mandats, jetaient dans les bras du président le peuple, dont l'inaction, l'abstention se trouvaient ainsi expliquées, justifiées, légitimées.

La situation était telle et paraissait telle alors, que dans le parti républicain, au dehors comme au dedans, pas un journal, pas un homme influent ne conseilla de voter la loi des questeurs; que jusqu'au dernier moment tous hésitèrent à l'appuyer, même le colonel Charras, qui l'aurait rejetée, s'il n'avait appris au milieu de la séance que les affiches sur lesquelles était imprimé le décret du 11 mai 1848, venaient d'être lacérées dans les casernes, par les ordres du ministre de la guerre.

En principe, par son vote, la gauche ne sacrifiait point, comme on l'en a accusée, le pouvoir législatif au pouvoir exécutif. Elle était pour l'Assemblée nationale d'avant les journées de mai et de juin 1848, contre celle d'après le 13 juin et le 31 mai, et restait avec le peuple, en face d'une majorité infidèle à son mandat et qui, en mettant une partie de ce peuple hors le suffrage universel, s'était mise hors la République.

Pour racheter l'impopularité que cet acte avait jetée sur l'assemblée tout entière, et dont la minorité républicaine fut, en définitive, victime, il fallait absolument nous séparer en tout et pour tout des partis royalistes, les combattre à outrance, et réparer, si c'était possible, le mal fait à la représentation nationale par la loi du 31 mai.

Nous avions fort à faire. Déjà même depuis cette époque, la gauche, la montagne étaient vivement attaquées. On reprochait à leurs membres de ne pas avoir donné leur démission, et bien avant les ouvriers du faubourg Saint-Antoine, on leur jetait à la tête les vingt-cinq francs par jour, comme motif du parti pris par eux de rester à leur poste.

On contribuait ainsi, sans le vouloir, dans la démocratie du moins, à ôter à la minorité républicaine la considération, la force morale dont elle avait tant besoin pour résister aux conspirations dont elle était enveloppée.

A l'occasion de cette loi du 31 mai, une scission, un fractionnement plutôt, eut lieu dans la *Montagne*. Il se forma sous le nom de *Petite-Montagne* une réunion composée de presque tous ceux qui avaient cru devoir ne point prendre part au vote d'une loi portant atteinte à la souveraineté du peuple et n'étant par conséquent qu'un acte inconstitutionnel, contre-révolutionnaire. Ceux qui en firent partie furent : Michel (de Bourges), Baudin, Baune, Cholat, Dussoubs, Laboulaye, Bruys, Mathé, Racouchot, Faure, Greppo, Nadaud, Boysset, Lafon, Lamarque, Colfavru, Aristide Bouvet, Gastier, Viguier, Madier-Montjau, Combier, Richardet, Malardier, Duputz et Saint-Ferréol.

Ce ne fut pas sur la question de démission que les membres de l'extrême gauche se trouvèrent divisés. Ils pensèrent unanimement qu'il ne fallait point abandonner un poste où ils pouvaient surveiller de près les conspirateurs de la majorité, exercer une influence utile à la cause républicaine, et combattre l'ennemi sur son propre terrain. Ils savaient que les départements avaient voulu, en juin 1848, marcher sur Paris pour écraser le socialisme, étaient restés, sauf quelques manifestations pacifiques sans importance, calmes au 13 juin, et malgré la propagande faite par des sociétés secrètes ardentes, nombreuses, ne se trouvaient, au 31 mai, ni assez bien armés, ni assez bien organisés, ni assez éclairés pour prendre les armes en allant au scrutin.

Dans les campagnes, un trop petit nombre de citoyens devaient être exclus du vote, pour que l'application de la loi pût amener un effet sensible, produire de l'agitation ; et les villes, comme Lyon, Paris, principalement frappées par les mesures dirigées contre la *vile multitude*, cette population flottante dont le domicile est si variable, n'auraient pas été assez surexcitées par les nombreuses radiations opérées sur les listes électorales, pour s'insurger, assurées, quoi qu'il arrivât, de nommer les représentants qu'elles voudraient.

La grande majorité des départements n'aurait d'ailleurs pas eu d'élection à faire, — par conséquent aucun prétexte de soulèvement, — puisqu'ils n'avaient que des mandataires ayant voté la loi ou appartenant à la gauche modérée. A supposer donc qu'elle eût éclaté, l'insurrection n'eût été que partielle, concentrée sur quelques points du pays isolés les uns les autres, partant, sans aucune chance de succès.

Engager en effet la lutte, dans ces circonstances, contre les deux pouvoirs de l'État, unis, alliés, faisant exécuter une loi votée par la majorité, promulguée par le président, prête à être appliquée par l'administration et par la justice, c'était recommencer un 13 juin dont les conséquences, plus fatales encore, auraient été imputées à crime, par tous les partis, aux représentants de l'extrême gauche. La défaite subie par le parti républicain, en décembre, alors qu'il avait à combattre, dans la France entière, pour la Constitution, pour la République, le pouvoir exécutif seul, à résister au coup d'État d'un conspirateur infidèle à sa mission, à son serment, et qui était mis hors la loi par l'Assemblée nationale, décrété d'accusation par la Haute-Cour de justice ; cette défaite, si prompte, si complète, dit assez ce qu'aurait été un appel aux armes, fait en 1850, par les représentants démissionnaires, contre tous les pouvoirs réunis.

M. Émile de Girardin proposa seul la démission en masse. Il ne persuada personne et ne donna pas sa démission.

La petite-Montagne ne faisait point partie des sociétés secrètes existant alors, et elle n'en était point le comité directeur. Elle s'était mise seulement en relation dans les départements avec plusieurs de leurs chefs les plus influents, pendant qu'à Paris, par l'intermédiaire de Baudin, Greppo, Nadaud et Cholat, elle se tenait en rapport avec les soldats de la garnison et les ouvriers.

Son but était de réunir, d'harmoniser, de mettre au même pas les deux grandes fractions du parti républicain qui n'obéissaient pas au même mot d'ordre, et dans lesquelles il y avait des divergences d'opinions assez tranchées.

Ces relations et ces communications fréquentes avec les classes laborieuses, les renseignements particuliers que les membres de la grande et de la petite Montagne, restés toujours unis, recevaient de leurs départements, nous avaient donné à tous la conviction que bien qu'on se préparât partout aux éventualités prévues ou à prévoir, les républicains avaient le plus grand intérêt, pour le succès de la cause, à gagner du temps.

Le mouvement en avant s'étendait, se généralisait, se propageait de telle sorte, en effet, qu'on pouvait espérer, à l'échéance de 1852, si on y arrivait sans encombre, de voir les *rouges* entrer en majorité à l'assemblée, alors même que les campagnes, n'étant pas encore suffisamment débonapartisées, renommeraient, malgré la Constitution, Louis-Napoléon président de la République. Cette réélection importait peu. Une assemblée nationale, composée de véritables républicains, aurait eu bientôt brisé le chef du pouvoir exécutif aspirant à l'empire : dès lors la République était fondée.

Tous les partis portaient sur la situation le même jugement. La majorité royaliste savait, voyait le travail qui, malgré ses mesures, ses lois contre les journaux, les réunions et les associations populaires, se faisait dans les populations sur lesquelles elle comptait le plus. Afin de l'arrêter, elle avait voté, puis maintenu la loi du 31 mai; cela ne suffisait plus. Il lui fallait des pouvoirs extraordinaires pour garder le pouvoir : elle forgea la loi des questeurs et la proposa à l'Assemblée législative.

A ce moment, la faction royaliste s'imaginait être toute-puissante. Parce qu'elle avait fait écraser par le général Cavaignac et les mobiles, en 1848, l'insurrection de juin, balayer par le général Changarnier, en 1849, une manifestation populaire, dénaturer, en 1850, par sa majorité, avec la complicité de Louis-Napoléon, le suffrage universel, elle se croyait maîtresse de la position, à l'abri de tout danger ; et c'était par une triple salve d'applaudissements, qu'elle venait d'accueillir ces paroles emphatiques, mais peu prophétiques, de son grand général : « Représentants, délibérez en « paix, je veille sur vous. »

Ce n'était pas d'ailleurs le président que cette majorité royaliste détestait et craignait le plus : c'était le parti républicain. Depuis les orgies de Satory, où les saucissons et le champagne avaient si bien servi à faire naître l'enthousiasme impérialiste dans l'armée, elle connaissait les projets, les complots de Louis-Napoléon, voyait ourdir sous ses yeux la trame dont la République allait être enveloppée. Si, par l'organe de M. Jules de Lasteyrie, elle dénonçait les cinq à six mille coquins criant dans la rue : *Vive Napoléon!*

Elle ne faisait rien pour arrêter la marche du président vers l'empire. Au contraire, tandis que la minorité républicaine demandait la mise en accusation du président et de ses ministres, la majorité royaliste augmentait son traitement, ses prérogatives, ses pouvoirs, comme si elle voulait lui frayer le chemin au trône.

Jusqu'au dernier jour, à l'heure même où l'un de ses vice-présidents, le général Bedeau, avait arrêté et saisi à la gorge, dans sa cour, le mouchard attaché à sa personne par la police, chargée de suivre ainsi chaque représentant, afin de l'avoir toujours sous la main, la majorité ne dit rien, cacha tout à l'opposition républicaine, masqua la conspiration napoléonienne plutôt qu'elle ne la dévoila.

C'est qu'elle voulait d'abord se servir de Napoléon, comme d'un instrument, pour détruire la République, en enchainant la liberté et en reconstituant *l'autorité* sur de fortes bases. Pleine de confiance dans son nombre, son influence, l'énergie de ses généraux, elle ne redoutait rien d'un coup d'État. Loin d'y faire obstacle, elle y poussait même par ses complaisances pour le président, par ses mesures contre les républicains.

Le bonapartisme, à ses yeux, était une planche pour passer de la République à la monarchie. Le jour venu, la planche serait brisée : ce jour serait celui où le président, violant son serment, infidèle à son mandat, aurait fait à Paris une troisième échauffourée, qui serait aussi facilement réprimée — elle se l'imaginait, — que celles de Boulogne et de Strasbourg.

L'Assemblée, prenant alors, au nom de la Constitution, tous les pouvoirs, aurait vigoureusement réprimé l'émeute présidentielle, destitué et mis en accusation le chef de l'État. Puis confiant, pour le salut du pays vivement agité par l'événement, une dictature militaire au général Changarnier, la majorité aurait fait, par la même occasion, sa campagne de Rome à l'intérieur contre les républicains, accusés, — des orateurs l'avaient déjà fait du haut de la tribune, — d'être les complices de Louis-Napoléon. Alors c'était la monarchie qui était faite !

Les royalistes de la majorité s'abusaient étrangement sans doute: on l'a bien vu par l'événement. Pas un seul de leurs généraux, de leurs fonctionnaires, de leurs partisans, ni à Paris, ni dans les départements, n'est venu à leur secours au coup d'État, ne leur a prêté aide et appui. Leurs soldats comme leurs chefs, leurs prétendants comme leur bourgeoisie, se sont tenus prudemment, quand ils n'ont pas été complices de l'attentat, en dehors des soulèvements dont la violation de la Constitution, la dissolution illégale de l'Assemblée nationale, avaient été le signal pour tout le parti républicain. Mais dans les beaux jours de la *rue de Poitiers*, aucun membre de la droite ne prévoyait, ne supposait possible un pareil dénoûment.

XXXVIII

POURQUOI LA GAUCHE A VOTÉ CONTRE LA LOI DES QUESTEURS.

La loi des questeurs fut, dans la pensée des burgraves de la droite, ce qui devait amener la solution désirée par les monarchiens. Cette loi était tout à la fois une arme de guerre pour eux, une menace contre les autres partis et une provocation contre le président de la République.

Les adversaires des royalistes ne s'y trompèrent point : les républicains n'avaient rien à faire qu'à se défendre; le président prit l'offensive. Dès ce moment, celui-ci se décida à faire son coup d'État, en arrêta toutes les dispositions, fixa son exécution au jour où la loi serait votée : Cela a été prouvé par tous les documents produits, par tous les faits connus, n'a été dénié par personne. Il en résulte évidemment que la fraction royaliste, quels que fussent ses projets, a amené l'explosion dont elle a été victime comme la République; que, par conséquent, les républicains n'ont à supporter, en aucune manière, la responsabilité des événements du 2 décembre ainsi que les légitimistes et les orléanistes essaient, après coup, de le faire croire.

Dans la discussion de la loi, à l'Assemblée, les hommes de la droite ne purent même pas dissimuler leurs espérances, leurs haines. Eux qui, s'ils voulaient seulement mettre le pouvoir législatif à l'abri des violences et des conspirations du pouvoir exécutif, avaient tant d'intérêt à ménager la gauche, de qui dépendait le sort de la loi, ils furent, comme à l'ordinaire, à son égard, agressifs, insolents, provoquants. Le rapporteur de la commission, M. Vitet, combattant avec autant d'emportement que de maladresse, les orateurs de l'opposition, accusa Michel (de Bourges) et ses amis d'être des partisans de Louis-Napoléon ; et lorsqu'un des nôtres demanda : « Contre qui donc est faite la loi? » un des membres les plus ardents de la majorité, M. Piscatory, je crois, s'écria de son banc : « Contre vous! » M. Baze s'était, comme toujours, distingué par ses interruptions agaçantes, acerbes, intempestives.

Vainement M. Thiers, par ses habiletés de langage et ses appels à l'union des partis contre l'empire prêt à surgir, essaya de faire oublier les fautes, les desseins, les violences de ses amis politiques, il ne put effacer l'impression produite : le secret des royalistes était dévoilé, le mal irréparable.

Dans ces circonstances, que devaient faire les représentants républicains ? Que firent-ils ? Après de longues hésitations, nous l'avons dit, quelques-uns de ceux qui faisaient partie de l'armée crurent la loi nécessaire. Le général Cavaignac, qui a entrebâillé toutes les portes que Louis-Napoléon a enfoncées, ayant lui-même — lorsqu'il était président — contesté au questeur Baraguey-d'Hilliers le droit de réquisition directe, ils pensèrent que l'habitude de la discipline, de l'obéissance passive, empêcheraient les soldats d'obéir aux injonctions de l'Assemblée, si une loi nouvelle, très-nette, très-précise, ne les mettaient immédiatement, directement, sous les ordres de son président. Nos autres amis, en votant avec la droite, voulurent entre deux dangers choisir celui qui leur parut le moins grand, ou espérèrent mettre ainsi le pouvoir législatif à l'abri des entreprises du pouvoir exécutif, qui, en principe, cela est certain, doit toujours être subordonné au premier.

Mise aux voix le 17 novembre au soir, la proposition des questeurs fut repoussée par 408 voix contre 300. Les royalistes, jusqu'à ce jour, avaient eu la majorité dans l'assemblée, puisqu'ils avaient empêché la révision de la loi du 31 mai, dont l'abrogation avait été votée par les républicains, unis alors aussi aux partisans du prétendant, aux défenseurs du pouvoir exécutif, sans qu'on ait encore songé à faire contre eux un sujet d'accusation de ce vote, donné pour empêcher d'éclater, dans un moment inopportun, le conflit prévu par tous. Ils venaient d'être distancés, de perdre du terrain. Pour la première fois, ils se voyaient, à leur grande stupéfaction, en minorité : un certain nombre des leurs avaient déserté leurs rangs pour se tourner vers le soleil levant.

La gauche avait jeté dans l'urne 160 *non*. Seuls, le colonel Charras, Brukner et Tamisier, capitaines du génie, Marc Dufraisse, Edgard Quinet, Grévy, Crépu, Émile Péan, Chauffour, Kestner, Montagut, Madesclairs, Arnaud (de l'Ariége), Fayole (de la Creuse) et les cavaignaquistes, avaient voté *pour*. A part ceux-ci, les diverses nuances de l'opposition de gauche : de Schœlcher à Victor Hugo, de Lamennais à Jules Favre, de Pierre Leroux à Ch. Lagrange ; les jeunes du parti, comme Bancel, Madier-Montjau, etc., et ses vétérans, comme Baune, Michel (de Bourges), etc. ; les représentants appartenant à la classe ouvrière : Greppo, Benoît, Faure, Nadaud, Michot Boutet et, bien que l'historien anglais Kinglake et M. Tenot après lui, aient écrit le contraire, la majorité des représentants tenant à l'armée, les généraux Rey, Laidet et Subervie, le commandant Favan, les capitaines d'artillerie Cholat et Millotte, le lieutenant Valentin, de Flotte, ancien lieutenant de vaisseau, Baudin, ancien chirurgien militaire : les républicains, en un mot, s'étaient trouvés d'accord, presqu'à l'unanimité, pour repousser une loi qu'on appelle aujourd'hui une loi républicaine et que tous les royalistes, sans exception, subitement éclairés par la grâce d'État, avaient proposée, défendue, votée.

La proposition de cette loi était ainsi formulée : Sera promulgué comme loi, mis à l'ordre du jour de l'armée et affiché dans les casernes, l'art. 6 du décret du 11 mai 1848, dans les termes ci-après : *Le président est chargé de veiller à la sûreté intérieure et extérieure de l'Assemblée nationale. A cet effet, il a le droit de requérir la force armée et toutes les autorités dont il juge le concours nécessaire. Ses réquisitions peuvent être adressées directement à tous officiers, commandants ou fonctionnaires, qui sont tenus d'y obtempérer immédiatement, sous les peines portées par l'art.* 234 *du Code pénal.*

Le décret du 11 mai ajoutait : *Le président peut déléguer le droit de réquisition aux questeurs ou à l'un d'eux.* Les trois questeurs de l'assemblée, MM. Baze, de Pannat et le général Leflô, a qui était due l'initiative de la proposition, avaient maintenu ce paragraphe et inséré un nouvel article, portant que le président de l'Assemblée ou les questeurs pourraient nommer le général en chef des troupes mises aux ordres du pouvoir législatif.

Introduite par ceux mêmes qui devaient être investis des attributions qu'une majorité, ayant peu de confiance dans la fermeté, les opinions, le courage de son président Dupin, allait donner à des hommes énergiques, appartenant corps et âme à la conspiration monarchienne, cette dernière disposition renfermait toute l'économie, tout le secret de la loi. C'étaient des pouvoirs exceptionnels, considérables, remis aux mains des burgraves et du général Changarnier, appelé, — cela ne faisait doute pour personne, — à être le commandant en chef de la force armée que les questeurs auraient requise pour la garde du palais Bourbon.

Tout le monde le comprit à l'instant, et l'alerte fut si vive, l'opposition si générale, que la faction royaliste, ayant trop tôt démasqué ses batteries, dut battre en retraite, jeter à la mer une partie de la cargaison pour sauver le reste, retrancher de la proposition primitive, non-seulement le paragraphe relatif à la désignation du général, mais encore l'article du décret de mai qui donnait au président le pouvoir de déléguer aux questeurs son droit de réquisition. La droite espérait ainsi désarmer, tromper ou endormir, pour le moment, les autres parties de l'assemblée et l'opinion publique, sachant bien qu'à l'occasion, en se donnant au besoin un autre président, elle pourrait tirer bon parti de la nouvelle loi faite par et pour elle, arriver à ses fins.

Ainsi amendée, tronquée par la commission, qui était en entier composée de membres de la droite, la proposition des questeurs n'était plus qu'une pâle et incomplète copie du décret de l'Assemblée constituante, ou plutôt, c'était la transformation de ce décret en loi, pour le rajeunir et le faire, sous sa nouvelle forme, afficher dans les casernes.

Or, en quoi et comment y avait-il nécessité, opportunité, utilité à refaire ainsi ce qui était fait et bien fait? A mettre en question ce qui avait été décidé, formulé par la Constitution et le décret du 11 mai 1848.

La Constitution disait, art : 32. *L'Assemblée nationale détermine le lieu de ses séances ; elle fixe l'importance des forces militaires établies pour sa sûreté, et elle en dispose.* La Constituante, qui réunissait tous les pouvoirs, avait promulgué le 11 mai 1848 le décret cité plus haut, par lequel elle donnait le droit de réquisition directe au président de l'Assemblée nationale.

Par les art. 83 et 84 de son règlement, fait après que le président de la République fut en fonction, cette Assemblée avait rappelé et sanctionné de nouveau par un vote, ce décret. l'Assemblée législative avait consacré, maintenu, par son règlement aussi et par un décret donnant l'ordre de les afficher dans les casernes, les dispositions législatives en vertu desquelles, le président de l'Assemblée avait le droit de requérir directement les troupes nécessaires à la sûreté du pouvoir législatif. Ce droit avait été reconnu, à l'occasion d'un conflit, par les ministres du président, M. Odilon Barrot et le ministre de la guerre. Les décrets avaient alors été affichés sans opposition dans toutes les casernes.

En présence de textes aussi formels, aussi impératifs, qu'ils eussent été publiés dans le *Bulletin des lois* et le *Moniteur* d'une manière plus ou moins régulière ; en face de dispositions aussi précises, aussi claires, qui n'avaient été modifiées, abolies par aucune disposition nouvelle, que tous avaient acceptées, reconnues, mises à exécution, quelle force, quelle autorité la nouvelle loi donnait-elle à un décret qu'on aurait pu et qu'on n'avait pas voulu faire exécuter dans toute sa teneur ? Papier pour papier, tout frais que fût le dernier, cette loi, si on l'avait laissée dormir dans le *Moniteur*, n'était qu'un chiffon que le peuple aurait peut-être lacéré, comme le fit l'armée.

Si au contraire il était nécessaire, urgent de donner au président de l'Assemblée le droit de réquisition directe, que faisait-on en votant la loi ? On brisait une arme bien trempée, bien affilée, que l'on avait sous la main, pour en fabriquer une à double tranchant, où il serait entré un alliage impur, et qui ne pouvait être prête à servir qu'après un temps précieux inutilement perdu. Le président de la République, contre laquelle elle était faite, devait en effet, inévitablement, soumettre la loi à une nouvelle délibération, puis refuser de la promulguer après ce second vote, laissant le soin de le faire au président de l'assemblée, M. Dupin, si peu disposé à user des pouvoirs dont il était investi par la Constitution.

Il y avait plus encore : voter cette loi, c'était déchirer de ses propres mains le décret du 11 mai et l'art. 32 de la Constitution, en déclarant qu'ils étaient sans valeur. C'était par conséquent proclamer que le ministre de la guerre Saint-Arnaud avait eu raison ou droit de faire lacérer les affiches sur lesquelles un décret, tombé selon lui en désuétude ou n'ayant pas force de loi, était placardé dans les casernes. C'était déclarer aussi que l'assemblée qui avait fait la Constitution avait moins de pouvoir, de droit, que celle qui l'avait violée ; que la constituante, alors que la réaction n'en était pas encore maîtresse, ne pouvait pas donner force de loi à un décret que la Législative pouvait, même après ses trahisons envers la République, même sans le concours du président, rendre exécutoire, faire exécuter.

La gauche ne pouvait hésiter. Par l'organe de Lamarque et de Pierre Leroux, qu'on ne laissa pas parler, qu'on ne voulut pas entendre, elle demanda que l'on fît afficher de nouveau, partout, les articles de la Constitution et du décret qui donnaient au président de l'Assemblée nationale, le droit de requérir directement les forces militaires dont il pouvait avoir besoin pour veiller à la sûreté de l'assemblée ; que le président fît immédiatement, par une réquisition directe aux chefs, entourer le palais Bourbon de troupes assez nombreuses pour le mettre à l'abri de toute attaque, de toute surprise ; que l'assemblée enfin mît en accusation, pour violation de la Constitution, le président, les ministres, les généraux qui désobéiraient aux ordres du pouvoir législatif ou les entraveraient.

Tout cela pouvait se faire de suite, séance tenante au besoin. La gauche aurait, dans ce cas, appuyé une combinaison par laquelle le général Bedeau aurait été nommé commandant en chef du corps d'armée appelé à garder l'assemblée, et le colonel Charras son aide-de-camp. Au milieu des interpellations bruyantes qui se croisaient, des agitations, du tumulte de cette orageuse séance, l'extrême gauche crut, un moment, la décision à prendre dans le sens de son opinion si opportune, si réalisable, que lorsque le ministre Saint-Arnaud sortit de la salle, incertain du résultat, quelques représentants républicains, Viguier entre autres, voulurent aller faire fermer les portes du palais pour le retenir prisonnier.

Mais les royalistes de la majorité ne voulaient pas mettre en accusation le chef de l'État dans l'exercice de ses fonctions, l'arrêter dans son palais des Champs-Élysées. Ils tenaient à le prendre dans la rue, en flagrant délit de rébellion, afin de rendre la République responsable du crime de son président, et sauver seuls ainsi, cette fois, l'ordre et la société. Afin d'atteindre ce but, ils venaint demander le vote d'une loi qui, en poussant Louis-Napoléon aux coups de tête, assurait au général Changarnier un grand commandement, commandement indépendant du pouvoir exécutif même, et donnant à leur homme lige les moyens de dominer tous les événements.

Et c'est pour arriver à un pareil résultat que la gauche aurait dû oublier le 13 juin et le 31 mai, rendre, en modifiant sa ligne de conduite, fatale, imminente, entre les deux pouvoirs également hostiles à la République, une lutte que les républicains avaient tout intérêt à ajourner le plus possible, afin d'être en position d'intervenir de manière à assurer le triomphe de la République démocratique et sociale! C'est pour devenir dupe, complice ou victime de la conspiration royaliste, que l'opposition devait, à la veille du combat, se ranger sous les drapeaux de ceux que, depuis l'habile volte-face du parti bonapartiste, le peuple pouvait regarder comme les seuls ennemis du suffrage universel, les vrais coupables du crime de lèse-souveraineté ! Certes, s'ils eussent agi ainsi, les républicains de la gauche seraient peut-être cités comme des représentants doués d'un grand sens politique, mais à coup sûr ils n'auraient pas pu se vanter d'avoir l'esprit démocratique, la fibre révolutionnaire.

Le chef de l'État, ayant l'armée, la police, les fonctionnaires sous ses ordres, était, nous le reconnaissons, plus à craindre, plus redoutable pour la République que l'Assemblée, composée de plusieurs partis, divisée, sans grands moyens d'action dans le présent.

Le danger était plus grand, soit! Eût-il été évité par le vote de la loi? Non! il eût été précipité; voilà tout. Le jour même du vote, le coup d'État s'accomplissait.

Louis-Napoléon, malgré son audace et sa résolution bien arrêtée de garder le pouvoir, attendait, pour jouer le jeu si périlleux des coups d'État, soit l'occasion favorable, soit le jour où il serait acculé au mur, forcé dans ses derniers retranchements. Menacé par l'Assemblée, il ne voulut pas se laisser devancer, surprendre par elle, et il se décida à frapper pour n'être pas frappé.

A dater du jour où la loi fut présentée, sa résolution fut prise, les préparatifs furent faits, les ordres donnés. C'est ce que nous apprennent les historiographes officiels du coup d'État, aussi bien que les actes, les événements.

Le vote devait être le signal de son dix-huit brumaire. La proclamation même du chef des conjurés était écrite d'avance, signée, car celle du 2 décembre est rédigée comme si les mesures demandées par la droite avaient été votées, comme si la loi était passée (1) ! Tout le monde connaît également le mot du ministre de la guerre, qui, en quittant la séance au moment où il croyait que la loi allait être adoptée, avait dit, en vrai caporal, à un des siens, comme s'il se fût agi d'une simple mutinerie d'écoliers : *On fait du bruit à la maison : je vais chercher la garde!* A l'Élysée, Louis-Napoléon était prêt à monter à cheval. Le rejet de la loi arrêta tout, fit tout ajourner, amena même des hésitations, des craintes, des dissidences parmi les conspirateurs, privés d'un prétexte excellent pour refroidir le peuple et exaspérer l'armée.

Le 17 novembre, le coup d'État aurait-il réussi ? C'est une question que chacun peut discuter à sa manière, que personne ne peut résoudre.

Pour nous, ce qui s'est passé dans la journée de décembre, démontre d'une manière évidente que l'attentat aurait été aussi bien consommé pendant la nuit du vote que dans celle du 2 décembre. Puisque le peuple et l'armée faisaient également défaut à la cause de la Constitution, du droit, l'un en s'abstenant, l'autre en appuyant le complot, tout était perdu.

L'Assemblée, immédiatement cernée, envahie, était prisonnière sans pouvoir résister. Sous les baïonnettes, elle aurait certainement, à une immense majorité, mis le président de la République hors la loi, délié les troupes de leur serment de fidélité, appelé le peuple et l'armée à la défense de la Constitution. Mais le peuple était loin, n'aurait rien entendu, eût-il voulu entendre. Les soldats, machines brutes ne connaissant que la consigne, eussent obéi passivement aux ordres de leurs chefs habituels, exécutant les volontés du président, qui lui-même dans l'ombre, derrière ses prétoriens, pouvait diriger le mouvement.

Les généraux Cavaignac, Lamoricière, Bedeau, Leflô et le colonel Charras, tout influents, tout énergiques qu'ils étaient, perdus

(1) L'Assemblée est devenue un foyer de complots... Au lieu de faire des lois dans l'intérêt général, elle forge des armes pour la guerre civile... elle attente au pouvoir que je tiens directement du peuple.

dans la foule de leurs collègues, en costume bourgeois, auraient été empoignés par la force armée, comme ils le furent dans la nuit du coup d'État, et comme le furent, le jour, à la mairie du 10e arrondissement, les généraux Oudinot, Lauriston, etc. Avec eux l'Assemblée tout entière eût été, aussi facilement que le fut au 2 décembre une partie de ses membres, conduite à Mazas et à Vincennes.

Qu'avait-elle pour résister à la violence ? rien ! Votée, sa loi même des questeurs, qui annulait, jetait au vent le décret du 11 mai que le président du corps législatif avait jusqu'à ce moment, le droit et le devoir de faire exécuter pour la sûreté de l'assemblée, était inutile, sans force, sans valeur, une lettre morte. Cette loi ne pouvait devenir obligatoire, loi de l'État, que lorsqu'elle aurait été promulguée, et elle ne l'était pas.

Le président de la République ayant, lui, le droit de provoquer une seconde délibération, elle ne pouvait guère être exécutoire avant le 2 décembre. Jusqu'à la promulgation, l'Assemblée s'était interdit, avec le pouvoir de requérir directement la force armée, tout moyen de défense. C'est dire, en résumé, qu'avec ou sans la loi, les événements se seraient absolument passés de la même manière.

Au surplus, jamais encore en France, une assemblée de mandataires du peuple n'a pu, avec sa puissance législative, son inviolabilité, résister à l'invasion des grandes foules, quelles qu'elles fussent, d'où qu'elles vinssent.

Au 18 brumaire et au 2 décembre, c'est l'armée qui a jeté les représentants par les fenêtres. En février, ce fut le peuple qui vint imposer, dans leur Chambre, aux députés de Louis-Philippe, la République. Le 15 mai, la Constituante, issue récemment du suffrage universel, se laissa elle-même envahir, comme l'avait été la Convention aux journées de prairial et de germinal, par les masses populaires, entendit un Hubert, qui n'avait avec lui, en fait de soldats, qu'un pompier, prononcer sa dissolution, et faillit être emportée par un torrent dont personne ne dirigeait le cours.

Le 17 novembre, le palais Bourbon eût été également forcé, pris d'assaut ; et, cette fois, l'Assemblée était prise comme dans une souricière, en flagrant délit de conspiration contre le président de la République, auraient trompété sur tous les tons les journaux du coup d'État, restés seuls libres. L'on eût appelé tout cela la nuit des dupes. La France aurait ri, elle était désarmée.

Les républicains influents n'en auraient pas moins été, dans la capitale et les départements, arrêtés à domicile, comme ils le furent plus tard, pour empêcher tout soulèvement, toute tentative de résistance.

A Paris, l'appel aux armes n'aurait pas été fait par les représentants républicains, tous incarcérés. Poussé par les vaillants citoyens qui sont morts ou ont combattu pour la cause du droit, en décembre, le cri de résistance eût eu moins de retentissement encore, fût resté sans écho dans le peuple, qui avait un nouveau motif (l'alliance des républicains et des royalistes de l'Assemblée) pour se tenir à l'écart, rester au moins neutre. Le président dictateur n'avait plus qu'à réprimer une émeute. Alors, Baudin n'aurait pas été tué sur la barricade du faubourg Saint-Antoine ; le massacre des boulevards n'eût pas eu lieu ; il n'y avait pas un aussi grand nombre de transportations, d'exécutions, de proscriptions, de fusillades. L'humanité y trouvait son compte. Qu'y aurait gagné le droit, la liberté, la république ?

Le monde assistait, non plus à l'assassinat, mais à l'escamotage d'une République, et aujourd'hui Macbeth, assis sur son trône, sans avoir sur le front la tache de sang indélébile, ne verrait pas apparaître dans ses fêtes, après dix-sept ans de règne, le spectre de Banco, venant lui annoncer sa chute prochaine. L'empire n'ayant pas été fondé dans le sang, aurait peut-être pris racine sur le sol mouvant de la France, endormie doucement dans la servitude ; l'ère des Césars de Rome dégénérée était ouverte! Il n'en est pas ainsi. Le passé, se dressant sanglant devant le pays, l'arrête dans la voie qui le ramenait au byzantinisme, et il reste l'enseignement de l'avenir.

XXXIX

NOUVELLES DU JOUR.

Les proscrits n'ont pas eu à se repentir de l'attitude qu'ils ont gardée en toutes circonstances sur la terre étrangère, de la réserve où ils se sont tenus vis-à-vis de ceux dont les opinions n'étaient pas les leurs. Maintenant qu'en France la plupart des organes des partis hostiles à l'empire disent, comme dans le vaudeville : « *Embrassons-nous et que ça finisse,* » nous sommes encore de ceux qui, n'ayant aucune foi dans la sincérité ou l'efficacité des baisers *lamourette,* croient que, pour combattre l'ennemi commun, chacun doit garder ses couleurs, et ne pas faire des alliances aussi contraires aux principes que compromettantes.

Pour nous, c'est dans le passage Saint-Hubert, comme sur un terrain neutre, que les divers groupes de notre proscription sont toujours venus échanger des nouvelles et des poignées de mains.

De neuf heures du soir à minuit, on y rencontrait surtout les bannis que nous appelions les *Girondins*, bien que les montagnards y fussent en majorité, parce que la plupart appartenaient à cette partie de la France dont Bordeaux est, pour ainsi dire, la capitale.

Joly dirigeait la discussion. Doyen de la proscription par l'âge, Joly, par la fermeté, la gaîté, la vigueur du corps et de l'esprit, était l'un des plus jeunes parmi les jeunes. Lui, en Belgique, et

Ledru-Rollin, à Londres, furent ceux alors qui, soit pour soutenir le moral des incertains, des faibles, soit parce qu'ils ne supposaient pas que la France de février eût si honteusement abdiqué, firent, avec le plus de persévérance et de succès, cette propagande de l'espérance, dont le résultat a été de laisser croire si longtemps à la chûte de Louis-Napoléon, à la rentrée prochaine dans la patrie.

Lorsqu'arpentant à petits pas la longue galerie, s'arrêtant souvent, cambré sur sa canne, Joly traitait la question à l'ordre du jour, il parlait avec tant de verve, de logique, de conviction, qu'il fallait, bon gré mal gré, se rendre à ses arguments, ou garder le silence quand on n'était pas complétement convaincu.

Comme autrefois Mauguin à la tribune, Joly alors faisait manœuvrer les armées et remuer les peuples selon nos désirs. Il développait, suivant les circonstances ou les faits que nous apprenaient les journaux et nos correspondances particulières, des plans qui semblaient devoir infailliblement se réaliser, et il groupait les probabilités de manière à en faire des preuves incontestables.

Le vent de l'imprévu soufflait sur nos châteaux en Espagne; les plans les mieux combinés étaient à refaire; l'urne ou le canon avaient trompé toutes les prévisions. Contre la force, la fraude, en effet, que pouvaient le droit, le bon sens, la logique!

Les soirées suivantes, nous recommencions notre toile de Pénélope, sans être découragés. Mais, à certaines époques, les nouvelles étaient si confuses, les événements si étranges, que nous étions tentés de demander à notre doyen, comme la mère Aisière : *C'est-i bon pour nous?*

Dans ces causeries du soir, nous appelions toujours notre proscripteur : *Badinguet*, *Badingue*, *le fils de Verhuel*, ou, en souvenir de Boulogne, Strasbourg et Paris : *Boustrapa;* et, quand nous voulions être très-parlementaires : M. Bonaparte. Sa femme, dont on racontait toutes sortes d'aventures peu édifiantes, de prouesses galantes, était pour nous la Montijo, madame César. Son cousin Jérôme, qui avait eu une si forte colique en Crimée, répondait au nom de *Plon-Plon*.

Nous déplumions, toujours avec un nouveau plaisir, les canards venant d'outre-Quiévrain, nous porter les nouvelles les plus positives sur le bon esprit de la France et la mauvaise santé de la dynastie.

Ainsi, certain jour, une dame d'honneur, la comtesse de Labédoyère, avait écrit au général Lamoricière que l'Empereur était atteint à Plombières d'une maladie de la moelle épinière. Le lendemain, un médecin de la Cour venait d'annoncer en grande confidence à un de ses confrères que César avait un ramollissement du cerveau ; plus tard, le chambellan de la garde-robe avait laissé deviner que son maître souffrait gravement de la diabète sucrée.

Dans une autre circonstance, on avait su, par la cuisinière de la nourrice de l'héritier plus présomptueux que présomptif du trône, que le prince impérial, surnommé depuis, par les faubouriens, le *Petit-Salé,* était né aveugle.

Les journaux, les nouvellistes, les voyageurs nous contaient bien d'autres choses encore. Nous acceptions tout les yeux fermés jusqu'au jour où nous nous dîmes que c'était peut-être Louis-Napoléon lui-même qui, se servant à sa façon des béquilles de Sixte-Quint, faisait courir tous ces bruits, pour qu'on le laissât mourir de vieillesse sur son trône impérial.

Personne n'allait se coucher avant que le résumé de la discussion et le bilan de la politique du jour ne fussent faits. Bien souvent aussi, nous nous sommes trouvés seuls, au milieu de la nuit, dans ces longues galeries, dont nous avons usé les dalles, à force d'y passer ; et nous avons vu, dans le feu de la discussion, s'éteindre les becs de gaz qui les éclairaient.

Nous étions loin, sans doute, d'envisager la situation de la même manière, d'avoir sur toutes les questions sociales et politiques une opinion uniforme, identique. Chacun jugeait le passé à son point de vue, et faisait ses projets, son programme d'avenir.

Dans le présent même, si nous étions d'accord pour le but prochain, combattre et renverser l'empire, rendre à la France la liberté avec la République, nous différions plus ou moins sur les moyens. Par suite, dans les petits comités particuliers, ceux dont on ne partageait pas absolument les opinions, étaient bien quelquefois critiqués, incriminés, appelés, suivant la nuance des groupes, des bourgeois ou des *crocodiles,* des pointus ou des formalistes.

A l'époque où le docteur Watteau, sorti de Belle-Isle après avoir subi un emprisonnement pour le complot dit de l'Opéra-Comique, vint habiter Bruxelles, il se forma même une réunion, composée d'une quinzaine de membres, qui voulut avoir sa commission et sa caisse particulières. Mais, malgré un manifeste que rien ne légitimait, il n'y eut dans la proscription ni scission éclatante, ni dissentiments profonds, ni antagonisme marqué.

Plus heureuse que d'autres, la proscription belge échappa à ces tristes déchirements, à ces luttes intestines, à ces conflits bruyants, qui ajoutent tant aux douleurs de l'exil et sont si funestes aux partis. Ce n'était pourtant pas la passion, l'énergie, les causes d'irritation qui manquaient; seulement, on donnait beaucoup à la concorde, à l'union; et l'on faisait, quand c'était possible, le sacrifice de ses griefs personnels aux devoirs de la confraternité démocratique.

C'est ainsi qu'Ernest Lebloye, à la suite d'une discussion un peu vive avec un de nos amis, laissa arranger, à la satisfaction de tous, une affaire dont les suites auraient pu être fâcheuses. Lebloye était cependant un des plus plus jeunes, des plus ardents, et il avait fait ses preuves. Combattant, le fusil à la main, sur les barricades de décembre, à côté de son concitoyen Denis Dussoubs, il n'avait échappé à la mort que parce que la porte d'une maison voisine s'était ouverte devant les républicains, cernés de toutes parts et prêts à être écharpés.

A Bruxelles, peu de temps après l'incident dont j'ai parlé, Lebloye eut avec un officier, qui fut blessé, un duel où tout, des deux côtés, se passa avec la plus grande loyauté, et que le colonel du régiment auquel appartenait l'officier, laissa ignorer au gouvernement belge, évitant ainsi à notre ami le désagrément d'être poursuivi et expulsé.

Tous les réfugiés se voyaient, se parlaient, se serraient la main en se rencontrant, et s'ils ne célébraient pas en commun les anniversaires des grands jours de nos Révolutions, c'était pour ne pas donner à la police belge un prétexte de transformer en conspirateurs, ceux qui se réunissaient pour parler de leurs frères proscrits ou morts, de la République triomphante ou vaincue.

Pour des solennités d'un autre genre, au contraire, lorsque nous étions plus libres de nos mouvements, nous saisissions avec bonheur l'occasion de nous trouver ensemble dans un banquet fraternel, où nous buvions de notre bon vin de France à la santé des amis, à la liberté, à la patrie.

Il en fut ainsi, lorsque la grande majorité des réfugiés donnèrent à Charras expulsé, un dîner d'adieu, pendant lequel furent prononcés les toasts les plus chaleureux; et quand ils offrirent une médaille de reconnaissance aux médecins de la proscription : Testelin, Laussedat et Place, qui avaient prodigué leurs soins aux bannis avec un désintéressement, un dévouement que personne n'a oubliés.

Tous enfin, nous nous retrouvions unis, recueillis sur les bords de la tombe qui allait se fermer sur l'un des nôtres.

XL

TRIBUNAL DE FAMILLE.

La commission d'assistance fraternelle pouvait, sur la demande des intéressés, devenir un tribunal de famille. Pendant les longues années où elle a rempli ses fonctions, elle n'a eu pourtant à statuer, à ce titre, que trois fois, sur des faits insignifiants, mais qui avaient produit une certaine émotion dans la proscription, fort susceptible à certains endroits.

Dans la première affaire, il ne s'agissait que d'une querelle ordinaire. Les témoins entendus, les choses expliquées, l'agresseur reconnut ses torts, et tout fut dit.

Un feuilleton fut plus tard soumis à l'appréciation des membres de la commission. Un des chantres de l'empire, le poëte bonapartiste Méry, avait donné à Anvers une conférence littéraire. Le compte-rendu de la séance fut fait par Chalemel-Lacour, directeur aujourd'hui de la *Revue politique*, qui publie tant d'articles vigoureux, aussi bien pensés que bien écrits. Dans ce compte-rendu, l'ironie était si fine, la critique si raffinée, les égratignures paraissaient si peu, que beaucoup accusèrent l'écrivain d'avoir fait l'éloge du poëte, lui en firent un crime. Nous étions si chatouilleux alors !

Le tribunal fut d'avis que dans l'article il y avait beaucoup de sel attique et pas assez, peut-être, de poivre de Cayenne ; mais que l'auteur était blanc comme neige, ou plutôt restait rouge comme devant.

L'accusation portée contre le troisième *prévenu* était autrement grave : on reprochait à celui-ci d'avoir, par ses propos, exposé plusieurs de ses compagnons d'exil aux rigueurs des gouvernements belge et français.

Un haut personnage de la magistrature avait, dit-on, été averti que les proscrits fabriquaient, dans leurs chambres, de la poudre fulminante, qu'ils faisaient sécher sur le poêle. Il en aurait reçu la confidence d'une dame qui partageait ses faveurs entre l'exilé trop léger et le grave magistrat, que ni ses fonctions élevées, ni ses opinions cléricales ne mettaient à l'abri des faiblesses de l'humanité.

Par suite, la proscription pouvait être accusée, ainsi que le furent plus tard trois de ses membres, de confectionner des cartouches ou de préparer des machines infernales. Ces bruits devaient tomber tout seuls. Il n'était guère supposable que des réfugiés se livrassent à un genre d'exercice capable de les faire sauter eux-mêmes les premiers, et de mettre le feu à la ville où ils avaient trouvé un refuge.

Comme aucune poursuite n'eut lieu, on ne vit dans tout cela qu'un commérage de femmes, enté sur un de ces fâcheux bavardages qu'entraîne la démangeaison de parler à tort et à travers de ce qu'on sait et de ce qu'on ne sait pas.

Ce fut aussi pour se donner de l'importance, et un peu parce qu'il prenait ses désirs pour des réalités, qu'un autre réfugié, sur la foi d'un correspondant peu sérieux ou fort mal informé, envoya notre ami Baune dans la gueule du loup.

Plusieurs officiers supérieurs de l'armée de Paris, avait-il dit, étaient prêts à faire un mouvement républicain, et ils voulaient se concerter avec des proscrits de Bruxelles.

Baune, toujours le premier quand il fallait s'exposer, se rendit immédiatement à Paris. Il espérait voir, au moins, un colonel, et ne trouva pas même un caporal à qui parler. Il revint, par grand hasard, sain et sauf d'une aventure qui, en Belgique comme en France, pouvait avoir des conséquences très-fâcheuses pour lui.

Venus, en effet, de Londres avec une mission politique, Boichot et Delescluze avaient été moins heureux. Arrêtés presque en arrivant à Paris, ils furent enfermés à Belle-Isle, d'où Delescluze fut plus tard expédié à Cayenne, Boichot envoyé à Corte.

Bavardages, indiscrétions, vanteries, désirs de faire croire à son influence, négligences impardonnables, imprudences de tous genres, voilà, bien plus encore que les mouchards, les *moutons*, les agents provocateurs, ce qui apprend à l'ennemi, aux étrangers, à la police, ce qu'on fait et ce qu'on dit dans un parti, rend si difficile le succès des complots, des conspirations, et empêche les sociétés secrètes de vivre, grandir ou devenir assez fortes, assez nombreuses pour amener une révolution. Le nombre en est petit, bien que l'on soit généralement persuadé du contraire, de ces agents mystérieux qui acquièrent assez de prépondérance dans leur parti, lui inspirent assez de confiance pour pouvoir entraîner, comme un Lucien de la Hodde, ses amis sous le feu des soldats, ou livrer, comme un Schnetz, à la justice des hautes et des basses-cours, les secrets de ceux dont ils ont mangé le pain.

Les espions abondent, à coup sûr ; ils sont bien payés, recrutés partout ; cependant ils sont moins bien renseignés qu'on ne le suppose, et gagnent fort mal leur argent. Lorsque même le complot est découvert, que les prévenus sont traduits en justice, condamnés, la lumière n'est jamais faite par les hommes de la police, qui n'apportent que des lambeaux de vérité, des fragments de preuves, des dénonciations absurdes ou calomnieuses.

Ce sont bien souvent les accusés eux-mêmes, qui ont donné ou laissé prendre les moyens de les perdre et se sont compromis, en gardant des lettres, dressant les listes des conspirateurs, recueillant pour les journaux, parfois pour leurs mémoires, le récit des faits passés ou prêts à s'accomplir, ou bien en confiant à des personnes indifférentes quelques-uns de leurs secrets.

Or, comme a dit le bon Lafontaine :

> Rien ne pèse tant qu'un secret :
> Le porter loin est difficile aux dames,
> Et je sais même, sur ce fait,
> Bon nombre d'hommes qui sont femmes.

De plus, les Français, expansifs, communicatifs, parlant haut, ne doutant de rien, sont spécialement peu capables de cette taciturnité, de cette discrétion absolue, de cette réserve à toute épreuve, de cette patience inaltérable que les conspirateurs doivent avoir et que possèdent seuls les Italiens.

Nous autres Français, nous ressemblons tous un peu à cet ouvrier du Midi qui, en passant devant une maison, où travaillait un maçon perché haut sur un échafaudage, criait à tue-tête de la rue à son camarade : « Eh ! Jean-Pierre, viens-tu à la société secrète ? » Nous crions aussi sur les toits ce que nous faisons, ce que nous voulons faire.

Ajoutez à cela les défaillances, les inquiétudes, les hésitations de ceux qui croient tout perdu, quand tout ne va pas au gré de leurs désirs, les impatiences des vaillants qui ne supportent pas l'inaction, et veulent toujours courir aux barricades ; les tiraillements, les lenteurs, les malentendus résultant des mouvements d'une armée dont l'avant-garde donne quand le gros des troupes n'est pas en bataille ; tenez compte encore de la facilité avec laquelle un inconnu, un suspect, un mouchard peut se glisser, pour le dénaturer, le désorganiser, dans le réseau de l'association, pénétrer au cœur de la place, à l'aide de mots de passe, de signes de ralliement qui dispensent de toute présentation, de toute enquête, et qu'on peut par tant de moyens connaître ; et l'on comprendra pourquoi les sociétés secrètes n'ont pas eu, sur les destinées de la France, l'influence que le nombre, le courage, les principes de leurs membres devaient leur donner.

La charbonnerie, sous la Restauration, les Sociétés des Amis, du Peuple, des Droits de l'Homme, des Saisons, des Familles, sous Louis-Philippe, étaient composées d'affiliés pleins de cœur et de dévouement ; elles eurent d'audacieuses conspirations, livrèrent dans la rue au pouvoir d'héroïques combats. Ce ne furent pourtant pas elles qui firent triompher la Révolution en 1830 et en 1848.

Après février, la *Marianne* embrassait une partie de la France ; elle a contribué plus que tout au soulèvement des paysans et des démocrates des départements, où ses ramifications s'étendaient : elle n'a pas pu empêcher le succès du coup d'État.

Nécessités des temps où toutes les libertés sont anéanties, tous les droits supprimés, les sociétés secrètes peuvent, à d'autres époques, conserver le feu sacré, le transmettre ; il ne leur est pas donné, en France surtout, d'allumer le grand incendie. C'est le souffle seul du peuple entier, — courant que rien n'arrête, — qui soulève tout en passant; et c'est parce que tous, au grand jour, sous le soleil, mettent en commun leurs colères, leurs désirs, leurs espérances, s'échauffent des mêmes passions, reçoivent et communiquent l'étincelle électrique qui embrase tous les cœurs à la fois, sont prêts en même temps à marcher, à combattre, à vaincre ou à mourir, que Paris, l'exécuteur de la volonté populaire, se levant comme un seul homme, brise en quelques heures les trônes et les dynasties.

Nous n'avons certes pas à blâmer les conspirateurs énergiques, convaincus, qui travaillent, dans les sociétés secrètes, à renverser le despotisme. A chacun d'engager la lutte comme il l'entend. Nous sommes seulement persuadés, pour notre part, qu'en instruisant et éclairant les masses, faisant connaître au peuple, souverain sans couronne, ses ennemis, ses intérêts et ses droits; propageant hautement, par la presse, la tribune, la parole, toutes les fois que cela est possible, les doctrines de liberté, d'égalité et de justice, la démocratie française parviendra plus sûrement et plus vite à ses fins : l'avénement de la République par la Révolution.

La proscription belge, en majorité, professait les doctrines que je viens d'exposer; en théorie comme dans la pratique, elle y est restée fidèle. Pour cela, peut-être, elle a été accusée par les uns de ne pas avoir agi, par les autres, d'avoir trop fait. Ne faisant point de manifestes ni de manifestations; restant compacte, unie, elle fut appelée par d'autres exilés : la proscription pacifique. Bien plus, à Jersey, sous la présidence d'un jeune *Vieux de la Montagne,* une section de *démoc soc* b... en colère, comme le père Duchêne, avait, on le disait, condamné à mort, — en principe, nous l'espérons, — tous les réfugiés *bourgeois* de Bruxelles, à l'exception de Baune et d'Étienne Arago, qui, à cause de leurs anciens services, étaient simplement reproscrits.

De droite, voici ce qui advenait. L'abbé Verger, en revenant de Bruxelles, avait frappé d'un coup mortel, dans sa cathédrale, l'archevêque Sibour. Le gouvernement français nous dénonça tous au gouvernement belge comme les instigateurs du prêtre. Or, ce prêtre venait de tuer son supérieur ecclésiastique, non pour le punir d'avoir bénit le coup d'État, sacré l'usurpateur, mais pour se venger d'une injustice, d'un passe-droit tout à fait en dehors de la politique, et dont lui seul pouvait se plaindre. Il n'avait vu en Belgique aucun réfugié, n'en connaissait aucun.

Plus tard, si on avait su que quelques proscrits avaient serré la main d'Orsini, allant à Paris mettre à exécution ses projets contre l'homme en qui il voyait le meurtrier de la République romaine, le mauvais génie de l'Italie, ces proscrits auraient été, cela est certain, livrés comme complices d'un attentat que la loi nouvelle déclarait crime de droit commun. Cependant, Orsini n'avait confié à personne son secret. Il était de ces conspirateurs qui savent que, pour réussir dans de pareilles entreprises, il faut être muet comme la tombe.

Les dénonciations et les menaces ne furent pas toujours sans effet. Lorsque Louis-Napoléon, faisant son voyage triomphal dans le Nord, approcha de la frontière belge, Déron, du Pas-de-Calais, fut impliqué dans un complot qui, selon la police, avait pour but d'enlever l'élu du peuple à l'amour des Français. Poursuivi devant les tribunaux de France, Déron fut condamné, par contumace, à la déportation. Notre compagnon d'exil put quitter la Belgique avant que le mandat, lancé contre lui, ne fût mis à exécution dans la forme légale. Il était déjà, en effet, entre les mains des agents de police et prêt à être écroué, lorsque M. de Brouckere, heureusement prévenu à temps, vint le faire relâcher, et lui donna ainsi le temps de s'évader.

Mêlés, par des rapports venus de Lille, à ces complots contre la personne du chef de l'État en tournée dans les départements, les frères Jacquin et un de leurs ouvriers, qu'on crut de la famille parce qu'il portait le même nom qu'eux, n'en furent pas quittes à si bon marché. On avait trouvé chez eux des piles voltaïques que l'on supposa capables de faire sauter à Lambersart le wagon qui portait César et sa fortune. Ils furent arrêtés, emprisonnés, et subirent six mois de détention préventive. Le parquet de Bruxelles, s'étant fait, pour les besoins de l'instruction, comme dans l'affaire Pfliger, l'aide officieux des jugeurs de France, avait eu besoin de tout ce temps pour instrumenter et transmettre aux accusateurs étrangers des pièces, des documents, dont la justice du pays ne recevait même pas communication.

Relaxés en vertu de la loi, plus forte en Belgique que le bon plaisir, par une décision de la chambre des mises en accusation, les Jacquin n'attendirent pas que les grands pouvoirs de l'État se missent d'accord sur la question. Ils s'embarquèrent pour les États-Unis, où ils n'avaient pas à craindre un revirement de législation anti-libéral.

Hippolyte Magen fut, lui, condamné par les juges de Bruxelles à un an de prison. On avait saisi dans son domicile des jeux de boules en fer qui ressemblaient à des bombes, et des boîtes de poudre dentifrice, que l'accusation prétendait pouvoir faire sauter plusieurs mâchoires. Au lieu d'aller loger aux Petits-Carmes, ou d'en appeler, Magen crut plus simple de prendre la route de Madrid, où il entra dans les caoutchoucs et est devenu banquier.

XLI

INFLUENCE DES LIEUX DE REFUGE SUR LES EXILÉS.

Malgré tout, il faut le reconnaître, la proscription belge a été moins malheureuse, moins tourmentée, moins militante en apparence et moins calomniée aussi que les autres. Valait-elle plus ou moins? Non! elle était comme les autres, agitée par les mêmes passions, composée des mêmes éléments, soumise aux mêmes influences. Le milieu seul différait; mais cela devait tout modifier. A Londres, à Genève, nous aurions vécu de la vie de nos amis; en Belgique, les proscrits de l'Angleterre et de la Suisse auraient été ce que nous fûmes.

Nous étions, nous, aux portes de la patrie, entendant parler la langue de notre chère France, en communication fréquente avec des concitoyens, des amis politiques; et nous habitions des villes agréables où l'on pouvait se créer, moins difficilement qu'ailleurs, des occupations plus ou moins lucratives et des relations utiles, avoir la suffisance du jour, boire de temps en temps, sans faire de folies, du vin du pays, et voir le soleil — quelquefois l'hiver même. Ceux qui n'auraient pas pu d'abord payer, argent comptant, l'hospitalité belge, se seraient bientôt trouvés en mesure de pourvoir par le travail aux besoins de l'existence. Nous n'avons jamais été, non plus, par suite des razzias et des triages faits dans nos rangs, assez nombreux pour que les offrandes fraternelles, les ressources individuelles aient été insuffisantes. La misère, le spleen n'ajoutaient donc pas leurs cruelles souffrances aux impatiences et aux irritations de l'exil.

Notre proscription était, d'autre part, composée de républicains, appartenant à toutes les parties de la France, aux départements surtout, qui se connaissaient, savaient d'où chacun venait, ce qu'il était, ce qu'il avait fait. On parlait haut, librement sans doute, car nous n'eussions pas accepté en Belgique le joug du silence que nous n'aurions pas voulu subir en France. Toutefois, il ne nous était pas permis, comme ailleurs, d'organiser des manifestations publiques, d'accompagner nos morts en portant le drapeau rouge, de prononcer dans des réunions populaires des discours révolutionnaires, de faire des appels à l'insurrection, d'exciter, par des écrits véhéments, à la haine et au mépris de ce que nous haïssions, méprisions. Il était même impossible de discuter à la tribune d'un meeting, les doctrines, les réformes sur lesquelles la démocratie doit s'accorder, pour formuler son programme d'avenir.

Les plus exaltés, les plus passionnés, les plus ardents devaient mettre une sourdine à leurs colères, à leurs impatiences ; personne, d'ailleurs, ne sentait le besoin de se signaler ou de se créer un parti, par les moyens qu'emploient souvent ceux qui ont à se faire accepter les yeux fermés.

En ne tenant pas compte de la situation, les réfugiés auraient été immédiatement expulsés, cela sans profit pour la cause, qu'ils servaient plus efficacement peut-être, quoique avec moins d'éclat qu'ailleurs, et au détriment de tous. Forcés d'abandonner un pays où ils s'étaient créé par leur travail une position, les membres de la proscription belge auraient dû aller, au-delà des mers, grossir les rangs des exilés à qui tout manquait, les ressources personnelles aussi bien que les moyens d'être utiles à l'œuvre d'affranchissement.

Nous étions ainsi forcément à l'abri des divisions profondes, fatales, que les récriminations sur le passé, mêlées aux questions de personnes, et le choc des passions se heurtant au milieu des foules, amènent si souvent entre des compagnons d'armes aigris par la défaite et les misères de l'exil.

Les mouches, sorties de la rue de Jérusalem, pouvaient même

voler autour de nous sans être bien dangereuses. Elles ne barbotaient pas en eau trouble, comme elles pouvaient le faire dans de grands centres de population, au sein de réunions nombreuses, orageuses, agitées, où l'exaltation de principes, les violences de langage, l'initiative des propositions ultra-révolutionnaires tiennent trop souvent lieu de civisme pour le passé, de garanties pour le présent. Dans une ville où nous savions que les réfugiés non politiques et les limiers de toutes les polices abondaient, nous voulions et pouvions être parfaitement renseignés sur les antécédents, les actes, les opinions de ceux qui se disaient les victimes du coup d'État ou de l'empire. Par conséquent, nous ne risquions point d'être entraînés par personne, là où nous ne voulions pas aller.

Parfois même, nous avons été prévenus de nous méfier de certaines gens, ou préservés d'eux à notre insu, par l'administration de la sûreté publique. Les fonctionnaires de la haute police belge, s'ils nous obligeaient à être circonspects, à mettre de l'eau dans notre vin, nous débarrassaient, à l'occasion, sans nous le dire, des mouchards marrons qui venaient dans leur royaume faire les agents provocateurs, et travailler de diverses manières, en amateurs, pour le compte d'un allié auquel on voulait être agréable, sans lui faire des avances inutiles ou dangereuses.

Le gouvernement belge, tantôt subissant une pression à laquelle il était difficile de résister, tantôt obéissant aux inspirations de sa propre politique, repoussait ou expulsait de la Belgique les proscrits dénoncés officiellement par l'ambassadeur français comme trop dangereux ou trop remuants ; mais il n'entendait pas que des individus sans mandat vinssent tendre dans ses États leurs filets, pour y prendre les exilés français et les citoyens belges qui pourraient s'y jeter aveuglément, ou fissent naître des mouvements, une agitation, que le faiseur de coups d'État aurait exploités au détriment de la Belgique.

Sans les diverses circonstances que nous venons d'énumérer, nous aurions vu probablement se former dans le sein de la proscription belge, comme dans les autres, des sociétés diverses, rivales et peut-être antagonistes. Nous avons eu, en effet, au milieu de nous, de ces hommes autour desquels se groupent naturellement ceux qui partagent leurs opinions, sympathisent avec eux, et que l'on peut appeler, sans que la démocratie en prenne ombrage, des chefs de parti.

F.-V. Raspail, Blanqui et Proudhon, qui ont plus ou moins longtemps habité Bruxelles, Barbès, Ledru-Rollin, Louis Blanc, qui ont demandé un asile à la Belgique sans pouvoir l'obtenir, sont les hommes de février, dont la popularité a été la plus grande pendant la période révolutionnaire.

Tous, ils sont entrés, pour ainsi dire, dans la légende du peuple, qui, suivant les lieux, la nuance de l'opinion, se les représentait par ce qu'en disaient les journaux, et par les portraits lithographiés dont chaque démocrate faisait collection. La couleur des journaux, commentés de diverses manières au champ, à l'atelier, dans les clubs, déteignait naturellement sur les hommes dont on parlait, et les portraits que l'on faisait alors des républicains connus étaient peu flattés. A voir ces portraits, on aurait pu croire que les éditeurs, appartenant au grand parti de l'ordre et de la propriété, avaient voulu, pour concilier leurs principes avec leurs intérêts, — car ces lithographies se vendaient beaucoup, — défigurer à plaisir, rendre affreux, les ennemis pour lesquels ils faisaient de la propagande avec le crayon, afin de gagner de l'argent par ce moyen.

Ainsi représentés, les républicains n'en étaient pas moins bien accueillis, encadrés avec soin et mis à la place d'honneur dans la maisonnette du prolétaire. Ils auraient même fini par y prendre la place du Juif errant, du Napoléon et des saints, qui en tapissaient jadis toutes les murailles, dans les villes comme dans les campagnes, si, après le coup d'État, la crainte du seigneur et de sa police n'eut pas fait faire un auto-da-fé général de ces *images proscrites*.

Pour tous, Armand Barbès était et est resté le chevalier sans peur et sans reproches de la démocratie. Dans chaque canton, au moins, il y avait un *Barbès* qui n'était probablement pas un *Bayard*, mais qui devait son nom à sa grande barbe autant qu'à son dévouement, à sa bonne volonté, et qui était le chef de file de la localité.

Les travailleurs voyaient en Raspail, l'ami du peuple et le guérisseur de tous ses maux. Dans les pays vignicoles du centre de la France, on appelle encore *vin Raspail*, le vin abondant, léger, à bon marché, que l'on but après la Révolution de février dans les banquets fraternels, et dont on arrosa les arbres de liberté.

Proudhon comptait partout en France un assez grand nombre

de disciples fervents, ne jurant que par le maître, dont ils exagéraient parfois les doctrines, résumées par eux dans quelques phrases-cocardes, qu'ils auraient mises volontiers à leur chapeau ; celles-ci, par exemple : *La propriété, c'est le vol; Dieu, c'est le mal*. A Paris, il était regardé comme le démolisseur par excellence; dans les départements, les classes laborieuses et bourgeoises voyaient en lui l'ennemi des propriétaires, le chef des *partageux*, dénomination sous laquelle on confondait tous les socialistes, les communistes aussi bien que les proudhoniens.

Blanqui était également plus populaire à Paris que dans les départements. On disait qu'il avait dans la grande cité un parti puissant, ardent, fanatique, suppléant au nombre par l'activité et l'énergie. Dans le reste de la France, son influence ne paraissait pas aussi grande, n'ayant jamais dit ce qu'il pensait, ce qu'il voulait, d'une manière assez précise, assez retentissante, pour que ses principes s'y fussent propagés, vulgarisés, imposés. Partout, on le regardait comme un profond conspirateur, un politique impénétrable qui, lorsqu'il sortirait de son nuage où grondait le tonnerre, frapperait quelque grand coup.

Siégeant au palais du Sénat, au milieu des délégués des classes ouvrières qui discutaient l'organisation du travail, Louis Blanc apparaissait comme le chef suprême de toutes les associations dont la France était alors couverte, le défenseur, au pouvoir, des prolétaires, dont Albert était le représentant direct.

Ledru-Rollin, pour les paysans d'une partie de l'Ouest, était le duc *Rollin*, qui avait pour maîtresses *la Martine et la Marie*. Les ouvriers des villes l'appelaient *le dru*, c'est-à-dire le rude, le vigoureux, et c'était en lui surtout qu'ils personnifiaient la Révolution de février.

Eh bien ! ces brillants combattants de la démocratie, qui avaient eu dans la ville des révolutions, leurs journaux, leurs clubs, leurs partisans, leurs jours de triomphe, de luttes, de revers, et vécu au milieu des orages, ils ont passé eux-mêmes sur la terre de Belgique, où la liberté était si limitée pour les proscrits, non pas inaperçus, certes, mais silencieux, sans vouloir se faire remarquer, sans se mêler aux agitations de la proscription.

S'isolant, voyant peu de réfugiés, ils ont consacré le temps de leur exil, volontaire ou forcé, à des travaux féconds, sans justifier les soupçons ou les accusations du gouvernement belge, qui n'a eu à leur opposer que leurs antécédents.

Nous devions tous faire de nécessité vertu.

Il est vrai de dire que Proudhon et les condamnés du 15 mai sont venus en Belgique à des époques différentes, et seulement lorsque l'apaisement s'était fait dans les colères des premiers jours, quand l'orage ne grondait plus que dans le lointain.

Comme Louis Blanc et Ledru-Rollin, Barbès n'a fait que toucher terre à Bruxelles. Arrivé souffrant, sans que la police eût pu l'arrêter à la frontière, comme elle le voulait, il resta dans sa chambre, vit un petit nombre d'amis, et, aussitôt que l'arrêté d'expulsion fut rendu, quitta la Belgique.

F.-V. Raspail s'était fait, à Boitsfort d'abord, à Uccle ensuite, loin du monde et du bruit, une retraite calme, solitaire, où, au milieu de sa famille, il donnait aux travaux scientifiques les heures que la politique ne pouvait plus lui prendre. De là, son *Manuel de la Santé*, sa *Revue de Pharmacie et de Médecine* allaient se répandre dans la France entière, où, malgré le nom de l'auteur, chaque nouvelle production pénétrait, sans qu'on pût la saisir au passage, ne contenant que de la science pure. Raspail savait que les médecins du pays ne lui auraient pas pardonné de rendre la santé à leurs malades, sans diplôme belge, et que les jésuites, ennemis en tout pays des savants et des penseurs, guettaient une occasion favorable pour le faire sortir de Belgique. Aussi bien, il n'avait de relations qu'avec les personnes en qui il avait toute confiance, et ne donnait de consultations qu'aux étrangers venant le voir, avec des passe-ports très en règle.

Polémiste agressif, entier, la plume à la main, Proudhon n'avait point dans la conversation, le ton tranchant, provoquant, acerbe qu'on lui supposait. Il était, chez lui, simple, bienveillant, d'un commerce agréable, d'un abord facile ; mais peu de proscrits pouvaient l'apprécier dans l'intimité. Si tous admiraient en lui le grand écrivain, le profond penseur, le brillant journaliste, beaucoup avaient peu de sympathie personnelle pour l'homme politique, à qui ils reprochaient d'avoir, en marchant droit devant lui et frappant à gauche comme à droite — plus souvent à gauche — fait beaucoup de ruines sans rien fonder de solide, trop mêlé dans son œuvre le bien et le mal, et attaqué sans motifs légitimes des républicains de 93 et de 48 dont la démocratie, malgré tout, gardera la mémoire.

Quelques réfugiés français, qui partageaient ses principes ou lui avaient voué, par affection pour sa personne, un attachement sans bornes, et des amis belges, formaient le petit cercle dans lequel Proudhon aimait à rester. Vivant simplement de la vie de famille, ayant près de lui sa femme et ses jeunes filles, dont la santé lui donna plus d'une fois de vives inquiétudes, l'écrivain socialiste travaillait sans relâche. Dans les derniers temps, il paraissait triste, préoccupé. Peut-être avait-il le pressentiment de sa fin prochaine; peut-être craignait-il aussi qu'on ne l'eût pas compris, et qu'en croyant défendre seulement ses principes avec la passion de la vérité, il n'eût soulevé des inimitiés inutiles et qui lui pesaient.

Peu de jours avant de quitter Bruxelles, d'où une émeute cléricolibérale le fit partir, Proudhon disait en effet à notre ami Laussedat, près du lit d'une de ses filles dangereusement malade : « Docteur, « sauvez-la ; il me faut mes enfants pour supporter des haines « dont le poids est bien lourd. »

Blanqui est venu en Belgique, longtemps après que l'amnistie eut tranformé en exilés volontaires les proscrits qui ne voulurent pas rentrer en France. Il s'est tenu si bien en dehors du petit nombre de ces réfugiés restés à Bruxelles, que la plupart ont à peine appris qu'il y fut, et ne l'ont jamais vu.

Ayant passé la plus grande partie de sa vie dans les prisons d'État, Blanqui n'était d'ailleurs connu que de quelques proscrits. Le beau portrait que Wiertz a laissé de lui, a fait connaître aux autres, pour la première fois, celui dont ils avaient tant entendu parler.

Si la proscription belge, renforcée de tous les réfugiés politiques qui, depuis le coup d'État, venaient grossir ses rangs, était restée nombreuse, irritée, frémissante, et, pour ainsi dire, sous les armes, comme aux premiers jours, il eût été, malgré tout, difficile probablement d'empêcher une explosion toujours imminente, d'arrêter le flot qui allait déborder.

Il n'en avait pas été ainsi. Bien des causes avaient contribué à refroidir la lave sortie bouillante de la France en feu, à diminuer en Belgique le nombre des proscrits.

Ces causes, dont les principales sont le temps, les grâces, les changements de résidence, la mort, l'amnistie, nous les ferons connaître, en détail, dans la seconde partie de ce livre, où se dérouleront les dernières phases de cette proscription du XIXe siècle qui, bien qu'il n'y ait plus de proscrits, se dresse, à cette heure, plus menaçante que jamais, contre l'empire napoléonien, prêt à s'écrouler.

FIN DE LA PREMIÈRE PARTIE.

ADDITIONS

PREMIÈRE PARTIE

Conventionnels proscrits morts à Bruxelles : (p. 3), Havin, Quinette.

Idem morts à Paris après 1830 : (p. 26, ligne 27), Ingrand.

Victimes du premier Napoléon : (p. 25), Aréna, Cérachi, Topino Lebrun, Demerville, Georges Cadoudal, le libraire allemand Palme, fusillé à Nuremberg parce qu'on avait trouvé dans ses magasins un libelle contre l'empire, plusieurs négociants de Hambourg, passés par les armes pour avoir acheté et vendu des marchandises anglaises pendant le blocus continental, le marquis de Ravio, exécuté après avoir été acquitté à Anvers, le tyrolien Hoffer, coupable d'avoir défendu sa patrie. Le jeune Stapps trouvé à Scœnbrun armé d'un poignard, De Frotté qui s'était rendu sur des promesses d'amnistie.

Représentants du peuple qui étaient aux Arts-et-Métiers le 13 juin : (p. 49), Lasteyras, Ennery, Monnier. (*Haute Loire*), Duputz, Faure.

Condamnés du 13 juin réfugiés en Suisse : (p. 47), Abraham Rolland représentant.

Proscrits du 2 décembre : (p. 61 et suiv.), *Finistère*, Jules Allix, professeur, Emile Allix, étudiant. *Haute Marne*, Séjournant, pharmacien. *Nièvre*, Quenouille, épicier. *Oise*, Moizon. *Nord*, Deswarlez, serrurier. *Sarthe*, Neveu, propriétaire. *Seine*, Cahaigne, homme de lettres, Benoît, bottier, Louise Julien (*m*). *Yonne*, Hunot, dessinateur, Cazeaux (*m*) garde-port, Arsène Lefebvre, médecin (*m*), frère de l'ancien notaire Charles Lefebvre, commissaire de la République à Troyes en 1848.

Réfugiés politiques et exilés volontaires : (p. 66),... (après le coup d'État), Charles (*m*) et François Hugo. (Après l'amnistie), Charles Bachelery, ex-enseigne de vaisseau, Moreau, sculpteur, Dagé, journaliste.

Sous le ministère Forcade : Flourens (*m*), Pradon, élève en médecine, Jury, pharmacien, Perret, graveur. (Sous le ministère Ollivier (1870), Debeaumont, ciseleur sur métaux, Lassère, id. (*m*), Pasdouet, journaliste, Marotteau, id., Gauthier, id., Lissagaray, id., Gaschier, id , Grosmier, id., Debeaudre (*m*), étudiant en médecine, Guillaume, tailleur de pierres, Oudet, peintre sur porcelaine, Boquet, caissier, Tridon, Gois, mécanicien, Carriat, id., Ruault, tailleur de pierres, Cérisier, corroyeur, Amouroux, chapelier, Berou, chauffeur, Carrion, employé de commerce, Piolaine, chauffeur, Dacosta , journaliste, Varlin, relieur (*m*). Gombaut, typographe, Godot, fabricant de boutons, Sauret, mécanicien Roussel, ébéniste. (Pour désertions plus ou moins motivées par la politique), Lejeune, brigadier de cuirassiers, Bonvoust, artilleur de la garde, Cénon, caporal, Aubayet, chasseur, Asnon, fusillier et Fayole, caporal (suspects), reconnus mouchards : Camille Beaury, fourrier, Verdier, mécanicien. Tenus pour suspects par les réfugiés de 1870, Terrail, journaliste, Vinchon, marchand de bijoux faux.

Compositeurs belges (p. 117), Albert Grisar.

Peintres belges (p. 118), les Ver Wee, Clays (marine), Lauters. Rops (dessin), mesdames Collard et O'Connel.

Démocrates belges (p. 128) Van Ryswyck, de Geefs.

Proscrits qui étaient dans l enseignement : Camille Berru, professeur de style usuel.

Brochures politiques publiées dans l'exil (p. 225), lettres sur Cayenne, par Louis Blanc, la Démocratie triomphante, par Ange Changobert, Bonnes paroles d'un proscrit à ses concitoyens, par Callet.

Amis des proscrits (p. 186), la famille Leclerc et Bogaerts, (de Bruges).

TABLE DES MATIÈRES

FIN DE LA TABLE DE LA PREMIÈRE PARTIE.

www.ingramcontent.com/pod-product-compliance
Lightning Source LLC
LaVergne TN
LVHW010538100826
845148LV00001B/225

* 9 7 8 2 0 1 2 5 7 9 6 2 0 *